벌거벗은 세계사

벗겼다, 국가를 뒤흔든 흥망성쇠

벌거벗은 세계사

경제편

tvN 〈벌거벗은 세계사〉 제작팀 지음

교보문고

목차

벌거벗은 세계사

경제편

벌거벗은 메디치 가문

권모술수와 돈으로 쌓아 올린 권력

남종국

● 서양의 중세 시대는 흑사병으로 고통받고 마녀사냥이 벌어졌던 역사의 암흑기로 평가받습니다. 하지만 이 시기는 상업이 크게 발달하면서 대부호가 등장하고 온갖 권모술수가 난무하던 역동적인 시대이기도 했습니다. 특히 미켈란젤로Michelangelo, 레오나르도 다빈치Leonardo da Vinci, 라파엘로Raffaello, 보티첼리Botticelli 같이 르네상스를 꽃피운 예술가들이 등장한 것도 중세 시대입니다. 이러한 배경에는 예술가보다 더 예술을 사랑했던 로열패밀리가 존재합니다. 르네상스 최고의 예술가들을 전폭적으로 지원했으며 당대 최고 예술가들의 작품을 가장 많이 소장한 이탈리아의 '메디치 가문'입니다. 역사적으로 하나의 가문이 이토록 엄청난 예술품들을 단독으로 소유한 경우는 유례를 찾아보기 힘들 정도라고 합니다.

중세 유럽 최고의 부자 중 하나였던 메디치 가문은 예술뿐 아니라 건축과 인문학, 과학 등 다양한 학문을 후원하며 르네상스가 꽃피우는 데 큰 영향을 미쳤습니다. "그래도 지구는 돈다"라고 주장한 갈릴레오 갈릴레이Galileo Galilei를 직접 후원한 것도, 마키아벨리Machiavelli가 《군주론》을 헌정한 것도 메디치 가문입니다. 중세 르네상스를 화려하게 꽃피운 주역이라고 할 수 있죠. 15세기 메디치 가문의 재산 규모는 당시 시세로 약 6,000억 원이었습니다. 이는 같은 시기에 수백만 명의 인구를 가진 영국의 1년 치 국가 예산에 달할 만큼 엄청난 규모입니다.

메디치 가문의 파급력은 이뿐만이 아니었습니다. 돈으로 정치를 장악해 권력을 휘둘렀고, 유럽의 최고 권력자인 교황들과 얽히며 종교까지 주물렀습니다. 더 놀라운 사실은 돈과 권력의 중심에 선 메디치 가문이 평민 출신이라는 것입니다. 철저한 신분제 사회였던 중세 시대에 평민이었던 메디치 가문은 어떻게 피렌체의 정치와 경제는 물론 문화와 예술까지 쥐락펴락하며 유럽 최고의 권력자 반열에 올랐을까요? 여기에는 돈과 권세를 차지하기 위한 음모와 암투가 난무하는 한 가문의 흥미진진한 역사가 숨어 있습니다. 지금부터 엄청난 돈과 능력으로 권력의 정점에 올라 유럽의 여러 왕과 교황을 마음대로 휘두르며 한 시대를 이끌고 세계사를 바꾼 메디치 가문의 역사를 벌거벗겨 보겠습니다.

평민 출신 메디치 가문은 어떻게 부자가 되었을까?

역사상 가장 부유한 가문 중 하나이자 막대한 돈과 권력으로 중세 이탈리아를 뒤흔들었던 메디치 가문. 보잘것없었던 평민 가문이 피렌체에서 자리 잡고 본격적으로 사업 활동을 펼친 것은 14세기 중엽이었습니다. 피렌체에 살던 조반니 데 메디치Giovanni de' Medici는 20대 초반까지만 해도 가진 것 없는 평범한 청년에 불과했습니다. 그는 25세가 되던 해에 인생을 뒤바꿀 중요한 선택을 하게 됩니다. 피렌체에서 은행업으로 돈을 벌겠다고 결심한 것이죠.

당시 은행은 돈을 보관해주거나 돈을 빌려준 후 이자를 받았습니다. 또 나라 간 환율을 따져서 외환 거래를 하고 멀리 떨어진 지역으로 돈을 옮겨주는 일종의 계좌이체 업무도 처리했습니다. 약 700년 전의 은행에서도 현대 은행의 기본적인 업무를 대부분 해결할 수 있었던 것이죠.

자본금도 없고, 운영방식도 모르는 조반니는 피렌체에서 은행업을 시작하기 전에 로마로 향했습니다. 그곳에 사는 먼 친척이 운영하는 은행의 직원으로 취업해 일을 배우기로 한 것입니다. 그런데 조반니가 선택한 직업

중세 이탈리아의 은행

에는 문제가 있었습니다. 기독교적 가치관이 절대적이던 중세 시대에 이자를 주고받는 행위를 지옥에 떨어질 만큼 최악의 범죄로 취급한 것입니다. 심지어 한 가톨릭 설교자는 이자를 주고받는 사람들 때문에 하느님이 피렌체에 흑사병을 내렸다고 선언하기도 했죠. 이 모든 것은 《성경》에서 "이자를 받지 말라!"고 강조했기 때문입니다. 이런 상황이다 보니 이자를 받으며 은행을 운영하는 사람들은 무시당하고 천대받았습니다.

그럼에도 조반니가 은행에서 일을 배우기로 한 것은 은행업이 큰돈이 되었기 때문입니다. 당시 피렌체는 중세 유럽에서 은행업이 가장 발달한 도시였습니다. 여기에는 여러 가지 추측이 있는데 그중에서도 이탈리아 교황과 관련이 있다는 설이 가장 유력합니다. 10쪽의 지도에서 노란색으로 표시한 곳은 가톨릭을 믿는 나라들로, 유럽 대부분이 가톨릭 국가였기

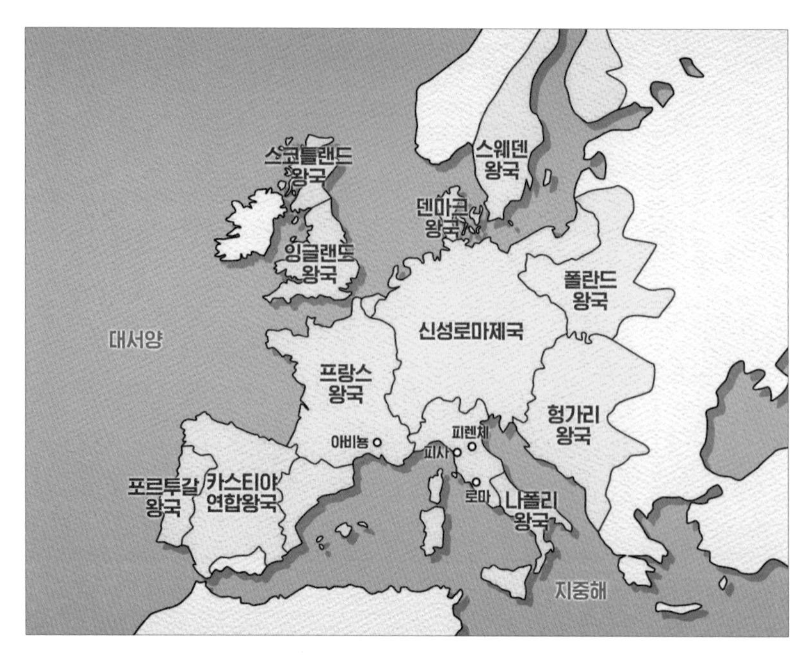

중세 유럽의 가톨릭 국가

에 교황의 영향력은 막강했죠. 중세 시대의 교황은 단순한 종교 지도자가 아니라 때로는 왕보다 더 강력한 힘을 휘두르는 존재였습니다.

교황은 이탈리아의 교황령뿐 아니라 프랑스와 영국, 그리고 멀리 동유럽 국가에서도 세금을 거둬들였습니다. 스코틀랜드는 기근으로 가난에 허덕이는 순간에도 교황청에 돈을 보냈죠. 교황청이 돈을 보내지 않는 지역을 파문하겠다며 위협했기 때문입니다. 중세 시대에 파문은 곧 지옥행을 의미했기에 사람들은 어떻게든 돈을 모아서 교황청으로 보냈습니다. 교회에 내는 세금 외에도 교황청이 돈을 거둬들이는 명목은 다양했습니다. 전 유럽에 수많은 교회 건물과 넓은 토지를 가지고 있던 교황청은 그 사용료를 받았고 성직자들에게는 추가 세금을 부과했습니다. 특히 주교 같은 고위 성직자들은 담당 지역에서 많은 돈을 받았는데 임명 후 첫 1년간 수입을 고스란히 교황청에 바치는 것은 당연한 관례였습니다.

이런 돈들이 모여 교황청에는 매년 한 나라의 1년 예산에 필적할 만큼 엄청난 현금이 쏟아져 들어왔습니다. 이때 교황청의 현금을 관리한 곳이 피렌체의 은행들입니다. 그중 규모가 큰 일부 은행은 교황청의 전담 은행 역할을 하며 금고를 관리했습니다. 교황청의 전담 은행이 되면 돈이 끊임없이 들어와 엄청난 현금을 굴릴 수 있었기에 교황청과 커넥션을 맺은 피렌체는 중세 최고의 금융 중심지로 떠올랐습니다. 당시 피렌체는 이미 국제 상업의 중심지였습니다. 그 증거가 1252년에 자체적으로 제작해 사용한 '플로린'이라는 금화입니다. 1 플로린을 현재 가치로 환산하면 100만 원 정도라고 합니다.

조반니는 약 10년간 로마의 은행에서 일하며 교황청으로 흐르는 거대한 돈의 흐름을 파악했습니다. 그리고 친척이 운영하던 로마의 은행을 인수한 뒤 피렌체로 돌아와 동업자들과 새로운 은행을 세웠습니다. '메디치 은행'이 탄생한 것입니다. 당시 피렌체의 두오모 성당 인근에는 은행 거리가 있었는데 메디치 은행도 다른 은행업자들과 마찬가지로 이곳에 테이블 하나를 놓고 은행을 시작했습니다. 피렌체에는 무려 70여 개나 되는 은행이 있었기에 경쟁은 매우 치열했습니다.

메디치 은행의 시작은 평범했습니다. 초기 자본금은 1만 플로린으로 지금의 100억 원에 해당하는 금액입니다. 은행 개업 자금으로는 그리 많은 편은 아니었죠. 조반니는 은행업을 시작한 지 18개월 만에 1,200플로린, 즉 12억 원에 달하는 순수익을 올렸습니다. 당시 이자율이 7%~15% 정도였음을 고려하면 평균적인 수익률을 거둔 셈입니다.

메디치, 교황과 결탁하다

수익에 만족할 수 없던 조반니는 메디치 은행을 피렌체 최고의 은행으로 만들기 위해 한 가지 목표를 세웠습니다. 교황청의 전담 은행이 되기로 한 것입니다. 당시 교황청의 전담 은행은 100년 전에 은행업을 시작한 알베르티 은행이었습니다. 규모나 자금 상태로는 상대가 되지 않았던 메디치 은행이 전담 은행의 자리를 차지하려면 교황청과의 연줄이 절실했죠. 조반니는 은행의 규모를 착실히 늘리는 동시에 교황청과의 연을 만들기 위해 호시탐탐 기회를 엿봤습니다.

그러던 어느 날 발다사레 코사Baldassare Cossa라는 사람이 메디치 은행을 찾았습니다. 그는 교황이 되고 싶다며 활동 자금으로 사용할 100억 원을 빌려달라고 했습니다. 100억 원을 대출할 만큼의 신용이 없었던 코사는 큰 은행에서 대출을 거절당했고 차선책으로 중견 은행인 메디치 은행의 문을 두드린 것입니다. 다른 은행이라면 코사의 요청을 단칼에 거절했겠지만 조반니는 오히려 기회가 찾아왔다고 생각했습니다.

사실 조반니는 로마에서 은행을 운영할 때부터 코사를 알고 있었습니다. 당대 최고의 명문인 볼로냐 대학에서 교회법 박사 학위를 딴 지식인인 코사는 교회법 분야에서는 꽤 이름을 알린 유명인이었죠. 조반니는 코사가 교회에 미칠 수 있는 영향력을 치밀하게 계산한 끝에 그가 교황이 될 가능성이 있다고 판단했습니다. 그리하여 코사에게 100억 원을 빌려주면서 일생일대의 도박을 건 것입니다.

그런데 아무리 100억 원을 쓴다고 해도 돈으로 교황이 될 수 있는 걸까요? 사실 중세 말기는 교황청의 부패가 절정에 달했던 시기로 교회에서는 교황과 추기경, 주교들이 교회의 성직을 돈으로 사고팔았습니다. 코사 역시 메디치 은행에서 빌린 100억 원을 선거자금 삼아 인맥을 총동원했고 추기경 자리에 올랐습니다. 그는 8년 뒤인 1410년에 계획대로 교황에 선출되었습니다. 그가 받은 교황명은 '요한 23세oannes XXIII'였죠.

코사가 이렇게 단숨에 교황의 자리에 오를 수 있었던 것은 당시의 가톨릭교회가 극도로 혼란했기 때문입니다. 강력한 왕권을 행사했던 프랑스 왕 필리프 4세Philippe IV가 1309년 교황청을 로마에서 아비뇽으로 옮긴 후 아비뇽 교황청 시대가 지속되었습니다. 1377년에 다시 로마로 교황청을 옮겨왔지만 서유럽 교회는 '교회 대분열'이라는 극심한 혼란에 빠졌습니다. 아비뇽과 로마가 각각의 교황을 선출하면서 대립한 것입니다. 이 문제를 해결하기 위해 피사 공의회에서도 새 교황을 선출하면서 동시대에 무려 세 명의 교황이 존재했습니다. 원래 교황은 로마에서 단 한 명만 선출해야 하는데 아비뇽 교황, 피사 교황, 로마 교황은 각자 자신이 진정한 교황이라고 주장한 것이죠. 교회가 이 같은 큰 혼란을 겪으면서 교황권도 크게 흔들렸습니다.

코사는 세 교황 중 하나인 피사의 교황으로 추대되었습니다. 이로써 코사는 교회의 대혼란기에 영리하게 기회를 잡았고, 조반니는 메디치 은행의 운명을 건 도박에 성공했습니다. 교황이 된 코사는 은혜를 잊지 않고 메디치 은행을 자신의 전담 은행으로 낙점했습니다. 마침내 교황 앞으로 쏟아져 들어오는 현금을 메디치 은행이 직접 관리할 수 있게 된 것입니다. 교황청의 현금을 주무르게 된 메디치 가문은 자금을 관리하는 조건으로 엄청난 수수료를 챙겼습니다. 또한 교황청에서 흘러들어온 돈을 자본 삼아 다양한 사업을 시작하며 경제적 기반을 키워나갔습니다.

요한 23세의 묘

요한 23세라는 든든한 후원자 덕분에 승승장구하던 메디치 가문은 5년 만에 위기를 맞이했습니다. 1415년에 요한 23세가 교황 자리에서 쫓겨난 것입니다. 세 명의 교황이 난립하는 혼란한 상황을 보다 못한 교회는 종교회의에서 교황을 모조리 폐위하고 단 한 명의 새로운 교황을 선출했습니다. 이 과정에서 요한 23세는 이단, 매관매직, 동성애, 폭정, 근친상간, 전임 교황 독살 등 온갖 죄목을 뒤집어쓴 채로 감옥에 갇혔습니다. 여기에 350억 원에 달하는 거액의 벌금까지 물게 됐죠.

요한 23세는 고민 끝에 조반니에게 편지를 보냈습니다. 제발 살려달라는 내용의 편지를 받은 조반니는 그에게 돈을 빌려주고 감옥에서 풀려나

다 빈치의 〈세례 요한〉과 그의 손가락

도록 도왔습니다. 또 피렌체로 데려와 머물 곳을 마련해주고 생활비도 지원했죠. 심지어 요한 23세가 사망하자 두오모 성당 앞 산 조반니 세례당에 청동으로 장식한 묘까지 만들어줬습니다. 조반니는 초기 르네상스 시대를 대표하는 조각의 거장 도나텔로Donatello에게 묘를 만들어달라고 요청했고, 요한 23세는 쫓겨난 교황임에도 권위 있고 아름다운 모습으로 마지막을 장식했습니다.

요한 23세는 끝까지 자신을 챙겨준 조반니를 가장 친한 친구라고 부르며 크게 고마워했고 사망 직전에 큰 선물을 남겼습니다. 레오나르도 다빈치의 작품 〈세례 요한〉을 보면 선물의 정체를 유추해 볼 수 있습니다. 요한 23세가 남긴 선물은 2,000년 전 예수에게 세례를 내린 것으로 알려진 성자 '세례 요한'의 손가락입니다. 세례 요한은 피렌체의 수호 성자로 그의 영향력은 매우 컸죠. 그림 옆의 사진은 현재 이탈리아에서 보관 중인 손가락의 모습입니다.

《성경》에 등장하는 인물의 손가락이 어떻게 지금까지 남아 있는지, 저 손가락이 진짜인지 가짜인지는 아직 정확하게 밝혀지지 않았습니다. 하지만 중세 시대에는 이 손가락을 돈으로도 살 수 없는 보물로 대했습니다. 기독교에서는 예수나 성인이 남긴 신체 일부나 물건을 성유물이라고 합니다. 중세 시대는 성유물을 가지고 있으면 천국에 갈 수 있고 온갖 기적을 일으킬 수 있다고 믿었습니다. 도시와 교회마다 성유물을 차지하려 혈안이 되어 있던 시기에 세례 요한의 손가락은 귀하기 이를 데 없었죠. 요한 23세가 선물한 손가락은 금과 보석으로 치장해 메디치 가문의 보물로 전해 내려왔습니다.

그런데 조반니는 왜 쫓겨난 교황을 끝까지 도왔을까요? 그는 은행업에서 가장 중요한 것은 신용과 신뢰라고 생각했습니다. 그래서 한 번 인연을 맺은 고객에게는 끝까지 신뢰를 보여주려 했죠. 조반니는 요한 23세를 통해 메디치 은행이 귀한 고객을 어떻게 대하는지 세상에 보여주려고 했습니다. 이 이야기가 퍼지면 미담이 되고 메디치 은행의 신뢰도 올라갈 거라 판단한 것입니다. 그 시대의 바이럴 마케팅이었죠. 반대로 조반니가 자신의 이득을 위해 철저한 계산 끝에 요한 23세를 도왔다는 말도 있습니다. 한 번 고객을 배신한 은행은 언제든 다시 배신할 수 있다는 의심을 받을 수 있으니 은행의 이미지를 위해 교황을 도왔다는 것이죠.

메디치 은행은 요한 23세에게 빌려준 선거자금 100억 원과 벌금 350억 원을 거의 돌려받지 못했습니다. 게다가 교황청의 지정 은행에서도 물러나면서 큰 손해를 입었습니다. 위기에 빠진 메디치 은행에 구원의 손길을 내민 것은 1420년에 새로운 교황에 즉위한 마르티누스 5세Martinus V였습니다. 그가 자신의 전담 은행으로 메디치 은행을 선택한 것입니다. 아마도 메디치 은행의 규모와 넉넉한 현금 동원력 등을 보고 자신을 지지해줄 만한 은행이라고 판단한 것 같습니다. 이 일을 계기로 메디치 은행은 서유럽을 호령하는 유일한 교황의 온전하고도 막대한 자금의 관리자가 됐습니다. 단순히 계산해도 기존의 전담 은행 때보다 3배 이상 많은 돈을 주무르게 된 것이죠.

메디치, 특혜를 등에 업다

교황청 전담 은행으로 막대한 부를 축적하던 메디치 가문은 후계자에게 가업을 물려주면서 유럽 최대 은행가로 자리매김했습니다. 그뿐 아니라 평민의 신분을 뛰어넘어 피렌체 권력의 정점에 다다랐습니다. 조반니의 뒤를 이은 후계자는 그의 장남인 코시모 데 메디치Cosimo de' Medici입니다. 코시모는 가문의 핵심 사업인 은행은 물론 피렌체 도심의 각종 건물과 부동산, 지방의 대토지까지 물려받았습니다. 30대 초반에 그가 물려받은 재산은 무려 1,800억 원에 달하는 천문학적 금액이었죠.

코시모는 돈을 기가 막히게 잘 벌었던 천재 사업가였다고 합니다. 철저하고 빈틈없는 성격의 소유자로 자신이 원하는 것을 얻기 위해 쉼 없이 계산하고 갖가지 전략을 세웠습니다. 그는 당대 최고의 수도원 학교에 다니면서 모국어인 이탈리아어 외에도 라틴어, 그리스어, 히브리어, 아랍어까지 구사했다고 합니다. 이 같은 코시모의 성향을 꿰뚫어 본 조반니는 아들에게 은행을 운영하는 방법을 가르쳤습니다.

가업을 물려받은 코시모는 사업을 키우기 위해 아버지인 조반니와 같

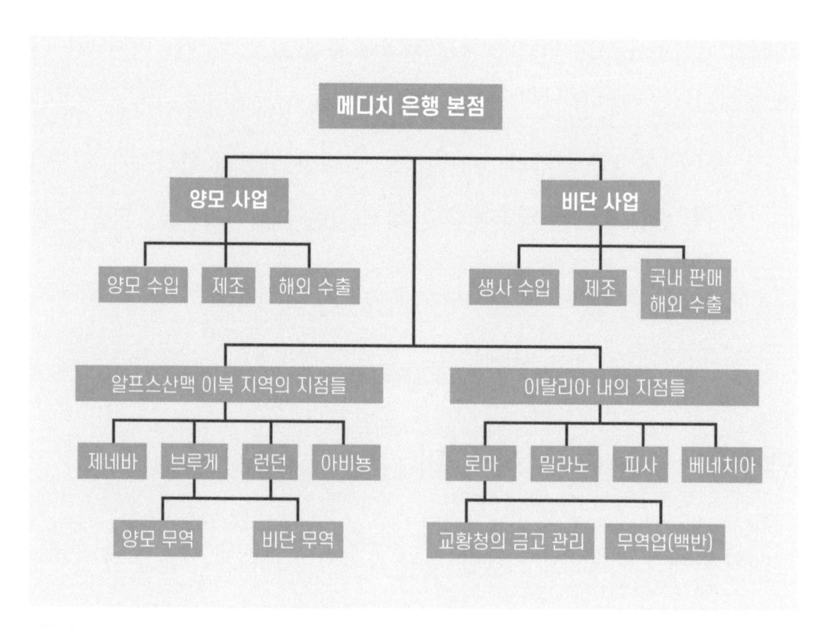

메디치 가문의 사업 규모

은 방법을 사용했습니다. 교황에게 활동 자금을 넉넉하게 빌려주면서 끈끈한 관계를 유지하는 것이었죠. 교황의 권력을 등에 업은 메디치 은행은 적극적으로 사업을 펼쳤습니다.

코시모는 특히 양모와 비단을 중심으로 한 직물업 무역에 주목했습니다. 직물업은 중세 유럽에서 가장 중요한 제조업이었고, 피렌체는 모직물 산업에 특화된 지역이었죠. 양모와 비단을 수입-제조-수출하는 시스템을 구축한 코시모는 유럽 전역에 메디치 은행의 지점을 설치하기로 했습니다. 도시 간 수입과 수출을 안전하고 편리하게 관리하며 교역량이 늘어나면 은행의 규모도 키울 수 있었기 때문이죠. 이때 코시모는 지점을 늘리면서도 절대로 손해 보지 않는 구조를 완성했습니다. 피렌체의 메디치 은행 본점을 모회사로, 해외 지점을 자회사로 둔 것입니다. 쉽게 말해 코

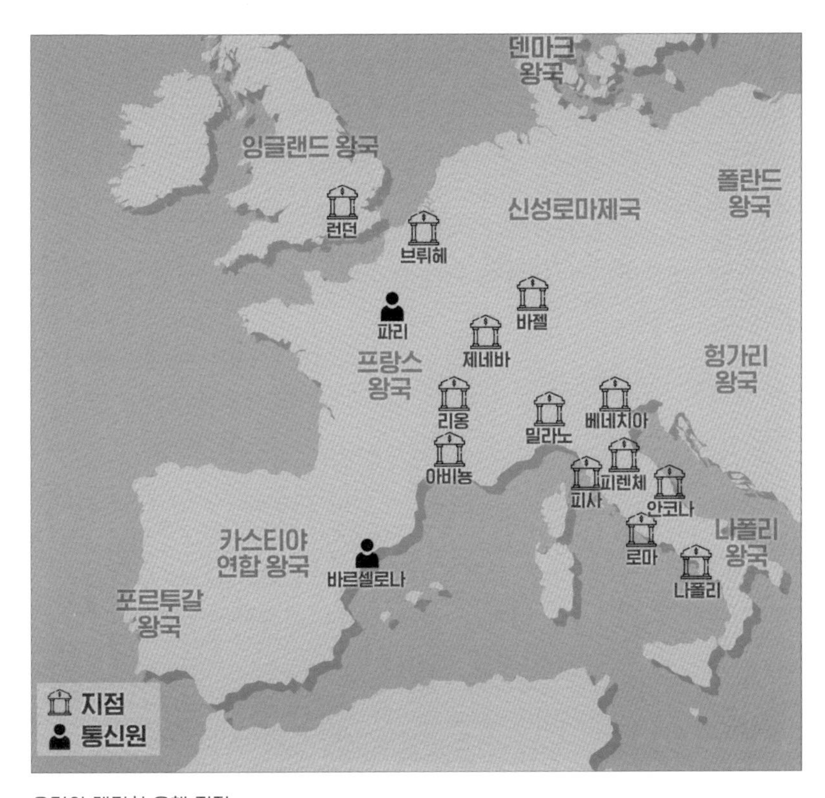

유럽의 메디치 은행 지점

시모가 서울에 지점을 열면서 A라는 사람과 파트너 계약을 맺는 것입니다. 전체 설립 자금이 100만 원이라면 메디치 은행이 60만 원, A가 40만 원을 투자하고 A가 메디치 은행의 서울 지점장을 맡은 것이죠. 만약 서울 지점이 큰 손해를 보면 계약에 따라 메디치 은행은 60%의 책임을 지고 나머지 40%는 A의 몫이 됩니다. 그러니 지점장들은 자신이 투자한 은행을 지키기 위해 각별히 신경 써야 했죠.

코시모는 영국, 벨기에, 스위스, 프랑스 등 서유럽 국가에 해외 지점을 설치했습니다. 지도에 표시한 주요 지점들은 그 아래에 또다시 수많은 은행 사무실을 운영했기에 사실상 유럽 전역 어디에서나 메디치 은행을 찾아볼 수 있었죠. 그러자 유럽의 큰손들이 메디치 은행으로 몰려들기 시작했습니다. 잉글랜드와 프랑스 등 유럽의 왕들은 물론 고위 귀족들까지 메디치 은행의 고객이 된 것입니다. 왕들은 수천억 원에 달하는 자금을 빌렸고 메디치 은행은 그 대가로 유럽 각 국가에서 사업을 키울 수 있는 다양한 특혜를 받아냈습니다.

교황청도 메디치 은행이 사업을 키우는 데 많은 도움을 주었습니다. 그중에서도 가장 큰 특혜는 백반 광산의 독점입니다. 우리나라에서 손톱에 봉숭아 물을 들일 때 사용하는 백반은 당시 유럽에서 옷감을 염색할 때 꼭 필요한 재료였습니다. 그런데 백반은 오직 오스만 제국이 장악한 소아시아에서만 채굴할 수 있었기에 100% 수입에 의존해야 했죠. 그러던 중 1462년에 교황이 다스리던 톨파 지역에서 백반 광산을 발견했고, 1466년 메디치 가문에게 9년간의 백반 교역권을 넘겨준 것입니다. 직물업 무역을 크게 벌이던 메디치 가문으로서는 황금알을 낳는 거위를 받은 것과 같았습니다.

이 외에도 메디치 가문은 은행에서 성직자들에게 빌려준 돈의 이자를 받는 대신 교회에 공급하는 물건값을 부풀리는 것으로 돈을 벌었습니다. 가령 100만 원짜리 상품을 납품하고 영수증은 200만 원으로 처리한 것이죠. 은행에 빚을 진 성직자들은 이 같은 꼼수를 알면서도 이자 대신이라 생각해 눈감아 주었고 메디치 가문은 큰 이득을 보았습니다.

어느새 메디치 가문은 중세 최고의 글로벌 기업이 되었습니다. 하지만 코시모는 아직 만족할 수 없었죠. 시골에서 올라온 평민 출신에 천대받는 직업인 은행업으로 돈을 버는 메디치 가문을 바라보는 시선이 곱지 않

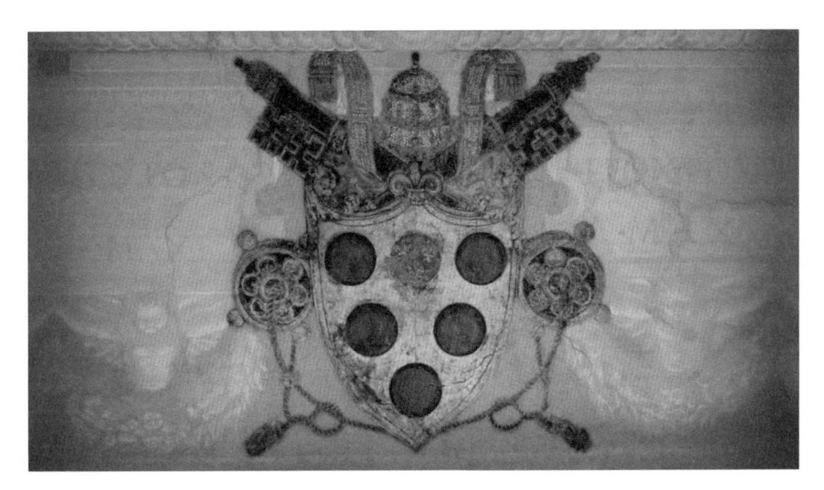

메디치 가문의 문장

았기 때문입니다. 코시모는 고심 끝에 가문의 명예를 높이기 위한 문장을 제작했습니다. 중세 시대의 귀족에게는 가문을 상징하는 문장이 있었습니다. 이는 왕이 귀족 작위와 함께 내려주는 것이기에 평민이 갖기에는 무척 어려웠죠. 명예를 포기할 수 없던 메디치 가문은 조반니 시절부터 직접 만들기 시작한 가문의 문장을 마침내 완성했습니다.

메디치 가문의 문장은 유럽 귀족인 기사 가문에서 많이 사용한 노란색 방패 모양에 여러 개의 붉은 원을 그려 넣어서 만들었습니다. 초기에는 단출하고 장식도 없었지만 가문의 위세가 높아질수록 문장도 점점 화려해졌죠. 메디치 가문은 선조들의 영웅 신화에 기반해 문장을 만들었다고 주장했습니다. 800년경 한 거인이 메디치가 사람들이 살고 있던 지역을 침범했고 당시 용감한 기사였던 선조가 거인을 무찔렀다는 것입니다. 거인이 쇠몽둥이로 메디치 기사의 방패를 내리쳤을 때 움푹 들어간 흔적이 생겼고, 그 모양을 따라 메디치 가문의 문장에 붉은 원을 그려 넣었다고 합니다. 사실 이 신화는 메디치 가문이 평민이 아닌 기사 출신임을 선전하려 코시모가 지어낸 것이었죠. 메디치 가문은 스스로 제작한 문장을 자신들의 건물과 해외 지점 곳곳에 새겨 넣어 가문의 이미지를 포장했습니다.

교황청과의 연줄로 많은 돈을 벌었고 가문의 문장을 만들어 명예도 높였습니다. 이제 남은 것은 딱 하나, 피렌체의 권력을 잡는 것이었죠. 메디치 가문은 엄청난 재산과 이탈리아반도의 복잡한 상황을 이용해 권력을 잡을 기회를 얻었습니다. 중세 이탈리아는 본래 신성 로마 제국의 황제가 다스리던 땅이었습니다. 하지만 로마 교황과 힘겨루기를 하던 황제가 국가 관리에 소홀하자 이 틈을 타 12세기에 이탈리아의 여러 도시가 황제와 전쟁을 치르고 자치권을 얻었습니다. 중세 말에는 이 도시들끼리 서로의 땅을 차지하기 위해 정복 전쟁을 벌였고 밀라노, 베네치아, 피렌체, 나폴리, 그리고 교황이 다스리는 교황령의 다섯 세력이 경쟁하는 체제가 들어섰습니다. 다섯 세력은 서로의 땅을 차지하기 수시로 전쟁과 암투를 벌였습니다. 사방에서 무기가 날아다녔고 살인율은 무서울 정도로 치솟았죠. 전쟁이 끊이지 않던 이 시기에 반드시 필요한 것이 있었습니다. 다음은 그것이 무엇인지 짐작할 수 있는 이탈리아의 풍자시입니다.

> "돈이 사람의 모든 죄악을 숨겨주고, 돈이 남들의 부러움을 사게 하고, 돈이 매력적인 여자를 대령하고, 돈이 영혼을 천국으로 보내주고, 돈이 보잘것없는 사람을 고상하게 만들고, 돈이 원수를 땅에 쓰러뜨리지! 그러니 돈 없으면 패가망신이요, 세상만사는 돈으로 돌아가지. 돈만 있으면 천국도 갈 수 있으니. 현명한 자들이여, 돈을 쌓아라!"

바로 돈입니다. 당시 이탈리아의 도시국가들은 상비군을 운영하지 못해 외국에서 비싼 용병들을 데려와 전쟁을 치러야 했습니다. 따라서 돈이 많을수록 더 강한 용병을 고용해 전쟁에서 승리할 수 있었죠. 피렌체 역시 주변 국가들과 전쟁을 계속했고 시민들은 살인적인 전쟁 비용을 감당해야 했습니다. 문제는 용병 가격이 국가를 휘청거리게 할 만큼 어마어마했다는 것입니다. 결국 피렌체 정부는 전쟁 자금 마련을 위해 막대한 금액

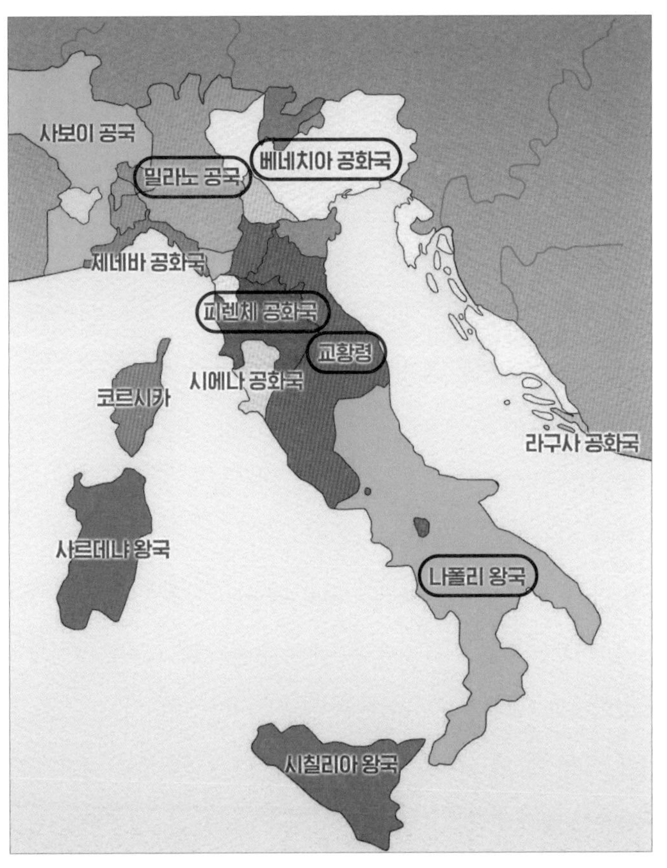

15세기 이탈리아 지도

의 전쟁 공채를 발급했습니다. 정부에서 발행한 공채의 이율은 연 15% 이하로 떨어진 적이 없었고, 나중에는 100%까지 올라갔습니다. 이때 메디치 은행은 공채 형태로 약 15만 플로린 이상의 돈을 빌려주었습니다. 그러자 메디치 가문을 보는 피렌체 시민들의 시선이 달라졌습니다. 도시가 위기에 빠졌을 때 정부에 돈을 빌려준 메디치 가문을 칭찬하기 시작한 것입니다. 이 일을 계기로 메디치 가문은 피렌체 권력의 중심에 한 걸음 다가설 수 있게 됐습니다.

메디치, 권력을 장악하다

은행업에서 성공한 코시모가 첫 번째로 마주한 큰 시련은 피렌체의 권력자였던 리날도 델리 알비치Rinaldo degli Albizzi였습니다. 코시모가 막대한 돈을 벌어들이는 것도 모자라 세력까지 키우려 하자 그를 눈엣가시처럼 여긴 알비치 가문이 견제를 시작한 것입니다. 그들은 "코시모가 피렌체를 장악하려는 위험한 야심을 품고 있다"라며 몰아붙였고, 리날도의 명령으로 정부는 코시모를 체포했습니다.

알비치 가문은 코시모를 사형에 처할 것을 주장했습니다. 그러나 코시모가 감옥에 갇혔다는 소식을 들은 베네치아는 외교관을 파견해 피렌체 정부에 항의했고, 교황청은 사절단을 보냈습니다. 메디치 가문에 돈을 빌린 국가와 권력자들이 코시모의 편을 든 것이죠. 피렌체를 지키기 위해 코시모가 고용한 용병대장까지 군대를 이끌고 왔습니다. 상황이 이렇다 보니 피렌체 정부는 1433년에 코시모에게 사형 선고를 내리는 대신 유배를 보냈습니다.

코시모도 가만히 있지 않았습니다. 그는 자신의 재판을 담당하는 피렌체 시장을 매수했습니다. 그는 원래 알비치 가문이 매수한 사람이었으나 코시모가 약 10억 원을 건네자 재판도 하지 않고 집으로 돌아가 버렸습니다. 코시모는 간수들이 자청해서 음식에 독이 들었는지 먼저 먹어보겠다고 나설 정도로 이곳저곳에 돈을 뿌렸습니다.

비록 코시모는 추방당했지만 그의 재산은 무사했습니다. 이런 일이 생길 것을 미리 눈치챈 코시모가 100억 원에 가까운 피렌체 정부의 채권을 다른 지점에 판 것입니다. 그리고 현금은 여러 수도원에 나눠서 맡겨두었죠. 이런 방법으로 재산을 은닉한 뒤 피렌체로 돌아갈 틈을 노리던 코시모에게 드디어 기회가 찾아왔습니다. 메디치 가문과 끈끈한 관계를 유지해온 교황 에우게니우스 4세Eugenius IV가 피렌체 정부에 영향력을 행사해 코시모의 지지자들로 정부를 구성한 것입니다.

어렵게 피렌체로 돌아온 코시모는 자신의 생명과 재산을 보호하기 위해 피렌체의 권력을 완전히 장악할 것을 다짐했습니다. 이때부터 모든 돈과 인맥을 총동원해 갖가지 권모술수로 피렌체를 장악할 음모를 꾸몄습니다. 그가 가장 먼저 손을 뻗은 곳은 피렌체 정부입니다. 당시 피렌체의 정부 구성은 매우 특이했습니다. 두 달에 한 번씩 추첨으로 시장과 정부위원을 뽑았던 것입니다. 선거 방법은 간단합니다. 선거위원회가 명망 있는 시민의 이름을 가죽 주머니에 넣은 뒤 무작위로 9명을 뽑아 새로운 정부를 구성하는 것입니다.

그런데 코시모가 정권 장악을 결심한 뒤부터 이상하게도 메디치 가문의 지지자만이 정부 대표로 뽑혔습니다. 코시모가 선거위원회를 매수한 결과였죠. 선거위원회는 가죽 주머니에 이름을 넣는 과정은 공개하지 않았습니다. 따라서 어떤 이름이 들어가는지는 아무도 알 수 없었죠. 코시모는 이 맹점을 노리고 선거위원회를 움직여 자신을 지지하는 시민의 이름만 가죽 주머니에 넣게 했습니다. 겉으로는 공정해 보였으나 실제로는 메디치 가문의 지지자들만 선출한 조작 선거였던 것입니다.

철두철미한 코시모는 혹시 모를 배신을 막기 위해 정책 결정 과정도 공개 투표로 바꿨습니다. 9명의 정부 구성원이 정치적 결정을 할 때, 단 한 표라도 자신에게 반대하지 못하도록 만든 것입니다. 비공개 투표가 원칙이었던 피렌체에서 공개 투표는 중대한 원칙 위반이었습니다. 하지만 코시모의 보복이 두려워 누구도 불만을 제기하지 못했죠.

돈과 권력을 가진 코시모는 자신에게 반하는 사람에게는 처절한 응징을 가했습니다. 자신을 추방한 알비치 가문을 모조리 피렌체 밖으로 쫓아냈는데 그 숫자만 500명이 넘었습니다. 또한 세무 공무원을 동원해 엄청난 세금을 물리거나 온갖 방법을 동원해 파산시키기도 했습니다. 자신에게 고분고분하지 않았다는 이유로 어느 가문에는 무려 1,300억 원이 넘는 세금을 부과하기도 했죠.

코시모가 권력을 잡기 위해 채찍만 휘두른 것은 아닙니다. 그는 자신의 지지자에게는 권력과 높은 지위를 제공했으며, 그들이 운영하는 회사가 도산하면 자금을 지원할 만큼 엄청난 특혜를 베풀었습니다. 이런 권모술수로 메디치 가문은 자신들의 뜻대로 정부 대표를 움직였고 마침내 피렌체의 정치와 권력을 좌지우지할 수 있게 됐습니다.

하지만 코시모는 피렌체의 정권을 잡은 뒤에도 늘 불안에 시달렸습니다. 한 번 돈으로 움직인 사람은 언제든 자기 이익을 위해 다시 배신할 수 있다고 생각한 것입니다. 그는 어렵게 얻은 권력을 안정시키기 위해 자신과 가문을 지킬 압도적인 힘을 갖기로 결심했습니다. 그런 코시모의 눈에 들어온 인물은 1450년부터 1466년까지 밀라노를 지배한 프란체스코 스포르차Francesco Sforza 공작입니다. 강력한 군사를 가진 스포르차 공작은 스스로 밀라노 공작에 오른 입지전적 인물이었죠.

코시모는 스포르차 공작의 군사력을 얻기 위해 큰돈을 빌려주었습니다. 그 대가로 스포르차 공작은 언제든 코시모가 필요할 때마다 군대를 보내주기로 했죠. 즉 돈으로 스포르차 군대를 매수해 메디치 가문의 방패로 삼은 것입니다. 이때 코시모는 스포르차 공작에게 원활하게 돈을 빌려주기 위해 밀라노에 메디치 은행의 지점을 새로 열기까지 했습니다. 코시모가 스포르차에게 빌려준 돈은 1,000억 원이 훌쩍 넘었다고 합니다.

코시모는 밀라노의 스포르차 공작의 군사적 지원을 확보하기 전에 교황 에우게니우스 4세의 지지를 확보하고 가문의 위상을 높이기 위해 큰 결심을 했습니다. 호시탐탐 기회를 엿보던 코시모는 교황청이 기독교 최대 행사인 '공의회'를 개최하던 중 난항에 부딪혔다는 소식을 듣게 됩니다. 공의회는 기독교 최고위 성직자와 신학자들을 소집하는 최고의 종교회의입니다. 오늘날 세계 주요 7개국의 대표가 모이는 국가 회의를 G7이라고 하는데, 공의회는 종교 버전 G7이라고 볼 수 있죠. 당시 열린 공의회는 1,500년에 달하는 기독교 역사상 최초로 비잔티움 황제까지 참석해 동서 교회의 통합을 논의하는 중요한 행사였습니다. 그런데 공의회의 주제가 너무 어려운 탓에 회의는 하염없이 길어졌고 무려 2년이나 계속됐습니다. 이로 인해 교황은 막대한 추가 비용을 내야 하는 어려움에 빠졌습니다.

코시모는 곧장 교황에게 달려가 공의회에 드는 비용의 상당 부분을 메

베노초 고촐리의 〈동방박사들의 행렬〉

디치 가문이 후원하겠다는 파격적인 제안을 했습니다. 대신 회의가 열리는 장소를 기존의 이탈리아 페라라에서 피렌체로 옮겨 달라는 조건을 걸었습니다. 그 결과 1439년에 기독교 역사에 길이 남을 '피렌체 공의회'가 열렸습니다. 오늘날로 치면 올림픽을 유치한 것과 같았죠. 이제 피렌체에는 동방 기독교의 수장인 비잔티움 황제와 그의 일행, 서방 기독교의 수장인 로마 교황과 고위 성직자들이 모두 몰려왔습니다. 이 행사를 계기로 메디치 가문의 평판은 더욱 높아졌습니다. 안으로는 피렌체의 명성을 드높인 가문으로 인정받았고, 밖으로는 동서 교회의 화합을 논의하는 중대한 행사를 지원한 기품 있는 가문으로 널리 이름을 알린 것입니다.

드디어 돈만 많은 평민이라는 꼬리표를 뗀 메디치 가문은 이후 이 행사를 기념하기 위해 특별한 그림을 의뢰했습니다. 피렌체의 화가 베노초 고촐리Benozzo Gozzoli가 그린 〈동방박사들의 행렬〉입니다. 재미있는 사실은 제목과 달리 그림 속 인물들이 대부분 메디치 가문과 관련한 사람들이라는 것입니다. 코시모와 가족들, 군대를 보내준 스포르차 공작, 메디치 은행 지점장들도 있습니다. 그리고 이 행렬이 향하는 곳은 예수가 탄생한 베들레헴이 아니라 오른쪽 산꼭대기에 있는 피렌체의 시청 건물입니다. 즉 메디치 가문 사람들과 그 지지자들이 권력의 중심부로 향하는 모습을 통해 메디치의 부와 권력을 과시한 것입니다. 지금도 피렌체에서는 이 그림을 재현한 '메디치 행렬'이라는 축제를 열고 있습니다. 중세 시대 복장을 그대로 재현한 축제에 많은 관광객이 몰려든다고 합니다.

메디치 독재 권력에 저항하다

메디치 가문은 코시모를 통해 엄청난 재산을 쌓으며 15세기 피렌체 최고의 가문으로 올라서는 데 성공했습니다. 가문의 위세가 정점에 이른 시기, 한 인물이 등장하며 메디치 가문은 수백 년이 지난 지금까지 기억되는 명문가로 거듭나게 됩니다. 그 주인공은 코시모의 손자인 로렌초 데 메디치Lorenzo de' Medici입니다.

할아버지인 코시모가 죽고 병약했던 아버지마저 세상을 떠난 1469년 겨울, 로렌초는 20세의 어린 나이에 거대한 가문을 이끄는 수장의 자리에 올랐습니다. 학문, 노래, 무술 등 다재다능했던 로렌초는 이탈리아뿐 아니라 유럽에서도 유명했습니다. 그중 가장 뛰어난 능력은 언변으로 그가 말하기만 하면 듣는 사람이 홀딱 넘어갈 정도였다고 합니다. 로렌초는 가문의 돈과 권력을 지키고자 철저히 할아버지인 코시모가 닦아놓은 길을 따랐습니다. 선거 조작으로 피렌체를 다스렸고 자신과 가문의 안전을 위해 밀라노의 스포르차 공작과 연합했죠. 로렌초는 메디치의 수장이 되자마자 스포르차 공작에게 다음과 같은 내용의 편지를 보냈습니다.

> "내 모든 희망이 당신에게 달려 있습니다. 당신이 아니면 내 상황과 안전을 보살펴줄 사람이 없습니다. 내 영혼, 내 육신, 그리고 내가 가진 모든 것을 공작에게 바칩니다."

아첨이 가득 담긴 편지를 받은 스포르차 공작은 로렌초에게 군대를 보내주기로 약속했고, 피렌체 정부에도 자신이 로렌초를 강력히 지지하고 있음을 전달했습니다. 로렌초의 발 빠른 조치로 메디치 가문은 수장이 바뀐 후에도 흔들림 없이 피렌체의 모든 것을 주무를 수 있었죠.

하지만 세대를 걸쳐서 피렌체를 조종하는 메디치 가문에 불만을 가진 세력도 많았습니다. 대표적인 것이 피렌체의 유서 깊은 귀족이자 은행업을 해온 파치 가문입니다. 메디치 가문이 피렌체를 휘어잡으면서 서서히 권력에서 멀어졌던 파치 가문은 메디치 가문의 수장이 바뀌는 혼란한 틈을 타 다시 권력을 장악하려 기회를 엿보고 있었습니다. 그런데 이때 오랫동안 메디치 가문을 군사적으로 뒷받침해주던 밀라노의 스포르차 공작이 암살되는 사건이 벌어졌습니다. 이때다 싶은 파치 가문은 곧바로 메디치 가문을 없앨 음모를 꾸몄습니다. 메디치 가문을 이끄는 젊은 수장인 로렌초와 그의 남동생 줄리아노 데 메디치Giuliano de' Medici를 죽이기로 한 것입니다. 무술 실력이 뛰어난 로렌초를 상대하기 위해 당시 유명한 용병대장인 몬테세코Montesecco 백작에게 암살자 역할을 맡겼습니다.

파치 가문은 암살에 성공하기 위해 치밀한 계획을 세웠습니다. 거사일은 1478년 4월 26일 일요일 아침, 암살 장소는 두오모 성당입니다. 로렌초와 줄리아노가 미사를 드리는 동안 성당의 수많은 신자 사이로 몰래 다가가서 재빠르게 두 형제를 암살하기로 한 것입니다. 두 형제를 죽인 뒤에는 군대를 투입해서 시청을 장악하고 정권을 탈취하기로 했죠.

그런데 암살 직전 황당한 일이 발생했습니다. 로렌초를 죽이기로 한 용병대장이 암살을 포기한 채 성당을 빠져나가 버린 것입니다. 하느님이 보고 계신 교회 안에서 사람을 죽일 수 없다는 이유였습니다. 파치 가문은 어처구니가 없었지만 급한 대로 함께 음모를 짠 성직자에게 로렌초를 살해하라고 지시했습니다. 암살을 위해 몰래 칼을 쥔 성직자들은 미사가 시

스테파노 우씨의 〈파치가의 음모〉

작되자 계획대로 재빨리 메디치 가문 사람들을 공격했습니다.

31쪽의 그림은 스테파노 우씨Stefano Ussi의 〈파치가의 음모〉로 암살 당시 상황을 재현한 것입니다. 그림 속 흰옷을 입은 사람은 로렌초의 남동생 줄리아노입니다. 그는 파치 가문 사람에게 무려 19번이나 칼에 찔린 채 처참하게 죽었습니다. 이어 로렌초를 암살하기로 한 성직자가 칼을 휘둘렀으나 재빨리 피했고 급히 막아선 친구들이 대신 다치면서 살아남았습니다. 간발의 차로 목숨을 건졌으나 동생을 잃은 로렌초는 암살 주동자들을 닥치는 대로 잡아들일 것을 명령했습니다. 정부가 발 빠르게 움직여 범인을 잡았고, 그날 오후 피렌체에는 피바람이 불었습니다. 정부 관리들은 암살 주동자들을 고문해 죽인 뒤 그 시체를 벌거벗겨 시뇨리아 궁의 높은 창문에 내다 걸었습니다. 매달린 시체가 떨어지면 흥분한 시민들이 몰려들어 시체를 토막 내거나 떨어진 시체를 끌고 피렌체 시내를 돌아다니는 피와 광란의 풍경이 펼쳐졌죠.

레오나르도 다빈치의 스케치

이후 로렌초는 파치 가문의 모든 재산을 몰수한 뒤 가문의 이름과 문장도 모조리 지웠습니다. 암살 사건 관련자 중 잡히지 않고 빠져나간 사람들이 있었는데 10년 가까이 집요하게 추적해 복수를 완성했죠. 그중 멀리 오스만 제국까지 도망간 사람이 있었고 메디치 가문은 술탄에게 범죄자를 내어달라고 요청한 뒤 피렌체로 끌고 와서 처형했다고 합니다. 레오나르도 다빈치는 이 모습을 스케치로 남겼습니다. 훗날 메디치 가문이 암살 사건을 기록한다면 자신에게 의뢰할 것이라고 기대하면서 성벽에 매달린 시체를 그렸다는 설이 있습니다.

메디치, 피렌체를 구한 영웅이 되다

충격적인 암살 사건이 일어난 직후에는 시민들도 메디치 가문의 편에서서 함께 분노했습니다. 하지만 그 분노는 점차 두려움으로 변했습니다. 로렌초가 암살 사건을 계기로 철저하게 피렌체를 휘어잡겠다고 결심하면서 독재국가에 가까워진 것입니다. 로렌초는 자신의 사람들로 구성한 특별헌법기구를 만들어서 운영했습니다. 여기에서 자신에게 반대하는 표가 하나만 나와도 눈을 부릅뜨고 견제했죠. 또한 그림자 속에서 움직이는 특별 경찰기구인 '팔인회'를 통해 피렌체 전역에서 로렌초의 반대파를 색출하고 탄압했습니다. 눈에 거슬리는 가문은 모조리 쫓아냈고, 쫓아낸 뒤에도 밀정을 보내서 감시했죠.

피렌체 시민들은 독재자라며 로렌초를 욕했지만 그의 보복이 두려워 불만을 드러내지 못했습니다. 로렌초가 피렌체를 장악한 이 시기 피렌체 밖에서는 상상조차 못할 일이 벌어졌습니다. 로마의 교황이 피렌체 전체를 파문하겠다고 선언한 것입니다. 당시 교황의 파문이란 기독교 공동체에서 추방해 '죄악의 자식들'로 낙인찍는 동시에 이들을 향한 전쟁과 파괴를 용인한다는 것이었죠.

알고 보니 로렌초 암살 사건의 배후에 교황 식스투스 4세Sixtus IV가 있었던 것입니다. 그동안 교황과 메디치 가문은 대대로 끈끈한 사이를 유지했는데 그는 왜 로렌초를 암살하려고 했을까요? 교황도 처음에는 로렌초에게 호의적이었습니다. 로렌초와 가족들이 천국에 갈 수 있도록 축복해주기도 했죠. 하지만 교황은 자신의 지위를 이용해서 조카와 친척을 챙기는 데 혈안이 된 인물이었습니다. 이를 눈치챈 로렌초는 교황이 조카를 성직자로 앉히려고 할 때마다 방해했고, 조카에게 도시를 사주기 위해서 돈을 빌려달라고 하면 퇴짜를 놓았습니다. 피렌체 주변에서 교황의 세력이 커지는 것을 좌시할 수 없었기 때문입니다.

결국 교황은 사사건건 자신을 방해하는 로렌초를 증오하게 됐습니다. 때마침 파치 가문과 결탁한 조카들이 교황에게 로렌초 암살 계획을 털어놓자 이를 침묵으로 승인한 것입니다. 그런데 계획이 실패하고 자신의 최측근인 대주교까지 암살 주모자가 되어 참혹한 몰골로 피렌체에서 목이 매달리자 교황은 참을 수 없는 분노를 느꼈습니다. 이 기회에 로렌초를 몰아내고 직접 피렌체를 장악하기로 한 교황은 피렌체에 파문을 선언한 후 옆 나라인 나폴리의 왕과 협공해 피렌체를 침공했습니다.

나폴리의 왕 페르디난도 1세Ferdinand I는 교황과 로렌초의 싸움을 보면서 피렌체를 빼앗을 절호의 기회라고 생각했습니다. 그는 교황과 손잡은 뒤 피렌체에 자신의 군대를 보냈습니다. 아무리 로렌초가 돈으로 용병을 산다고 해도 연합군에는 수적으로 불리했습니다. 속수무책으로 당할 수밖에 없던 메디치 가문은 엄청난 돈을 쏟아부어 1년 반이 넘도록 전쟁을 치렀지만 역부족이었습니다. 설상가상으로 전염병이 돌고 흉작까지 들면서 피렌체의 상황은 점차 심각해졌죠. 막다른 궁지에 몰린 로렌초는 이

나폴리의 왕을 만난 로렌초

전쟁을 끝내기 위해 특단의 조치를 취했습니다. 나폴리의 왕 페르디난도 1세를 찾아가 군대를 물리고 전쟁을 끝내달라고 설득하려 한 것입니다.

이는 무모하고 위험한 생각이었습니다. 몇 마디로 전쟁을 끝낸다는 것이 어려운 일일뿐더러 나폴리 왕은 교활하기 그지없는 인물로 알려져 있었습니다. 한마디로 전쟁 중에 적국을 찾아가 자신의 목을 들이미는 꼴이었죠. 그럼에도 로렌초는 1479년 12월에 배를 타고 나폴리로 향했습니다. 그는 3개월 가까이 나폴리에 머무르면서 온 힘을 다해 왕을 설득했습니다. 이대로 피렌체가 교황의 손에 넘어가 그의 세력이 커지면 교황령과 국경을 맞댄 나폴리에 큰 위협이 될 것이라 경고한 것입니다. 동시에 자신이 피렌체를 계속 다스리게 해주면 나폴리에 영원한 충성을 바치겠다는 맹세도 빼놓지 않았습니다. 나폴리 왕의 결정은 그림으로 대신하겠습니다.

그림에서 왕은 무릎 꿇은 로렌초의 손을 잡고 다정하게 말을 건네고 있습니다. 로렌초의 설득이 통한 것입니다. 왕은 군대를 물렸고 나폴리와 피렌체는 평화조약을 맺었습니다. 사실 로렌초는 권모술수의 대가답게 미리 준비한 선물과 엄청난 현금을 나폴리 왕궁 사람들에게 뿌렸다고 합니다.

사절단의 공물을 받는 로렌초

이 외에 로렌초가 나폴리를 방문하기 전에 이미 두 나라가 편지로 전쟁 중단을 협의한 다음 만나서 구체적인 조건을 협상했다는 설도 있습니다.

무사히 협상을 마치고 피렌체로 돌아온 로렌초는 전쟁에서 나라를 구한 위대한 영웅 대접을 받았습니다. 상황이 이러하니 교황도 어쩔 수 없이 군대를 철수하고 돌아갔습니다. 그러자 로렌초는 즉시 사절단을 꾸려서 교황에게 보냈고, 교황은 못 이기는 척 사과를 받아들였습니다. 두 사람의 화해 덕분에 피렌체가 교황청에서 파문당한 것도 없던 일이 되었습니다.

로렌초가 나폴리의 왕을 만나 피렌체를 구해냈다는 소문은 전 유럽을 넘어 이집트까지 알려졌습니다. 이후 각국의 사절단이 메디치 가문을 찾았습니다. 그림은 이집트 사절단의 선물을 받는 로렌초의 모습을 담은 것입니다. 특히 오른쪽 위에 있는 기린은 이집트 술탄의 선물로 당시에는 부와 권력의 상징으로 여겼습니다. 다만 이는 메디치 가문의 후원을 받은 전담 화가이자 건축가였던 조르조 바사리Giorgio Vasari의 작품이므로, 가문의 의도에 따라 과장해서 표현한 대외 선전용 그림이라 할 수 있습니다.

르네상스, 메디치 가문에서 꽃피다

권모술수와 암투, 그리고 정적들을 제거하는 잔인함을 앞세워 피렌체의 권력을 장악하고 전 유럽에서 막대한 돈을 쓸어 담은 메디치 가문. 역사 속 수많은 가문 중에서도 메디치 가문이 지금껏 명성을 이어올 수 있었던 이유는 어마어마한 돈을 투자해 르네상스 발전에 크게 이바지한 업적 때문입니다. 특히 메디치 가문이 남긴 피렌체의 우피치 미술관은 르네상스를 통째로 만날 수 있는 최고의 컬렉션이라 할 수 있습니다. 이곳의 작품은 피렌체 정부의 재산이기에 경매에 나온 적이 없어서 값을 매길 수는 없습니다. 그런데 2021년에 보티첼리Botticelli가 그린 메디치 가문의 초

보티첼리의 〈원형 메달을 든 청년〉

상화 한 점이 미국 소더비 경매에 출품해 큰 주목을 받았습니다. 그림의 낙찰가는 무려 1,000억 원이 넘었죠. 이 금액을 감안했을 때 우피치 미술관이 소장한 작품의 가치는 상상할 수 없을 만큼 높을 것입니다.

메디치 가문은 금융업과 무역업으로 번 돈의 상당 부분을 예술과 학문에 투자했습니다. 그 이유를 알기 위해서는 당시 시대 배경을 살펴봐야 합니다. 메디치 가문이 활동하던 때는 이탈리아에서 르네상스가 시작되던 시기였습니다. 유럽은 기독교를 받아들인 후 무려 1,000년 가까이 가톨릭 교회와 《성경》, 그리고 하느님을 절대적으로 믿는 세계관 속에서 움직였습니다. 그런데 어느 순간부터 이런 사회에 답답함을 느낀 사람들은 기독교가 들어오기 전에 자유롭게 문화가 꽃피었던 고대 그리스와 로마의 문화와 학문을 부활시키려는 움직임을 보였습니다. 그런 점에서 르네상스의

오타비오 바니니의 〈위대한 로렌초와 당대의 예술가들〉

핵심은 고대의 재발견이었죠.

새로운 바람이 불자 메디치 가문도 예술과 학문에 투자하기 시작했습니다. 특히 르네상스가 한창이던 15세기에 할아버지인 코시모로부터 막대한 재산을 물려받은 로렌초는 예술가들에게 마음껏 투자했습니다. 재료비를 포함한 거금을 주고 화가들에게 그림을 의뢰하거나 매달 일정 비용을 지원해 돈 걱정 없이 예술 활동을 펼칠 수 있도록 도왔죠. 그는 자신이 후원한 예술가들의 뛰어난 작품이 메디치 가문의 명예를 높이기를 바랐습니다. 그래서 재능 있는 예술가라는 판단이 들면 지원을 아끼지 않은 것입니다. 이 소문을 들은 예술가들은 로렌초에게 몰려들었습니다.

오타비오 바니니Ottavio Vannini가 그린 작품 속 가운데 앉아 있는 인물이 로렌초입니다. 그의 주변에는 앞다퉈 자신의 작품을 보여주려는 예술가들이 있습니다. 그중 오른쪽에 보라색 옷을 입은 사람은 르네상스 최고의 천재라 불리는 조각가이자 화가인 미켈란젤로입니다. 그를 향한 로렌초의 애정은 각별했습니다. 어릴 때부터 재능을 알아보고 고급 인문학 교육을 받게 해주는가 하면, 매달 500만 원 정도의 돈을 지원하며 마음껏 작업 할 수 있도록 도왔죠. 미켈란젤로가 인체를 공부할 수 있도록 해부용 시체를 제공해준 것도 메디치 가문입니다.

로렌초가 미켈란젤로의 재능을 알아본 데는 한 가지 설이 존재합니다. 12세에 조각 영재로 뽑힌 미켈란젤로는 메디치 가문 정원에서 그리스 신화 속 반인반수의 모습을 한 숲의 정령 사티로스Satyros를 조각하고 있었습니다. 우연히 이를 본 로렌초는 "늙은 사티로스를 조각하면서 이빨이 너무 건강하군!"이라고 말했습니다. 잠시 후 돌아와 보니 미켈란젤로가 조각에서 이빨을 몇 개 뽑고 구멍을 내서 노인처럼 만들어 놓은 것입니다. 이때부터 로렌초는 미켈란젤로를 적극적으로 후원했습니다.

미켈란젤로 외에도 메디치 가문이 특히 많은 작품을 의뢰한 예술가가 있습니다. 초기 르네상스를 대표하는 화가이자 로렌초의 친구였던 보티첼리입니다. 그의 대표작인 〈비너스의 탄생〉의 모델은 당대 피렌체 최고의 미녀인 시모네타 베스푸치Simonetta Vespucci입니다. 보티첼리는 시모네타를 보고 첫눈에 반했습니다. 하지만 그녀는 유부녀인 데다 로렌초의 남동생인 줄리아노와 불륜 관계였죠. 게다가 메디치 가문의 후원을 받았던 보티첼리는 차마 시모네타에게 다가가지 못하고 남몰래 짝사랑하면서 여러 작품에 시모네타를 그려 넣었다고 합니다.

우피치 미술관에는 〈비너스의 탄생〉을 비롯해 여러 개의 전시실에 걸쳐 보티첼리의 작품들이 많이 걸려 있습니다. 대부분 메디치 가문이 의뢰

〈비너스의 탄생〉

한 것들입니다. 당시 메디치 가문은 예술가와 작품을 계약한 뒤 그림의 주제와 등장인물은 물론 각각의 인물을 어떤 크기로 그릴지, 또 어떻게 배치할지까지도 세세하게 합의하곤 했습니다. 그림에 화가가 아닌 메디치 가문의 의도를 담고자 한 것입니다. 사실 15세기에는 화가보다 주문자의 의도를 작품에 반영하는 것이 일반적이었습니다. 실제로 보티첼리의 그림 중에는 메디치 가문의 정치적 의도가 담긴 것으로 해석되는 작품이 있습니다.

보티첼리의 대표작인 〈프리마베라〉는 이탈리아어로 봄 또는 청춘을 뜻합니다. 가로 3m, 세로 2m가 넘는 거대한 그림에는 그리스 신화에 나오는 9명의 신들이 실제 사람과 비슷한 크기에 완벽한 비율로 담겨 있습니다. 또한 수백여 종의 식물을 정교하게 묘사해 시선을 사로잡고 있죠. 미술사에서도 해석이 분분한 이 그림은 매우 다양한 시각으로 해석되곤 하

〈프리마베라〉

는데, 그 가운데 철저하게 메디치 가문의 시각으로 이 그림을 살펴보겠습니다.

멀리서 보면 미의 여신 비너스가 여러 신들과 함께 숲속을 거니는 모습입니다. 그런데 자세히 뜯어보면 이 그림에는 메디치 가문과 피렌체를 상징하는 요소들이 곳곳에 들어가 있습니다. 100여 종이 넘는 다양하고 화려한 꽃들이 핀 풍경은 따스한 봄이 오고 있음을 나타냅니다. 오른쪽의 두 여인은 꽃의 여신 플로라Flora와 봄의 여신 클로리스Chloris로 당시 꽃의 도시라 불리던 피렌체를 상징합니다. 선두에 선 헤르메스Hermes는 전령의 신이자, 상업과 무역의 신입니다. 피렌체에서 상업하면 떠오르는 가문은 메디치였죠. 여기에 나무마다 주렁주렁 매달린 과일은 메디치 가문의 문장과 닮은 오렌지입니다. 이런 의미들을 종합해보면 〈프리마베라〉는 피렌체에 어두운 시대가 가고, 메디치 가문이 이끄는 새로운 시대가 다가

〈동방박사의 경배〉

오고 있다고 해석할 수 있습니다.

그뿐 아니라 보티첼리는 메디치의 위대함을 상징적으로 나타내는 그림들도 그렸습니다. 어느 그림에서는 로렌초를 지혜의 여신인 아테나Athena에 비유하기도 했습니다. 로렌초를 현명하며 뛰어난 외교술과 언변을 지닌 인물로 강조하기 위해서였죠.

메디치 가문의 의도가 가장 노골적으로 드러난 그림은 보티첼리의 〈동방박사의 경배〉라는 작품입니다. 아기 예수가 탄생할 때 동방박사들이 찾아와 경배하는 모습을 담은 이 그림은 메디치 가문의 가족사진이라 해도 과언이 아닙니다. 아기 예수의 발을 닦고 있는 첫 번째 동방박사는 로렌초의 할아버지인 코시모이고, 그림 중앙에 붉은 망토를 걸친 두 번째 동방박사는 로렌초의 아버지인 피에로입니다. 그 오른쪽에 있는 세 번째 동방박사는 암살 사건 때 죽은 로렌초의 남동생 줄리아노이며 마지막으로 로렌초는 아버지의 왼쪽에서 모든 광경을 지켜보고 있습니다.

메디치 가문이 화가들에게 이 같은 그림을 의뢰한 것은 자신들의 통치를 정당화하기 위해서입니다. 메디치 가문은 대를 이어 피렌체의 권력자로서 정치를 쥐락펴락했으나 왕이나 시장처럼 공식적인 지위를 갖추지는 못했습니다. 그저 입 안의 혀처럼 굴어줄 대표들을 앞세워 로렌초의 뜻대로 움직일 뿐이었죠. 다 가진 것처럼 보이지만 실상은 그렇지 않았던 메디치 가문은 예술을 적극적으로 활용해 가문을 선전하고 계속해서 영향력을 행사하려 했습니다. 로렌초가 의뢰한 작품을 보면서 시민들이 자연스럽게 메디치 가문을 위대하게 생각하기를 바란 것입니다.

가문의 위세를 높이기 위한 로렌초의 후원은 음악 분야에도 이어졌습니다. 15세기 유럽 최고의 작곡가로 평가받는 기욤 뒤파이Guillaume Dufay도 30년간 메디치 가문의 후원을 받으며 노래를 만들었습니다. 그의 걸작으로 손꼽는 〈이제 장미꽃이 피었네〉라는 작품은 꽃의 도시 피렌체에 대한 찬가이자, 그 도시를 이끄는 메디치 가문에 영광이 계속되길 기원하는 헌사나 마찬가지였죠.

메디치 가문이 음악의 발전에 미친 영향력은 상당합니다. 마리아 데 메디치Maria de' Medici와 프랑스의 왕 앙리 4세Henri IV의 결혼식이 있던 해, 피렌체에서 축하연이 열렸습니다. 이때 메디치 가문이 후원한 음악가들이 대중 앞에서 공연을 했습니다. 그 음악이 프랑스와 유럽에 전파되면서 현대의 오페라로 자리 잡은 것입니다. 이 외에 메디치 궁전의 음악가였던 바르톨로메오 크리스토포리Bartolomeo Cristofori는 메디치 가문의 후원을 받아 피아노를 발명했습니다. 그는 원시적 형태의 기존 피아노를 지금과 같이 해머로 두드리는 방식으로 새롭게 만들어 현대식 피아노의 창시자가 되었습니다.

그림과 음악 외에 발레도 메디치 가문과 관련이 있습니다. 프랑스 국왕 앙리 2세Henri II와 결혼한 카테리나 데 메디치Caterina de'Medici는 아들 앙리 3세Henri III에게 발레를 만들라고 지시했다고 합니다. 그 결과 1581년에 최초로 발레 공연이 이루어졌고 이후 현대적인 모습의 발레로 발전했습니다. 그림, 조각, 건축, 오페라, 피아노, 발레 등 메디치 가문이 현대 예술의 기반을 닦아주었다고 해도 과언이 아닙니다.

메디치 가문이 르네상스에 결정적인 영향력을 미쳤다고 할 수 있는 분야는 예술만이 아닙니다. 대중에 잘 알려지지 않았지만 학문이 꽃피는 데도 큰 역할을 했습니다. 르네상스는 단순한 예술 사조가 아니라 고대 그리스와 로마의 정신을 부활하는 것이 핵심입니다. 따라서 고전을 공부하고 이해하는 것이 매우 중요했죠. 이를 위해 메디치 가문이 설립한 클럽이 그리스·로마 시대의 학문과 문학을 연구하는 '플라톤 아카데미'입니다.

이곳에는 학자뿐 아니라 예술가와 문학가들도 모여들었습니다. 이들 사이에서 수많은 토론과 깊이 있는 연구가 이루어지면서 르네상스의 발전에도 지대한 영향을 미친 것입니다. 메디치 가문은 이 모임이 원활하게 운영되도록 다양한 지원을 했습니다. 비잔티움 제국에서 플라톤Plato을 연구하는 유명한 학자를 초빙하기도 했고, 그리스·로마 시대의 책을 모으기 위해 책 사냥꾼들까지 고용했죠. 메디치 가문은 이들을 통해 유럽과 멀리 비잔틴 제국까지 뒤져서 희귀 필사본을 비롯한 고전을 닥치는 대로 사들였습니다.

플라톤 아카데미 외에도 과학 아카데미를 만들어서 과학자들의 연구를 지원했습니다. 당대 최고의 천문학자 갈릴레오 갈릴레이Galileo Galilei를 초빙해서 마음껏 연구할 수 있게 후원한 결과, 오일과 에탄올의 밀도 차이를 이용한 최초의 온도계가 탄생했습니다. 이는 오늘날 알코올 온도계로 발전했죠. 이 외에도 메디치 가문은 미술 아카데미를 운영해 예술가를 육성했습니다. 이는 현재 피렌체의 아카데미아 미술관으로 남아 있는데 이곳에서 미켈란젤로의 다비드상을 볼 수 있습니다.

메디치 가문이 학문 후원에 얼마나 열의를 보였는지 알 수 있는 것이 피렌체의 중심에 있습니다. '로렌초 도서관'이라는 뜻의 라우렌치아나 도서관입니다. 책이 비싸고 귀했던 과거에 도서관은 왕족이나 귀족에게만 허용되던 고급 문화였죠. 그런데 메디치 가문이 세운 이 도서관은 모든

피렌체 라우렌치아나 도서관 입구

시민이 자유롭게 들어와서 이용할 수 있었습니다. 1만 권 이상의 필사본을 소장한 이곳은 그리스·로마의 고전을 대중에 공개한 유럽 최초의 공공도서관이자 르네상스 철학의 기초가 된 의미 있는 곳으로 평가받고 있습니다. 사진은 도서관에서 가장 유명한 입구의 계단입니다. 이 계단은 미켈란젤로가 '어둠에서 광명으로'라는 콘셉트로 설계한 것으로 여기에는 숨은 의도가 존재합니다. 계단은 어둡고 안쪽의 도서관은 매우 밝아 보이는데, 이는 책을 통해 배움을 얻고 밝은 세상으로 나아간다는 의미를 담은 것입니다.

이처럼 예술가와 학자들의 조력자를 자처한 메디치 가문의 행동에서 나온 말이 있습니다. '메디치 효과'입니다. 다양한 분야의 사람들이 만나는 교차점에서 혁신적인 아이디어가 폭발적으로 나타나는 현상을 뜻하는 말이죠. 메디치 가문은 적극적으로 여러 분야를 후원하면서 학문적 소양을 갖춘 뼈대 있는 가문임을 끊임없이 알리려고 했습니다. 메디치 가문의 정치적 의도 속에 르네상스가 꽃피웠다는 사실은 역사의 아이러니라고 할 수 있습니다.

천국에 가기 위한 메디치 가문의 통 큰 배팅

돈과 권력을 모두 손에 쥔 메디치 가문이지만 여전히 해결하지 못한 문제가 남아 있었습니다. 그들의 고민을 예측할 수 있는 그림이 48쪽에 있습니다. 코시모가 필리포 리피Filippo Lippi에게 의뢰한 〈탐욕스러운 자의 심장을 찾은 파도바의 성 안토니오〉라는 제목의 제단화입니다. 그림은 어

코시모가 의뢰한 제단화

느 은행가가 죽자 의사들이 그의 가슴을 열어젖히는 상황을 묘사하고 있습니다. 그런데 은행가의 가슴을 열어보니 심장이 없습니다. 그의 붉은 심장은 그림 왼쪽에 있는 옆방의 금고 속에 들어 있습니다. 오른쪽에서 상황을 지켜보며 설교하는 사람은 이탈리아 파도바 출신의 수도사입니다. 그는 《성경》 문구의 일부인 "너희 보물이 있는 곳에는 너희 마음도 있으리라"라는 말을 전하고 있습니다.

이는 지상에 재물을 쌓아두지 말라는 교회의 가르침을 어기고 금고에 재물과 마음을 쌓아둔 대부업자의 탐욕을 그린 것입니다. 탐욕은 교회에서 규정한 7가지 죄목 중 가장 큰 범죄였습니다. 때문에 은행업자들은 자신이 지옥에 떨어질 것을 항상 두려워했습니다. 교회는 이들이 구원을 얻을 수 있는 방법을 다음과 같이 알려주었습니다.

"부당하게 얻은 이자와 이익을 원주인에게 돌려주어라. 돌려줄 이가 없으면 교회에 기부하라."

당시 은행업자들은 마음대로 죽을 수도 없었습니다. 반드시 성직자나 수도사를 불러서 죄를 참회하고 은행업으로 벌어들인 돈을 반환하거나 성당이나 수도원에 기부하겠다는 문서에 서명해야 했습니다. 그래야 교회에 묻힐 수 있었죠.

유럽 최대 은행을 운영하는 메디치 가문 사람들은 누구보다 불안해했습니다. 시간이 지날수록 불안은 그들을 엄습했고 결국 천국에 가기 위해 커다란 결심을 내렸습니다. 피렌체의 자랑인 두오모 성당에 엄청난 돈을 들이기로 한 것입니다. 예술의 극치이자 피렌체를 상징하는 두오모 성당은 압도적 크기의 아름다운 돔이 특히 유명합니다. 이 돔은 세계사에 길이 남을 위대한 역작으로 평가받죠. 하지만 중세 시대의 두오모 성당은 오랫동안 피렌체의 수치였습니다. 이탈리아에서 가장 큰 성당을 짓는 데는 성공했지만 높이 30층 건물 위에 지름 45m, 무게 2만 5,000톤에 달하는 거대한 돔을 지을 기술이 부족했기 때문입니다. 결국 두오모 성당은 돔이 없는 상태로 수십 년간 방치되어야 했죠.

그러던 중 메디치 가문이 핵심 회원으로 활동하던 피렌체의 모직물 길드에서 이 돔을 완성하겠다고 나섰습니다. 건축 담당자로 낙점된 인물은 건축가 필리포 브루넬레스키Filippo Brunelleschi입니다. 고대 로마 유적인 판테온을 연구한 그는 높은 곳에 거대한 돔을 지어야 하는 어려움은 물론 지붕의 하중을 견뎌낼 답까지 얻었습니다. 우선 돔의 아래쪽 벽은 두껍게 깔고 위로 갈수록 얇게 만들어서 돔이 무게를 견디게 했습니다. 그

피렌체 두오모 성당

뿐 아니라 벽돌을 수직과 수평으로 교차해 보다 견고하게 만들었죠. 결정적으로 돔의 무게를 줄이기 위해 돔을 이중으로 얇게 만드는 아이디어를 냈습니다.

피렌체는 나무가 부족한 지역이므로 돔을 짓기 위해서는 막대한 비용이 드는 목재를 수입해야 합니다. 메디치 가문을 필두로 한 여러 상인들은 이 모든 것을 감당했습니다. 메디치 가문의 적극적인 후원으로 16년에 걸친 공사 끝에 돔이 완성되었고, 두오모 성당은 피렌체의 수치에서 피렌체의 자랑으로 변신했습니다.

이 시기에는 메디치 가문뿐 아니라 은행업을 하는 모든 사람이 교회를 화려하게 치장하면 자신이 지은 죄를 씻고 구원을 얻어 천국에 갈 수 있다고 믿었습니다. 때문에 메디치 가문은 두오모 성당뿐 아니라 피렌체 전역에 걸쳐 여러 수도원과 성당에 대한 후원을 아끼지 않았습니다. 산 마르코 수도원도 그중 하나입니다. 화려하고 아름답기 그지없는 건축물로 유명한 산 마르코 수도원은 원래 후원자가 없어 폐허나 다름없이 방치되던 곳이었습니다. 메디치 가문은 이곳에 4만 플로린(400억 원)가량의 돈을 후원했고 15세기 피렌체에서 가장 부유한 수도원 중 하나로 탈바꿈했습니다.

사실 이 같은 투자는 메디치 가문에 남는 장사였습니다. 수도원을 증축한 대가로 교황 에우게니우스 4세Eugenius IV가 메디치 가문에 천국에 들어갈 수 있는 문서를 주었기 때문입니다. 게다가 아름다운 건물 곳곳에 메디치 가문을 상징하는 문장을 숨겨 넣어서 교회를 방문한 피렌체 사람들에게 가문의 위세를 보여줄 수도 있었죠. 메디치 가문이 이런 식으로 후원한 건물이 너무도 많아서 지금도 피렌체를 방문하면 어디서나 메디치 가문의 흔적을 찾아볼 수 있습니다.

메디치 가문의 흥망성쇠

메디치 가문의 위세는 끝을 모르고 높아졌지만 로렌초는 여기서 만족하지 않았습니다. 한때 교황 때문에 죽을 뻔한 위기를 겪었던 로렌초는 같은 위협이 반복되지 않도록 아들을 교황으로 만들기로 합니다. 이를 위해 아들이 사제 서품을 받도록 하고 돈으로 교회의 온갖 지위를 매수했습니다. 여기에 나폴리와 밀라노의 대수도원과 이탈리아 전역의 여러 성당의 대표 자리도 손에 넣었죠.

로렌초는 교황과 사돈을 맺기 위해 14세의 어린 딸을 스무 살이나 나이가 많은 교황의 사생아에게 시집 보내기까지 했습니다. 또한 교회의 직위를 얻을 때마다 교황에게 큰돈을 빌려주며 환심을 샀죠. 끊임없이 선물을 보내는 것도 잊지 않았습니다. 교황이 날짐승 고기를 좋아한다는 소문이 들리면 새를 보내고, 교황이 포도주를 좋아한다고 하면 엄청난 양의 최고급 포도주를 보냈습니다. 로렌초는 교황을 기쁘게 할 수 있는 것이라면 무엇이든지 가져다 바치면서 머리를 조아렸습니다.

이처럼 로렌초가 막대한 공을 들인 끝에 교황은 메디치 가문에 커다란 영광을 내리기로 합니다. 고작 14세밖에 되지 않은 아이를 교황청 최고위직 중 하나인 추기경에 임명한 것입니다. 하지만 로렌초는 1492년에 43세의 젊은 나이에 병으로 사망하면서 끝내 아들의 미래를 보지 못한 채 눈을 감았습니다. 이후 20여 년이 지난 뒤 뜻밖에도 로렌초의 둘째 아들 조반니 데 메디치Giovanni de' Medici가 교황으로 선출되었습니다. 그림 가운데 있는 사람이 로렌초의 아들이자 교황인 레오 10세Leo X입니다. 성 베드로 성당을 재건축하면서 신도들에게 면벌부를 대량으로 발행해 종교개혁을 촉발한 인물이죠. 왼쪽에 있는 인물은 줄리오 데 메디치Giulio de' Medici 추기경으로 로렌초의 조카입니다. 그는 레오 10세가 사망한 뒤 새로운 교황으로 추대되어 클레멘스 7세Clemente VII가 되었습니다.

그리고 마침내 메디치 가문은 최고위 귀족인 공작으로 신분 상승에 성공합니다. 이후 메디치 가문은 피렌체뿐 아니라 토스카나 지역 전체를 다스리는 귀족 가문으로 발돋움하게 되었죠. 이때 메디치 가문의 행정을 돌보기 위해 지은 건물이 '우피치 궁전'으로 지금의 우피치 미술관입니다. 궁전을 설계한 조르조 바사리는 피렌체의 베키오 궁전을 개축해 지금의 모습으로 만들기도 했습니다. 일찍이 바사리의 재능을 알아본 메디치 가문

메디치 가문의 두 교황, 레오 10세와 클레멘스 7세

은 그림뿐 아니라 다양한 건축의 설계와 시공을 그에게 맡겼습니다. 그는 기상천외한 작품을 만들기도 했는데 특히 아르노강 남쪽의 피티 궁전과 강 너머의 베키오 궁전 사이를 오가는 비밀통로가 유명합니다.

당시 메디치 가문의 거처인 피티 궁전과 집무실인 베키오 궁전은 약 1km가량 떨어져 있습니다. 이 거리를 땅에 발 한번 딛지 않고 공중으로

만 걸어 다닐 수 있게 각 건물의 2층을 연결해 설계한 것입니다. 혹시 모를 암살을 대비하겠다는 목적도 있었죠. 시간이 지나 이곳은 메디치 가문이 수집한 각종 미술품을 전시하며 바사리 회랑이 되었고, 르네상스 시대를 상징하는 또 하나의 건축물로 자리 잡았습니다.

돈과 권력, 종교까지 휩쓸었던 메디치 가문은 화려한 절정기를 맞은 뒤 서서히 무너져갔습니다. 메디치 가문을 계승한 사람들은 사치와 자만에 빠졌고 막대한 부는 점점 바닥이 드러났죠. 한 시대를 장악했던 권력은 18세기 무렵에 끊어지고 말았습니다. 이후 가스토네 데 메디치Gastone de' Medici가 가문을 물려받으면서 대가 끊겼고, 안나 마리아 루이자Anna Maria Luisa라는 여성이 가문의 마지막 상속자가 되었습니다.

이 시기 신성 로마 제국이 이탈리아로 쳐들어오면서 피렌체를 위협했습니다. 그녀는 메디치 가문의 모든 권력을 넘겨주면서 한 가지 조건을 걸었습니다. 메디치 가문의 궁전들과 방대한 미술품을 모두 국가에 기증하되 단 한 점도 피렌체에서 옮기지 않겠다는 약속을 받은 것입니다. 그 결과 피렌체는 신성 로마 제국의 수중에 들어갔지만 메디치 가문의 미술품과 보물들은 피렌체에 온전히 남을 수 있게 되었습니다. 메디치 가문은 역사에서 사라졌지만, 그 역사와 예술품들은 지금까지 살아남은 것이죠.

지금도 메디치 가문은 르네상스를 후원한 위대한 가문으로 널리 알려져 있습니다. 그들이 만들어 놓은 수많은 신화가 전해 내려오면서 무조건적인 찬양이 이어졌기 때문입니다. 하지만 메디치 가문이 돈을 앞세운 암투와 권모술수로 권력을 장악한 추악한 이면은 주목받지 못했습니다. 당시 피렌체를 장악한 권력자인 메디치 가문의 입맛에 맞춰 그들의 위대함을 강조하는 방향으로만 기록을 남겼기 때문입니다.

우리는 메디치 가문의 파란만장한 이야기를 통해 역사 속 인물과 사건에 보다 비판적으로 접근하고, 다양한 면을 입체적으로 바라봐야 한다는 사실을 배울 수 있습니다. 이때 역사는 보다 현실감 있게 우리에게 다가올 것입니다. 동시에 역사를 향한 진정한 배움도 시작됩니다.

벌거벗은 영국 노예무역

달콤한 설탕이 만든 쓰디쓴 인간 사냥

윤영휘

● 한 남자가 김이 펄펄 나는 솥에 사람을 집어넣고 휘젓고 있습니다. 솥에 빠져 허우적대는 사람의 정체는 흑인 노예입니다. 남자는 노예에게 "너의 병을 고치기 위해 따뜻한 목욕을 시켜주마"라고 말합니다. 그림만으로도 충격적인 이 사건은 실제 있었던 일입니다. 서인도제도의 한 노예 농장에서 어린 흑인 노예가 아파서 일할 수 없다고 하자 감독관이 아이를 솥 안에 집어넣고 무려 1시간 가까이 벌을 준 것입니다. 영국의 풍자만화가 제임스 길레이James Gillray는 〈서인도제도의 야만〉이라는 만평으로 이 사건을 고발했습니다. 이토록 끔찍한 일이 벌어진 것은 18세기 영국이 중심 역할을 했던 노예무역 때문이었습니다.

우리는 과거 흑인 노예를 향한 잔혹함과 야만성을 이야기할 때 미국을 먼저 떠올립니다. 하지만 노예무역의 최고 주범은 영국입니다. 유럽인들은

제임스 길레이 〈서인도제도의 야만〉

16세기부터 약 300년간 800만 명~1,200만 명의 흑인 노예를 바다 건너 대륙으로 팔아넘겼습니다. 사실 영국이 가장 먼저 노예무역을 시작한 것은 아닙니다. 하지만 얼마 후 영국은 이 무역에서 가장 큰 비중을 차지했고, 18세기에는 세계적으로 활기를 띤 노예무역을 주도했습니다.

영국이 활발한 노예무역을 펼친 이면에는 너무도 달콤해서 끊을 수 없었던 '설탕'이 있었습니다. 정확히는 설탕을 얻을 수 있는 사탕수수였죠. 1655년, 영국은 스페인과의 전쟁에서 승리한 대가로 자메이카를 식민지로 획득했습니다. 덥고 습한 열대기후의 카리브해에 있는 섬나라 자메이카는 대표적인 사탕수수 재배지였습니다. 1770년에 자메이카가 영국, 아일랜드, 북아메리카로 수출한 제품의 87% 이상이 사탕수수에서 나오는 설탕과 럼주였을 정도였죠. 이처럼 자메이카에서 많은 설탕을 생산할 수 있었던 것은 영국이 아프리카 흑인 노예들을 강제로 자메이카로 데려가 사탕수수를 재배하도록 만들었기 때문입니다.

지금부터 영국이 설탕이라는 달콤함 뒤에 숨겨온 쓰디쓴 흑역사의 민낯을 제대로 벌거벗겨 보려 합니다. 설탕 때문에 벌어진 비극이자 '영국의 인간 사냥'이라 부르는 노예무역의 끔찍한 실체를 살펴보겠습니다. 대체 영국에서는 무슨 일이 벌어졌던 것일까요?

유럽은 왜 설탕에 열광했을까?

영국이 아프리카 흑인들을 사고판 노예무역에 관해 이야기하려면 먼저 설탕이 유럽에 정착한 역사를 살펴봐야 합니다. 기록상 유럽인이 처음 설탕을 접한 것은 기원전 325년, 알렉산드로스Alexandros 대왕의 동방 원정 때입니다. 시간이 흘러 11세기 말에 십자군들이 동부 지중해 연안에서 설탕을 들여왔고, 12세기부터 베네치아 상인들이 설탕을 수입해 유럽 각지에 팔았다고 합니다. 15세기 중엽에는 포르투갈 연안의 마데이라와 카나리아 제도에서 사탕수수 재배가 시작되면서 제노아 상인들이 수입해 유럽 전역에 팔았습니다.

하지만 근대에 이르러 설탕의 대중화에 가장 큰 역할을 한 인물은 크리스토퍼 콜럼버스Christopher Columbus입니다. 이탈리아 제노바 출신의 탐험가였던 콜럼버스는 마데이라 제도에서 설탕 농장을 했던 처갓집 덕분에 사탕수수에 관해 잘 알고 있었습니다. 그는 1493년에 떠난 제2차 항해 때 카리브해 지역을 탐험했고 그곳 섬들의 온난한 기후에 주목했습니다. 평소 사탕수수를 눈여겨본 콜럼버스는 카리브해 섬의 기후가 사탕수수를 재배하기에 최적의 조건이라고 생각해 히스파니올라섬에 사탕수수를 전파했습니다. 덕분에 서인도제도에서 사탕수수를 재배할 수 있게 되었죠.

중세 시대에 설탕은 매우 비싸고 구하기 힘든 물건으로 '화이트 골드'라고 불렀습니다. 1226년 영국의 왕 헨리 3세Henry III가 윈체스터 시장에게 설탕 3파운드(약 1.4.kg)를 구해 달라고 직접 요청할 정도로 귀했고, 16세기까지 유럽에서는 식품이 아닌 의약품이나 향신료로 쓰였습니다.

이후 영국에서 설탕은 왕실과 귀족들이 자신의 부를 한껏 과시하는 사치품으로 사용되었습니다. 1662년 포르투갈의 캐서린Catherine 공주는 영국의 찰스 2세Charles II와 결혼할 때 예물 중 하나로 차tea를 가져왔습니다. 이후 왕비가 된 캐서린은 왕실에서 귀족들과 함께 차를 나눠 마셨는데 이때 꼭 부의 상징인 설탕을 넣어 마셨다고 합니다. 사치품인 차에 사치품인 설탕을 넣어서 마시는 행위는 화려함의 정점이었죠. 이 외에도 영국 왕실이 주최하는 행사에서 귀족들은 부와 권위를 내세우기 위해 설탕으로 조각상을 만들기도 했습니다. 엘리자베스 1세Elizabeth I는 세인트 폴 대성당을 본떠 만든 설탕 조각상을 받았고, 제임스 2세James II는 대관식 연회에 전문가를 고용해 설탕 조각상을 내놓기도 했습니다. 그림 속 조각상은 1687년 로저 팔머Roger Palmer라는 영국 공작이 로마에서 대사로 재임 중일 때 주최한 연회에 내놓은 설탕 조각상을 그림으로 남긴 것입니다. 그는 제임스 2세의 용맹을 선전하기 위해 화려하고 정교한 조각상을 만들었습니다. 연회가 끝난 뒤에는 조각상을 나눠서 먹거나 기념품으로 가져갔다고 합니다.

순백의 웨딩 케이크가 탄생한 배경에도 설탕이 있습니다. 당시 서민들은 케이크 표면이 딱딱하게 굳는 것을 막으려 돼지기름을 발랐습니다. 그런데 왕실의 귀족들은 권위와 부를 과시하기 위해 설탕을 입혔고 새하얀 케이크가 탄생한 것이죠. 여기에 화려한 설탕 장식을 올리기도 했습니다. 설탕을 두껍게 바른 케이크는 혼자 힘으로 자르기 힘들어 이때부터 신랑과 신부가 함께 케이크를 자르게 됐다고 합니다. 이렇게 설탕이 귀하다 보니 귀족은 은으로 만든 용기에

제임스 2세를 위한 설탕 조각상

설탕을 보관했고, 설탕을 조각낼 때는 은으로 만든 집게를 사용했습니다. 그야말로 최고의 사치품이었죠.

그러다가 18세기에 영국인의 식생활이 변화하면서 설탕 소비가 크게 늘었습니다. 이 시기 차tea 수입량이 급증하면서 대중화되었고, 이제 귀족이 아니어도 대다수가 차를 즐기게 된 것입니다. 그와 함께 차에 넣는 필수품처럼 여기던 설탕도 소비가 큰 폭으로 증가했죠. 또한 설탕을 듬뿍 탄 홍차와 귀리에 우유와 설탕을 넣은 죽이 가난한 도시 노동자의 아침 식사가 되면서 설탕 소비는 더욱 늘어났습니다. 18세기 말에는 설탕으로 만든 시럽, 당밀 같은 식료품의 수입도 빠르게 늘었습니다.

1700년대에 약 4,800만 파운드의 설탕을 수입한 영국은 1800년대에는 7배인 약 3억 360만 파운드를 수입했습니다. 영국의 1인당 설탕 소비량도 1700년 약 5파운드(약 2.23kg)에서 1770년에는 약 16파운드(약 7.26kg)까지 늘어났습니다. 통계에 따르면 1787년~1796년 사이에 영국 노동자 가정은 식재료비의 10% 정도를 설탕과 관련해 사용했다고 합니다. 덕분에 시럽, 당밀 등 설탕 관련 제품의 수입이 빠르게 증가했죠. 영국의 설탕 소비량이 얼마나 많았는지는 다른 나라와 비교해 보면 더 명확하게 알 수 있는데, 18세기 말을 기준으로 영국의 1인당 설탕 소비량은 프랑스보다 8배나 많았습니다.

그 많은 설탕은 어떻게 영국으로 들어왔을까?

영국은 어떻게 이 많은 설탕을 들여온 걸까요? 그 방법이 바로 노예무역입니다. 영국은 주로 자메이카 같은 서인도제도에서 설탕을 가져왔습니다. 설탕을 얻는 가장 중요한 재료인 사탕수수는 열대지방에서 잘 자랐습니다. 원래 사탕수수 농장이 가장 발달한 곳은 포르투갈의 식민지였던 브라질이지만 이곳은 유럽과 너무 멀리 떨어져 있었죠. 1640년, 브라질과 무역을 하던 네덜란드 상인들은 훗날 영국의 식민지가 되는 바베이도스에 사탕수수 재배법을 전파하면서 노예도 함께 공급했습니다. 이렇게 위탁생산한 설탕을 네덜란드로 수출했죠. 서인도제도에 살던 영국인들의 눈에 이 방법이 들어왔습니다. 이곳에 노예를 데려와 사탕수수를 재배하면 엄청난 이익을 낼 수 있다고 판단한 것입니다. 이때부터 영국은 사탕수수 재배에 더욱 열을 올렸습니다.

16세기~19세기 초까지 유럽인들은 아프리카 흑인들을 신대륙으로 강제 이송해 사고파는 대서양 노예무역에 가담했습니다. 사실 노예무역을 처음 시작한 나라는 포르투갈입니다. 1525년부터 서아프리카 적도 지방에서 노예를 사서 아메리카 대륙으로 보낸 것입니다. 후발주자인 영국이 공식적으로 노예무역을 시작한 것은 1663년 국왕 찰스 2세Charles II가 '왕립 아프리카 회사'에 인가장을 발급하면서부터였죠. 왕립 아프리카 회사는 영국과 서아프리카 해안 무역에 대한 독점권을 부여받은 기업입니다. 1660년 첫 인가장을 받았을 때는 금 획득이 중요한 목표였으나 3년 후 인가장을 갱신하면서 찰스 2세는 다음과 같은 내용을 추가했습니다.

> "아프리카 서해안 지역에서 발견되는 흑인 노예, 물건, 상품 등을 물물교환하거나 거래하기 위한 전반적인 독점 무역권을 얻는다."

노예무역을 허가하는 동시에 독점권을 부여한 것입니다. 이때부터 1700년까지 영국은 아프리카에서 약 33만 명의 노예를 자국의 배에 태웠습니다. 이는 같은 기간 노예무역의 선두 주자였던 포르투갈이 운송한 노예와 비슷한 수치였죠. 이후 영국은 포르투갈을 능가하는 최대 노예무역 국가가 되었습니다. 18세기에 영국이 대서양 노예무역에서 차지하는 비중은 40%에 이르렀고 이 기간 운송한 흑인 노예만 약 255만 명에 달할 정도였죠.

영국이 후발주자임에도 최대 규모의 노예무역 국가가 될 수 있었던 것은 막강한 해운력과 수많은 식민지 덕분입니다. 엘리자베스 1세 시절에 스페인 무적함대를 격침하고 해상 지배권을 확대한 영국 상선들은 별다른 제재 없이 아프리카와 아메리카 해안을 오가며 무역을 했습니다. 1714년 스페인 왕위 계승 전쟁에 끼어든 영국은 후손이 끊긴 스페인의 왕위를 차지하려 했던 프랑스의 시도를 좌절시키면서 사실상 승리를 거뒀습니다.

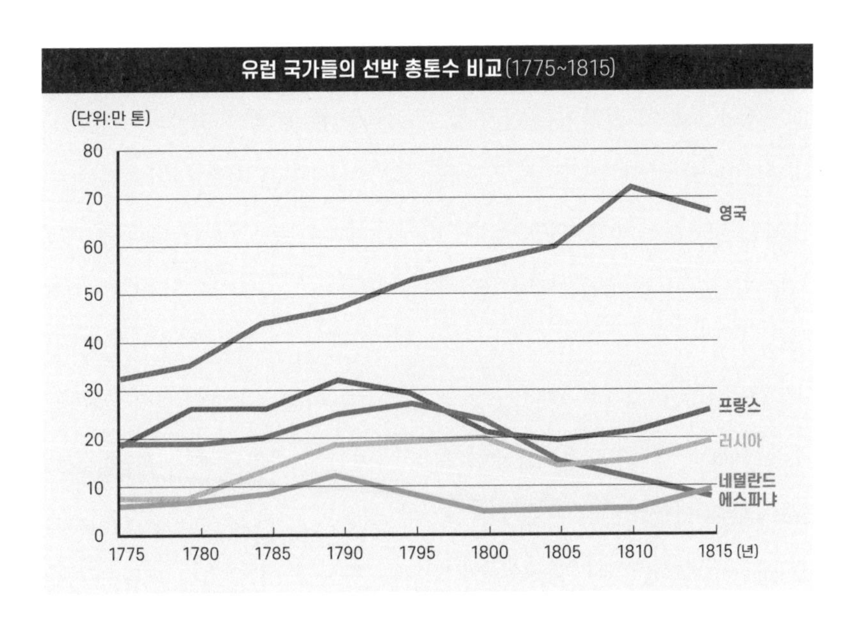

사탕수수 농장의 풍경

그리고 승리의 결과물인 '위트레흐트 조약'을 통해 영국 배들은 스페인령 아메리카에 아프리카 노예를 운송하고 판매할 수 있는 권한을 획득했죠. 이처럼 18세기는 영국의 해운력이 매우 강성한 시기였습니다. 63쪽의 그래프에서 보듯이 선박의 총톤수를 비교했을 때 1775년 영국의 해운력은 경쟁국인 프랑스와 스페인의 1.5배입니다. 이 차이는 계속 벌어져 1800년대에는 3배 가까이 증가했습니다. 18세기 말 영국은 확실히 바다를 지배하고 있었습니다. 이런 막강한 해운력을 바탕으로 노예무역을 주도한 것입니다.

그뿐 아니라 영국은 세계 곳곳에 식민지를 가지고 있었습니다. 사탕수수를 재배할 수 있는 카리브해만 해도 자메이카, 바하마제도, 트리니다드 등이 모두 영국 식민지였죠. 이 섬들의 특징은 모두 노예 노동력을 필요로 하는 지역이었기에 영국은 강력한 해운력으로 이 수요를 채우려 했습

열기 속에서 사탕수수즙 끓이기

니다. 수요와 공급의 상호작용은 영국의 노예무역을 발달시키는 요인이 되었습니다.

그렇다면 설탕 생산에 왜 아프리카 흑인 노예가 필요했을까요? 가장 큰 이유는 사탕수수에서 달콤한 설탕을 얻기 위해서는 엄청난 노동력이 필요했기 때문입니다. 다 자란 사탕수수는 3m가 넘었는데, 이런 사탕수수가 정글을 이룰 정도로 빼곡한 밭을 사람이 직접 다니면서 일일이 낫으로 베어내야 했습니다. 게다가 사탕수수는 금방 부패하는 성질이 있어 베자마자 방아 기계에 넣어 가공해야 합니다. 이후 압축기로 사탕수수즙을 뽑아내는데 짜낸 즙을 오랜 시간 끓여내면 설탕이 완성됩니다. 이때는 살인적인 더위를 참고 견뎌야 하죠.

숨 막히게 더운 열대기후에서 하루 종일 사탕수수즙을 끓여서 얻는 설탕의 양은 얼마나 될까요? 사탕수수 1kg을 가공하면 약 110g의 설탕을 얻을 수 있는데, 대략 36개의 각설탕을 만들 수 있는 양입니다. 너무도 힘든 일이어서 대부분의 일반 노동자들은 설탕 만드는 일을 꺼렸습니다. 따라서 농장주들은 처음에 서인도제도의 원주민을 동원해 사탕수수를 재배하려 했습니다. 하지만 당시 백인들이 퍼트린 매독, 천연두 같은 새로운 질병으로 인구가 많이 줄어든 상황이었죠.

결국 식민지 밖에서 일할 사람을 구할 수밖에 없었습니다. 초창기에는 영국에서 백인들을 데려오기도 했는데 이들 대부분은 죄를 짓고 강제 노동형을 받은 죄수와 영국에서 살기 어려운 빈민 노동자였습니다. 과연 이들이 농장에서 열심히 일했을까요? 죄수들은 성의 없이 대충 끝내기 일쑤였고 그나마도 열대 날씨를 견디지 못해 걸핏하면 쓰러지곤 했습니다. 빈민 노동자들은 계약이 끝나면 소작농이나 자영농으로 독립하는 경우가 많았죠. 이런 와중에도 영국인의 설탕 수요는 급증했고 유럽에서 데려온 백인들로는 도저히 설탕 생산량을 감당할 수 없게 되었습니다.

이때 투입된 대체 인력이 아프리카 흑인 노예입니다. 이들을 선택한 결정적인 이유는 아프리카 흑인들을 데려오는 비용이 훨씬 저렴했다는 것입니다. 백인 노동자보다 노동력도 우수한 데다 전염병에 대한 저항력도 강했으며, 고향에서 이역만리 떨어진 섬으로 잡혀 왔기에 도망갈 수도 없었죠. 게다가 계약 기한도 없는 평생 노예이자 그들의 자식까지도 노예로 부릴 수 있었습니다.

영국의 막강한 해군력과 식민지, 그리고 설탕 생산에 필요한 노동력 수요라는 여러 조건이 맞아떨어지면서 영국은 아프리카 흑인을 이용한 '삼각무역'을 완성했습니다. 영국이 흑인 노예를 이용해 설탕을 얻는 방법은 지도와 같습니다. 우선 런던, 브리스틀, 리버풀 같은 영국의 항구 도시에서

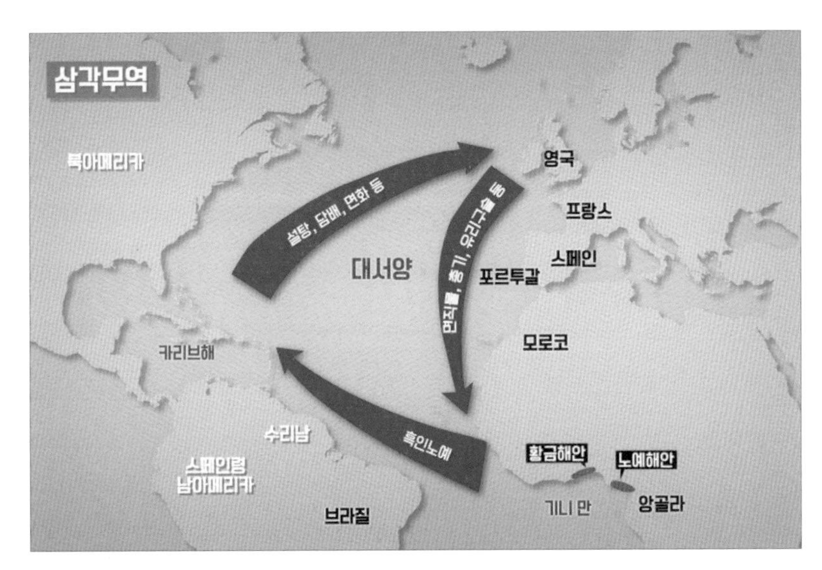

영국의 삼각무역

배에 총, 화약, 직물, 럼주 등을 싣고 아프리카로 떠납니다. 그런 다음 아프리카의 무역 거점에서 이 상품들과 노예를 교환하죠. 그리고 영국 상선에 노예를 싣고 대서양을 건너는데, 이를 중간항로라고 합니다. 이곳을 거쳐 서인도제도에 도착한 영국 상선은 노예를 서인도제도를 포함한 아메리카 대륙에 판매합니다. 여기서 얻은 수익으로 구매하는 것이 바로 설탕입니다. 이러한 삼각무역을 통해 영국에 설탕을 공급하는 것입니다.

이전에 포르투갈 상인들이 아메리카로 데려온 노예들은 주로 광산에서 일하거나 작물을 재배했습니다. 그런데 영국은 서인도제도의 사탕수수 농장에 노예를 제공하면서 설탕을 얻는 새로운 형식의 노예무역을 만든 것입니다. 영국, 아프리카, 서인도제도 각각의 필요에 따라 노예무역과 설탕무역이 결합해 글로벌한 삼각무역이 완성되었습니다.

영국이 만든 또 하나의 비극, 아프리카의 노예 사냥

아프리카에서 흑인 노예를 모으고 그들을 영국에 팔아넘긴 이들은 일부 아프리카인들이었습니다. 노예무역 초반에는 전쟁을 치르면서 잡힌 포로나 범죄를 저질러 노예형에 처한 이들을 노예로 판매했습니다. 유럽 열강이 식민지를 지배하기 전, 아프리카는 수많은 나라와 부족들이 존재했습니다. 그중 중앙집권화에 성공해 강한 군사국가로 성장한 일부 국가들은 침략과 정복 과정에서 발생한 노예를 유럽 상인들에게 팔아 무기를 사들이기도 했죠.

하지만 시간이 지나면서 일부 국가들이 직접 나서서 흑인 노예를 판매하기 시작했습니다. 인간을 마치 동물 사냥하듯이 잡아들였죠. 노예사냥은 특히 서아프리카 지역에서 활발하게 벌어졌는데, 이 지역에서 1700년대 이후 최대 수출 품목이 금에서 노예로 바뀔 만큼 성행했습니다. 그들은 타민족이나 적국의 주민을 약탈하고 농사를 짓던 평범한 사람들까지 불시에 납치해 노예로 팔아넘겼습니다. 금을 캐서 파는 것보다 노예를 잡아서 파는 일이 더 많은 돈을 벌 수 있었기에 같은 아프리카인들을 사냥한 것입니다. 당시 노예는 무자비한 폭력과 잔인한 살인 속에 만들어진 것이었습니다.

같은 종족을 사냥해 팔아넘기는 과정에서 부자가 된 나라도 있습니다. 지금의 서아프리카 베냉 지역에 위치했던 다호메이 왕국의 가장 중요한 수입원은 노예무역이었죠. 이 나라는 중개상 없이 직접 노예를 공급하기 위해 체계적으로 움직였습니다. 노예무역에 전력을 다하다 보니 왕국은 노예를 모으기 위한 군사력을 최우선으로 하는 군정 사회로 변했고, 군사력 유지와 강화를 위해 더욱 열심히 노예무역에 나섰습니다. 그들은 노예를 판 돈으로 무기를 구입했고 그 무기를 이용해서 다시 노예를 사냥했습니다. 유럽인들은 국왕이 직접 노예무역에 관여할 만큼 적극적이었던 다호메이 왕국 지역을 '노예 해안'이라 불렀습니다.

서부 중앙아프리카 지역에서는 콩고 왕국과 앙골라 해안이 노예무역의 주요 거점이었습니다. 수백 개의 부족이 모여 사는 이 지역은 포르투갈의 지배를 받았는데, 18세기에만 270만 명 이상의 노예를 운송했을 만큼 노예무역은 절정에 달했습니다.

그렇다면 아프리카인들은 같은 아프리카인을 어떤 식으로 잡았을까요? 노예를 잡는 가장 흔한 방법은 불시에 마을을 급습해 포로로 잡는 것입니다. 주로 한밤중에 다른 종족의 마을에 침입해 집을 불태운 다음 도망가는 이들을 닥치는 대로 붙잡아 끌고 갔습니다. 이런 약탈 과정으로 노예가 된 사람이 남긴 기록이 있습니다.

> "그들은 아이들의 부모를 모두 잡아갔지만, 노예가 되기에 너무 어린아이들은 죽여버렸다. 죽은 이들은 마치 개처럼 길가에 버려져 있었다."

기록처럼 노예를 포로로 잡은 다음에는 선별 작업을 했는데 건강한 남자와 여자, 6세~7세가 넘는 아이들은 한쪽으로 모아두고 그보다 어린 아이들과 노인과 환자들은 그냥 내버려 두었습니다. 두고 가면 굶어 죽을 것이라고 생각했기 때문입니다. 이렇게 분류 작업을 마친 뒤 선별한 노예들을 데리고 항구로 향했습니다. 노예들은 백인 노예상이 있는 해안까지 끌

형틀을 맨 채 걷는 노예들

없이 걸어야 했죠. 수백 킬로미터를 걷는 것은 다반사였고, 심지어는 동아프리카에서 잡혀서 서아프리카 해안까지 이동하기도 했습니다.

그냥 걷기도 힘들었을 먼 길인데 노예들은 그림처럼 나무로 만든 형구를 찬 채 긴 행렬을 지어 끌려가야 했습니다. 이런 고통 때문에 이동 과정에서 수많은 노예가 목숨을 잃기도 했죠. 하지만 이들의 시신을 수습해 주는 일은 없었습니다. 죽은 이들은 그대로 길가에 버려졌고, 노예상들은 먼저 길을 떠난 흑인 노예의 시체를 이정표 삼아 길을 걸었습니다. 먼 길

다호메이 왕국 노예 해안

을 걸어 해안가에 도착하면 노예들을 실어나를 배가 올 때까지 나무 우리에 가둔 채 무작정 기다렸습니다. 한 기록에 따르면 높이 3m의 벽으로 둘러싸인 17m²(약 5평)의 나무 우리에 약 200명의 노예가 돼지, 염소와 함께 갇혔다고 합니다. 그 좁은 공간에서 먹고 자는 것은 물론 용변을 포함한 모든 일을 해결해야 했기에 배설물과 시체 썩는 냄새를 참으며 고통스러운 나날을 보냈습니다.

그림은 당시 노예무역이 벌어진 다호메이 왕국의 해안을 묘사한 것입니다. 바다 먼 곳에 정박한 7척의 배는 모두 노예를 사기 위해 유럽에서 온 상인들입니다. 다호메이 왕국 사람들은 노예들을 팔기 위해 해안가에서 준비 중입니다. 이 시기 다호메이 왕국은 아프리카에서 대서양을 건너는 노예의 20%가량을 공급하는 최대 노예 수출국이었습니다.

인간이 아닌 가축 취급을 당하며 갇혀 있던 노예들은 배가 도착하면 노예상에게 자신이 얼마나 괜찮은 상품인지를 확인받아야 했죠. 상인들은 노예의 입과 눈을 꼼꼼히 살피고 각막이 혼탁하거나 빠진 치아는 없는지 확인했습니다. 또 달리기, 뛰어오르기, 팔다리 늘리기 등을 시키고 피부병이나 괴혈병, 기생충은 없는지도 점검했습니다. 노예의 상태에 따라 값이 정해졌는데 누군가는 소총 한 자루에 거래됐고, 다른 누군가는 술 한 병에 팔려 갔습니다. 미국 피츠버그 대학의 세계사 교수로 아프리카 노예사를 연구해 온 패트릭 매닝Patrick Manning 박사의 연구에 따르면 해안으로 끌려온 사람 중 팔리지 못한 노예들은 대략 50% 정도라고 합니다. 이들은 대부분 죽임당했는데, 노예를 철저히 상품으로만 취급한 상인들이 이들을 데리고 있거나 돌려보내는 비용이 더 든다고 생각했기 때문입니다.

1789년 영국 의회에서 노예무역의 실태에 관한 청문회가 열린 적이 있었습니다. 이때 출두했던 노예상들은 "우리는 노예들을 죽게 내버려 두지 않고 생명을 구해주었다!"라며 말도 안되는 주장을 하기도 했습니다. 자신들이 노예를 구입한 덕분에 아프리카에 남겨진 채 죽는 대신 살아남을 수 있게 됐다는 것입니다. 노예 상인들의 비상식적인 주장은 그들이 끝까지 노예를 상품으로 취급한다는 것을 다시 한번 보여주었습니다.

이렇게 일부는 영문도 모른 채 잡혀 와 목숨을 잃어야 했지만 다른 일부는 노예로 팔려 어디로 향하는지도 모르고 강제로 배에 올라야 했습니다. 상인에게 팔린 노예들은 큰 배를 악마의 소굴로, 처음 본 백인의 존재를 귀신으로 여기며 이들에게 잡아먹힐지도 모른다는 공포에 시달렸습니다. 다음은 당시 상황을 생생하게 기록한 글의 일부입니다.

노예의 상태를 살피는 노예상

"일부 선원들은 내가 건강한지 확인하려고 배에 오르자마자 나를 이리저리 밀치며 험하게 다뤘다. 나는 악령이 판치는 세상에 끌려왔고 그들이 나를 죽일 거라고 생각했다. 그래서 벌건 얼굴에 산발을 한, 무시무시하게 생긴 백인들이 우리를 잡아먹을 거냐고 나를 잡아 온 흑인들에게 물어보았다."

흑인들에게는 이렇게 끔찍한 노예무역이었지만 유럽인들은 그것을 정당화하는 몇 가지 근거를 가지고 있었습니다. 첫 번째는 앞서 말했듯이 노예로 잡혀 온 흑인들을 자신이 사주지 않으면 죽을 수밖에 없다는 것입니다. 그래서 유럽인들은 노예를 사고파는 거래가 곧 그들의 생명을 살리는 일이라고 주장했죠. 두 번째는 아프리카를 유럽보다 훨씬 뒤처진 미개한 지역으로 여겼기 때문입니다. 먹을 게 부족하고, 가난 때문에 가족을 팔고, 절대 권력의 독재자 아래 모두가 노예처럼 사는 비참한 상황에서 그들을 구해줬다는 것입니다. 당대의 지성이라 불린 영국의 철학자 데이비드 흄David Hume조차 "나는 흑인종에게서 문명화된 민족을 본 적이 없고, 행동이나 사유 능력이 탁월한 개인조차도 본 적이 없다"라고 말할 정도였죠. 그러나 이 시기 아프리카는 비문명화된 버려진 땅이 아니었습니다. 농사가 잘돼서 먹을 것이 풍족하고, 중요한 일은 부족 안에서 민주적 과정을 거쳐 결정하는 곳도 많았습니다. 세 번째로 노예제도를 통해 아프리카인들이 서구 문명과 기독교의 빛을 받아들일 것이라 주장하는 사람들입니다. 노예무역과 노예 농장의 가혹한 환경을 알고 있지만 결과적으로 기독교를 전파할 수 있기에 필요악이라 주장했던 것입니다.

떠다니는 해상 감옥, 죽음의 노예선

유럽인의 주장과 달리 아프리카 흑인 노예들의 진짜 비극은 노예선에 오르는 순간 시작됐습니다. 그림은 훗날 노예무역 폐지를 주장하던 사람들이 노예선의 참혹함을 보여주기 위해 브룩스호의 화물 적재 공간을 사실적으로 묘사한 것입니다.

1781년에 건조한 브룩스호는 297톤을 실어 나를 수 있는 대형 화물선으로 다른 배와 달리 처음부터 노예들을 실어 나르기 위해 노예선으로 만들어졌습니다. 그림은 배의 하갑판으로 흑인 노예 290여 명이 숨 쉴 틈도 없이 빽빽하게 누워 있습니다. 이곳 위에 상갑판을 만들어 여기에 130여 명이 추가로 누울 수 있고, 곳곳에 있는 자투리 공간에도 무작정 노예들을 눕혔습니다. 하갑판에서 상갑판까지의 높이는 79cm 정도에 불과했죠. 노예들은 성별과 나이에 따라 지낼 곳이 명확하게 정해져 있었습니다. 성인 여성, 성인 남성, 아이로 구분한 세 개의 거처에 총 490여 명이 누워서 지내야 했죠. 브룩스호는 이런 방식으로 25년간 11번의 노예무역 항해에 나섰고 5,000명이 넘는 아프리카인을 실어 날랐습니다.

과연 모두 살아서 목적지에 도착할 수 있었을까요? 이들 중 살아서 땅을 밟은 사람은 4,500여 명으로 브룩스호에 승선한 노예의 사망률은 무려 11.7%였습니다. 좁은 공간과 열악한 환경에서 대서양을 횡단하는 기나긴 항해 속에 브룩스호뿐 아니라 많은 노예선에서 수많은 아프리카 노예들이 목숨을 잃었습니다. 하버드 대학의 역사학자이자 경제사학자인 니얼 퍼거슨Niall Ferguson의 연구에 따르면 1662년부터 1807년 사이 중간항로에서 사망한 노예의 비율은 약 14%에 달한다고 합니다.

노예선에 오른 흑인들의 죽음에는 몇 가지 원인이 있습니다. 첫째, 과적입니다. 기준보다 더 많은 사람을 태운 것이죠. 본래 브룩스호에 허가된 승선 인원은 454명으로, 그마저도 이는 1788년에 노예 1인당 할당 면적을

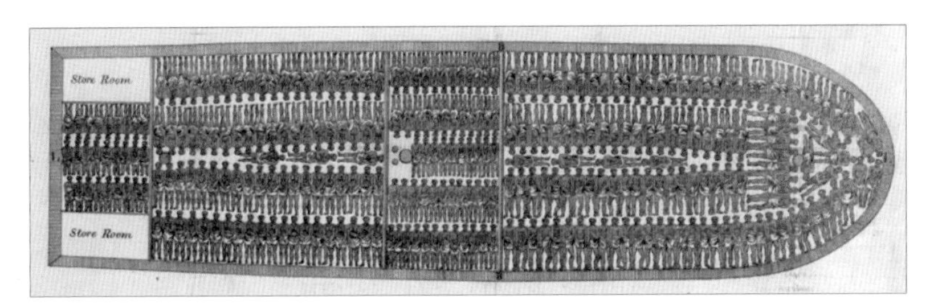

노예선 브룩스호에 빽빽하게 누워 있는 노예들

정한 법률이 통과한 후 나온 숫자입니다. 법으로 규제된 숫자임에도 이 인원을 모두 태우려면 그림처럼 좁은 공간에 빽빽이 사람을 구겨 넣어야 했습니다. 법안이 통과되기 전의 상황은 훨씬 심각했습니다. 1781년 1차 항해에는 650명이, 1783년 2차 항해에는 619명이, 1785년 3차 항해에는 740명의 노예가 배에 탔습니다. 다른 노예선도 마찬가지였죠. 과적의 이유는 돈입니다. 영국에서 서아프리카와 서인도제도를 오가는 장거리 항해는 몇 년이 걸리기도 했습니다. 시간과 비용이 많이 들어가는 만큼 더 많은 노예를 태우고 가서 더 많이 팔아 수익을 높이려 한 것입니다.

게다가 노예상들은 아프리카 노예들을 인간 취급하지 않았습니다. 실제로 그들을 화물이라는 뜻의 '카고cargo'라고 불렀으며 선원들은 흑인 한 명을 더 싣는 일을 화물 하나 더 싣는 것쯤으로 생각했죠. 무엇보다 과적을 일삼았던 더 끔찍한 이유는 중간항로에서 숨지는 노예들의 숫자까지 고려해 더 많은 노예를 태웠다는 것입니다. 이렇게 과적을 하면 사망률이 더 높아지므로 이를 감안해 더 많은 노예를 태우는 악순환 속에서 노예선은 죽음의 항해를 계속했습니다.

둘째, 위생 상태입니다. 여유 공간 없이 노예로 가득 찬 노예선은 질병이 퍼질 수밖에 없는 구조였습니다. 관보다 더 좁은 곳에서 손발이 묶인 채 누워 있어야만 했고 화장실은 아예 존재하지 않았죠. 때문에 노예들은 누운 상태로 생리현상을 해결해야 했습니다. 과적이 심할 때는 층층이 쌓인 갑판에 사람들이 위아래로 포개어져 탑을 쌓듯 누워있기도 했는데 이때 용변을 보면 배설물이 그대로 아래에 있던 다른 사람의 몸에 떨어지는 일도 많았죠. 여기에 배가 흔들리면서 멀미와 구토가 계속됐고 갑판 아래는 악취로 가득했습니다. 이 악취가 바다를 지나면서 만들어지는 수증기와 만나자 질식해 죽는 사람들이 생겼습니다. 이런 상황에서 노예들은 이질에 걸렸고 고열에 시달렸습니다. 다음은 노예선에 승선했던 의사 알렉산더 팔콘브리지Alexander Falconbridge가 이질과 고열이 휩쓸고 간 하갑판에 다녀온 후 남긴 기록입니다.

> "갑판 바닥이 피와 점액질로 뒤덮여 있는 모습은 가히 도살장이라고 부르는 것 외에 달리 비교할 것이 없었고 악취와 더러운 공기도 마찬가지로 견딜 수 없을 정도였다."

셋째, 부실한 영양 상태입니다. 노예선은 물과 식량이 항상 부족했습니다. 애초에 항해 도중 노예들이 죽을 것을 예상해 더 많은 인원을 태웠다는 것은 그만큼 물품을 실을 공간을 줄였다는 뜻이기도 합니다. 노예들은 보통 하루에 한 끼, 많으면 두 끼를 먹었습니다. 주로 옥수수로 쑨 죽이나 완두콩과 쌀을 소량의 고기와 섞은 식사를 했고 많은 사람이 영양실조와 탈수증에 시달려야 했죠. 이렇게 각종 질병과 배고픔을 이겨내지 못한 노예들은 항해 과정에서 죽음을 맞기 일쑤였고, 이들은 곧장 바다 한가운데로 던져졌습니다. 그야말로 노예선은 '해상 감옥'이자 '떠다니는 관'이었습니다.

넷째, 비인간적인 형벌입니다. 노예선이 출항하기 전에 선장이 꼭 챙기는 물품이 있습니다. 노예들을 강압적으로 다루기 위한 수갑과 족쇄, 칼, 쇠사슬 같은 도구입니다. 성인 남자 노예들은 두 사람씩 짝을 지어 손목과 다리에 수갑과 족쇄를 채웠는데 이는 서서히 살점을 파고들었습니다. 함께 묶인 사람이 병에 걸리면 같이 병에 걸리고 경련이라도 일으키면 두

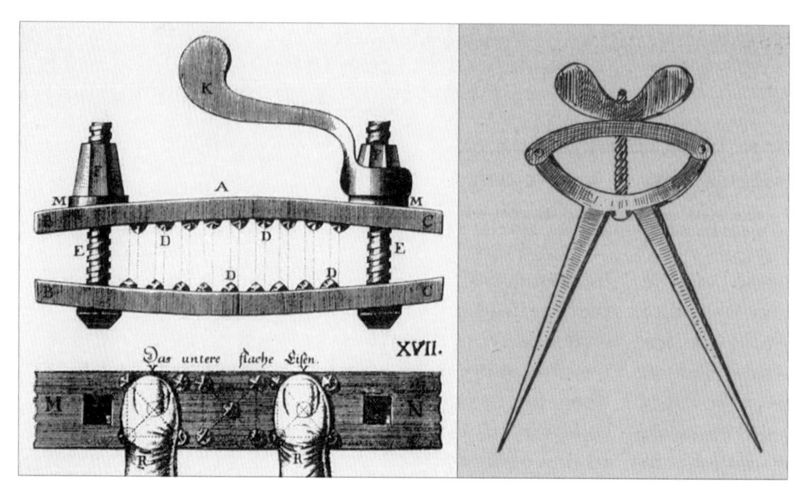

나비 나사 스페큘럼 오리스

사람 모두 매를 맞아야 했죠. 사진 속 고문 기구는 '나비 나사'라는 것입니다. 엄지손가락을 넣고 고정한 나사를 조여서 참을 수 없는 고통을 주는 것입니다. 주로 폭동이나 반란을 시도한 노예에게 사용했습니다. 또 다른 고문 기구인 '스페큘럼 오리스'는 음식을 거부하는 노예에게 사용했습니다. 노예선 생활을 견디지 못한 일부 사람들은 차라리 굶어 죽는 방법을 택하기도 했으나 그들에게는 이조차 허락되지 않았습니다. 선원들은 스페큘럼 오리스를 이용해 음식을 거부하는 노예의 목구멍을 벌리고 강제로 음식을 쑤셔 넣곤 했습니다. 당시 노예선에서 선원 생활을 했던 사람이 이 모습을 보고 남긴 시가 있습니다.

> "그때 나타난 잔인한 목적의 사악한 장치를 보아라. 가차 없이 턱을 죄어 꼼짝할 수가 없구나. 야만적인 힘의 고통스러운 도구가 역한 음식을 강제로 밀어 넣는다."

선장에게 매질 당하는 소녀

또 다른 선원은 어린아이가 아무것도 먹지 않겠다고 버티자 수없이 매질하고 갑판 바닥에 던져서 결국 아이가 죽는 일이 있었다고 증언했습니다. 이때 선장은 함께 배에 타고 있던 아이의 엄마에게 직접 아이의 시신을 바다에 던지라고 명령했습니다. 아이의 엄마는 거부했으나 선장의 모진 매질에 끝내 자신의 손으로 아이를 바다에 던져야 했습니다. 노예선에서는 이토록 잔인한 만행이 매일같이 벌어졌습니다.

지옥 같은 노예선 생활이 이어지는 와중에 갑판 아래 갇혀 있던 노예들이 갑판 위로 올라와야 할 때가 있었습니다. 적당한 춤이 노예의 건강 유지에 도움이 된다고 생각해 음악에 맞춰 춤을 추는 운동을 시킨 것입니다. 한마디로 상품 관리와 같았죠. 끌려 나오다시피 한 노예 중 일부는 춤을 거부하거나 무기력하게 움직였습니다. 그럴 때면 어김없이 채찍이 날아왔습니다. 그림은 1791년 영국의 노예무역선 리커버리호의 존 킴버John

Kimber 선장이 벌거벗고 춤을 추라는 자신의 명령을 거부한 소녀를 죽을 때까지 때린 실제 사건을 기록한 것입니다. 그는 이 사건으로 체포돼 재판을 받았으나 결과적으로 처벌조차 받지 않고 풀려났습니다. 이 같은 악행이 가능했던 것은 노예를 사람이 아닌 상품으로 여겼기 때문입니다.

배 안에서 몇 개월의 시간을 보내고 항해가 끝날 무렵이 되면 손상된 피부를 회복할 수 있도록 손목과 발목을 옥죄는 사슬을 풀어주었습니다. 면도와 염색을 해주기도 했죠. 이는 물론 노예라는 상품의 값을 더 받으려는 수작이었습니다.

지옥 같은 항해 끝에 목적지에 도착한 노예들은 대부분 사탕수수 농장으로 팔려 갔습니다. 이곳 역시 잔혹하고 고통스럽기는 마찬가지였습니다. 노예들은 사탕수수를 수확하는 일부터 정제에 이르기까지 쉴 새 없이 일해야만 했죠. 사탕수수는 수확 후 수 시간 내에 즙을 짜야 하므로 노예들은 수확이 한창일 때는 하루 18시간씩 일했습니다. 더위 속에서 사탕수수즙을 끓이는 작업도 최소 12시간이 걸렸습니다. 쉬지도 못하고 매일 힘든 일에 시달린 노예들은 수명이 매우 짧았다고 합니다.

수확한 사탕수수는 롤러로 압착해 즙을 짰는데 극심한 피로로 정신이 혼미해진 노예들의 손이 롤러에 끼는 사고가 끊이지 않았습니다. 이럴 때면 감독관은 미리 준비한 손도끼로 팔을 절단해버렸습니다. 노예를 위해 공장을 멈추는 건 말도 안 되는 일이었기에 농장주들은 노예의 팔을 자르는 한이 있더라도 생산을 멈추지 않았죠. 때문에 당시 사탕수수 농장에서는 한쪽 팔이 없는 노예들을 흔히 볼 수 있었습니다.

노예들은 강도 높은 노동과 아찔한 사고 외에도 감독관의 악행까지 견뎌야 했습니다. 매질은 기본이고 목에 쇠로 만든 테를 끼워서 제대로 잠을 잘 수 없도록 벌을 주기도 했죠. 상처가 난 부위에 소금과 라임을 문지르거나 손발을 묶은 채 사탕수수즙을 온몸에 뿌려 파리와 모기떼에 시달리는 고문도 서슴지 않았습니다. 이 외에도 더비라는 노예의 이름을 딴 '더비의 약 복용Derby's dose'이라는 고문도 있습니다. 굶주림에 시달린 더비가 사탕수수즙을 먹자 농장주가 다른 노예를 시켜 더비의 입안에 대변을 보게 한 것입니다. 그리고 몇 시간이나 입을 막아버렸습니다.

노예들이 온갖 고통에 시달리는 동안 농장주는 자신의 권력과 부를 과시하며 정반대의 삶을 즐겼습니다. 대저택에는 값비싼 마호가니 가구와 샹들리에가 반짝였고 시종들은 주방과 안채를 분주히 오갔습니다. 이 모습은 마치 당시 영국 사회를 서인도제도에 옮겨 온 것과 같았죠.

노예무역으로 호황을 이룬 도시, 런던

흑인 노예들이 바다 건너 머나먼 땅에서 인간 이하의 취급을 받으며 고통에 시달리는 동안 이를 이용해 노예무역을 했던 영국은 더욱 부강해졌습니다. 그런데 18세기 런던은 노예무역으로 호황을 이룬 동시에 노예무역 폐지 운동이 활발히 일어난 곳이기도 합니다. 런던에서 무슨 일이 일어난 걸까요?

노예무역이 가장 먼저 발전한 런던은 경제적 이득을 얻었습니다. 17세기 말부터 대부분의 런던 시장과 부시장, 구청장 등의 권력자들은 노예무역을 수행하는 왕립 아프리카 회사의 지분을 가지고 있었습니다. 이들은 직접 흑인 노예를 수입해 집안에서 부리며 부를 과시하기도 했죠. 그 결과 18세기 중엽에 런던에만 약 1만 5,000명의 노예가 있었다고 합니다. 1802년에는 런던 항구에 노예들이 만든 설탕, 럼주 등을 전문적으로 수입하기 위해 서인도제도 품목 전용 부두가 생기기도 했습니다. 그 규모가 어마어마해 피라미드 이후 최대의 건축물이라 불릴 정도였죠.

노예무역은 영국의 산업 발전에 도움이 됐습니다. 설탕뿐 아니라 럼, 담배, 면화, 커피 등 노예 농장에서 재배한 작물을 영국으로 가져와 완제품으로 가공한 다음 다른 유럽 국가로 수출한 것입니다. 또한 삼각무역이 활발해지면서 영국 항구 도시들도 호황을 누렸습니다. 조선업뿐 아니라 화약, 돛, 밧줄, 식료품 등 관련 생산업도 발전했죠. 작은 항구였던 브리스틀, 리버풀, 글래스고 등은 노예무역 덕분에 대도시가 된 대표적인 지역입니다. 한때 리버풀 인구의 40%가 노예무역에서 수입을 얻은 것으로 추산하기도 합니다. 심지어 노예무역으로 금융업과 보험업까지 발달했습니다. 기본적으로 노예무역은 큰 자금이 들어가는 사업입니다. 현재 영국의 대형 은행인 바클레이스는 18세기 중반 노예무역에 자금을 투자했고, 글로벌 보험회사인 로이즈도 노예 상인들이 노예무역에 관한 보험을 들면서 회사 규모를 키우고 대표적 해상 화물 보험사로 성장할 수 있었죠.

이처럼 호황을 누리던 영국은 왜 스스로 노예무역을 폐지한 것일까요? 한때 노예무역이 더는 수익을 내지 못했기 때문이라는 주장도 있었습니다. 하지만 지금은 노예무역이 19세기 초에 폐지될 때까지 수익성이 높은 산업이었다는 데 많은 학자들이 동의하고 있습니다. 경제사학자 니얼 퍼거슨은 1850년 이전에 대서양을 건너 강제 이송된 1,000만 명의 노예 중 300만 명을 영국이 이송했다고 가정하면, 오늘날 영국이 지불해야 할 배상금이 260조 달러에 이른다고 추산하기도 했죠.

그런데 아무리 나라가 부유해진다고 해도 인간이라면 노예무역이 잘못됐다고 생각하지 않았을까요? 이 부분을 이해하기 위해서는 18세기라는 시대적 배경에 대한 이해가 필요합니다. 현대인의 관점에서 노예무역은 말도 안 되는 제도지만 노예무역이 가장 성행한 18세기에는 노예무역에 문제가 있다는 관점이 오히려 새로운 생각이었습니다. 사실 인류 역사를 짚어보면 노예는 최근까지도 존재했습니다. 미국이 수정헌법 제13조로 노예제도를 폐지한 것이 1865년이고, 러시아가 인신을 구속하는 점에서 노예제도와 유사했던 농노제를 폐지한 게 1861년입니다. 그리고 조선이 사노비私奴婢를 폐지한 게 1894년이라는 사실을 생각하면 그보다 훨씬 이전인 18세기에 노예를 사고파는 일에 문제의식을 느끼기는 쉽지 않았을 것입니다.

예를 들어 우리나라에서는 〈나 같은 죄인 살리신〉이라는 찬송가로 번역된 〈Amazing Grace〉를 작사한 존 뉴턴John Newton 목사는 원래 노예무역선 선장이었습니다. 이 찬송가는 그가 1749년에 폭풍을 만나 죽을 고비에서 살아남은 경험을 한 뒤 자신과 같은 죄인을 구원해준 신에게 감사한다는 내용으로 만든 것입니다. 하지만 그는 이 가사를 쓴 뒤에도 무려 6년이나 노예무역을 계속했습니다. 훗날 수십 년이 지나고서야 진심으로 노예무역에 가담한 죄를 뉘우치고 폐지 운동에 앞장서게 되죠. 그만큼 노예무역에 대한 인식을 바꾸는 데는 많은 시간이 필요했습니다.

이제껏 영국은 과거의 노예무역에 관한 사과의 뜻을 잘 드러내지 않았습니다. 그러나 최근 들어 조금씩 변화의 조짐이 나타나고 있습니다. 2006년에 토니 블레어Tony Blair 전 수상이 영국의 대서양 노예무역에 관해 사과했고, 2008년부터는 중고등학교 교과과정에서 노예무역의 역사를 가르칠 것을 의무화했습니다.

서서히 드러나기 시작한 노예무역의 참상

당시 노예무역은 영국과 멀리 떨어진 대서양 건너편에서 벌어졌습니다. 따라서 노예무역의 비극을 직접 경험한 적이 없는 대부분의 영국인은 노예무역에 무관심했죠. 그런데 이런 영국인들이 흑인 노예 문제에 주목하게 된 몇 가지 사건이 일어났습니다. 특히 제임스 서머싯James Somerset이라는 도망 노예의 재판은 중요한 계기 중 하나였습니다.

서머싯은 아프리카에서 영국의 북아메리카 식민지로 팔려 온 후 1769년에 주인을 따라 영국으로 오게 된 흑인 노예였습니다. 그는 가혹한 노예 생활을 견디다 못해 도망쳤고, 주인은 그를 붙잡아 자메이카로 되팔려 했습니다. 이때 서머싯을 도운 사람들이 있습니다. 이 시기 영국의 노예무역에 불편함을 느끼기 시작한 독실한 기독교인들이었죠. 그들은 서머싯을 위해 적극적으로 구명 운동을 펼쳤고 1772년에 재판이 열렸습니다.

영국 법정에 선 서머싯의 변호인들은 두 가지를 강력하게 주장했습니다. 첫 번째는 주인과 흑인 노예의 관계를 다시 규정해야 한다는 것입니다. 주인들은 흑인 노예들을 재산권 행사의 대상으로 보았지만 이들도 국왕의 신민이므로 그들의 뜻에 반하여 구금할 수 없다는 거였죠. 두 번째로 과연 영국에서 노예제가 합법적인가에 관해 의문을 제기했습니다. 그러면서 노예제는 자연법과 영국의 법질서에 반하는 제도라는 여러 증거를 제시했죠. 이 같은 주장을 들은 서인도제도의 노예 농장주들은 사태의 심각성을 깨닫고 주인이 변호사를 선임할 수 있도록 도우며 전면전에 나섰습니다. 그렇게 이 재판은 큰 관심을 끌었습니다. 1년이나 이어진 긴 재판 끝에 맨스필드Mansfield 재판장은 해석의 여지가 많은 판결을 내렸습니다.

> "노예계약 자체는 영국에서도 유효하나 어떤 주인도 노역에서 벗어났다는 이유로 또는 다른 이유로도 노예를 강제로 잡아 해외에 되팔 수 없다."

주인과 노예의 관계는 계약으로 파악해 유효하다고 보았지만, 강제로 해외에 되파는 것은 과도한 권리 행사라며 주인의 요구를 기각하고 서머싯을 풀어준 것입니다. 또한 재판장은 노예제도가 자연법에 반한다는 것은 인정했으나 더 나아가 영국에서 불법이라는 적극적인 결론은 내리지 않았습니다. 하지만 이 판결로 많은 영국인이 노예제도의 합법성에 관해 의구심을 품게 되었습니다.

서머싯 재판 이후 영국인이 노예무역의 문제점을 깨닫는 또 다른 사건이 발생했습니다. 1781년 8월 노예선 종Zong호는 422명의 노예를 싣고 서아프리카에서 출발해 서인도제도의 자메이카로 향했습니다. 그런데 항해 중 실수로 자메이카를 지나쳤고 뒤늦게 선장과 선원이 이 사실을 깨달았습니다. 다시 돌아가려면 상당한 시간이 걸리는 상황이었죠. 이때 항해 기간이 늘어나 식수가 부족하다고 판단한 선장과 선원들은 끔찍한 결정을 내렸습니다. 멀쩡히 살아있는 노예들을 세 차례에 걸쳐 바다에 던진 것입니다. 처음에는 여성과 소년들이 머물던 선실에서 잡히는 대로 창문 밖으로 던졌고, 그다음에는 건강한 남자들을 수갑에 채운 채 바다로 내던

종호 노예 학살 사건

졌습니다. 선원들은 이 과정을 한 번 더 반복했고 학살을 감행하는 동안 스스로 바다에 몸을 던진 노예도 있었습니다. 모두 142명의 노예가 바다 한가운데서 잔인하게 목숨을 잃었습니다.

이런 끔찍한 일이 벌어진 후에도 종호는 아무 일도 없었다는 듯 런던으로 돌아와 항해를 마쳤습니다. 바다 한가운데서 일어난 참극은 그렇게 묻힌 듯했죠. 그런데 1년 후 이 사건은 새로운 국면을 맞이합니다. 당시 선주들은 배와 노예 등에 보험을 들고 항해에 나섰는데 1만 5,000파운드의 보험을 든 종호의 선주가 죽은 노예들에 대한 보험료를 청구한 것입니다. 보험회사는 지급을 거부했고 이 사건이 소송으로 이어지면서 종호에서 벌어진 학살이 영국 사회에 알려졌습니다. 특히 재판 과정에서 학살 전 폭우가 내려 실제로는 식수가 부족하지 않았다는 사실이 밝혀지면서 선장과 선원들이 보험금을 노리고 고의로 노예를 학살한 정황이 드러났습니다. 새롭게 발견된 사실은 재판 결과에 어떤 영향을 미쳤을까요? 다음은 당시 재판장의 판결입니다.

> "사건이 몹시 충격적이긴 하나 노예 관련 사건은 의심할 여지 없이 말을 바다에 던진 것과 같은 것으로, 다툼의 여지가 있는 것은 그들이 노예를 바다로 던진 것에 '절대적 필요성'이 있는가 하는 것이다."

재판장은 이 사건을 선원들에 의한 고의적 화물 파손으로 보고 보험사는 보험금을 배상할 필요가 없다는 결론을 내렸습니다. 판결문은 '절대적 필요성'을 강조했는데, 이는 노예상들이 노예의 신변을 위협할 경우 절대적 필요성이 있었다는 것을 입증해야 한다는 책임을 부여한 것이기도 합니다. 하지만 영국 법정은 노예를 인간이 아닌 화물로 여겨 끝내 살인죄에 관한 재판을 진행하지 않았습니다. 런던의 신문사들이 이 사건을 보도하자 많은 영국인이 분노했습니다. 중간항로에서 노예들이 어떤 생활을 하며 얼마나 죽어가는지, 노예무역의 전 과정에서 벌어지는 비극을 알게 된 것입니다. 노예무역에 관한 영국 사회의 인식은 조금씩 바뀌었고 마침내 변화의 움직임이 시작됐습니다.

윌리엄 윌버포스, 노예무역 폐지에 나서다

노예무역은 분명 잘못된 것이지만 이를 없애기 위해서는 큰 용기가 필요했습니다. 영국과 서인도제도 식민지 경제에서 노예무역이 차지하는 비중이 컸고, 영국에는 서인도제도 사탕수수 농장에 투자한 사람과 노예무역에서 이익을 보는 사람이 많았기 때문입니다. 그런데 이때 영국 의회에서 용기 있게 노예무역 폐지를 주장한 사람이 등장했습니다.

윌리엄 윌버포스William Wilberforce라는 젊은 국회의원입니다. 우리는 노예 해방이라 하면 미국의 링컨Lincoln 대통령을 떠올리지만, 윌버포스는 링컨이 영감을 받은 인물이라 칭송할 만큼 반노예제도 운동의 아버지라 평가받는 인물입니다. 부유한 집안에서 태어나 17세에 모든 재산을 상속받은 그는 21세에 국회의원에 당선됩니다. 그리고 24세에는 영국의 가장 중요한 선거구인 요크셔에서 당선되었죠. 게다가 윌버포스의 가장 친한 친구인 윌리엄 피트William Pitt가 영국 총리에 오르면서 그는 곧 내각에 들어갈 것으로 예상되는 전도유망한 정치인으로 평가받았습니다.

이런 윌버포스가 처음부터 노예무역 폐지에 헌신한 것은 아닙니다. 25세에 개인적으로 복음주의 신앙을 갖게 되면서 인생관이 크게 바뀐 그는 자신이 정치를 해야 하는 이유를 오랫동안 고민했습니다. 고심 끝에 '노예무역 폐지'와 '영국의 관습 개혁'을 인생 목표로 세웠죠. 그리고 1789년 5월에 최초로 하원에서 노예무역을 공격하는 연설을 했습니다. 다음은 그가 남긴 연설의 일부입니다.

"이제 우리는 노예무역의 성격과 그와 관련된 모든 주변 상황을 알고 있습니다. 우리는 더 이상 몰랐다고 할 수 없습니다. 그렇게 빠져나갈 수는 없습니다. 의회가 국가 정의의 원칙에 무감각한 유일한 기관이 되어서는 안 됩니다. 상업적인 원칙에 근거한 무역을 통해, 할 수 있는 만큼 아프리카에 배상을 합시다. 그리하면 우리의 정직한 행동은 곧 정기적으로 증가하는 무역의 이익으로 보상받게 될 것입니다."

윌버포스는 사람들의 양심에 호소하며 노예무역 폐지를 외쳤지만 의원들의 반응은 싸늘했습니다. 이 시기 노예의 존재는 당연한 것이므로 특별히 문제라고 여기지 않은 의원들이 많았고, 노예는 농장주의 재산인데 국가가 그 권리를 박탈할 수 없다고 생각한 의원도 있었습니다. 또한 서인도제도의 경제 규모에서 노예무역이 차지하는 비중이 매우 높아 자칫 지역경제가 몰락할 수 있다는 우려도 컸습니다. 이 외에도 서인도제도 농장에 투자했거나 노예 무역상과 농장주에 매수된 의원들도 노예무역 폐지를 반대했습니다. 이런 이유로 윌버포스의 첫 번째 법안 발의는 실패하고 말았습니다.

상황이 이렇게 되자 윌버포스와 노예무역 폐지론자들은 대안을 찾기로 했습니다. 개인의 양심에 호소하기보다 노예무역 폐지가 국익에 도움이 된다며 경제적 이유를 강조한 것입니다. 노예무역을 중단하면 농장주들이 노예에 대한 처우를 개선할 것이고, 덕분에 건강해진 노예들의 노동력이 향상해 생산성이 높아지니 새로운 노예를 사들이지 않아도 돼 비용이 절감할 수 있다고 설득한 것입니다. 경제학자 애덤 스미스Adam Smith는 《국부론》에서 자유노동의 가치를 강조했는데 윌버포스는 이를 적극적으로 활용했습니다. 강요된 노동보다 임금을 받는 자율적 노동이 훨씬 효율적이라는 주장을 펼쳤죠. 하지만 이 전략도 통하지 않았습니다. 윌버포스는 18년간 노예무역 폐지 법안을 11번 제출했고 10번의 패배를 맛보았습니다. 다음 표는 그 좌절의 역사입니다.

표를 보면 1796년에는 단 4표 차이로 법안이 통과되지 못했습니다. 그 이유는 노예무역 폐지 반대파가 윌버포스를 지지하기로 약속한 의원들에게 〈두 명의 꼽추〉라는 오페라의 티켓을 나누어주었기 때문입니다. 투표 당일, 의원들은 오페라를 보기 위해 투표를 포기했고 법안 통과는 실패했습니다. 결과에 실망한 윌버포스는 며칠을 앓아누웠다고 합니다.

당시 노예무역 폐지에 반대하는 이들은 윌버포스를 향해 거센 비난을 퍼부었습니다. 그림은 1792년에 노예무역 폐지 운동을 비판한 '맹목적인

연도	결과
1789	첫 법안 발의 불발(청문회로 표결 미뤄짐)
1791	찬성 88 : 163 반대
1792	찬성 109 : 158 반대
1793	8표 차이로 부결
1795	찬성 61 : 78 반대
1796	찬성 70 : 74 반대
1797	찬성 74 : 82 반대
1798	찬성 83 : 87 반대
1799	찬성 54 : 84 반대
1804	찬성 124 : 49 반대(상원에서 부결)
1807	찬성 283 : 16 반대

노예무역 폐지 법안 의회 제출 결과

윌버포스를 겨냥한 풍자화

열정주의자'라는 풍자화입니다. 가운데서 광대 모자를 쓴 채 눈을 가리고 있는 사람이 윌버포스이고, 그의 눈을 가리는 사람은 아프리카 흑인 노예입니다. 윌버포스가 흑인 노예의 꼬임에 넘어가 현실을 제대로 보지 못하고 있다고 비꼬는 것이죠. 정의의 여신은 윌버포스의 옆에서 영국인 선원과 농장주를 향해 그들이 무죄라고 판결합니다. 뒤편에 무언가 불타오르는 모습은 서인도제도에서 일어난 노예 반란을 상징합니다. 윌버포스가 불을 내뿜는 것은 곧 그가 노예 반란을 조장한다는 뜻입니다.

노예무역 폐지를 향한 험난한 길을 걷던 윌버포스와 그의 정치가 동료들은 비로소 이 상황에서 벗어날 실마리를 발견했습니다. 정치인을 움직이는 것보다 대중의 마음을 얻는 일이 중요하다는 사실을 깨달은 것입니다. 이 시기는 전 세계적으로 대중 정치라는 개념이 없다시피 했습니다.

그러나 영국은 국민의 대표를 뽑고 그들이 국가 일을 대신하는 의회 민주주의를 확립한 상황이었죠. 선거를 치르는 나라에서 민심을 파고드는 일은 매우 중요했습니다.

윌버포스와 그의 동료 정치가들은 먼저 영국 각지를 돌아다니며 노예무역 폐지 협회를 만들었습니다. 협회들은 각 지역 유권자들의 서명을 받아 노예무역 폐지 청원서를 의회에 꾸준히 제출했습니다. 1792년에 발의한 법안이 부결됐을 때는 한 달 만에 519개의 청원서를 의회에 제출했죠. 이때 많은 사람이 청원서에 서명했습니다. 맨체스터에서는 1만 1,000명이 서명했는데 이 지역에 사는 성인 남성의 약 70%에 달하는 숫자입니다. 런던과 요크셔 같은 대도시에서도 청원 운동이 일어나면서 영국 의회는 상당한 압박을 받았습니다. 서명서는 모두 하나로 연결해 커다란 두루마리 형태로 만들었는데, 노예무역 폐지를 찬성하는 여론이 그만큼 뜨겁다는 사실을 시각적으로 강조하기에 효과적이었죠.

그리고 이 시기에 한 팸플릿이 서인도산 설탕 불매 운동을 일으켰습니다. 1791년, 작가 윌리엄 폭스William Fox는 〈서인도제도의 설탕과 럼 사용 금지에 관해 영국 국민에게 드리는 글〉이라는 팸플릿을 출간했습니다. 여기서 '아프리카 노예가 생산한 설탕 1파운드(약 454g)를 소비하는 것은 2온스(약 57g)의 인육을 소비하는 것과 같다'라는 내용이 큰 반향을 일으켰습니다. 서인도산 설탕을 먹는 것이 식인 행위와 같다고 비유한 것이죠. 동시에 폭스는 "의회가 노예무역을 억제하지 않으니 서인도제도 농장주들이 노예 수입을 그만둘 때까지 설탕과 럼주를 소비하지 말자"라며 불매운동을 제안했습니다. 팸플릿은 출간된 지 1년도 되지 않아 영국과 미국에서만 20만 부 이상 판매됐습니다.

불매 운동에 동참한 설탕 그릇과 웨지우드 배지

폭발적 반응은 금세 설탕 불매 운동으로 이어졌습니다. '동인도제도 설탕, 노예가 만든 것이 아님(East India Sugar, not made by slaves)'이라는 문구로 인도산 설탕 소비를 권장하는 설탕 그릇이 불티나게 팔렸습니다. 이 그릇을 사용하는 것은 꽤 의식 있는 행동처럼 여겨졌죠. 도자기 회사의 설립자 조사이아 웨지우드Josiah Wedgwood가 만든 '나는 사람이자 형제가 아닌가요?(Am I not a Man and a Brother?)'라는 문구를 새긴 배지도 노예무역 폐지의 아이콘이 되면서 많은 사람이 차고 다녔습니다. 한 연구에 따르면 1792년에 약 40만 명이 불매운동에 동참했다고 합니다. 이 같은 폭발적 반응은 의회를 압박할 수 있는 실질적 수단이 되었다는 점에서 큰 의미를 가집니다.

대중의 인식이 바뀌는 과정에서 노예무역 폐지에 적극 찬성하는 새로운 지지층도 등장했습니다. 그들은 다름 아닌 여성들입니다. 비록 참정권은 없었으나 여성이 각자의 가정에서 끼치는 영향력은 상당했습니다. 특히 설탕 소비는 당시 여성의 영역이라 여겼던 요리, 차 문화와 관련 깊었죠. 그리하여 이들의 적극적인 협력은 반노예제 운동에서 매우 중요한 역할을 했습니다. 여성들이 적극적으로 설탕 불매운동에 협력하자 노예무역 폐지에 더 큰 힘이 실렸습니다. 1792년 의회에 제출한 런던 지역 청원서의 서명자 중 10%는 여성이었습니다. 당시 여성은 투표권이 없고 정치 활동이 제한되었던 것을 생각하면 전례 없는 의견 표출이었죠. 이런 이유로 윌버포스는 선거 캠페인 송에 '여성과 윌버포스는 다시 한번 승리할 것이다'라는 가사를 넣기도 했습니다.

노예무역에 대한 반감이 커지는 데는 해방 흑인 노예들의 역할도 컸습니다. 특히 아프리카 출신으로 노예 시절의 고통을 기록한 자서전을 펴낸 올라우다 에퀴아노Olaudah Equiano가 대표적 인물입니다. 배넹 왕국에서 추장의 아들로 태어난 그는 11세에 노예 상인에게 납치된 뒤 노예선에서 끔찍한 일을 겪어야 했습니다. 노예가 되고 여러 차례 주인이 바뀐 에퀴아노는 흑인 노예무역에 반대했던 무역상 로버트 킹Robert King에게 팔렸고, 킹은 에퀴아노에게 40파운드를 받고 자유를 허락했습니다. 노예로서의 고통을 누구보다 잘 아는 에퀴아노는 1789년에 자서전을 출간하며 노예무역 폐지 운동에 동참했습니다. 잔혹했던 노예 생활을 기록한 에퀴아노의 책은 대중에게 큰 충격을 전했고 노예무역 폐지에 많은 영향을 주었습니다. 다음은 책 내용의 일부입니다.

> "쇠사슬은 피부가 벗겨지게 만들어 이 상황을 악화시켰다. 오줌통의 오물에 어린이들이 빠졌고 거의 질식할 지경이었다. 여성들

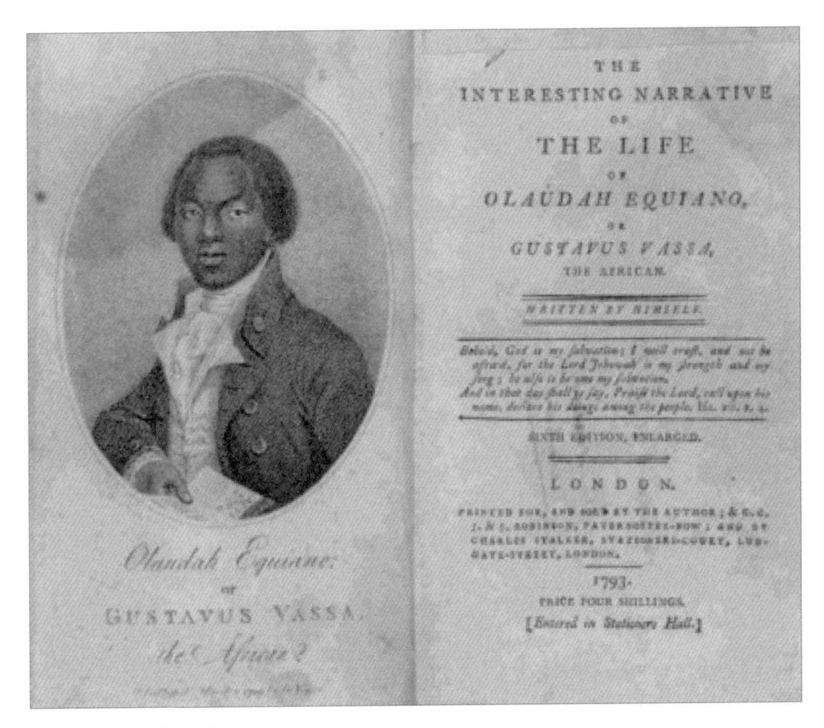

THE
INTERESTING NARRATIVE
OF
THE LIFE
OF
OLAUDAH EQUIANO,
OR
GUSTAVUS VASSA,
THE AFRICAN.

WRITTEN BY HIMSELF.

Behold, God is my salvation; I will trust, and not be afraid, for the Lord Jehovah is my strength and my song; he also is become my salvation.
And in that day shall ye say, Praise the Lord, call upon his name, declare his doings among the people. Isa. xii. 2, 4.

SIXTH EDITION, ENLARGED.

LONDON.

PRINTED FOR, AND SOLD BY THE AUTHOR; & G. G. J. & J. ROBINSON, PATERNOSTER-ROW; AND BY CHARLES STALKER, STATIONERS-COURT, LUDGATE-STREET, LONDON.

1793.
PRICE FOUR SHILLINGS.
[*Entered in Stationers Hall.*]

Olaudah Equiano;
OR
GUSTAVUS VASSA,
the African.

올라우다 에퀴아노의 자서전

의 비명과 죽어가는 자들의 앓는 소리 등 이 끔찍한 장면은 거의 상상하기 어려운 것이었다."

에퀴아노 외에도 이그나티우스 산초Ignatius Sancho, 오토바 쿠고아노Ottobh Cugoano 등 노예제에 명확한 반대 목소리를 내고, 동료 흑인들의 대변인 역할을 하면서 노예무역을 폐지하려는 적극적인 활동을 한 흑인들이 많습니다. 흑인 노예 출신 작가들의 반노예제 활동은 단순히 감정에만 호소하는 것을 넘어 그들이 겪었던 일을 바탕으로 누구도 쉽게 부정할 수 없는 증거를 제시했다는 데 큰 의미가 있습니다.

노예무역 폐지를 넘어 노예제 폐지까지

이렇게 정치인뿐 아니라 중간계급, 여성, 해방 노예까지 각계각층이 참여하며 노예무역 폐지 여론은 1806년 11월 선거를 앞두고 전국적으로 폭발했습니다. 선거에 나선 후보들은 소속 당에 상관없이 노예무역에 관한 찬성 또는 반대 입장을 밝혀야 하는 분위기였죠. 노예무역이 뜨거운 감자가 된 선거에서 노예무역 폐지를 주장한 세력은 처음으로 승리했습니다. 이 기세를 모아 노예무역 폐지 법안은 1807년에 찬성 283표 대 반대 16표라는 압도적 차이로 마침내 통과했습니다. 18년간 11차례의 도전 끝에 성취한 결과입니다.

고난 끝에 노예무역 폐지라는 목표를 달성한 윌버포스와 그의 동료들은 한 걸음 더 나아가 노예제도 자체를 폐지하는 운동을 26년간 벌였습니다. 시간이 흘러 이들의 아들들이 뜻을 이어 노예제 폐지 운동을 계속했죠. 이 같은 정치인들의 노력에 대중들도 호응했습니다. 1814년에는 노예제 폐지 요구 청원서에 75만여 명이 서명했고, 반노예제 잡지와 신문이 등장했습니다. 1833년에는 130만여 명이 서명한 청원서를 의회에 제출했습니다. 결국 1833년 7월 26일 영국 하원에서 노예제 폐지 법안이 통과되었고 노예제는 영국에서 영원히 사라졌습니다. 반노예제 운동을 위해 평생을 헌신한 윌버포스는 노예제 폐지 법안이 통과되고 4일 뒤에 세상을 떠났습니다.

영국은 산업혁명을 이룬 자본주의 국가로서 국민의 재산권을 함부로 침해할 수 없었기에 정부가 농장주들에게 2,000만 파운드를 보상하고 노예를 해방하기로 결정합니다. 이는 당시 국가 예산의 40%에 해당하는 엄청난 액수였습니다. 이후 영국의 노예무역과 노예제 폐지 영향으로 프랑스, 미국, 브라질 등 서구 여러 국가가 영국과 비슷한 길을 걷게 되었죠.

노예제가 폐지된 뒤에도 노예들은 7년간 '도제' 신분으로 농장에서 일했습니다. 그 후에는 인도와 중국의 계약 노동자가 농장에서 일했죠. 그러던 중 농장주들은 피지와 모리셔스 같은 영국의 또 다른 식민지로 사탕수수 생산지를 옮겼고 이 지역 또한 인도의 계약 노동자들이 설탕 생산에 참여했습니다. 이들의 처지가 노예보다 크게 낫지 않았다는 사실에서 다양한 형태의 노예제는 지금까지도 사라지지 않고 계속되는 중입니다. 그런 점에서 1833년의 노예제 폐지는 인권의 완전한 승리라기보다 인권 향상을 위한 싸움의 새로운 시작점이라고 할 수 있습니다.

지금까지 달콤한 설탕이 만든 쓰디쓴 역사에 관해 이야기했습니다. 누군가에게는 달콤했지만 다른 이에게는 쓰디쓴 악몽이었던 설탕은 비극의 역사를 만들었습니다. 하지만 이 역사가 비극으로 머물지 않았던 것은 그 잔혹한 사회를 바꾸기 위해 세상과 싸워온 사람들이 있었기 때문입니다. 영국이 저지른 노예무역이라는 끔찍한 범죄에 면죄부를 줄 수는 없습니다. 하지만 이런 비도덕적 행위를 없애기 위해 반세기 동안 싸웠던 사람들의 노력 덕분에 세상이 조금 더 나아진 것도 사실입니다. 인간과 국가는 잘못을 저지릅니다. 그러나 그것을 바로잡는 과정에서 역사는 진전을 이뤄나갑니다. 이는 비참하고 어두웠던 노예무역에서 우리가 찾을 수 있는 희망의 교훈이 아닐까요?

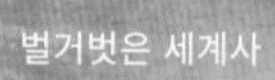

벌거벗은 오스만 제국

거대 제국의 흥망성쇠와 커피

김종일

● 동유럽과 서아시아에 걸쳐 있는 나라인 터키는 2022년 6월에 국호를 '튀르키예'로 변경했습니다. 튀르키예 역사의 일부는 마성의 음료와 깊이 얽혀 있습니다. 많은 사람이 이것 없이는 살 수 없다고 말하는데요, 이 음료는 바로 '커피'입니다.

통계에 따르면 우리나라의 1인당 커피 소비량은 연간 370여 잔으로, 전 국민이 매일 한 잔씩 커피를 마시는 셈입니다. 이는 세계 평균 소비량인 130여 잔의 3배에 가까운 수준이죠. 하지만 유럽 국가의 커피 소비량은 우리나라보다 훨씬 많습니다. 핀란드, 노르웨이, 프랑스, 오스트리아 같은 나라는 최소 하루 3잔, 즉 1년에 1,000잔이 넘는 커피를 마신다고 합니다. 사람이 물 다음으로 많이 마시는 음료가 커피라고 하니 그야말로 전 세계가 커피에 흠뻑 빠져있다고 해도 과언이 아닙니다.

역사 속 인물 가운데도 커피 마니아가 많습니다. 나폴레옹Napoleon은 유럽 최초로 커피를 군대 보급품으로 나눠줄 만큼 커피를 즐겨 마셨고, 음악의 아버지라 불리는 바흐Bach는 커피를 찬양하는 〈커피 칸타타〉라는 오페라까지 썼죠. 그렇다면 커피의 시작은 언제부터였으며, 어떻게 세계 곳곳으로 널리 퍼져 사랑받게 된 것일까요? 이 같은 궁금증을 풀어볼 단서를 제공하는 그림이 100쪽에 있습니다.

그림 속 장소는 400여 년 전 튀르키예에서 선풍적인 인기를 끌었던 카페로, 커다란 터번을 쓴 남자들이 모여서 마시는 것이 바로 커피입니다. 지금의 튀르키예 땅을 지배했던 오스만 제국은 전 세계에서 카페 문화가 가장 발달한 곳이었죠. 유럽인들에게 오스만 제국은 신비롭고 기묘한 카페의 성지였습니다. 400여 년 전 사람들은 오스만 제국의 카페에서 무엇을 했을까요?

17세기 오스만 제국의 카페

그림 속 오른쪽 위의 노란 옷을 입은 남자가 커피를 끓이고 있습니다. 지금의 바리스타라고 할 수 있죠. 잔을 들고 있는 사람들은 모두 커피를 마시러 온 손님입니다. 모여 앉아 커피를 마시는 사람도 있고, 오스만 제국식 보드게임을 하는 사람도 있습니다. 이 가운데 눈에 띄는 푸른 피부의 사람은 이집트에서 온 유색인으로 카페에서 약기를 연주하는 악단으로 추측하고 있습니다. 이처럼 오스만 제국의 카페는 커피와 함께 음악을 즐기고 사람들을 만나는 공간이었습니다. 당시에는 다양한 재미가 쏠쏠했던 카페에서 온종일 시간을 보내는 남자들이 많았죠. 그러다 보니 하루에 20잔이 넘도록 커피를 마시는 사람도 심심치 않게 찾아볼 수 있었다고 합니다. 그만큼 오스만 제국 사람들의 커피 사랑은 대단했습니다.

이는 유럽보다 약 100년, 우리나라보다는 무려 350여 년이나 빠르게 커피를 접하고 카페 문화를 발전시킨 것입니다. 즉 오스만 제국은 세상에 커피를 퍼트린 커피 종주국인 셈입니다. 따라서 커피의 역사를 알기 위해서는 오스만 제국의 역사를 함께 짚어보는 것이 매우 중요합니다.

오스만 제국은 한때 세상에서 가장 강한 나라로 아시아, 아프리카, 유럽의 세 대륙에 걸쳐 있던 대제국이었습니다. 강력한 군사력을 바탕으로 엄청난 속도로 영토를 넓혀 유럽의 그 어느 나라보다 거대한 영토를 차지했죠. 오스만 제국의 기세에 눌린 유럽 국가들은 수백 년간 공포에 떨었습니다. 강한 군사력과 넓은 영토뿐 아니라 기술력도 발달해 다양한 문화를 꽃피웠고 가장 부유한 나라로 성장했습니다. 이 같은 역사 속에서 커피의 역사도 함께 발전했죠. 지금부터 유럽을 호령했던 오스만 제국이 어떻게 커피를 세상에 퍼트렸는지 그 역사를 벌거벗겨 보겠습니다.

유럽과 아시아를 잇는 교차로, 이스탄불

오스만 제국의 시작은 미약했습니다. 1299년, 지금의 튀르키예 지역의 땅 한켠에 세운 아주 작은 나라였죠. 하지만 유럽인들은 그 존재만으로도 위협을 느꼈습니다. 십자군 전쟁으로 유럽을 초토화한 '셀주크 제국'의 후예가 세운 나라였기 때문입니다. 당시 유럽은 최고의 기독교 성지인 예루살렘을 차지한 셀주크 제국을 상대로 무려 200년간 아홉 차례에 걸쳐 성지 탈환을 시도했습니다. 하지만 모두 처참하게 패배했죠. 유럽 연합군의 예루살렘 탈환 실패 후 몽골에 의해 멸망한 셀주크 제국은 지금의 튀르키예 땅에 오스만 제국을 건설했습니다. 그러니 유럽의 처지에서 오스만 제국은 작은 나라이지만 셀주크 제국의 후예였기에 엄청난 저력을 갖춘 나라로 비칠 수밖에 없습니다.

모두가 두려워했던 나라인 오스만 제국은 강력한 통치력으로 빠르게 영토를 확장해 나갔습니다. 약 150년 뒤에는 비잔티움 제국의 영토 대부분을 차지하면서 강대국의 반열에 올랐죠. 승승장구하던 오스만 제국의 다음 목적지는 비잔티움 제국의 수도인 콘스탄티노플입니다. 여기에는 이유가 있습니다. 콘스탄티노플은 아시아 대륙과 유럽 대륙을 잇는 유일무이한 도시로 당시 세계 최대의 교역로인 실크로드가 이 도시를 통과했습니다. 세계의 돈과 물자, 문화가 콘스탄티노플을 통과하고 있었던 것이죠. 그리고 이슬람에는 예로부터 콘스탄티노플을 차지할 위대한 지도자가 등장할 것이라는 예언이 전해져 왔습니다. 오스만 제국의 지도자인 술탄들은 자신이 이 예언의 주인공이라고 생각해 대대로 콘스탄티노플 정복에 도전했습니다. 하지만 좀처럼 그 꿈을 이루지 못했죠.

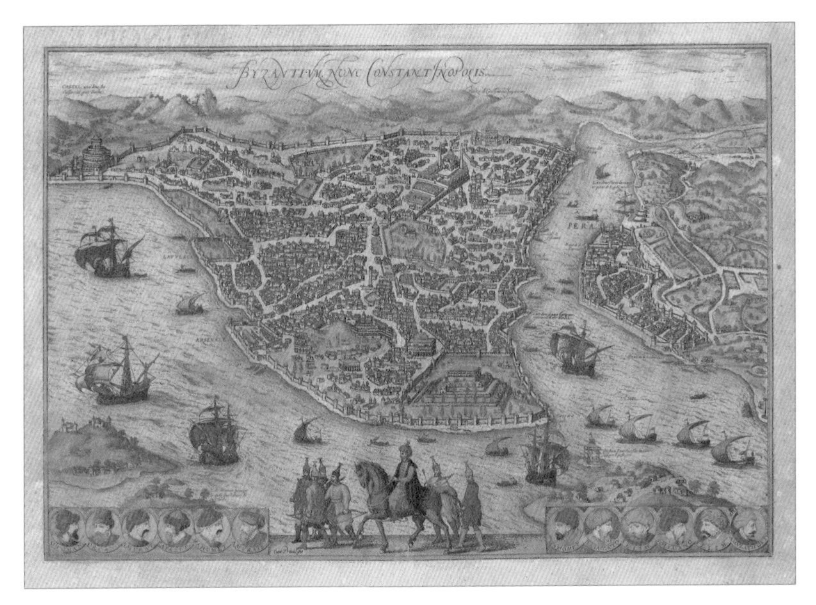

콘스탄티노플의 방어 구조

이때 반드시 콘스탄티노플을 차지하겠다는 강한 의지를 가진 술탄이 등장했습니다. 12세에 왕위에 오른 오스만 제국 제7대 술탄 메흐메트 2세 Mehmet II입니다. 사람들은 지략이 뛰어나고 엄청난 야심을 가진 그를 천재 술탄이라고 불렀습니다. 메흐메트 2세는 왕위에 오르자마자 반드시 콘스탄티노플을 손에 넣겠다고 다짐하며 전쟁을 준비했습니다.

1453년 4월, 마침내 메흐메트 2세가 직접 오스만 제국의 군대를 이끌고 콘스탄티노플로 출정했습니다. 당시 그가 이끄는 병력은 어마어마한 규모를 자랑했는데, 10만여 명의 군대와 70여 척에 달하는 함대를 포함한 대군이었습니다. 이에 맞서는 비잔티움 제국에는 도시를 수비할 병력이 7,000여 명밖에 되지 않았습니다. 오스만 제국의 10만 대군을 상대하기에는 턱없이 부족했죠. 하지만 비잔틴 제국의 황제 콘스탄티누스 11세

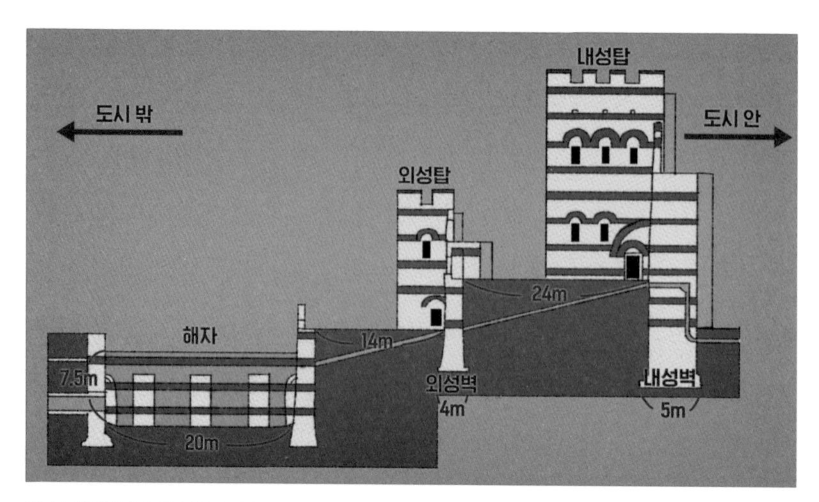

3중 구조의 테오도시우스 성벽

Constantinus XI에게는 믿는 구석이 있었습니다. 콘스탄티노플이 누구도 침략하지 못한 천혜의 요새였던 것입니다.

103쪽의 그림처럼 콘스탄티노플은 삼면이 바다로 둘러싸여 있습니다. 이곳은 바다의 물살이 워낙 강하고 바람도 많이 불어서 배가 접근하기 어려운 지형입니다. 오스만 제국이 해전을 벌이기 힘들다는 뜻이죠. 그렇다면 남은 공략지는 육지뿐인데, 이곳 역시 난공불락이었습니다. 지난 1,000년간 누구도 뚫지 못한 테오도시우스 성벽이 자리하고 있기 때문입니다.

유럽 최고의 성벽이라 불리는 테오도시우스 성벽은 일반적인 유럽의 성벽과 달리 3중으로 되어 있습니다. 성의 가장 바깥쪽에는 적의 침입을 방어하기 위한 바닷물이 흐르는 구덩이인 해자를 파놓았습니다. 해자 뒤에는 외성벽이 있고 가장 안쪽에는 20m 높이의 거대한 내성벽이 자리 잡고 있습니다. 각 성벽은 3m~5m 정도로 두꺼웠기에 공격으로 성벽을 뚫는 것은 불가능에 가까웠죠. 게다가 성벽 사이사이에는 작은 구멍이 있어서

오스만 제국의 우르반 대포

접근하는 적들에게 화살을 쏠 수도 있었습니다. 즉 콘스탄티노플은 병력은 적었지만, 적들을 방어하는 데는 최적의 조건을 갖추었던 것입니다.

하지만 메흐메트 2세에게도 비장의 무기가 있었습니다. 세계 최초의 공성용 대포이자 최첨단 무기인 우르반Urban 대포입니다. 그전에도 대포는 있었지만 대부분 작고 위력이 약했습니다. 하지만 헝가리 출신 대포 기술자 우르반이 만든 이 공성포는 길이만 약 8m에 무게는 20톤에 달했습니다. 게다가 450kg이 넘는 거대한 대포알을 1.5km 이상 날릴 수 있는 어마어마한 성능을 자랑했죠. 메흐메트 2세는 성벽을 무너뜨리기 위해 이런 괴물 같은 대포를 준비한 것입니다.

오스만 제국 군대는 성벽 앞에 진을 치고 대포를 날려 집중 공격을 퍼부었습니다. 그런데 웬일인지 성벽이 꼼짝도 하지 않았습니다. 사실 공성포에는 치명적인 단점이 있었는데, 대포를 한 번 쏘고 나면 다시 쏘기까지 시간이 오래 걸렸다는 것입니다. 그래서 한 대당 하루에 단 7번만 발사할 수 있었습니다. 대포알을 날릴 때마다 성벽은 조금씩 무너졌지만, 비잔티움 제국의 병력은 다시 대포를 쏘기 전에 재빨리 성벽을 보강했습니다. 이 때문에 야심 차게 준비한 대포는 사실상 무용지물이나 마찬가지였습니다. 비장의 무기였던 우르반 대포가 통하지 않는다는 사실을 깨달은 메흐메트 2세는 여기서 그치지 않고 재빨리 또 다른 작전을 세웠습니다.

콘스탄티노플을 둘러싼 바다에서 유일하게 물살과 바람이 약한 곳이 있습니다. 내륙으로 들어간 '골든 혼'이라는 만灣입니다. 콘스탄티노플은 이곳으로 배가 들어오지 못하게 물속에 굵은 쇠사슬을 쳐놓았습니다. 메흐메트 2세는 이 쇠사슬을 끊는 작전을 감행하기로 했습니다. 하지만 콘스탄티노플 병사들의 방해로 이 작전 역시 실패로 돌아가고 말았죠. 시간이 갈수록 메흐메트 2세는 초조해졌습니다. 콘스탄티노플을 구하기 위해 유럽에서 지원군이 올 가능성이 있었기 때문입니다.

콘스탄티노플을 공략할 또 다른 방법을 생각해야 했던 메흐메트 2세는 지금까지와는 전혀 다른 작전을 세웠습니다. 군함을 바다에서 육지로 끌어올려 옮긴 다음 골든 혼 안쪽으로 배를 들여보내는 것입니다. 당시 오스만 제국의 전함은 70여 대나 됐습니다. 메흐메트 2세는 상상조차 가지 않는 이 작전에 모든 전력을 동원했습니다. 통나무를 베어와 길을 만들고 수천 마리의 황소와 수만 명의 병력으로 죽을힘을 다해 배를 끌어서 언덕을 넘었습니다. 이렇게 거대한 전함 70여 척이 언덕을 넘는 데 걸린 시간은 단 하룻밤이었습니다. 24시간도 지나지 않아 70여 척의 군함과 대포가 언덕을 넘어 골든 혼의 바다에 진입한 것입니다.

우여곡절 끝에 배를 산으로 넘겼지만 천년 요새의 정복은 쉽지 않았습니다. 콘스탄티노플의 수비대가 필사적으로 저항해오자 오스만 제국의

배를 산으로 보내는 메흐메트 2세

대군도 지치기 시작한 것입니다. 더는 시간을 끌 수 없었던 메흐메트 2세는 최후의 결전을 벌이기로 합니다. 이때 또 한 번 전략을 바꿨는데 성벽 대신 지칠 대로 지친 콘스탄티노플의 병사를 표적으로 삼은 것입니다. 그리고 온갖 무기를 휘두르며 적을 무자비하게 도륙하는 오스만 제국의 최정예 군단, '예니체리'를 투입했습니다. 예니체리 군단의 공격에 콘스탄티노플 수비대에는 빈틈이 생겼고 설상가상으로 전투 중에 비잔티움 제국의 황제마저 전사했습니다.

마침내 오스만 제국은 전투력을 상실한 비잔티움 제국을 누르고 콘스탄티노플을 점령했습니다. 메흐메트 2세는 오스만 제국의 수도를 콘스탄티노플로 옮기고 도시 곳곳을 이슬람 방식으로 새롭게 꾸몄습니다. 이 도시가 현재 튀르키예 최대 도시인 이스탄불입니다.

콘스탄티노플의 함락은 단순히 한 도시의 붕괴를 의미하는 것이 아닙니다. 기독교의 뿌리였던 유럽의 도시가 이슬람 국가인 오스만 제국에 의해 사라졌고, 2,000년을 이어온 로마 제국의 역사가 다른 대륙에 있던 국가에 의해 완전히 끝나버린 것입니다. 당시 유럽에서는 오스만 제국의 콘스탄티노플 점령을 엄청난 재앙으로 여겼습니다. 세상이 곧 망할 것으로 생각하는 사람도 있을 정도였죠. 사실 유럽 사람들은 오랜 역사 속에서 비잔티움 제국의 근원이었던 로마 제국을 정신적인 뿌리라고 믿고 있었습니다. 그들은 로마 제국의 종교인 기독교를 받아들이고, 로마 제국의 언어인 라틴어로 교회에서 기도를 드렸습니다. 그런데 기원전부터 2000년 가까이 이어오던 로마 제국이 완전히 사라진 것입니다. 유럽인들은 나라와 역사를 잃은 것만큼 큰 충격을 받았습니다.

콘스탄티노플을 차지하며 유럽을 위협하는 세력으로 확실하게 자리 잡은 메흐메트 2세는 성 소피아 성당을 모스크로 개조했습니다. 이슬람의 사원인 모스크를 만들 때는 중요한 원칙이 있습니다. 그림을 그리거나 조각상을 세우면 안 된다는 것입니다. 이슬람교에서는 사람을 그려 넣는 것을 우상숭배라고 여겨서 엄격히 금지합니다. 하지만 성 소피아 성당 안에는 모자이크화로 꾸민 예수와 마리아의 그림들이 곳곳에 있었습니다. 원칙대로라면 이 그림을 모두 없애야 했죠. 하지만 직접 성당으로 들어가 아름다운 그림을 본 메흐메트 2세는 그림을 보호해야겠다고 생각했습니다. 그래서 성당의 그림들을 지우거나 뜯어내지 않고 그림 위에 얇은 석회를 발랐다고 합니다. 기독교의 그림을 다 덮은 뒤에는 성당 곳곳을 이슬람식으로 장식했습니다.

성 소피아 성당의 중앙 돔은 화려한 무늬로 장식되어 있습니다. 그림처

성 소피아 성당 모자이크화

성 소피아 성당 천장

럼 보이지만 사실은 이슬람교 경전 《쿠란》의 구절인 '알라는 하늘과 땅의 빛이니라'라는 글자를 아름답게 새긴 것입니다. 무함마드와 알라의 이름을 쓴 커다란 판도 성당 곳곳에 붙여넣었습니다.

이슬람의 검은 음료, 커피의 시작

콘스탄티노플을 점령한 오스만 제국의 행보는 거침없었습니다. 지도는 1520년 오스만 제국의 영토를 나타낸 것으로, 콘스탄티노플 함락 후 70여 년 만에 지중해를 중심으로 세력을 크게 확장한 것을 알 수 있습니다. 오스만 제국은 지중해 동쪽의 강국을 물리치고 중동과 지중해 남쪽을 차지한 이집트 맘루크 왕조까지 공격했습니다. 치열한 전쟁 끝에 맘루크 왕조와의 잇따른 전쟁에서 승리한 오스만 제국은 성지인 예루살렘과 중동 최대의 도시 카이로까지 점령했습니다. 그리고 마침내 맘루크 왕조를 완전히 정복하면서 당대 최강의 국가로 떠올랐습니다.

이 시기 오스만 제국은 커피 역사의 중심지를 차지했습니다. 당시 커피

1520년, 오스만 제국의 영토

농사를 짓고 있던 예멘 지역입니다. 이곳은 원래 이집트가 차지한 지역이기도 합니다. 맘루크 왕조의 해군은 예멘의 항구에 주둔하다가 예멘으로 쳐들어가서 왕을 죽이고 예멘 왕조를 멸망시켰습니다. 그런데 이때 오스만 제국이 이집트를 점령하면서 맘루크 왕조를 정복한 것입니다. 예멘이 이집트의 손에 넘어간 지 겨우 10여 일 만에 벌어진 일이었죠. 덕분에 자연스럽게 예멘도 오스만 제국의 땅으로 귀속되었습니다.

예멘을 차지한 오스만 제국은 커피를 독점할 기회를 얻었습니다. 당시 전 세계에서 커피 농사를 짓는 곳은 예멘이 유일하다시피 했기 때문입니다. 그렇다면 최초의 커피는 예멘에서 시작된 것일까요? 여러 가지 설이 있는데 가장 널리 퍼진 것은 예멘 건너편에 있는 북아프리카의 에티오피아에서 시작됐다는 이야기입니다. 여기에는 하나의 전설이 내려옵니다. 에티오피아의 산지에는 칼디Kaldi라는 목동이 살았습니다. 평소처럼 염소

목동 칼디와 춤추는 염소들

를 돌보던 칼디는 어느 날 염소들이 잠도 자지 않고 두 발을 들어 펄쩍펄쩍 날뛰는 모습을 보았습니다. 마치 춤을 추는 것 같았죠. 이상하게 여긴 칼디가 염소들을 관찰한 결과 들판에서 붉은 열매를 먹고 나면 날뛴다는 것을 알게 됐습니다. 염소들이 먹은 붉은 열매가 바로 커피입니다.

그렇다면 에티오피아 커피는 어떻게 예멘으로 넘어갔을까요? 예멘에서 커피를 재배하기 시작한 것은 6세기경으로 추정됩니다. 에티오피아와 예멘은 지리적으로 가까웠는데, 에티오피아의 사람들이 바다를 건너 예멘으로 이동하면서 커피나무를 가져온 것입니다. 이때 예멘으로 건너간 커피나무 품종이 커피의 대명사이자 커피의 귀족이라 불리는 '아라비카'입니다. 현재 세계 커피 생산량의 60%~70%를 차지하는 대표적인 커피죠. 향미와 산미가 좋고 카페인 함량이 적어서 인기가 많습니다. 과연 예멘으로 넘어간 아라비카 커피는 무사히 자랐을까요?

사실 커피는 무척 키우기 까다로운 식물입니다. 제대로 농사를 지으려면 여러 조건이 필요합니다. 추위에 약하므로 적도 인근의 따뜻한 아열대 기후여야 하고, 해발고도는 약 1,100m~1,200m 이상, 강우량은 연간 1,200mm 이상으로 물이 풍부한 곳이어야 하죠. 그런데 예멘은 이 모든 조건을 충족하는 커피 재배의 최적지였습니다. 이렇게 이집트를 굴복시키고 예멘을 차지한 오스만 제국은 커피 생산의 중요한 발판을 마련했습니다. 이후 이집트가 보호하고 있던 이슬람 최고 성지인 '메카'를 점령하며 커피의 맛을 알게 되었죠. 메카는 이슬람의 창시자인 무함마드Muhammad의 출생지로 연간 약 250만 명의 순례객이 이곳을 방문합니다.

오스만 제국이 메카에 입성한 시기, 커피는 이미 종교인들을 중심으로 널리 퍼져있었습니다. 여기에는 이슬람 수행자인 수피의 영향이 컸습니다. 수피는 이슬람의 신비주의 종파의 수행자로 이들은 신과의 합일을 최상의 가치로 여깁니다. 이를 위해 음식과 잠을 멀리하며 밤샘 기도를 하곤 했죠. 과거 예멘에 살던 수피들은 커피가 잠을 깨우고 식욕을 떨어뜨리는 효과가 있다는 사실을 알아내고 기도나 종교의식을 치르기 전에 커피를 마셨습니다. 당시 예멘 사람들은 이슬람 수행자인 수피들이 종교의식을 위해 커피를 마시는 것을 보고 커피를 신의 음료라고 생각하기도 했습니다. '커피를 마시면 지옥 불에 떨어지지 않는다'라는 소문까지 퍼졌죠. 또 예멘의 항구인 모카에서는 오마르Omar라는 수피가 커피로 아픈 사람들을 치유하고 '모카의 성자'로 불렸다는 이야기도 전해져 내려옵니다.

당시 예멘에서 먹던 커피는 우리가 아는 커피와 아주 다릅니다. 커피 열매를 냄비에 넣고 한약처럼 달여서 먹었는데 쓴맛이 매우 강했습니다. 하지만 각성 작용과 식욕 저하 등의 효과가 굉장했기에 예멘의 수피들에게 커피는 필수품이었습니다. 성지순례를 위해 메카에 갈 때도 커피를 챙겨갔을 정도였죠. 수피가 메카에 커피를 전파하면서 메카 내의 예멘인 거주 구역에서 커피를 마시는 사람이 조금씩 늘었습니다. 그러다 효능이 알려지면서 메카 전역에서 큰 인기를 얻었습니다. 밤샘 기도하던 이슬람 수행자들은 물론 공부하는 학생들에게도 큰 주목을 받았다고 합니다. 어느새 커피는 메카의 가정과 공공장소에서도 즐겨 마시는 음료가 되었습니다.

커피가 인기를 얻자 메카에는 '카흐바 하네'라는 독특한 가게가 등장했습니다. 아랍어로 '카흐바'는 커피, '하네'는 집이라는 뜻입니다. 커피를 마시는 집, 즉 지금의 카페를 세계 최초로 메카에서 시작한 것입니다. 메카가 커피를 이토록 빠르게 받아들인 가장 큰 이유는 이슬람교가 술을 금지하기 때문입니다. 사람들은 늘 어딘가에 모여서 이야기할 공간이 필요했는데 커피와 카페가 매개체가 된 것입니다. 커피가 술을 대신하면서 중동에서는 커피를 '이슬람의 포도주'라고 부르기도 합니다.

이슬람의 중심인 메카에서 유행한 커피는 이슬람교 수행자들을 통해 이집트의 수도 카이로까지 전파됐습니다. 이집트 역시 이슬람을 믿는 나라였기 때문에 커피는 카이로에서도 큰 인기를 얻었고 카이로 곳곳에서도 카페가 문을 열었습니다. 이 시기 오스만 제국은 커피의 생산지인 예멘과 더불어 커피를 가장 많이 마시던 메카와 이집트 카이로까지 점령하면서 커피의 종주국이 될 모든 발판을 마련하게 된 것입니다.

오스만 제국의 황금기를 연 술레이만 대제

그렇다면 커피를 처음 접한 오스만 제국은 커피를 어떻게 받아들였을까요? 처음 콘스탄티노플에 들여온 커피는 일부 귀족이 즐기는 희귀품에 불과했습니다. 커피가 오스만 제국에서 전성기를 맞이한 것은 제10대 술탄이자 최고의 군주라고 불린 술레이만 1세Suleyman I 때부터입니다.

술레이만 1세는 술레이만 대제로도 불리는데, 그는 1520년에 20대 중반의 젊은 나이로 왕위에 올라 46년이나 오스만 제국을 다스리면서 황금시대를 연 위대한 술탄입니다. 안으로는 문화와 상업, 교역, 통치 체계를 발전시키고 밖으로는 끊임없이 영토를 확장해 나갔죠. 젊고 능력 있는 술탄이 노린 땅은 유럽이었습니다. 그는 즉위하자마자 세르비아의 수도인 베오그라드를 차지하면서 유럽 정복의 신호탄을 올렸습니다. 1522년에는 300여 척의 대규모 해군과 10만 명의 육군을 총동원해 그리스의 로도스섬도

모하치 전투- 헝가리 왕국군 vs 오스만 제국군

함락했습니다. 그 결과 오스만 제국은 동지중해의 해상권을 완전히 장악했고 더욱 강하고 부유한 나라가 되었습니다.

술레이만 대제의 다음 목표는 유럽의 문지기라는 별명을 가진 헝가리 왕국이었습니다. 헝가리는 오스만 제국과 서유럽 사이에 위치해 유럽 동부 최전선에서 오스만 제국을 막아주는 방패 같은 나라였죠. 이는 오스만 제국이 유럽을 정복하기 위해서는 반드시 헝가리 왕국을 차지해야 한다는 뜻이기도 합니다. 1526년에 술레이만 대제는 약 5만 명의 군대를 이끌고 헝가리 원정에 나섰습니다. 두 나라는 남부의 모하치 평원에서 대규모 전투를 벌였는데, 이때 오스만 제국은 아군의 사기를 올리고 적군을 위협하기 위해 '메흐테르'라는 군악대를 조직했습니다. 이는 세계 최초의 군악대로 기록되었습니다.

115쪽 그림의 왼쪽이 헝가리 왕국의 군대이고 오른쪽이 오스만 제국의 군대입니다. 오른쪽 위에 있는 악기를 든 사람들이 군악대입니다. 메흐테르는 오스만 제국의 최강 정예부대인 예니체리의 군악대로 전투 직전에 최전선에서 천둥같이 커다란 소리의 악기를 연주했습니다. 오스만 제국의 사기를 일으키고 적들의 두려움을 자극하기 위해서였죠. 군악대가 들고 있는 둥근 물체는 오스만식 심벌즈입니다. 심벌즈는 귀가 따가울 정도의 고음을 내서 적들을 깜짝 놀라게 했고, 낙타 가죽으로 만든 드럼은 우레 같은 소리를 내서 심장을 두근거리게 만들었습니다. 군악과 함께 오스만 제국의 대군이 적을 향해 엄청난 함성을 지르면 적들은 싸우기도 전에 기세가 꺾였다고 합니다.

이 시기 유럽은 오스만 제국의 군악대 소리만 들어도 예니체리가 온다는 것을 알고 공포에 떨었다고 합니다. 전투 전부터 상대편의 사기를 꺾은 것이죠. 당시 유럽에는 군악대가 없었기에 더욱 놀라고 무서워한 것 같습니다. 세계 최초의 군악대를 만든 나라답게 튀르키예는 지금 전 세계에서 최고의 심벌즈를 제작하는 나라로 인정받고 있습니다. 유럽에 군악대를 퍼뜨린 것도 오스만 제국입니다.

그림에는 전쟁의 승패를 엿볼 수 있는 또 하나의 무기가 있습니다. 오스만 제국의 대포입니다. 대포 공격을 받은 헝가리 왕국의 기병대는 맥을 못 추고 몰살당했습니다. 군악대와 대포의 활약 덕분에 오스만 제국은 단 2시간 반 만에 전투에서 승리했습니다. 이 짧은 전투에서 헝가리 왕국의 왕을 비롯한 수많은 귀족이 목숨을 잃었습니다. 술레이만 대제는 승전에 대한 기록을 일기로 남겼습니다.

> “2,000명의 포로를 학살했다. 비가 억수같이 쏟아졌다. 헝가리 보병 2만 명과 기병 4,000명을 땅에 묻었다.”

더 이상 거칠 것이 없던 술레이만 대제는 즉시 헝가리 왕국의 수도 부다페스트를 점령하고 영토 대부분을 차지했습니다. 헝가리 왕국이 오스만 제국에 점령당했다는 소식을 들은 유럽의 여러 나라는 엄청난 충격에 휩싸였습니다. 이제껏 오스만 제국으로부터 자신들을 막아주던 헝가리 왕국이라는 방패막이 사라지면서 큰 위협을 느낀 것입니다. 술탄이 언제 대군을 이끌고 자신들을 공격할지 알 수 없게 된 유럽은 공포에 떨어야 했습니다. 당시 유럽인들 사이에서는 “튀르키예인들이 지나간 땅에는 100년 동안 열매가 맺지 못한다!”라거나 “튀르크 군인들이 온다고 하면 우는 아이도 울음을 뚝 그칠 정도다”라는 말까지 있었다고 합니다. 이처럼 오스만 제국의 존재감과 권력은 나날이 강력해졌습니다.

그런데 유럽인들을 공포로 몰아넣고 잠 못 들게 했던 술레이만 대제의 야망이 한풀 꺾이는 사건이 발생합니다. 당시 유럽 최고의 강국 중 하나인 합스부르크 제국이 거침없는 오스만 제국의 질주를 유럽의 최전선에서 막아낸 것입니다. 합스부르크 제국의 수도이자 지금의 오스트리아의 수도인 빈을 점령하지 못한 채 오스만 제국은 전쟁에 패배한 채 돌아서고 말았죠. 하지만 이후에도 술레이만 대제는 페르시아 지역과 아라비아반도에 진출해 세력을 더욱 넓혔고 이 시기에 대제국을 완성했습니다.

술레이만 대제는 아시아, 유럽, 아프리카 북쪽의 세 대륙에 걸친 광활한 영토를 다스렸습니다. 당시 육상과 해상을 가리지 않고 오스만을 두려워하지 않는 나라는 없었죠. 오스만 제국이 영토 내의 다양한 민족의 문

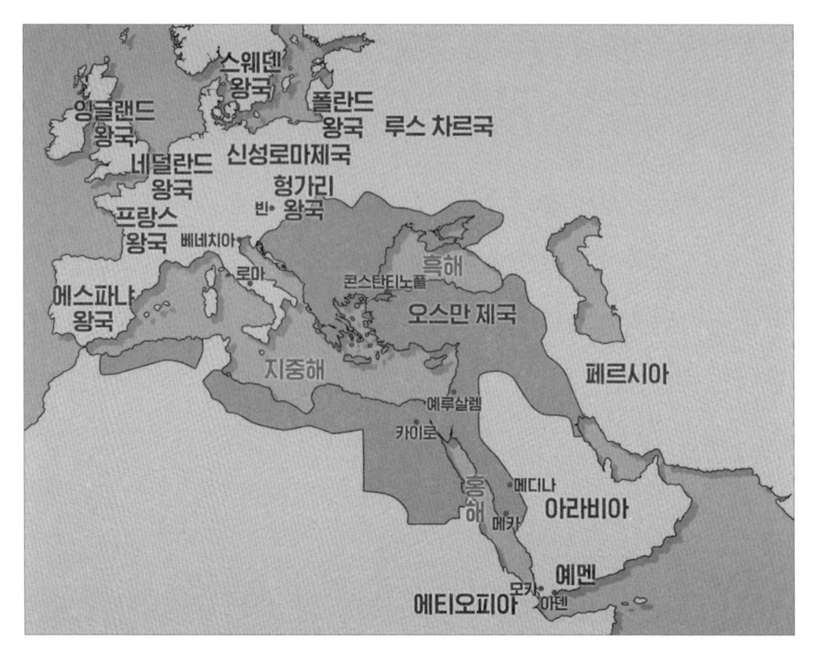

1566년, 술레이만 1세가 다스린 최대 영토

화와 종교를 자유롭게 인정하고 받아들이면서 국가는 최전성기를 맞이했습니다. 그리고 풍요로운 오스만 제국에서는 무엇보다 커피 문화가 크게 발전했습니다.

커피, 오스만 제국을 사로잡다

1500년대에 여러 아랍 국가는 커피값이 매우 높았습니다. 메카와 이집트의 카이로 등 곳곳에서 커피가 큰 인기를 얻으면서 커피콩의 공급이 수요를 따라가지 못했기 때문입니다. 이 사실을 알게 된 술레이만 대제는 국가적으로 커피 농사를 장려했고 예멘은 더 많은 커피를 생산했습니다. 다른 작물을 농사짓던 땅까지 엎어버리고 여기에 커피나무를 심기도 했죠. 그러면서 커피는 오스만 제국의 특산품으로 확고히 자리매김했습니다. '커피'라는 이름도 이때 굳어졌습니다. 원래 커피는 에티오피아에서는 카파Kaffa, 아라비아에서는 카흐와Qahwa라고 불렀습니다. 이것이 오스만 제국에 들어와서 카흐베Kahve라고 불렸고 오늘날 커피Coffee의 어원이 된 것입니다.

오스만 제국이 예멘에서 많은 양의 커피를 생산하자 수도 콘스탄티노플에서도 손쉽게 커피를 구할 수 있게 되었습니다. 어느새 커피는 오스만 제국에서 가장 사랑받는 음료가 되었습니다. 술레이만 대제 시기에는 술탄부터 정부 관리, 군인과 일반 시민에 이르기까지 수많은 국민이 커피를 즐겼습니다. 심지어 술레이만 대제는 궁전에 커피를 끓이는 담당 관리를 따로 두었고, 귀족이나 부자들은 특별히 집에 커피 방을 만들어 커피 전담 하인이 커피를 끓이게 했습니다. 지금으로 치면 커피 전담 바리스타를 집집마다 둔 것이죠.

이 시기 콘스탄티노플에서는 사람들이 매일 최소 두 잔에서, 많게는 스무 잔이 넘는 커피를 마셨다고 합니다. 온종일 커피를 마신 셈이죠. 게다가 커피가 만병통치약으로 알려지면서 '몸이 아프면 단식하면서 다른 치료법을 찾지도 않고 커피만 마셔댔다'라는 기록까지 있을 만큼 커피에 신비한 힘이 있다고 믿었습니다. 당시 콘스탄티노플에 갔던 프랑스인은 "파리에서 와인에 돈을 쓰는 것만큼 콘스탄티노플에서는 커피에 돈을 쓴다"라는 말을 남겼다고 합니다. 커피의 인기는 식을 줄 몰랐고 오스만 제국에서는 남편이 부인에게 커피를 충분히 주지 못하는 것이 이혼 사유가 되기도

체즈베

자르프

보석으로 꾸민 자르프

했습니다. 심지어 결혼식의 혼인 서약에서 "커피 없이 사는 일은 절대 없을 것"이라고 맹세하는 신부도 있었다고 합니다.

그렇다면 풍족하고 문화적으로도 발전한 오스만 제국의 사람들은 어떻게 커피를 즐겼을까요? 이들은 커피를 맛있게 끓이기 위해 새로운 도구들을 발명했습니다. 커피를 끓이는 전용 주전자인 '체즈베'와 뜨거운 커피를 담는 그릇인 '자르프'입니다. 체즈베는 오늘날 커피포트의 원형이기도 합니다. 튀르키예어로 '봉투'라는 뜻의 자르프는 컵 홀더 형태에서 지금의 커피잔으로 발전했습니다. 오스만 제국의 모든 가정은 체즈베와 자르프를 필수적으로 갖추고 있었죠.

일반적인 커피 도구는 큰 장식 없이 간단하게 만들었지만 술탄이나 귀족, 무역으로 많은 돈을 번 상인들이 사용하는 도구는 완전히 달랐습니다. 오스만 제국의 상류사회는 자르프를 금과 보석으로 화려하게 치장해 손님에게 자신의 부를 과시했습니다.

오스만 제국은 지금과 전혀 다른 방식으로 커피를 끓였습니다. 우리는 보통 불을 사용하지만 당시에는 불 대신 뜨거운 모래를 사용했습니다. 오스만 커피의 진정한 맛과 향을 내려면 서서히 끓여야 하기 때문이죠. 그래서 곱게 갈아낸 커피 가루와 물을 체즈베에 넣고 아주 뜨겁게 달군 모래 위에서 서서히 끓였습니다. 오스만식으로 커피를 끓일 때는 거품을 잘 내는 게 무엇보다 중요합니다. 거품을 풍성하게 낼수록 부드럽고 맛있어질 뿐 아니라 향기가 오래가므로 세 번 정도 끓여서 충분히 거품을 냈습니다. 거품이 올라오면서 커피가 충분히 우러나면 그대로 잔에 담아냅니다. 커피잔 안에 커피 가루가 같이 들어가 있는 상태로 손님에게 내어주는 것입니다.

이때 커피잔 안의 가루로 점을 치기도 합니다. 튀르키예의 커피점은 오스만 제국에서부터 내려온 오랜 전통입니다. 커피점을 보는 방법은 커피를 다 마신 뒤 컵 받침을 커피잔 위에 얹어 빠르게 뒤집습니다. 그리고 커피 가루가 내려올 때까지 기다립니다. 이후 커피잔에 남은 찌꺼기 모양으로 운세를 점치는 것입니다. 예를 들어 강아지 모양은 주변에 좋은 사람이 많아지고 도움을 받는다는 의미입니다. 물고기 모양은 취업이나 금전운 등의 행운이 찾아온다는 뜻이죠. 커피점을 볼 때 컵을 들어 올렸는데 컵과 받침이 딱 들러붙어서 안 떨어지는 경우가 있습니다. 이를 '예언자의 컵'이라고 부르는데, 이는 최고의 점괘를 뜻합니다. 소원했던 일이 모두 이루어진다는 뜻이죠.

이제 오스만 제국에서는 모든 일상이 커피로 통한다고 해도 과언이 아닐 정도가 되었습니다. 사람을 만날 때, 장사할 때, 신에게 기도할 때, 공부할 때 등 모든 자리에 커피는 빠질 수 없는 중요한 음료로 자리 잡았습니다. 그러다 보니 결혼 문화에도 커피가 스며들면서 독특한 상견례 문화가 만들어졌습니다. 오스만 제국은 이슬람 국가였기 때문에 남자와 여자가 만나서 연애하기가 어려웠습니다. 그 대신 남자 쪽 집안의 어머니들이 마을을 오가며 미리 마음에 드는 여성을 며느리로 찍어두었다가 여자 쪽 집안에 편지를 보냈습니다. '우리 집안이 그쪽 집안을 방문하겠다'라는 내용이었죠. 이 편지를 받은 여자 쪽 집안은 방문을 거부할 수 없습니다. 일단 만나서 상대 남자의 얼굴을 봐야 했죠. 그렇게 양쪽이 합의한 날짜에 맞춰 여자 쪽 집에서 두 가족이 상견례를 치렀습니다.

이때 청혼을 받은 여성은 남자 쪽 가족의 취향에 따라 커피 주문을 받고 직접 커피를 끓여서 대접해야 합니다. 당시에는 커피를 끓이는 실력이 좋을수록 요리 솜씨도 좋다고 여겼기 때문에 이는 매우 중요한 과정이었습니다. 하지만 이보다 중요한 것이 있습니다. 청혼해 온 남성에게 줄 커피를 끓이는 방식입니다. 남자 쪽 가족에게 대접할 커피는 일일이 주문을 받아 각자의 취향에 맞춰 끓여야 하지만 청혼한 남자에게 줄 커피는 여자 마음대로 끓일 수 있었습니다. 따라서 여성은 커피로 청혼에 대한 자신의 마음을 표현했습니다. 청혼한 남자가 마음에 들지 않으면 설탕을 넣지 않은 씁쓸한 커피를 줬죠. 정말 싫은 사람에게는 소금을 넣었다는 이야기도 있습니다. 반대로 청혼한 남자가 마음에 들면 커피에 설탕을 많이 넣어서 달콤한 맛으로 자신의 마음을 표현했습니다.

자신이 청혼한 여자가 끓여준 커피를 마실 때 남자들이 반드시 지켜야 할 불문율이 있습니다. 커피 맛을 내색해서는 안 된다는 것입니다. 커피가 달았는지, 썼는지는 여자의 집에서 나오고 나서야 가족들에게 말해줄 수 있었죠. 청혼 결과를 나중에 알려주는 것은 두 가족이 서로 얼굴을 마

오스만 제국의 카페 풍경

주하고 불쾌한 일을 겪는 불상사를 막기 위한 일종의 예의인 셈입니다.

이 시기 오스만 제국에서는 카페도 크게 유행했습니다. 1554년, 콘스탄티노플에서는 카페가 처음 문을 열었고 선풍적인 인기를 끌었습니다. 왕궁 못지않게 호화롭기로 유명했던 오스만 제국의 카페에는 고급 카펫이 깔려있고 화려한 분수대가 놓여 있었습니다. 사람들은 푹신한 쿠션에 기대 커피를 마시거나 춤과 음악, 전통 그림자극 같은 다양한 공연을 감상했습니다. 때로는 이야기꾼이 들려주는 재미있는 이야기를 즐기거나 처음 보는 사람과 활발하게 토론을 이어가기도 했습니다. 이렇게 카페는 커피와 오락을 즐기고, 최신 뉴스를 들으며 정치 토론과 공부까지 할 수 있는 종합 문화공간이었습니다. 그러니 인기가 많을 수밖에 없었죠. 3년도 지나지 않아 오스만 제국 전역에는 600개가 넘는 카페가 생겼습니다. 사람들은 카페를 두고 "놀고 쉬기에 이만한 곳이 없다"라고 말했습니다.

유럽을 홀린 악마의 음료

오스만 제국의 필수품으로 자리 잡은 커피가 유럽으로 퍼진 데는 어느 도시의 역할이 결정적이었습니다. 유럽에서 가장 먼저 커피를 받아들인 베네치아 공화국입니다. 유럽의 다른 나라들이 오스만 제국을 두려움의 대상으로 느끼며 적개심을 가득 품었던 이 시기에 어떻게 커피를 받아들인 걸까요?

베네치아 공화국은 이탈리아 북부의 도시국가로 해안가에 자리해 농사지을 땅이 부족했습니다. 그래서 일찍이 바다를 통해 외국으로 나가서 무역을 발달시켰습니다. 베네치아 상인들은 장사를 위해서라면 지역과 종교를 가리지 않고 세계 곳곳을 누볐는데, 이들에게 오스만 제국은 동양과 서양의 접점에 위치해 각 나라의 문물과 돈이 몰려드는 황금 상권으로 보였습니다. 특히 오스만 제국은 국익을 위해 무역을 활짝 개방했기에 베네치아 상인들이 활동하기도 수월했죠. 자유롭게 오스만 제국을 오가던 베네치아 상인들은 어느새 강렬한 커피의 맛에 흠뻑 빠졌습니다.

베네치아 상인들은 오스만 제국의 커피를 대량으로 매입하기 위해 커피나무를 재배하는 예멘으로 향했습니다. 베네치아뿐 아니라 여러 이슬람 국가들이 커피콩을 사기 위해 예멘의 모카 항구로 몰려들었고, 어느새 이곳은 커피 수출로 이름을 날렸습니다. 대부분의 나라가 모카에서 수입한 커피콩으로 커피를 만들다 보니 당시에는 '모카'라는 단어를 커피의 동의어처럼 받아들일 정도였습니다. 지금도 커피와 관련해 '모카'라는 단어를 많이 사용하는데 모카 포트, 모카빵 등은 모두 오스만 제국이 지배하던 예멘의 모카 항구에서 유래한 것입니다.

이처럼 커피콩을 향한 수요가 급증하면서 한 가지 문제가 생겼습니다. 우리가 커피 원두라고 부르는 것은 커피 열매의 씨앗인데 커피가 돈이 되자 직접 커피 씨앗을 심고 나무를 키워서 이득을 얻으려고 하는 사람들이 생겨난 것입니다. 커피는 오스만 제국의 막대한 수입원이었기 때문에 이런 행동을 반드시 막아야 했죠. 오스만 제국은 커피 원두를 수출하기 전에 바짝 말리거나 매우 뜨거운 물에 담가서 익혔습니다. 커피 열매에서 싹이 트지 않도록 열처리를 한 것인데, 이 과정이 발전해 오늘날의 로스팅이 된 것입니다. 오스만 제국이 열처리로 커피를 독점했기 때문에 베네치아 상인들은 예멘에서 커피를 수입할 수밖에 없었습니다. 이 루트를 통해 오스만 제국의 커피가 처음으로 유럽 땅에 도착한 것입니다.

커피를 처음 맛본 베네치아 사람들은 어떤 반응을 보였을까요? 새로운 문물에 익숙한 개방적인 문화 덕분에 베네치아인들은 오스만의 커피를 빠르게 받아들였습니다. 기록에 따르면 이미 17세기 초에 베네치아 사람들이 커피를 널리 즐겼다고 합니다. 이들은 체즈베에 커피 가루를 넣고 끓여내는 오스만식으로 커피를 마셨습니다. 커피가 인기를 끌면서 베네치아에도 유럽 최초의 카페가 탄생했습니다. '플로리안'이라는 이 카페는 현존하는 가장 오래된 카페로 괴테Goethe, 루소Rousseau, 쇼팽Chopin, 나폴레옹 등 수많은 유명인이 방문했다고 합니다. 바람둥이로 유명한 카사노바Casanova도 이 카페의 단골이었다고 합니다.

커피가 유럽으로 퍼져나가는 데 중요한 역할을 한 도시가 하나 더 있습니다. 이탈리아의 로마입니다. 베네치아에서 들여온 커피가 이탈리아 곳곳에 전해지면서 가톨릭의 중심지인 로마에도 도착했습니다. 커피는 매혹적인 향과 맛으로 로마 사람들을 삽시간에 사로잡았습니다. 동시에 커피가 '악마의 음료'라는 무시무시한 소문도 생겼습니다. "커피를 마시면 사탄에게 영혼을 빼앗긴다"라는 말까지 나왔죠.

이런 소문은 이슬람교의 나라이자 유럽인을 공포에 떨게 만든 오스만 제국 때문에 퍼진 것입니다. 가톨릭 성직자들에게 커피는 이교도들이 즐기는 사악한 음료로 보였습니다. 그런데 가톨릭 신자들이 너도나도 오스만 제국에서 넘어온 커피를 즐기자 성직자들은 위협을 느꼈고 커피를 악마의 음료라 부르며 적극적으로 반대했습니다. 그럼에도 커피는 로마에 정착했고 일상이 되었습니다.

이 과정을 두고 하나의 이야기가 전설처럼 내려옵니다. 여러 가톨릭 성직자들은 교황 클레멘스 8세Clemens VIII에게 사탄의 음료인 커피를 공식적으로 금지해야 한다는 청원을 올렸습니다. 이에 교황은 직접 커피를 마셔보고 결정하겠다고 답했습니다. 그런데 커피를 시음한 교황이 그 맛에 반하고 만 것입니다. '이렇게 맛있는 것을 이교도만 마시기에는 너무 아깝다'라고 생각한 교황은 고민 끝에 커피에 세례를 내렸습니다. 악마의 음료라는 인식을 없애고 커피를 진정한 기독교인의 음료로 만들겠다는 의미였죠. 이렇게 로마가 커피를 공인하면서 유럽도 커피를 받아들였다고 합니다. 이 이야기는 구전으로 전해 오는 것일 뿐 사실이 아닐 가능성이 큽니다. 하지만 이런 말이 널리 퍼질 만큼 가톨릭의 중심지인 로마에서도 커피가 큰 인기를 얻었다는 것은 분명한 사실입니다.

이슬람의 중심지 메카의 커피가 이슬람 국가들로 퍼져나갔듯 기독교의 중심지 로마에서 인기를 얻은 커피가 이탈리아 전체로, 그리고 유럽의 기독교 국가들로 퍼져나가는 것은 시간문제였죠. 사실 유럽인들은 외국에서 온 검고 쓴 음료를 낯설게 여겼습니다. 그러자 베네치아 상인들이 커피를 팔기 위해 기발한 마케팅을 벌였습니다. 커피를 동방의 묘약으로 선전한 것입니다. '머리가 맑아지고 두통이 없어지며, 건강해진다'라며 만병통치약처럼 홍보했죠. 덕분에 유럽인들은 처음에 커피를 약으로 받아들였습니다. 그런데 커피를 마셔보니 정말로 머리가 맑아지고 잠도 깨는 데다 점차 맛과 향에 빠져들었고 커피는 기호식품으로 자리 잡았습니다.

이탈리아에서 커피의 인기가 높아지자 유럽도 서서히 커피에 눈뜨기 시작했습니다. 특히 15세기에는 여러 유럽 국가가 대규모 해양 탐험으로 식민주의 정책을 채택한 대항해 시대가 열렸습니다. 네덜란드나 영국 같은 국가가 신대륙을 발견하기 위해 바다로 진출했고, 홍해의 요충지인 예멘의 모카 항구도 관심을 받았습니다. 1600년대 중반에는 네덜란드 상인이 모카에서 커피를 수입하기 시작했죠. 영국에서도 커피가 인기를 끌자 영국인들은 직접 예멘의 모카항으로 가서 커피를 수입했습니다. 시간이 갈수록 수입량도 증가했는데, 1700년대 초에는 영국의 무역선이 한 번에 1,300톤의 커피 원두를 실어 나르기도 했습니다.

이때 프랑스에는 조금 특별한 방법으로 오스만 제국의 커피가 전해졌습니다. 오스트리아 빈을 침공하기 위해 프랑스를 아군으로 만들어야 했던 오스만 제국의 술탄 메흐메트 4세Mehmed IV는 프랑스에 대사를 파견했습니다. 막중한 임무를 맡은 술레이만 아가Suleyman Aga 대사는 우선 프랑스인들의 마음을 사로잡기로 했죠. 그는 커다란 집을 빌려서 오스만풍으로 호화롭게 장식한 뒤 사람들을 초대해 커피를 대접했습니다. 귀한 도자기에 따르고 달콤한 설탕을 넣은 커피는 프랑스인들을 금세 사로잡았습니다. 지금 프랑스의 카페 문화가 발달한 것도 오스만 제국의 커피가 크게 유행한 덕분이라고 할 수 있죠.

커피의 주도권을 빼앗기다

넓은 영토와 군사력으로 유럽을 위협하고 커피로 문화적인 영향력을 떨쳤던 오스만 제국은 어느 사건을 계기로 몰락하기 시작합니다. 대체 무슨 일이 벌어진 것일까요? 1532년 오스트리아 빈 침공에 실패한 오스만 제국은 호시탐탐 유럽으로 영토를 확장할 기회를 노렸습니다. 그러던 중 1683년에 복수전을 꿈꾸며 합스부르크 제국의 수도 빈으로 진군을 시작했습니다.

사실 오스만 제국은 여전히 강대한 힘을 유지하며 건재한 듯 보였지만 내부적으로는 서서히 쇠퇴하고 있었습니다. 귀족과 관료의 세력이 강해지면서 술탄의 왕권이 약해졌기 때문입니다. 여러 가문이 앞다퉈 술탄을 대신해 권력을 잡으려는 가운데 대재상 카라 무스타파 파샤Kara Mustafa

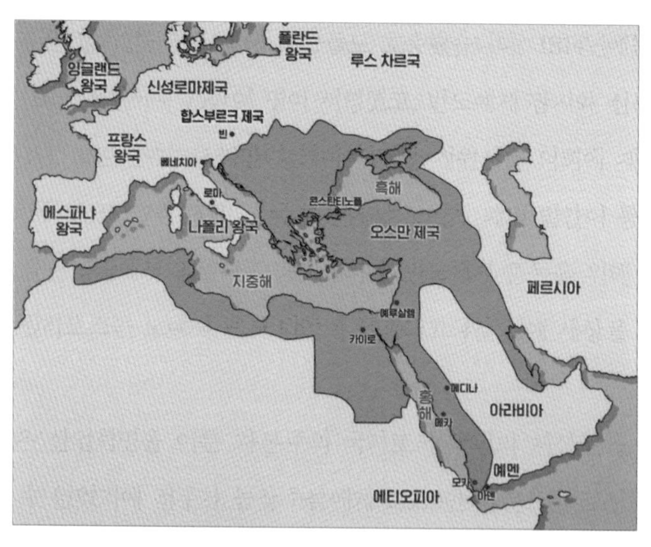

1683년 오스만 제국 최대 영토

Pasha가 새로운 실권자로 나섰습니다. 당시 술탄보다 더 강력한 힘을 가졌던 그는 오스만 제국의 위상을 다시 한번 높이기 위해 전쟁을 선택했습니다. 1683년 7월 14일, 무스타파는 군대를 이끌고 빈의 성벽 앞에 도착했습니다.

그림 속 들판 한가운데 있는 도시가 빈입니다. 성벽 밖에서는 무려 20만 명의 오스만 제국군이 빈을 겹겹이 포위했습니다. 그에 반해 빈은 1,200여 명의 정규군만이 방어 중이었습니다. 합스부르크 제국의 황제는 오스만 제국군이 쳐들어온다는 소식에 가족들을 데리고 도망친 상태였죠. 빈을 함락하는 것은 시간문제였는데 여기서 무스타파가 결정적인 실수를 저지르고 말았습니다. 총력을 다해 공격하지 않고 장기전을 선택한 것입니다. 성을 철저히 포위하고 지치게 만들어서 항복을 받아내려는 생각이었는데, 이는 부유한 도시인 빈을 파괴하지 않고 고스란히 차지하기

빈을 포위한 오스만 제국의 대군

위한 것이었죠. 20만 명의 오스만 대군은 전력을 다하기보다 대포를 쏘면서 자잘한 소모전을 벌이는 게 고작이었습니다. 그렇게 60일 가까이 성을 포위하고 빈의 병사들을 지치게 만들었습니다.

그 사이 합스부르크 황제는 발 빠르게 여러 서유럽 국가들에 도움을 요청했습니다. 오랫동안 오스만 제국의 위협을 받았던 유럽 국가들은 두 발 벗고 나서서 빈을 돕기로 했습니다. 콘스탄티노플에 이어서 빈마저 함락되면 그다음에는 전 유럽이 이슬람에 짓밟힐 수도 있다고 생각했기 때문입니다. 이렇게 이슬람에 대항하기 위한 기독교 연합군이 탄생했습니다. 폴란드 왕국은 왕이 직접 정예부대를 이끌고 달려왔고, 이웃에 있는 신성 로마 제국의 여러 영주도 합세했습니다. 이 소식을 들은 로마의 교황은 이들에게 후원금까지 전달했죠. 이슬람 제국의 공격으로부터 기독교 국가를 지키라는 의미였습니다. 어느새 유럽 국가들은 이슬람교로부터 기독교 세계를 방어하겠다는 각오로 똘똘 뭉쳐서 빈으로 향했습니다.

빈이 포위된 지 60여 일째, 오스만 제국군은 청천벽력 같은 소식을 들었습니다. 9만 명이 넘는 기독교 연합군이 빈을 향해 진격하고 있다는 것이었죠. 이런 상황을 전혀 몰랐던 무스타파는 깜짝 놀라 그제야 작전을 수정했습니다. 지원군이 도착하기 전에 총공세를 퍼부어 빈을 함락하려 한 것입니다. 오스만 제국은 무서운 기세로 빈의 성벽 일부분을 무너뜨리고 성벽 안으로 들어가기 시작했습니다. 때마침 기독교 연합군이 도착했고 후방에서 오스만 제국군을 맹렬하게 공격했습니다.

숫자로만 본다면 20만 대군에 맞선 9만의 기독교 연합군이 불리해 보였습니다. 하지만 가톨릭 연합군에는 온몸을 강철 갑옷으로 무장한 강력한 기병이 있었죠. 특히 폴란드 왕국의 기병대인 윙드 후사르는 무시무시한 위력으로 오스만 제국군을 압박해나갔습니다. 인류 역사상 최대의 기병전으로 기록된 이 전투는 서로 밀고 밀리면서 치열하게 펼쳐졌습니다. 하지만 기독교 연합군이 무서운 기세로 밀어붙이면서 오스만 제국은 급히 퇴각할 수밖에 없었죠.

기독교와 이슬람교가 맞붙은 역사적인 전쟁은 이슬람교의 패배로 막을 내렸습니다. 오스만 제국은 제2차 빈 전투에서 건국 이래 최악의 패배를

폴란드 왕국의 윙드 후사르

겪었습니다. 그런데 아이러니하게도 이 치열한 공성전 덕분에 빈에도 커피가 널리 퍼졌습니다. 여기에는 여러 가지 설이 있지만 가장 유력한 이야기는 오스만 제국군이 커피를 전파했다는 것입니다. 20만 명의 군대가 성 주변을 빼곡히 둘러싸고 60여 일을 지내다가 급히 퇴각하면서 드넓은 벌판에 많은 양의 커피 원두를 남겼고, 오스트리아 사람들이 이것으로 커피를 만들어서 마셨다는 것이죠.

오스트리아에서도 커피에 관해 한 병사의 이야기가 전해져 내려옵니다. 빈 전투에 참전했던 콜시츠키Kolschitzky라는 폴란드 병사가 전쟁에서 큰 공을 세우자 포상으로 오스만 제국이 남긴 갑옷과 무기 등을 주었다고 합니다. 여기에 엄청난 양의 커피 원두 자루도 포함되었죠. 그가 이 원두로 빈에 최초의 카페를 열었다는 설이 있습니다.

빈에 처음 전해진 커피는 오스만식 커피였는데 그들의 입맛에 가루를 함께 먹는 커피는 맞지 않았습니다. 그러다가 누군가 커피 가루를 걸러내고 여기에 크림과 꿀을 넣어서 팔기 시작했습니다. 이 커피는 빈 사람들의 입맛에 꼭 맞았고 오스트리아 전역으로 퍼져나갔죠. 이것이 더 발전해서 지금의 비엔나커피가 되었습니다. 오스트리아에서는 비엔나커피를 아인슈페너라고도 부르는데 사실은 비엔나커피의 한 종류입니다. 아인슈페너는 독일어로 '한 마리의 말이 이끄는 마차'라는 뜻입니다. 옛날에 마차를 끄는 마부들이 설탕과 크림을 듬뿍 넣은 커피를 즐겨 마셔서 이런 이름

비엔나커피

이 붙었습니다. 마부들은 마차를 몰면서 커피를 마셔야 하는데 마차가 덜컹거릴 때마다 뜨거운 커피가 넘치자 이를 막기 위해서 생크림을 커피 위에 덮었다고 합니다. 또 마부들이 피로를 이기기 위해 설탕과 생크림을 듬뿍 얹은 달콤한 커피를 마시기 시작했다는 이야기도 있습니다.

오스만 제국의 몰락과 커피의 세계화

제2차 빈 전투에서 패배한 오스만 제국은 이후 200년에 걸쳐서 야금야금 영토를 빼앗기며 내리막길을 걷기 시작했습니다. 기독교 연합군을 내세웠던 유럽 국가들은 제2차 빈 전투 이후 연합군의 규모를 더욱 키웠습니다. 오스만 제국의 영토를 노린 러시아 제국과 스페인 왕국까지 참여했죠. 유럽 연합군은 오스만 제국을 끊임없이 밀어붙였고 오스만 제국은 중요한 지역들을 하나둘씩 잃었습니다.

연이은 패전 끝에 오스만 제국은 1699년에 오스트리아, 러시아, 폴란드, 베네치아 등의 나라와 굴욕스러운 '카를로비츠 조약'까지 맺었습니다. 오스만 제국이 헝가리와 발칸반도 일대를 오스트리아에, 에게해의 섬들을 베네치아에, 우크라이나의 일부 영토를 폴란드에, 흑해 연안의 아조프 등을 러시아에 넘겨준다는 내용이었죠. 이제 유럽 국가들은 수백 년간 자신들을 공포에 떨게 만든 오스만 제국의 군대가 무적이 아니라는 사실을 확실하게 깨달았습니다. 이후 유럽 국가들은 혼란한 오스만 제국을 흔들었고 오스만 세력은 한없이 추락했습니다. 한때 '유럽의 왕자'로 군림했던 오스만 제국은 19세기 후반에 '유럽의 환자'라고 불리며 멸망의 길에 들어

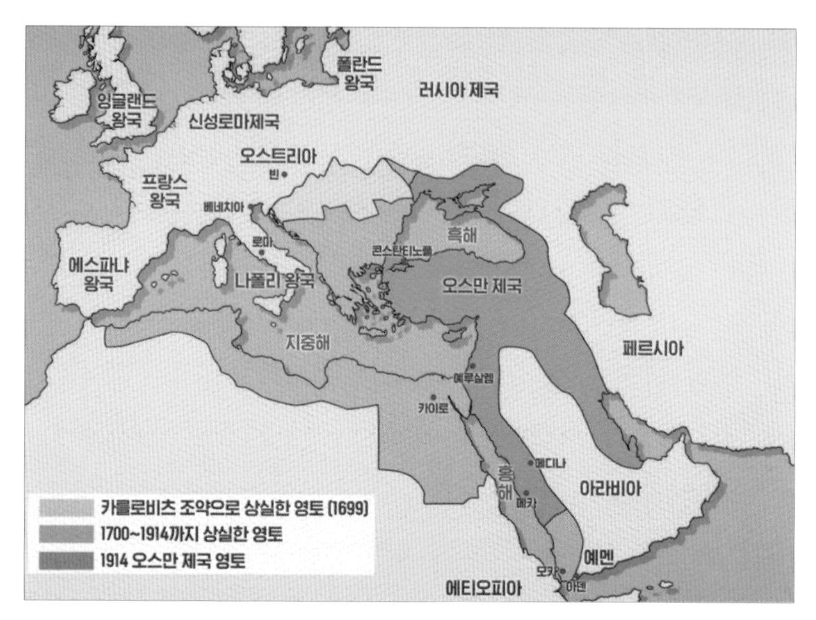

제2차 빈 전투 이후 오스만 제국의 영토 상실

섰습니다.

오스만 제국은 영토와 함께 세계를 주름잡던 커피 장악력도 잃었습니다. 유럽인들은 이 기회를 틈타 커피 시장을 손에 넣었습니다. 커피가 유럽 곳곳에서 인기를 얻으면서 중요한 상품으로 떠올랐기 때문이죠. 당시 예멘에서 막대한 양의 커피콩을 수입하던 유럽인들은 직접 커피를 생산할 계획을 세웠습니다. 얼마 후 한 네덜란드인이 예멘의 모카항에서 커피 묘목을 몰래 빼내는 데 성공했고, 이를 식민지였던 인도네시아의 자바와 자카르타에 심었습니다. 자바는 커피나무가 자라기에 적합한 환경이었고 몇 년 지나지 않아 많은 커피를 생산하게 되었죠. 네덜란드는 자바의 커피를 유럽에 판매해서 막대한 이익을 거뒀습니다.

프랑스에서도 어느 장교가 유럽인이 커피를 많이 마시는 것을 보고 어

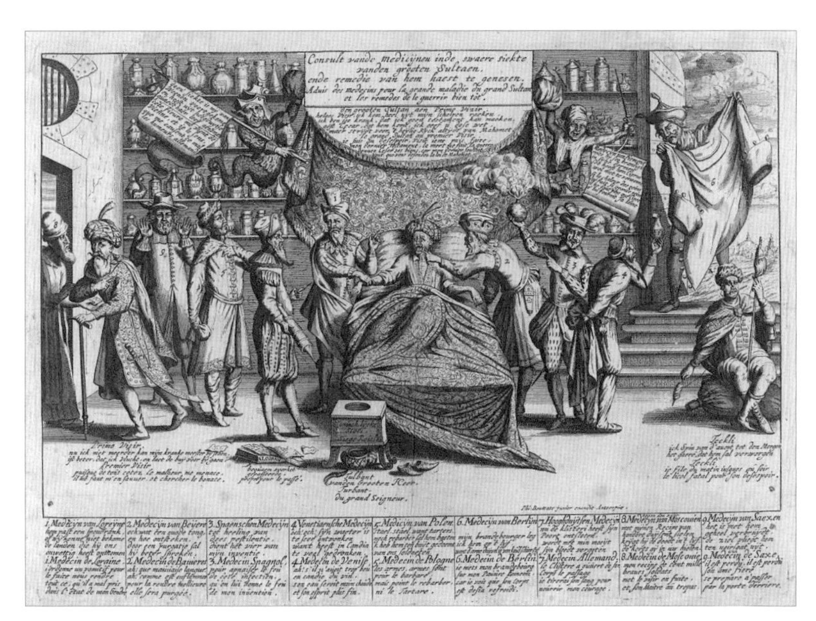

유럽의 환자가 된 오스만 제국

렵사리 커피 묘목을 얻어 카리브해의 서인도제도에 심었습니다. 1777년에는 2,000만 그루라는 어마어마한 수의 커피나무를 재배하게 됐고, 이 묘목은 다시 아이티와 산토도밍고 등 여러 곳으로 옮겨지면서 중남미 지역까지 진출했습니다. 지도를 보면 예멘에서 빠져나간 커피들이 어떻게 전 세계로 확산했는지 알 수 있습니다.

커피 생산지는 적도를 중심으로 북회귀선과 남회귀선 사이에 하나의 영역을 형성하고 있습니다. 이 모습이 마치 지구의 허리를 감싼 벨트 같다고 해서 '커피 벨트'라고 부릅니다. 136쪽의 지도에 표시한 원산지 가운데는 케냐, 콜롬비아, 과테말라 등 커피를 좋아하는 사람이라면 한 번은 들어봤을 이름이 있습니다. 모두 예멘에서 빠져나간 커피나무와 같은 아라비카 품종이죠. 이렇게 커피의 중심은 과거 오스만 제국이 다스리던 예멘에

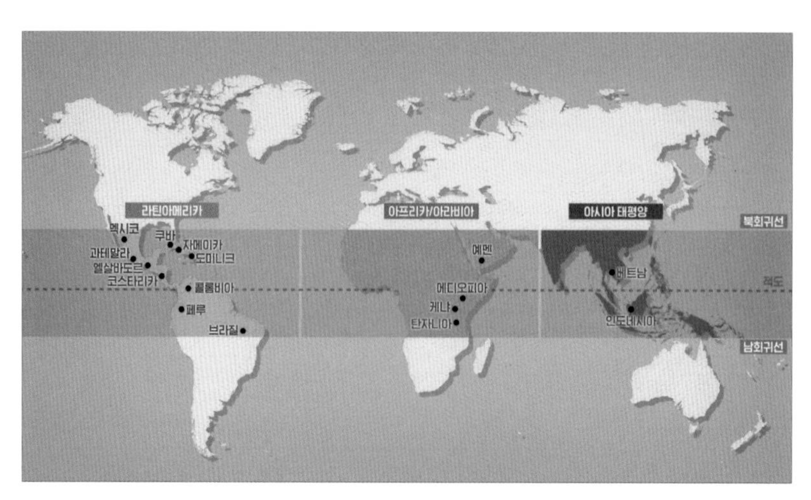

전 세계 커피 벨트

서 유럽인이 다스리는 신대륙으로 옮겨갔습니다.

커피는 유럽을 통해 미국에도 전해졌고 여기서 미국식 커피가 새롭게 탄생했습니다. 바로 우리가 아메리카노라고 부르는 커피입니다. 아메리카노라는 이름에도 여러 가지 설이 있는데 가장 유명한 것은 제2차 세계대전까지 거슬러 올라갑니다. 제2차 세계대전 당시 이탈리아에 상륙한 미군이 에스프레소가 너무 쓰다며 물을 타서 연하게 마셨고, 이를 본 이탈리아 군인들이 '미국인처럼'이라는 뜻의 '아메리카노'라고 불렀다는 것입니다. 이 미국식 커피는 커피 체인점을 통해 전 세계에 퍼져나갔습니다. 이제는 아메리카노가 한국인의 전통 음료라는 우스갯소리까지 나올 정도로 우리나라에서 큰 사랑을 받고 있죠.

오스만 제국은 유럽에서 600년간 대제국을 유지한 나라였고 성립부터 멸망까지 유럽의 역사와 동전의 양면처럼 밀접한 관계를 맺어 왔습니다. 하지만 오스만 제국의 역사는 우리나라에 잘 알려지지 않았고 커피의 역사도 마찬가지였습니다. 우리는 커피를 유럽이나 미국의 문화로 받아들였지만, 커피를 세계에 퍼뜨린 것은 오스만 제국입니다.

이처럼 우리의 시선은 치우쳐 있을 때가 있습니다. 잘못된 시선으로 한쪽의 역사만을 보면 전체를 놓치고 세상을 보는 시각이 고르지 못합니다. "역사가는 같은 시대 사람들이 잊고 싶어 하는 것을 전문적으로 기억하는 사람"이라는 말이 있습니다. 따라서 우리는 강대국의 역사뿐 아니라 그 이면에 우리가 보지 못한 역사를 더 열심히 알아야 합니다. 새로운 역사를 발견하고 균형 잡힌 시각을 가지는 것은 21세기를 사는 우리가 수백 년 전 오스만 제국의 역사를 공부하는 이유이기도 합니다.

벌거벗은 기축통화

달러는 어떻게 세계 경제를 장악했나

김두얼

● 경제라는 말을 들었을 때 많은 사람들이 가장 먼저 떠올리는 것은 '돈'입니다. 최근 세계 경제는 코로나 팬데믹과 우크라이나 전쟁의 영향으로 충격에 빠졌습니다. 2020년, 코로나 팬데믹으로 경제가 위축되자 미국은 약 2조 2억 달러를 풀어 경기 부양책을 시행했습니다. 그러던 중 2022년 2월에 러시아-우크라이나 전쟁이 발발했고 이 여파로 원유, 식품, 원자재 등의 가격이 폭등했습니다. 미국은 1970년대 이래 40년 만에 최악의 물가 상승, 즉 인플레이션이 일어났죠.

물가는 연일 무섭게 치솟고 국제 자본시장도 크게 요동치던 중 2022년 6월에 세계 경제를 더욱 휘청이게 만드는 소식이 전해졌습니다. 인플레이션을 해결하기 위해 미국의 중앙은행인 연방준비제도(Fed)가 기준금리 인상이라는 칼을 빼든 것입니다. 금리 인상은 세계 경제에 큰 충격을 주었습니다. 금리가 오르자 신흥국에 투자했던 달러가 미국으로 빠져나갔고 스리랑카 같은 나라는 채무불이행을 선언하기도 했습니다. 이 같은 상황은 튀니지, 파키스탄, 페루 등으로 확산하며 연쇄 국가 부도 위기까지 일어난 것입니다.

우리나라 역시 금리 인상의 충격을 피해갈 수는 없었습니다. 소비자 물가 상승률은 1998년 외환위기(IMF) 이후 처음으로 6%대를 기록했습니다. 게다가 한국은행이 Fed에 발맞춰 금리를 인상하면서 은행 대출이자도 덩달아 상승했고 경제 활동도 위축되고 있습니다.

그런데 미국이 금리를 올렸는데 왜 세계 경제가 이렇게 큰 타격을 받고 휘청일까요? 그 이유는 미국의 경제 규모가 전 세계에서 가장 크고, 달러 역시 전 세계 국가가 보유한 외환 가운데 가장 큰 비중을 차지하기 때문입니다. 2022년 기준 세계 외환보유고의 통화 구성 비율을 보면 1위인 달러가 58.8%, 2위인 유로화가 20.6%, 3위인 엔화가 5.6%로 달러의 비중이 절대적입니다.

대체 미국은 언제부터 세계 경제를 좌우할 만큼 중요한 위치를 차지하게 된 것이며, 달러는 어떻게 지금의 강력한 지위를 갖게 된 것일까요? 지금부터 국제통화인 달러의 역사를 살펴보고 오늘날 달러가 어떤 의미를 갖는지, 세계 경제가 흔들리는 상황에서 달러의 역할은 무엇인지 벌거벗겨 보겠습니다.

식민지 시대, 미국에는 돈이 없었다

1776년에 미국이 독립을 선언한 이후 필라델피아는 미국의 임시 수도이자 중심지였습니다. 상업과 공업이 집중된 19세기 초 최대 도시 중 하나였던 필라델피아에는 미국 정부의 주조국이 있었는데, 그곳에서는 금과 은, 구리를 이용한 주화를 만들었습니다. 이것이 미국 정부가 만든 최초의 공식 화폐입니다. 지금은 세계에서 가장 막강한 화폐인 달러를 가진 미국이지만 독립 당시만 해도 지폐 형식의 화폐도, 달러라는 이름의 돈도 없었습니다. 과연 미국 화폐의 시작은 언제이며, 그전까지 미국은 어떻게 경제 활동을 했을까요?

달러의 탄생을 알아보기 전에 인간이 경제 활동을 하면서 돈을 사용하게 된 이유를 짚고 넘어가겠습니다. 돈이라는 것이 존재하지 않던 시절, 사람들은 필요한 물건을 얻기 위해 자신이 가진 물건과 다른 사람의 물건을 교환했습니다. 그런데 물물교환은 서로 필요한 물건을 가진 사람이 만나기 힘들고, 설사 만난다고 해도 값어치에 관한 생각이 서로 다르면 교환하기도 어려웠습니다. 이런 문제를 해결하기 위해 등장한 것이 돈입니다. 내가 가진 물건을 다른 사람에게 팔 때 돈을 받고, 그 돈을 가지고 다른 사람의 물건을 사는 것입니다. 그러면 교환 상대를 찾고 협상하는 수고를 크게 줄일 수 있었죠.

인류는 동물의 뼈, 조개껍데기, 곡식 등 다양한 물건을 교환의 매개로 사용했지만 역사상 가장 오랫동안 보편적으로 사용한 것은 금과 은입니다. 문제는 금과 은을 얻으려면 광산을 찾고 땅속에 묻힌 광물을 캐내야 했기에 필요한 만큼 공급하기 힘들었다는 것입니다. 그만큼 생산량이 제한되었기에 값어치가 있고 돈으로 사용할 수 있었던 측면도 있었죠.

그렇다면 미국은 언제부터 화폐를 만들어 사용했을까요? 유럽인들은 17세기에 영국의 식민지였던 아메리카 대륙으로 이주했습니다. 이들은 아메리카에 도착한 이후 대개 자신이 떠나온 나라의 화폐를 사용해 경제 활동을 했죠. 1620년에 메이플라워호를 타고 종교 박해를 피해 미국 동부에 정착한 영국 청교도인들도 본국의 금화와 은화를 사용했는데 이 돈이 골칫거리였습니다. 식민지 개척으로 인구가 늘어나고 경제가 활발해지면서 가져온 돈만으로는 경제 활동이 원활하게 이루어지지 않았기 때문입니다. 이들이 금화나 은화를 얻기 위해서는 영국에 물건을 팔고 그 대가로 금화나 은화를 받아야 했습니다. 하지만 당시에는 식민지에서 영국에 팔 물건이 별로 없었고 오히려 사와야 할 것이 많았습니다. 때문에 식민지에서 유통되던 영국 화폐마저 오히려 영국으로 빠져나가는 상황이었죠. 이렇게 돈이 줄어들면 거래가 원활하게 이루어지지 못해 경제 활동이 위축되는 문제가 발생합니다.

결국 식민지 사람들은 직접 돈을 만들어야겠다고 생각했습니다. 그러나 영국 정부는 식민지에 자체적으로 돈을 발행할 권한을 주지 않았습니다. 여기에는 몇 가지 이유가 있는데, 우선 화폐를 만드는 것은 국가만이 가질 수 있는 중요하고 독립적인 권한이기에 식민지 정부에 선뜻 넘길 수 없었습니다. 그리고 화폐 제작 과정에서 생기는 주조 이익이 정부의 큰 수입원이라는 점도 중요한 이유였습니다. 1파운드짜리 금화를 만드는 데 실제로 들어가는 재료비와 제작비는 1파운드보다 적었고 여기서 남는 차액은 정부가 쉽게 포기할 수 없는 수입이었죠. 마지막 이유는 영국 화폐가 위조되는 것을 막기 위해서였습니다. 당시 영국 정부는 구리에 도금을 하거나 납으로 제작한 위조 화폐로 골머리를 앓고 있었습니다. 영국에서 통용되던 화폐의 약 10%가 가짜일 정도로 위조가 심각했죠. 그뿐 아니라 금화와 은화의 주재료인 금과 은을 얻기 위해서 동전 테두리를 자르거나 깎아서 파는 훼손 문제도 컸습니다.

사진은 17세기 영국에서 사용하던 은화입니다. 왼쪽에 비해 오른쪽 은화는 표면이 닳았고 테두리를 갈아서 곡선이 불규칙합니다. 시장에서 유통된 돈은 대부분 이렇게 훼손되었다고 합니다. 잦은 위조와 훼손으로 영국 화폐의 신뢰와 가치는 크게 하락했습니다. 상황이 이렇다 보니 원활한

훼손된 영국 은화

거래가 어려웠고, 영국의 재무장관은 고민 끝에 한 사람에게 동전의 위조와 훼손을 막아달라며 도움을 요청했습니다. 그는 만유인력의 법칙을 발견한 영국의 물리학자이자 수학자인 아이작 뉴턴Isaac Newton입니다. 위조화폐 문제에 그 누구보다 진심이었던 뉴턴은 물리학에 쏟았던 열정만큼 문제에 몰입했습니다. 뉴턴이 고심 끝에 내놓은 아이디어는 동전 테두리에 톱니바퀴처럼 홈을 내는 것이었습니다.

우리가 지금 사용하는 동전 테두리에도 홈이 있는데 이를 처음 발명한 사람이 바로 뉴턴입니다. 당시 영국에서는 동전의 테두리를 갈거나 깎는 것이 문제였던 만큼 톱니 모양이 없는 매끈한 동전은 정상적인 화폐로 인정하지 않았습니다. 또한 홈이 있는 동전을 만드는 데는 정교한 기술과 시간이 필요하므로 위조하기도 어려웠죠. 뉴턴의 기발한 아이디어 덕분에 홈이 없는 매끈한 동전은 위조 동전, 훼손 동전이라는 표식이 생겼습니다. 그 공로로 조폐국의 감사 자리에 오른 뉴턴은 열정적으로 위조범을 잡아들였다고 합니다. 당시 그가 재무부에 제출한 청구서를 보면 술집이나 감옥 근처의 마차 대여료 등의 내역이 있는데 아마도 위조범을 만나거나 공범을 회유하기 위해 열심히 현장을 뛰었던 것으로 보입니다. 뉴턴은 잡힌 위조범들이 교수형을 당하면 직접 관람하기도 했는데 교수형에 만유인력을 사용한다는 사실을 흥미로워했다는 이야기도 있습니다.

다시 앞으로 돌아가서 영국 정부의 반대로 직접 돈을 만들 수 없었던 식민지 미국은 다른 대책을 세워야 했습니다. 특히 제조업과 상업이 발달한 매사추세츠 지역은 돈이 없어서 경제가 침체하는 것을 더는 두고 볼 수 없었죠. 결국 고심 끝에 식민지 최초로 은화를 발행하기로 합니다. 은화에 소나무를 그려 넣은 이 동전을 '소나무 실링(pine tree shilling)'이라고

매사추세츠 식민지 정부가 만든 은화 '소나무 실링'

불렀습니다. 소나무 실링 12개는 영국의 은화 하나와 같은 값어치였다고 합니다.

식민지 정부가 처음으로 은화를 발행하자 드디어 메마른 논에 물이 채워지듯이 돈이 부족했던 시장에 널리 유통되기 시작했습니다. 하지만 이제 더는 영국 돈에 의존하지 않아도 된다는 희망에 부푼 것도 잠시, 영국이 허가받지 않은 불법 은화를 눈치채면서 소나무 실링의 발행은 중단되었습니다. 이제 식민지 미국은 돈을 만들 수 없고, 영국에서 가져올 수도 없는 진퇴양난에 빠졌습니다.

미국은 부족한 돈을 채우고 경제 활동이 위축되는 것을 막기 위해서 영국의 금화와 은화를 대체할 다른 돈을 찾기로 했습니다. 당시 북아메리카 대륙에는 영국 외에도 스페인, 프랑스 등이 개척한 식민지가 있었습니다. 각 유럽의 식민지들은 자신의 본국 화폐를 사용했는데 때마침 식민지 미국에서는 스페인의 금화와 은화가 널리 사용 중이었죠.

시장에 유통되는 돈을 늘리는 데는 돈을 만들어내는 것 외에 무역을 통해 돈을 들여오는 방법도 있습니다. 이 시기 미국은 스페인 식민지였던

스페인 금화와 은화

서인도 제도(지금의 중남미 지역)와의 무역이 활발했기에 스페인의 돈이 자연스럽게 미국에 흘러들어왔습니다. 그래서 식민지 미국은 경제 활동을 할 때 영국 돈 대신 스페인 금화와 은화를 많이 사용했습니다.

신생국과 새로운 화폐의 탄생

지금까지 살펴본 것처럼 식민지기에는 우리가 알고 있는 미국의 달러는 존재하지 않았습니다. 다만 주목할 만한 변화는 있었습니다. 동전이 아닌 종이로 만든 돈인 지폐가 식민지 미국에 처음 등장한 것입니다. 식민지의 각 주 정부는 물건을 구매할 때 돈 대신 일정 금액의 금화나 은화로 교환

해주겠다고 적은 증서를 주기도 했습니다. 일종의 '약속어음'인 셈이죠. 사람들은 금화나 은화 대신 이 증서를 돈처럼 사용했고 증서는 어느새 지폐 같은 역할을 하기 시작했습니다. 하지만 주 정부가 발급한 증서에는 문제가 있었습니다. 13개 식민지 주마다 찍어내는 증서의 종류가 다르고, 필요할 때마다 무질서하게 찍어내다 보니 경제에 혼란을 가져온 것입니다.

그러던 중 식민지 미국의 화폐 질서에 전환점이 되는 사건이 발생했습니다. 1773년, 영국의 지나친 세금 징수에 반발한 북아메리카 식민지 주민들이 보스턴항에서 홍차 상자를 바다에 버린 '보스턴 차 사건'입니다. 미국은 이를 계기로 1775년에 영국을 상대로 독립전쟁을 일으켰습니다. 세계 최강대국인 영국에 맞서기 위해 가장 시급한 것은 전쟁 자금을 확보하는 일이었습니다. 하지만 식민지 정부인 탓에 세금을 걷을 수 있는 체계가 제대로 잡혀있지 않아서 이제껏 모은 세금만으로는 전비를 충당할 수 없었죠. 다른 나라에서 빌리기도 했지만 역부족이었습니다. 13개 식민지 대표들은 한자리에 모여서 이 문제를 해결할 방법을 논의했습니다. 그 결과 지폐를 찍어내서 부족한 전쟁 자금을 마련하기로 했고, 이를 위해 주마다 각각 발행하던 지폐를 하나의 화폐로 통일하기로 한 것입니다.

드디어 탄생한 식민지 미국 최초의 공통 지폐는 '콘티넨털 노트'입니다. 노트는 증서라는 뜻입니다. 사진은 당시 발행한 1달러짜리 지폐입니다. 붉은 테두리 안에는 "이 증서 소지자에게 스페인 1달러 또는 그 가치를 금이나 은으로 받을 수 있는 권리를 부여한다"라는 글이 쓰여 있습니다. 이 지폐를 가져가면 그 가치에 맞는 스페인 화폐나 금은으로 바꿔준다는 것입니다.

이렇게 13개 식민지 주의 통일된 화폐를 완성했으니 이제 전쟁자금을

콘티넨털 노트(1달러)

충당할 차례입니다. 식민지 미국은 독립전쟁을 선포한 1775년부터 약 3년간 전쟁에 필요한 물자를 사기 위해 무려 2억 4,000만 달러의 콘티넨털 노트를 발행했습니다. 현재 환율로 환산하면 우리 돈 3,000억 원에 육박하는 엄청난 금액입니다. 게다가 몇몇 식민지 주는 독자적으로 1,800만 달러의 화폐를 더 찍어냈습니다. 이처럼 막대한 양을 발행하다 보니 콘티넨털 노트의 가치는 급격히 떨어졌습니다. 스페인 금화와 비교해 1 대 1이었던 것이 168 대 1까지 내려간 것입니다. 이는 1달러에 살 수 있었던 빵을 168달러에 사야 한다는 의미와도 같습니다.

사실 통화 남발과 물가 상승은 전쟁 중에 흔히 일어나는 일입니다. 문제는 물가 폭등을 부추긴 것이 콘티넨털 노트의 남발만이 아니라는 사실이었죠. 영국은 식민지 미국을 무너뜨리기 위해 군사력 외에도 다른 작전을 동원했는데 바로 위조지폐를 만든 것입니다. 콘티넨털 노트에는 손으로 쓴 일련번호와 서명이 적혀 있는데 이는 손쉽게 위조할 수 있었습니다. 게다가 전쟁 중 급히 찍어낸 탓에 저렴하게 만들다 보니 위조가 어렵지 않았죠. 때로는 영국이 만든 위조지폐의 품질이 미국이 만든 합법적인 지폐보다 더 좋았다고도 합니다.

영국이 퍼트린 위조지폐는 식민지 미국 경제에 큰 타격을 주었습니다. 가뜩이나 콘티넨털 노트를 무분별하게 찍어내서 돈의 가치가 불안정했는데 여기에 위조지폐까지 퍼지자 미국은 더 많은 돈을 찍어낼 수밖에 없었습니다. 그 결과 물가가 급격히 상승했습니다. 또 한편으로는 시중에 수많은 위조지폐가 돌아다닌다는 사실을 안 사람들이 화폐 거래를 기피하게 된 것입니다. 결국 미국 경제는 더 큰 혼란에 빠졌습니다.

영국이 위조지폐를 만든 또 다른 이유는 식민지 정부를 향한 사람들의 믿음을 저버리게 하는 것이었습니다. 정부가 공인하고 발행한 돈의 가치가 떨어지고 경제가 어려워진다면 미국인들이 생각이 바뀔 것이라고 계산했습니다. 즉 콘티넨털 노트 대신 영국 돈을 다시 사용하면서 영국에서 독립하는 것은 의미 없는 일이며, 굳이 전쟁을 치를 필요가 없다는 사실을 깨닫기를 노린 것입니다. 실제로 식민지 미국인 사이에서는 전쟁을 포기해야 한다는 목소리가 나왔다고 하니 영국의 계획은 어느 정도 성공한 셈입니다.

이처럼 화폐로 인한 혼란 이외에도 여러 위기가 잇따랐지만 1781년 10월, 식민지 미국은 6년에 걸친 전쟁 끝에 영국의 항복을 받아냈습니다. 그리고 연방정부의 기틀을 마련한 뒤 1789년 4월에 조지 워싱턴George

Washington을 초대 대통령으로 임명하면서 비로소 미합중국(USA)이 탄생했습니다.

미국이라는 나라가 세워졌으니, 이제 우리가 알고 있는 달러가 등장할까요? 건국 초기의 미국은 해결해야 할 일이 산더미였습니다. 무엇보다 경제가 엉망이었는데 전쟁으로 인한 막대한 부채로 정부 재정은 파탄 상태였습니다. 따라서 새로운 화폐를 만드는 것보다 콘티넨털 노트의 후폭풍을 잠재우는 것이 급선무였습니다. 조지 워싱턴 대통령은 이 문제 해결을 위해 알렉산더 해밀턴Alexander Hamilton을 미국의 초대 재무장관으로 임명했습니다.

해밀턴이 해결해야 할 문제는 크게 두 가지였습니다. 첫 번째는 연방정부의 수입원을 확보하는 것이었고, 두 번째는 독립전쟁 중에 발생한 부채를 해결하는 것이었죠. 이 같은 막중한 임무를 해결하기 위해 해밀턴은 아래와 같은 경제 안정화 계획을 제안했습니다.

- 중앙은행 설립
- 국채 발행으로 연방정부의 수입 확보
- 통일된 화폐 발행

그의 주장은 여러 반대와 논란을 일으켰습니다. 영국과의 전쟁으로 어렵게 독립을 이뤘는데 중앙은행이나 공통 화폐를 만들면 연방정부의 권리가 지나치게 강력해질지도 모른다고 우려한 것입니다. 그만큼 미국인의 자유와 권리가 축소될 것을 걱정했죠.

하지만 해밀턴은 경제를 안정시키기 위해서는 연방정부가 힘을 얻어야

미국 최초의 금화와 은화

한다고 생각했고, 절대로 뜻을 굽히지 않았습니다. 마침내 그는 대통령을 설득하고 의회의 승인을 얻었습니다. 그 결과 미국은 1792년에 최초의 주조국을 설립하고 플로잉 헤어 달러flowing hair dollar(긴 머리를 가진 인물의 흉상)라 불리는 공식 주화를 발행했습니다.

문제는 공식 화폐를 발행한 이후에도 식민지 시절에 사용하던 스페인 은화와 금화가 여전히 시장에서 유통된다는 것이었죠. 여러 종류의 돈이 혼재되어 오히려 시장 경제를 혼란하게 만들었습니다. 그럼에도 해밀턴은 연방정부가 발행한 공식 화폐의 사용을 독려하고 시장 경제를 활성화하기 위해 다양한 노력을 기울였습니다. 금화와 은화보다 작은 단위의 구리

주화를 만들어서 적은 양의 생필품을 사기 편하게 만든 것도 그중 하나입니다.

그 외에도 해밀턴은 다양한 정책을 펼쳤는데, 특히 1791년 7월 4일에 미국의 임시 수도였던 필라델피아에 중앙은행인 '제1 미국은행'을 세운 것에 주목해야 합니다. 우리나라의 한국은행과 같은 역할을 하는 중앙은행이 하는 일은 다음과 같습니다.

- 연방정부가 걷어 들인 세금 관리
- 시장에 유통된 통화량 관리
- 민간은행 관리 감독

하지만 연방정부가 설립한 중앙은행이 각 주의 독자적인 권리를 지나치게 침해할 수 있다고 생각하는 미국인도 많았죠. 이렇게 설립 전부터 난항을 겪은 제1 미국은행은 우여곡절 끝에 20년 시한부 운영을 조건으로 설립을 승인받았습니다. 해밀턴이 계획했던 역할을 수행한 제1 미국은행은 20년이 지난 뒤 연장 운영을 시도했지만 끝내 실패하고 1811년에 문을 닫고 말았습니다.

화폐 무법 시대와 금은본위제

화폐제도와 통화량을 관리하고 민간은행을 감독하던 중앙은행이 사라진 후 미국에서는 은행이 눈에 띄게 증가했습니다. 중앙은행이 있던 시기에 20개였던 민간은행은 중앙은행 폐쇄 후 88개까지 늘어났죠. 문제는 은행에 금과 은을 맡기면 은행이 자체적으로 '은행권'이라는 증서를 발행했는데, 이를 화폐처럼 사용했다는 것입니다. 은행권은 중앙은행이 발행한 공식 화폐와 달리 각 민간은행에서 찍어내기에 그 종류와 가치가 모두 달라서 시장에는 혼란이 가중됐습니다. 결국 무질서하게 발행한 은행권으로 혼란이 생기자 이를 안정화하기 위해서 정부는 1816년에 '제2 미국은행'이라는 중앙은행을 다시 설립했습니다.

하지만 제2 미국은행 역시 제1 미국은행과 유사한 이유로 15년 만에 폐쇄했습니다. 이후 약 30년간 미국은 중앙은행 없이 경제 활동을 해야 했죠. 그러는 사이 남북전쟁 직전인 1860년에 이르러 민간은행은 무려 1,500개까지 늘었습니다. 여기서 더욱 놀라운 것은 당시 시중에 통용된 돈의 종류가 무려 9,000가지나 됐다는 사실입니다. 너무 많은 종류의 돈을 사용하다 보니 각 은행권의 가치를 비교할 수 있는 주간지까지 탄생했습니다. 사진은 뉴욕에서 1842년부터 발간한 「톰슨 은행권 리포터」라는 주간지입니다. 일주일에 두 번씩 발행한 이 주간지에 빼곡하게 적혀 있는 것은 각 은행이 발행한 은행권 간의 교환 비율 정보입니다.

「톰슨 은행권 리포터」는 위조지폐를 구별하는 방법까지 알려주었습니다. 은행권은 종이 증서였기에 위조가 매우 쉬워 당시에만 무려 5,400여 종의 위조지폐가 돌아다녔다고 합니다. 그렇다면 위조지폐에 관해서는 어떤 정보를 제공했을까요? 예를 들어 "위조지폐는 'BRATTLEBOROUGH'라고 적혀 있으며, 진짜 돈에는 'BRATTLEBORO'라고 적혀 있다"라고 설명하며 위조지폐 구별법을 알려주었죠.

그러던 중 1861년에 노예제를 지지하는 남부연합과 노예제 폐지를 지

Newspaper postage only is chargeable on this sheet.

THOMPSON'S Bank Note REPORTER.

NEW-YORK, FEBRUARY 19, 1846.

DRY GOODS.

VAN ANTWERP & GREENWOOD,

(Late VAN ANTWERP, FAXON & Co.)

No 80 CEDAR STREET,

STAPLE FOREIGN AND DOMESTIC DRY GOODS,

Selected from the most recent Styles and Importations, consisting in part of

CARPETS—Ingrain, Venetian, &c.; Canton Mattings, Rugs, &c.

DOMESTICS— ... LOWEST MARKET PRICES, for Cash or Approved Credit. Particular attention given to orders.

V. A. & G. will remove on the 1st of May to No. 8 PINE STREET, immediately in the rear of their present location.

New-York, February, 1846.

GROCERIES.

BEACH & GREENWOOD,

No. 62 Dey Street,

WHOLESALE GROCERS AND COMMISSION MERCHANTS.

B. & G. have constantly on hand a complete assortment of GROCERIES, of every description, and would respectfully invite the attention of Country Merchants to their stock, which is offered at the Lowest Market rates.

PRODUCE, of all descriptions, received and sold on commission.

New-York, February, 1846.

THOMPSON'S REPORTER.

INDEX.

UNITED STATES.

MAINE.

NEW-HAMPSHIRE.

VERMONT.

뉴욕에서 발간한 「톰슨 은행권 리포터」

지하는 북부연합 간에 전쟁이 터졌습니다. 남북전쟁으로 미국의 화폐 체계는 어느 때보다 복잡해졌습니다. 북부 정부는 독립전쟁 때처럼 전쟁에 필요한 막대한 자금을 마련하기 위해 화폐를 발행했습니다. 이번에 발행한 돈은 몇 가지 특징이 있습니다. 첫 번째는 미국 정부가 발행한 최초의 지폐라는 것입니다. 두 번째는 금과 은으로 충당할 수 없는 전쟁자금을 얻기 위해 발행한 화폐이므로 금이나 은과 교환이 불가능한 불태환 지폐라는 것이죠. 마지막 세 번째는 지금까지와 전혀 다른 모양을 한 지폐라는 것입니다.

미국 정부, 정확하게는 북부 정부는 9,000가지에 달하는 은행권과 구별하기 위해 지폐의 도안에 색을 넣었습니다. 특별히 위조 방지를 위해 복제

남북전쟁 당시 발행한 그린백 10달러

가 어려운 녹색을 사용했다고 합니다. 그래서 이 지폐는 '그린백'이라 불렸습니다. 콘티넨털 노트와 비교해보면 그린백이 지금 우리가 사용하는 돈과 상당히 비슷하다는 것을 알 수 있습니다. 지폐 왼쪽 위에 있는 인물은 링컨 대통령입니다. 재무장관은 국가가 발행한 지폐라는 사실을 널리 알리기 위해 대통령의 얼굴을 넣었습니다. 이 때문인지 훗날 링컨이 암살당했을 때 그린백을 발행하지 못하게 막으려는 민간은행이 벌인 일이라는 음모론이 돌기도 했습니다.

전쟁이 터졌을 때 정부가 많은 돈을 찍어내고 이에 따라 물가가 급격히 상승하는 것은 대부분의 나라가 겪는 일반적인 현상입니다. 과거 미국의 독립전쟁 때도 그러했고, 이번 남북전쟁이 끝난 뒤에도 비슷한 일이 벌어졌습니다. 전쟁 중 과도하게 발행한 그린백 때문에 물가는 치솟고 돈의 가치는 떨어졌습니다. 정부는 전후 복구 과정에서 이 문제를 해결하기 위해 그린백의 추가 발행을 중지하고, 시중에 유통되는 그린백을 회수한 뒤 소각했습니다. 미국은 전쟁 전과 같이 금과 은을 사용하던 통화체제로 돌아갔습니다.

그런데 이 과정에서 새로운 문제가 등장했습니다. 화폐로 사용하던 금과 은의 가치가 계속 바뀌면서 시장에 혼란을 가져온 것입니다. 본래 미국은 건국 이래 '금은본위제'를 채택해서 운영해 왔습니다. 이는 금과 은을 모두 화폐로 사용하는 통화체제라는 뜻입니다. 미국은 이때 금화 1개의 가치를 은화 15개로 정했고 정부는 이 기준에 따라 금화와 은화를 모두 발행했습니다. 그런데 금은본위제에는 근본적인 문제가 있었습니다. 화폐로 만든 금화와 은화의 교환 비율은 고정되어 있는 반면 귀금속으로서의 금과 은의 가치는 시장 상황에 따라 계속 바뀐다는 것입니다. 이로 인해 여러 혼란이 생겼습니다.

1848년 캘리포니아에서 대규모 금광이 발견된 사건이 대표적입니다. 골드러시 붐으로 시장에 많은 양의 금이 풀리면서 금의 가치는 예전만 못했습니다. 그러면서 상대적으로 은의 가치가 올랐죠. 그러다 보니 화폐로서의 '은화'보다 귀금속으로서의 '은'의 시장가치가 더 높아졌고, 사람들은 은화를 사용하는 대신 녹여서 은으로 만들었습니다. 이 같은 상황이 계속되면 은화는 사라질 수밖에 없었죠. 반대로 1858년에 네바다주에서 은광이 발견됐을 때는 은의 가치가 떨어지고 금의 가치가 뛰었습니다. 사람들은 금화를 사용하지 않고 녹여서 귀금속으로 만들었는데 이 상태가 장기간 이어진다면 금화는 화폐로의 기능을 할 수 없습니다.

이는 "악화가 양화를 구축한다"라는 '그레샴의 법칙'이 작용한 결과입니다. 여기서 '악화'는 동전의 액면가격이 실제 가치보다 높은 것이고, '양화'는 동전의 액면가격이 실제 가치보다 낮은 것입니다. 골드러시 상황에 비교하면 금화는 액면가보다 실제 가치가 낮은 악화이고 은화는 액면가보다 실제 가치가 높은 양화입니다. 이때는 결국 가치가 떨어진 금화가 화폐로 남고 가치가 높아진 은화는 귀금속으로 쓰이게 되죠.

이렇게 미국에서 금과 은의 가치가 엎치락뒤치락하자 정부는 혼란을 줄이기 위해 금과 은 중에서 한 가지를 선택하기로 합니다. 미국은 결국 1900년에 유럽과 세계의 추세에 따라 '금본위제'를 채택했습니다. 금과 은을 동시에 사용하던 시장에서 갑자기 은이 사라지자 시장에 돌던 돈이 줄어들면서 경제가 어려워졌다고 생각한 많은 사람들은 은화 주조를 통해 통화량을 늘려달라는 '자유 은화 운동(free silver movement)'을 벌였습니다. 이 시기 미국의 이런 상황을 풍자했다고 평가받는 소설이 발간되는데 우리가 잘 알고 있는 《오즈의 마법사》입니다.

1900년에 발표한 《오즈의 마법사》는 금은본위제와 무슨 관계가 있을까요? 소설은 미국 중부 캔자스의 시골에 사는 소녀 도로시가 토네이도에 휩쓸려 강아지 토토와 함께 마법의 대륙인 오즈에 떨어지는 내용으로 시작합니다. 도로시는 집으로 돌아가면서 다양한 친구들을 만나 모험을 펼치는데, 많은 연구자가 이 작품이 당시의 사회를 풍자한다고 해석합니다. 도로시가 사는 곳으로 불어온 토네이도는 동부에서 불어온 미국의 경기 침체이고, 여기에 휩쓸려서 가게 된 '오즈'라는 대륙은 금과 은의 측량단위

소설 《오즈의 마법사》

인 온스(Oz)를 의미한다는 것입니다. 초록색 에메랄드 성과 마녀는 그린백을 상징하죠. 그뿐 아니라 도로시의 친구들인 허수아비는 농민을, 양철 나무꾼은 산업 노동자를, 용기 없는 사자는 정치인을 상징합니다. 도로시는 은색 구두를 신고 집으로 돌아가는데 이를 은의 중요성을 강조하는 것으로 해석하기도 하죠. 결국 《오즈의 마법사》는 경제의 혼란을 불러온 금본위제와 이 같은 화폐 정책을 채택한 미국 정부를 풍자한 소설이라는 것입니다.

연방준비제도의 설립과 달러의 탄생

건국 이래 미국 경제는 수많은 우여곡절을 겪었습니다. 미국인들은 혼란스러운 통화제도가 주요 원인 중 하나라고 생각했습니다. 따라서 통화제도를 정비하고 중앙은행을 설립해 체계적인 통화정책을 시행해야 한다는 목소리가 나오기 시작했죠. 그러나 중앙은행의 설립은 연방정부의 힘을 지나치게 강화하는 수단이 될 수 있다는 이유로 반대하는 사람도 여전히 많았습니다.

의견이 팽팽하게 맞서던 중 1906년에 샌프란시스코에서 규모 8.3의 대지진이 일어나면서 중앙은행을 둘러싼 대립이 무너졌습니다. 조사에 따르면 3,000명 이상이 사망했고 2만 8,000여 개의 건물이 파괴됐습니다. 한국인 피해자도 84명이나 발생했는데 그중 24명이 목숨을 잃었습니다. 인명 피해도 컸지만 진도가 컸던 만큼 물적 피해도 엄청났습니다. 건물이 무너지고 가스관이 파열되면서 크고 작은 화재가 계속 이어져서 도시의 약 80%가 파괴된 것입니다. 피해 규모는 당시 기준 4억 달러 이상으로 추정합니다.

이 시기 미국은 목조건물이 많아서 빈번한 화재 사고에 대비한 화재보험 가입이 일반적이었습니다. 그런데 샌프란시스코 시민이 가입한 화재보험의 절반가량은 영국회사였습니다. 샌프란시스코 지진 발생 후 약 7,000만 달러 상당의 영국 금화가 보험료 지급을 위해 미국으로 빠져나갔습니다. 이는 영국이 보유한 전체 금화의 14%에 해당하는 양으로 현재 환율로 계산하면 약 904억 원입니다. 영국뿐 아니라 독일, 프랑스 등 유럽의 보험사들도 샌프란시스코로부터 많은 청구서를 받았다고 합니다.

이 사건으로 영국의 통화량은 심각할 정도로 위축되었습니다. 나라 밖으로 돈이 빠져나가는 것을 막아야 했던 영국은 중앙은행인 잉글랜드 은행의 금리를 4%에서 7%까지 끌어올렸습니다. 금리가 크게 상승하면 돈의 흐름이 바뀝니다. 가령 우리나라 금리가 10%인데 미국 금리가 20%까지 올라가면 사람들은 이자가 높은 미국에 돈을 보관하려 합니다. 영국의 금리 상승으로 미국의 금은 다시 영국으로 빠져나갔고, 이번에는 1907년에 급격한 자본 유출로 미국에서 경기 침체가 일어났습니다. 연이어 미국 주식시장까지 폭락하고 은행예금자들이 대규모로 예금을 인출하는 '뱅크런' 사태까지 벌어졌습니다.

이때 금융 재벌 J. P. 모건J. P. Morgan이 금융위기를 해결하기 위해 나섰습니다. 아버지의 금융업을 물려받아 각종 사업에 투자해 막대한 부를 쌓은 모건은 자신의 자본 약 3,000만 달러를 시장에 풀어서 금융시장을 안정시켰습니다. 그런데 아무리 재벌이라고 해도 국가 부도를 왜 개인이 나서서 해결한 것일까요? 1791년과 1816년에 설립한 중앙은행이 모두 20년을 채 넘기지 못하고 사라진 이후 미국에는 통화량을 조절할 수 있는 중앙은행이 없었습니다. 결국 상황을 두고 볼 수만은 없었던 모건이 나선 것입니다.

이 사건을 계기로 미국은 '금융위기 때마다 개인에게 의존할 것인가?'라는 의문과 함께 중앙은행의 필요성을 깨달았습니다. 중앙은행 설립 찬성 여론은 계속해서 힘을 얻었고 1913년에 드디어 '연방준비제도'를 만들었습니다. 뉴스에서 자주 이야기하는 Fed가 이것입니다. 그런데 왜 은행 대신 연방준비제도라고 이름 지었을까요? 중앙은행이 필요하다는 여론이 강했지만 연방정부가 강력한 권한을 갖는 것을 경계하는 사람도 여전히 많았기에 '연방 차원에서 위기에 대응하기 위한 제도'라는 의미로 이 같은 표현을 사용한 것입니다. 여기서 '준비'라는 단어는 영어로 'reserve'인데 물을 비축한다는 뜻입니다. 즉 저수지의 물처럼 만일의 사태에 대비해서 준비금을 저장해 놓은 기관이라는 것입니다.

연방준비제도는 다른 나라의 중앙은행처럼 기준금리를 결정하고 민간은행을 감독하는 역할을 맡고 있습니다. 연방준비제도가 중요한 의미를 갖는 또 다른 이유는 오직 이곳에서만 미국의 공식 화폐를 발행한다는 것입니다. 그동안 민간은행에서 발행하던 은행권을 없애기로 하면서 우리가 아는 지금의 달러가 탄생했습니다.

그림은 초기 연방준비제도가 발행한 달러의 모습입니다. 1918년에 발행한 4종의 고액권으로 단위가 커서 일반인은 잘 사용하지 않았고 얼마 후 발행이 중지됐습니다. 그리고 현재의 1, 2, 5, 10, 20, 50, 100달러만 발행되고 있죠. 그런데 이 당시 발행한 달러에는 지금의 달러에는 없는 문장이 있습니다.

1918년 발행한 미국 고액권 달러

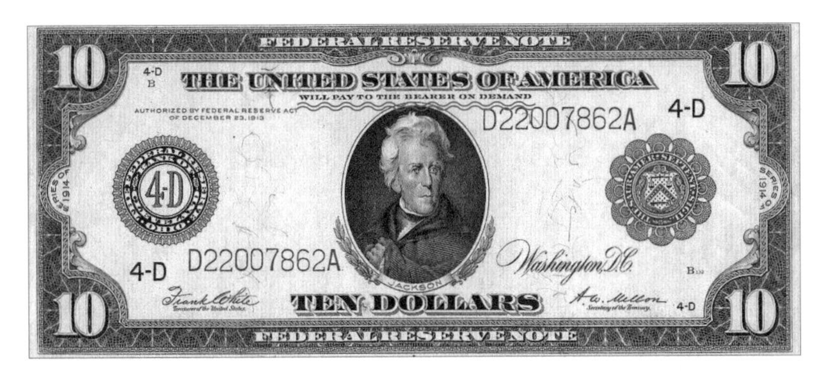

1914년에 발행한 10달러

> "미국은 이 은행권 소지자가 요구할 경우, 소지자에게 지불할 것이다."

이 말은 화폐 소지자가 요구하면 연방준비제도가 달러의 액면가만큼 금을 지불한다는 뜻입니다. 19세기에 민간은행이 발행한 은행권을 가져가면 금으로 교환해주는 것과 같은 원리였죠. 금본위제에 기초한 화폐임을 의미하는 문구라고 하겠습니다.

금본위제와 어둠에 빠진 세계 경제

20세기 초, 미국의 중앙은행인 연방준비제도가 설립되면서 비로소 미국의 화폐 체계가 오늘날과 같은 형태를 갖추게 되었습니다. 드디어 우리가 아는 달러가 탄생한 것이죠. 그런데 달러는 처음부터 세계 경제를 좌지우지하는 힘센 돈이었을까요? 사실 이 시기의 달러는 국제무대에서 위상이 그리 높지 않았습니다. 미국은 풍부한 자원과 생산력을 바탕으로 이미 월등한 경제 규모를 갖추고 있었지만 다른 나라의 돈이 달러보다 나은 대접을 받고 있었죠. 1900년대 세계 각국의 외환보유고를 보면 영국의 파운드화가 절반 정도를 차지했고, 프랑스의 프랑화, 독일의 마르크화 등이 뒤를 이었습니다. 달러는 보유 통화 명단에 이름조차 올리지 못했습니다.

1914년 일어난 제1차 세계대전은 이런 상황에 큰 변화를 가져왔습니다. 유럽의 참전국들은 전쟁에 사용할 막대한 자금이 필요했습니다. 당시 금본위제를 채택한 많은 국가들은 금을 보유한 만큼만 돈을 발행할 수 있었습니다. 이때 유럽 국가들은 앞서 미국이 독립전쟁과 남북전쟁에서 했던 방식대로 금 태환을 중지하고 통화를 발행했습니다. 그 결과 과거 미국처럼 전쟁 중 발행한 통화량 때문에 큰 고통을 겪어야 했죠.

전쟁물자를 생산하고 보급하기 위해 과도한 화폐를 발행한 유럽 경제는 통화량이 크게 늘면서 전쟁 전에 유지되던 금과 화폐 간 비율이 깨졌습니다. 유럽 국가들의 화폐 가치도 크게 하락했죠. 게다가 유럽 국가들은 전쟁 중 미국에서 많은 물자를 수입했는데 금본위제를 따르는 미국에 금으로 물건값을 치렀습니다. 그 결과 막대한 양의 금이 유럽에서 미국으로 흘러갔고, 미국은 제1차 세계대전이 끝나는 시점에 외국에서 빌려온 돈보다 빌려준 돈이 더 많은 채권국이자 세계 최대의 금 보유국에 올랐습니다.

한편 전쟁이 끝난 이후 유럽 국가들은 전후 복구에 나섰습니다. 그중에서도 통화제도가 큰 문제였죠. 이와 관련해서는 나라마다 조금씩 다른 접근을 취했지만 전쟁 이전의 금본위제로 돌아가야 한다는 것이 일반적인 생각이었습니다. 금본위제로 다시 돌아가면 경제가 전쟁 이전 수준으로

대공황 당시 미국의 상황

돌아가리라는 믿음이 있었기 때문이죠. 이 과정에서 영국처럼 무리하게 전쟁 전의 화폐-금 교환 비율로 돌아가려는 나라에서는 경기 침체가 일어나기도 했습니다. 아울러 제1차 세계대전 전에는 국가 간 무역수지 불균형이 일어날 때 작용했던 협조 메커니즘도 전쟁 후에는 제대로 작동하지 않아서 국가 간 무역 불균형이 커졌고 이는 국제금융시장의 불안정성을 증폭시켰습니다. 이 같은 악재가 누적된 결과, 1929년에 세계 대공황이 일어났습니다.

1920년대에 호황을 누리던 미국경제는 대공황의 충격이 가장 컸던 나라 중 하나였습니다. 약 800억 달러였던 국민총생산량GNP은 420억 달러까지 떨어졌고, 실업률은 무려 25%에 달했습니다. 네 명 중 한 명이 일자리를 잃은 것입니다. 첫 번째 사진은 뉴욕 시립 급식소 앞에서 무료 배식을 기다리는 사람들의 모습입니다. 1930년대에는 미국 전역에 있는 수만 개의 회사가 파산하고 9,000개 이상의 미국 은행이 문을 닫으면서 약 1,500만 명의 미국인이 실직자가 되었습니다. 두 번째 사진은 30세의 로블

리 스티븐스Robley Stevens라는 남자가 실직 후 거리로 나와 일자리를 호소하는 모습입니다. 그가 들고 있는 피켓에는 "나를 팝니다. 나는 일을 해야 해요. 그렇지 않으면 굶습니다"라고 쓰여 있습니다. 거리에는 이 같은 청년들이 넘쳐났습니다.

이처럼 1930년대 대공황은 세계 역사상 최악의 경제 침체 사건으로 남아있습니다. 세계 대공황은 여러 가지 원인으로 발생했지만 금본위제에 대한 집착이 경기 침체를 가져오고, 동시에 경기 침체를 여러 나라로 확산하고 증폭한 메커니즘으로 작동했다는 것이 당시의 생각이자 연구 결과입니다.

세계 경제의 중심에 선 미국과 달러

1930년대 내내 극심한 경기 침체를 겪은 세계 경제는 1939년 제2차 세계대전으로 새로운 국면을 맞이했습니다. 미국이 전쟁이 끝나갈 무렵인 1940년대 중엽에 전후 세계 경제를 주도하는 중심 국가로 확실하게 자리 잡은 것입니다. 미국 경제의 이 같은 부상은 단순히 제2차 세계대전의 결과가 아니라 19세기 말부터 시작된 장기적인 성장의 결과라고 할 수 있습니다. 그래프는 미국과 영국의 GDP(국내총생산)를 비교한 것입니다. 빨간색은 미국, 파란색은 영국으로 미국은 19세기 초반만 해도 국민 50%가 농민이었고 주요 수입원도 농업이었습니다. 그런데 19세기 말부터 미국의 GDP가 당시 세계 최강대국이었던 영국을 앞지르기 시작합니다. 미국은 1880년대에 시작한 제2차 산업혁명이 가장 성공한 나라입니다. 철강, 화

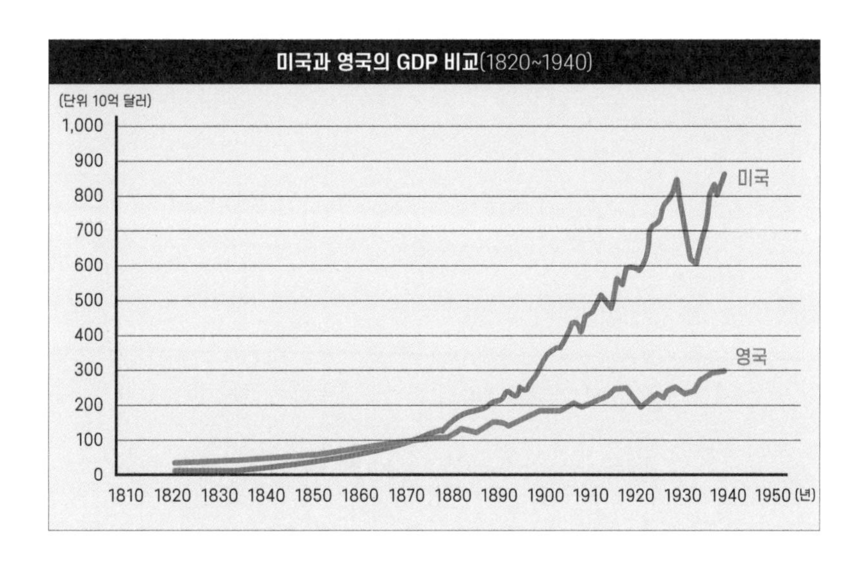

학, 자동차, 전기 등 공업의 비중을 높이는 데 성공한 미국은 20세기 초에는 일찍이 산업혁명을 이뤄낸 영국의 경제력을 훌쩍 뛰어넘었습니다.

달러가 세계 통화가 된 것은 이러한 변화에 따른 자연스러운 결과였죠. 그리고 드디어 달러가 세계 통화체제에서 국제 결제수단의 자리에 오르는 날이 찾아왔습니다. 제2차 세계대전이 끝나기 10개월여 전인 1944년 7월 1일, 미국의 주도로 44개국의 대표 730명이 미국 뉴햄프셔주 브레턴우즈에 모였습니다. 당시 각국 지도자 사이에는 제2차 세계대전이 대공황이라는 경제 침체에서 비롯했다는 공감대가 형성되어 있었습니다. 이들은 대공황을 불러일으킨 여러 가지 문제를 예방할 수 있는 통일된 세계 경제체제를 만들고자 했습니다. 그중에서도 '국제 통화체제'를 구축하고 싶어 했죠. 2주에 걸친 논의 끝에 드디어 붕괴한 금본위제를 대신할 새로운 국제 통화체제를 마련했습니다. '브레턴우즈 체제'라 불리는 협정의 내용은 다음과 같습니다.

1. 미 달러화를 기축통화로 하는 금환본위제(금 1온스 = 35달러)
2. 조정 가능한 고정 환율제
3. 특별인출권 창출
4. 국제통화기금(IMF) 창설
5. 국제무역 확대

첫 번째부터 하나씩 살펴보겠습니다. '미 달러화를 기축통화로 하는 금환본위제'는 달러를 예전의 금본위제처럼 금과 일정 비율로 교환하도록 정해둔 것입니다. 그리고 세계 각국의 거래에서 필요한 결제는 금 대신 달러로 이루어지도록 했습니다. 그런 다음 다른 나라 화폐들은 금이 아니라 달러를 기준으로 각국의 화폐 가치, 즉 환율을 정하도록 한 것입니다. 기본적으로 고정 환율이었지만 각국의 특수한 경제 상황에 따라 어느 정도는 조정이 가능했습니다. 이렇게 브레턴우즈 체제에서는 달러를 국제결제의 기준이 되는 화폐로 정했는데 이를 가리켜 '기축통화(key currency)'라고 합니다. 한마디로 국제 거래의 기준이 되는 화폐라는 것이죠.

그런데 왜 미국 달러만 금으로 교환되는 걸까요? 이 시기 전 세계 국가 중 화폐를 금으로 바꿔줄 금 태환이 가능한 경제력을 갖춘 나라는 사실상 미국뿐이었습니다. IMF 기록에 따르면 미국은 1940년대에 전 세계 금의 70%를 보유하고 있었다고 합니다. 그래서 미국 외 국가들은 금 태환 대신 달러와의 교환 비율을 정하는 방식을 택한 것이죠. 그리고 '브레턴우즈 체제' 내용 중 금 1온스가 35달러라는 것은 약 31g의 금(약 8.3돈)을 35달러로 교환할 수 있다는 의미입니다. 2022년 6월 기준 금 1온스는 약 2,000달러인데 당시에는 35달러로 교환한 것입니다.

두 번째 내용인 '조정 가능한 고정 환율제'는 이제 금과 교환 가능한 돈은 미국의 달러뿐이므로 금이 아닌 달러를 기준으로 각국의 화폐 가치를 정하며, 교환 비율인 환율은 각국의 경제 상황에 따라 어느 정도 조정을 허용한다는 것입니다. 그다음 '특별인출권 창출'과 'IMF 창설'은 한마디로 IMF(국제통화기금) 회원국에 무역 적자와 외환 부족 위기가 오면 회원국은 특별인출권을 통해 담보 없이 외화 인출이 가능하다는 의미입니다. 각국의 통화 안정성을 보장해주는 방법이죠. 이처럼 우리가 알고 있는 IMF는 미국의 주도 아래 세계 경제 안정을 목적으로 설립한 것입니다. 대한민국 역사상 최악의 외환위기가 온 1997년, 우리나라는 약 550억 달러의 IMF 구제금융을 받았습니다. 마지막으로 '국제무역 확대'는 위와 같은 통화체제를 기초로 국제경제의 안정을 도모함으로써 국제무역을 확대하고 세계 경제의 발전을 도모한다는 목적을 명시한 것입니다.

마셜 플랜과 달러의 확산

'브레턴우즈 체제'를 통해 새로운 국제통화체제가 탄생했지만 여전히 여러 문제가 남아 있었습니다. 가장 대표적인 문제는 국제 거래에 필요한 달러가 부족하다는 것이었죠. 달러가 국제통화가 되었다는 것은 영국과 미국 간 거래에서뿐 아니라 영국과 한국의 무역에서도 달러로 결제를 하게 됐다는 뜻입니다. 그러려면 미국은 자국 내에서만 달러를 쓸 때보다 훨씬 많은 양의 달러를 발행해서 전 세계에 유통될 수 있게 해줘야 합니다. 그런데 전쟁 적자로 제2차 세계대전 이후 유럽의 달러 보유량은 크게 줄었습니다. 게다가 달러를 보유하려면 우선 미국에 물건을 팔고 그 대가로 달러를 받아야 하는데 제2차 세계대전으로 산업시설이 파괴되면서 물건들을 만들어 팔 능력이 없었던 것입니다.

미국은 이 상황을 해결하기 위해 두 가지 조치를 취했습니다. 첫 번째는 IMF를 통해서 외환이 부족할 때, 그러니까 달러가 필요할 때 담보 없이 자금을 대출해주는 것입니다. 두 번째는 미국 시장을 외국에 개방해서 물건을 팔고 달러를 얻을 수 있도록 하거나, 원조 등의 방식으로 달러를 제공하는 것입니다. 두 번째와 관련한 대표적인 사례가 유럽의 경제 부흥 계획인 '마셜 플랜'입니다. 미국은 유럽이 되살아나야 세계 시장이 활발해진다는 취지로 1948년부터 약 4년간 서유럽 16개국에 약 130억 달러를 지원하는 마셜 플랜을 시행했습니다. 현재 가치로 약 1,400억 달러, 즉 180조 원이 넘는 엄청난 돈을 지원한 것입니다. 당시 미국 국무부 장관인 조지 마셜George Marshall은 다음과 같이 선언했습니다.

"미국이 세계의 정상적인 경제 회복을 돕기 위해 할 수 있는 모든 일을 해야 하는 것이 논리적입니다. 그렇지 않으면 정치적 안정도, 평화도 보장되지 않습니다."

미국의 유럽 부흥정책을 바라보는 국민의 생각은 양면적이었습니다. 전쟁으로 폐허가 된 유럽을 돕는 것은 세계 최강국인 미국이 해야 할 의무라고 생각했지만, 한편으로는 왜 외국에 이런 막대한 지원을 해야 하느냐는 반론도 적지 않았죠. 그림은 마셜 플랜을 바라보는 미국인의 인식을 짐작할 수 있는 만평입니다. 세계 각지로 달러를 가득 지고 떠나는 미국인을 보며 미국 납세자가 '나는 그를 좋아하지만, 가끔 그는 너무 착한 것 같아'라고 생각하는 모습입니다. 세금으로 거둔 달러로 유럽의 경제 위기를 해결해주는 모국을 바라보는 국민의 생각이 드러나는 부분입니다.

마셜 플랜을 향한 미국 납세자의 생각

마셜 플랜 자금은 식량 구입이나 공산품 구매 등 다양한 방식으로 사용되었습니다. 일부 금액은 경제뿐 아니라 문화예술 분야에도 지원했죠. 당시 마셜 플랜의 지원금을 받아 영화를 제작하기 위해서는 '유럽 현지에서 영화를 촬영해야 한다'라는 조건이 붙었습니다. 우리가 잘 아는 영화 〈로마의 휴일〉 시작 장면에는 "이 영화의 촬영과 녹음은 모두 이탈리아 로마에서 진행됐습니다"라는 자막이 등장합니다. 1953년 제작한 이 영화는 마셜 플랜의 지원을 받았으며, 제작비를 정해진 용도대로 모두 유럽에서 지출했다는 뜻을 담은 것입니다. 「뉴욕타임스」에 따르면 〈로마의 휴일〉은 모든 장면을 유럽에서 찍은 최초의 미국 영화라고 합니다. 이 외에도 〈쿠오바디스〉, 〈벤허〉 등의 할리우드 영화가 마셜 플랜의 지원을 받아 유럽을 배경으로 제작했습니다.

유럽 현지에서 영화를 촬영해야 한다는 조건을 붙인 것은 마셜 플랜이 지원한 달러를 모두 유럽에서 사용하게 하려는 목적이었습니다. 아울러 영화 제작 중 곳곳에서 사용한 달러가 유럽에 퍼지면 그 달러로 미국의 물건을 구매할 것이라 예상했기 때문이었죠. 대규모 대외 원조 정책인 마셜 플랜 덕분에 달러가 전 세계에 통용되었고 유럽의 전후 복구가 이루어졌습니다. 동시에 브레턴우즈 체제라는 새로운 질서가 자리 잡으며 세계 경제는 호황을 누리기 시작했습니다.

달러의 모순과 트리핀의 딜레마

달러가 전 세계로 퍼져나가는 호황 속에서 아이러니하게도 미국은 무역 적자를 기록했습니다. 기축통화인 달러의 확산이 미국의 적자를 통해 얻은 결과물이기 때문입니다. 앞서 이야기한 것처럼 국내뿐 아니라 국가 간 교역이 원활하게 이루어지려면 기축통화의 충분한 공급이 필요합니다. 많은 양의 달러가 시중에 풀려야 한다는 뜻이죠. 이를 위해서는 달러를 대량 공급한 미국이 무역 적자를 봐야만 합니다. 어느 정도 수준이라면 문제가 되지 않겠지만 1960년대 미국은 보유한 금보다 훨씬 많은 돈을 찍어냈고 이것이 문제를 일으켰습니다.

여기에 베트남 전쟁을 치르면서 달러 발행을 더욱 늘린 결과 금과 달러 간 불균형은 더욱 심화되었습니다. 그러자 다른 나라들은 미국의 이 같은 행보를 의심하기 시작했고, 1962년에 프랑스의 샤를 드골Charles de Gaulle 대통령이 문제를 제기했습니다. 그는 기자회견에서 다음과 같이 말했습니다.

"많은 나라가 원칙적으로 달러를 금처럼 받아들이고 있습니다. 그것은 미국이 공짜로 빚을 내게 해주는 것입니다. 다른 나라의 등골을 빼먹으면서 말이죠. 왜냐하면 그들은 빚을 인쇄로 찍어서 갚기 때문입니다. 그러므로 우리는 세계에 대재앙이 오기 전에 국제무역을 확립할 필요가 있다고 생각합니다. 그 어느 국가의 화폐도 아닌 체제를 말입니다."

드골 대통령은 다른 나라의 지출로 미국인들이 '공짜 빚'을 즐긴다며 미국의 대책 없는 달러 발행을 비난했습니다. 이후 프랑스는 미국에게 수출 대금을 '못 믿을 달러' 대신 '금'으로 결제해 달라고 요청했죠. 이 발언으로 기축통화인 달러를 향한 세계 여러 국가의 믿음이 크게 흔들렸습니다.

이렇듯 기축통화인 달러의 공급을 줄이면 세계 경제가 위축되고, 반대로 국제 거래를 뒷받침하기 위해 미국이 달러 공급을 늘리면 무역수지의 적자 때문에 달러 가치가 하락해 기축통화로서의 국제적인 신용도 위태로워집니다. 이런 진퇴양난의 상황을 경제용어로 '트리핀의 딜레마'라고 합니다. 국제사회가 고심 끝에 만든 새로운 국제통화 체제에서도 결국 허점이 드러난 것입니다.

프랑스의 드골 대통령이 쏘아 올린 공의 파장은 엄청났습니다. 달러에 대한 불안이 커지면서 사람들은 달러보다 안전하다고 생각한 금을 사들이기 시작했습니다. 그 결과 1971년 초, 브레턴우즈 제체에서 금 1온스당 35달러라고 정했던 가격이 44달러까지 올랐습니다. 금값이 오르자 금과 달러의 차액을 노리는 사람들이 급증했습니다. 당시 미국은 금 1온스당 35달러라는 고정기준을 세웠으므로 미국에서 달러를 금으로 바꾼 다음 그 금을 다시 국제시장에 팔면 무려 금 1온스당 9달러의 차익을 얻을 수 있었죠. 이런 현상이 잇따르며 막대한 금이 유출된 미국은 위기에 봉착했습니다.

달러의 신뢰가 떨어지고 가치가 평가절하되면서 프랑스 외 다른 국가들도 금 태환을 요구하는 원성이 높아졌습니다. 진퇴양난을 겪던 상황에서 당시 미국의 대통령인 리처드 닉슨Richard Nixon은 더 이상 달러를 금과 교환해주지 않겠다는 '금 태환 중지'를 선언했습니다. 1971년 8월 15일에 기습 발표한 금 태환 중지 소식을 들은 국제사회는 혼란에 빠졌습니다. 이를 '닉슨 쇼크'라고 불렀죠. 금과 교환할 수 있는 유일한 화폐이자 국제통화인 달러를 금과 교환할 수 없게 되자 달러에 대한 국제사회의 신용도가 크게 하락했습니다. 이때부터 사람들은 달러 대신 믿을 수 있는 실물 자산인 금과 은을 사들였습니다. 닉슨의 금 태환 중지 선언 이후 미국 내에서는 2년 만에 금값이 무려 42.22달러까지 올랐습니다. 35달러로 고정되어 있던 가격이 풀린 것입니다. 상황이 이렇게 되자 앞으로 달러가 국제통화로서의 기능을 하지 못할 것이라는 위기론이 떠오르기 시작했습니다.

과연 달러의 가치가 떨어지는 것은 미국만의 위기일까요? 달러의 가치가 낮아지고 금값이 뛴다는 것은 미국뿐만 아니라 국제 거래에 달러를 사용했던 다른 나라의 경제에도 치명적 영향을 미쳤습니다. 닉슨 쇼크로 달러와 금의 연결고리가 끊어지고 이제껏 유지한 금 1온스당 35달러라는 공식이 깨지면서 다른 나라가 보유한 달러까지 가치가 떨어져 버린 것입니다.

미국이 내놓은 극단적 조치는 브레턴우즈 체제에서 명시한 고정 환율 제도에도 결정적 타격을 주었습니다. 예를 들어 1달러당 우리나라 원화 1,000원이라는 식으로 각국의 화폐 가치를 고정으로 정해두었는데, 1달러의 가치가 계속 떨어지는 상황에서 원화만 1,000원을 유지하면 우리나라는 손해를 봐야 했죠. 결국 달러의 위기는 미국만의 위기가 아니었던 것입니다.

이 문제를 논의하기 위해 1976년에 IMF 회원국이 자메이카 킹스턴에 모였습니다. 그리고 환율이 각국의 시장에 따라 자유롭게 결정되도록 공식적으로 합의했죠. 이것이 오늘날까지 이어지고 있는 '변동 환율제'입니다.

변동 환율제가 결정되자 IMF 회원국은 각 나라의 화폐 가치를 보이지 않는 손, 즉 자유 시장에 맡기고 금은 국제통화 시스템에서 더 이상 역할을 하지 못하는 것으로 의견을 모았습니다. 비로소 금이 국제 거래 화폐가 아닌 반지나 목걸이 같은 귀금속 또는 예비자산으로 여겨지게 된 것입니다.

닉슨의 금 태환 중지 선언은 국제통화 체제의 근간을 바꿨습니다. 이제껏 달러와 금의 연결고리가 달러에 힘을 주었는데 국제 거래에서 금이 빠진 후 달러의 위상은 어떻게 되었을까요? 역설적이게도 이 변화를 계기로 달러는 비로소 온전한 기축통화의 자리에 올랐습니다. 그동안은 달러가 금과 교환 가능한 유일한 통화였기에 기축통화의 역할을 해왔다면, 이제는 미국이 가진 경제력으로 달러가 막강한 지위를 갖게 된 것입니다. 즉 금과의 관계가 아니라 화폐의 가치만으로 진정한 기축통화의 자리에 오른 것이죠.

기축통화 달러와 위기의 순간

시간이 흘러 2008년에 그동안 보지 못했던 공포가 금융시장에 불어닥쳤습니다. 158년 역사를 가진 세계 4대 투자은행인 리먼 브라더스의 파산을 시작으로 은행 자산이 증발하고 미국의 증시가 급격하게 떨어졌습니다. 신용도가 낮은 사람들에게 주택담보대출(서브프라임 모기지)을 퍼주던 월가의 은행들은 6,130억 달러(약 660조 원) 규모의 부채를 감당하지 못하고 파산했습니다. 금융위기 사태가 터진 것입니다. 이날 하루 동안에만 주가 지수가 큰 폭으로 하락했습니다.

미국의 위기는 곧 세계 경제의 위기로 이어집니다. 1929년의 세계 대공황과 같은 속도로 경기 침체가 일어나자 미국은 물론 전 세계도 당황을 금치 못했습니다. 미국발 금융위기는 유럽에도 영향을 주었습니다. 유럽 금융의 중심지인 영국 은행은 불안을 느낀 사람들이 앞다퉈 예금을 찾으면서 위기를 맞았고, 기업도 불황으로 월급을 깎거나 직원을 해고했습니다. 영국 정부도 미국처럼 기준금리를 낮추고 위기를 맞은 은행을 임시로 지원했지만 역사상 가장 큰 재정 적자를 피할 길은 없었죠. 이 시기에는 교통비를 아끼려고 자동차 대신 자전거를 타거나, 유기농 같은 비싼 식품 대신 싸고 저렴한 음식을 많이 사 먹어서 할인 매장이 인기를 끌었다고 합니다.

이런 상황에서 미국의 경제 대공황 연구자였던 당시 연방준비제도의 벤 버냉키Ben Bernanke 의장은 대공황의 비극을 되풀이하지 않기 위해 아무도 예상하지 못한 극약 처방을 꺼냈습니다. 그를 비롯한 미국 경제정책 결정권자들은 대공황 당시 통화정책을 적절하게 사용하지 않아서 위기를 막지 못했다고 판단했습니다. 그래서 시장 금리를 낮추는 통상적인 정책뿐 아니라 나아가 연방준비제도의 자금으로 기업의 주식을 직접 사들이는 전례 없는 조치를 단행했습니다. 이를 가리켜 '양적 완화' 정책이라고 합니다. 다시 말해 연방준비제도는 은행에만 돈을 빌려줘야 하는 시스템이었는데 그 법칙을 깨고 기업을 살리기 위해 일반 기업에 직접 자금을 공급하는 방식으로 시장에 자금을 투입한 것입니다.

이후 버냉키 의장은 어느 강연에서 "경제가 어려울 땐 헬리콥터로 공중에서 돈을 뿌려서라도 경기를 부양해야 한다"라고 말했습니다. 2008년 금융위기 같은 급격한 경기 침체 상황을 막으려면 미국 내에 달러가 많이 돌도록 통화량을 크게 증대시켜야 한다는 것을 '헬리콥터 머니'라는 표현에 빗대어 설명한 것이죠. 이후로도 미국 정부와 연방준비제도는 2014년 10월까지 세 차례의 양적 완화를 진행하면서 천문학적인 돈을 시장에 풀었습니다. 이때 유통한 돈이 무려 4조 5,000억 달러입니다.

이렇게 적극적으로 시장에 달러를 공급하자 변화가 일어났습니다. 2008년 10%까지 치솟았던 미국의 실업률이 2014년에 5.9%까지 떨어진 것입니다. 금융위기 당시 사라진 864만 개의 일자리도 2014년을 기점으로 회복했죠. 2008년 이후 미국 정부는 지속적인 양적 완화 정책을 펼쳤고, 2015년에는 약 7년 만에 경기 회복이 이루어졌습니다. 그런데 경기회복으로 모든 문제가 끝난 것은 아닙니다. 경기는 회복했지만 이를 위해 그동안 엄청나게 뿌려놓은 돈을 수습해야 할 숙제가 남았습니다. 미국 건국 초기 시장에 많은 돈을 푼 결과 혼란이 가중됐던 것처럼 이제부터 어떤 위기가 닥칠지 알 수 없었기 때문입니다.

미국은 돈을 뿌려서 문제가 된 만큼 풀었던 돈을 서서히 거둬들이려고 했습니다. 하지만 미국이 달러를 줄이면 세계 각국이 보유한 달러가 줄어들면서 경기 위축을 가져오고 심할 경우 경제 위기까지 일어날 수 있었죠. 그래서 미국은 지나치게 많이 공급한 달러로 인한 인플레이션과 자산가격 상승 등의 부작용에도 불구하고 쉽게 통화량을 줄이지 못했습니다.

이런 상황에서 엎친 데 덮친 격으로 2020년 전 세계를 덮친 코로나 팬데믹이 발생했습니다. 전 세계 2억 5,500만 개의 일자리가 사라졌고, 빈곤인구는 최대 5억 명이나 증가했습니다. 결국 미국은 역대 최대 규모인 2조 2,000억 달러의 경제 부양 법안을 시행했습니다. 다시 양적 완화를 진행할 수밖에 없는 미국 상황을 담은 만평이 있습니다.

인플레이션에 둔감했던 미국을 풍자한 만평

그림 속 여성이 "아직도 있어"라고 하자 남자는 "그냥 일시적일 뿐이야"라고 대답하고 있습니다. 이는 조 바이든Joe Biden 대통령과 연방준비제도의 제롬 파월Jerome Powell 의장이 2021년에 "인플레이션은 단지 일시적일 뿐"이라고 말한 것을 두고 그들이 경제를 방치하고 있음을 풍자한 것입니다. 이들의 말과 달리 인플레이션은 계속됐고 그해 연말 연방준비제도는 그들의 말이 실책이었음을 인정하며 재정 긴축을 시작했습니다. 그리고 2022년 6월, 연방준비제도는 통화량을 줄이기 위해 금리를 큰 폭으로 올리겠다고 발표했고 세계 경제는 들썩이고 있습니다.

연방준비제도의 금리 인상은 전 세계에 뿌린 미국의 달러를 거둬들이기 위한 것입니다. 2022년 미국의 정부의 부채는 31조 4,000억 달러를 넘어서면서 역대 최고치를 기록했습니다. 동시에 미국의 인플레이션도 심각한 수준에 달했죠. 미국도 더는 두고 볼 수만은 없게 된 상황에 빠진 것입니다. 결국 통화량을 줄이기 위해 금리를 큰 폭으로 올리자 이것이 세계 경제에 또다시 큰 영향을 미치고 있습니다. 즉 금리 인상은 인플레이션의 확산을 막기 위한 것입니다.

오늘 우리가 살펴본 달러의 역사는 두 가지 의미를 짚어볼 수 있는 좋은 사례입니다. 첫째는 '화폐란 무엇인가?'라는 문제입니다. 달러가 등장한 20세기 초까지 미국은 화폐에 관한 다양한 제도를 끊임없이 시도했습니다. 이 과정을 살펴보면 오늘날과 같이 정부가 화폐를 발행하는 체제가 그렇지 않은 경우보다 우리의 삶을 안정되게 이끌어주는 이유를 확인할 수 있습니다.

둘째는 '국제통화 체제란 무엇인가?'입니다. 제2차 세계대전 이후 현재까지 달러는 기축통화로 활용되고 있습니다. 그런데 미국은 기축통화를 보유하고 운영함으로써 많은 이득을 얻는 동시에 만성 무역 적자라는 큰 비용도 치르고 있습니다. 과연 현재와 같은 통화체제가 언제까지 이어질지, 그리고 달러의 위상이 어떻게 바뀌어 나아갈지는 아무도 모릅니다. 다만 급변하는 세계질서 안에서 우리가 생존하고 번영하려면 국제경제를 잘 이해해야 하는데, 그러기 위해서는 달러를 중심으로 하는 현재의 국제통화체제를 제대로 파악하는 것은 매우 중요합니다. 우리가 벌거벗긴 기축통화 달러에 관한 이야기가 조금이나마 도움이 되었기를 바랍니다.

벌거벗은 산업혁명

경제 대국 속 슬럼가의 비극

윤영휘

● 신석기 시대가 끝날 무렵 인류는 수렵과 채집 경제에서 농업 중심 경제로 전환하며 혁명이라고 할 만한 큰 변화를 맞이했습니다. 그리고 수천 년이 지난 후 또 한번 세상을 완전히 바꿔놓은 중대한 변화를 겪게 됩니다. 18세기 후반 영국에서 일어난 기술의 혁신과 새로운 제조 방식으로의 전환을 의미하는 '제1차 산업혁명'입니다. 쉽게 말해 사람이 손으로 만들었던 걸 기계가 대신하면서 공장에서 물건을 생산하게 된 것입니다. 산업혁명으로 인류는 농업사회에서 공업사회로 전환했고 풍요로운 생활을 누리게 되었습니다. 그 변화가 너무도 혁신적이었기에 '혁명'이라는 명칭까지 붙은 것이죠.

제1차 산업혁명의 특징이 방적기와 증기기관의 발명이라면, 제2차 산업혁명은 전기 에너지에 기반한 대량생산이 특징입니다. 제3차 산업혁명이 컴퓨터와 인터넷의 등장으로 시작되었다면, 제4차 산업혁명은 정보통신기술의 융합이 이끌고 있습니다. 지금 우리가 입은 옷, 회사나 학교에 가기 위해 탄 자동차, 스마트폰과 책 등 일상에서 누리는 모든 것의 시작이 산업혁명이라고 해도 과언이 아닙니다. 인류의 역사에서 산업혁명을 중요하게 다루는 것은 그것이 산업을 넘어 정치·경제·사회까지 영향을 미쳤기 때문입니다. 인류의 삶을 바꿔온 여러 산업혁명 중에서 그 시초는 영국에서 일어난 제1차 산업혁명이라고 할 수 있습니다.

하지만 이 변화가 장밋빛 미래만 가져다준 것은 아닙니다. 180쪽의 사진은 1978년 개봉한 영화 〈대열차 강도〉의 한 장면입니다. 1855년의 런던을 배경으로 한 영화는 산업혁명 당시 실제 상황을 재연했습니다. 밧줄에 몸을 지탱한 채 늘어져 있는 사람들은 놀랍게도 약 2,000원을 내고 '밧줄 여인숙'에서 잠을 자는 것입니다. 이렇게 잘 수밖에 없었던 것은 돈이 없

산업혁명 배경 영화 속 한 장면

었기 때문입니다.

산업혁명 당시 영국은 런던을 비롯한 대도시를 중심으로 노동자 수가 급격히 증가했습니다. 일할 사람이 많으니 임금은 적었고 집도 부족했죠. 조금이라도 돈을 더 벌기 위해서 하루 16시간씩 일했지만 많은 사람이 갈 곳이 없어 빈민촌으로 내몰려야 했습니다. 세계사를 바꾼 거대한 혁명 뒤에서 이런 일이 벌어진 이유는 무엇일까요? 지금부터 산업혁명이 끼친 긍정적인 변화와 그 이면을 균형 잡힌 시선으로 벌거벗겨 보겠습니다.

산업혁명이 영국에서 시작된 이유

런던, 버밍엄과 더불어 영국의 3대 도시로 불리는 맨체스터. 지금은 축구의 도시로 유명하지만 과거 영국인들은 맨체스터를 '코트노폴리스

cottonopolis', 즉 면의 도시라 불렀습니다. 18세기에 천을 만드는 기계와 증기기관의 발명으로 맨체스터에 수많은 면직물 공장이 들어섰기 때문입니다. 면직물 산업의 중심지가 된 맨체스터는 산업혁명이 가장 먼저 시작된 도시이자 영국 최고의 경제 도시로 성장했습니다.

산업혁명이 유럽의 여러 강대국 중 영국에서 가장 먼저 발전한 이유를 찾기 위해서는 당시 영국이 주력하던 면직물 산업의 변화를 살펴봐야 합니다. 유럽은 13세기부터 양털을 원료로 한 모직물을 옷감으로 사용했습니다. 마침 영국에서는 공유지나 황무지, 초원 등 경작 가능한 땅을 개인이 소유한 토지와 합쳐 울타리를 두른 뒤 사유지임을 알리는 방법이 유행했습니다. 이를 '인클로저 운동'이라고 합니다. 울타리로 둘러싼 대규모 토지는 양을 키우며 목축업을 하기에 제격이었죠. 덕분에 자연스럽게 양털로 짠 옷감을 만들어 팔면서 모직물 산업이 발전했고 영국 경제를 이끄는 핵심 산업으로 떠올랐습니다.

그런데 17세기 말에 동인도회사가 인도에 진출하면서 상황이 완전히 달라졌습니다. 품질 좋기로 소문난 인도의 면직물이 유럽에 전파된 것입니다. '캘리코'라 불린 인도산 면직물은 다양한 문양과 색감 표현이 가능했으며 두껍고 세탁이 어려운 모직물에 비해 가볍고 세탁이 편했습니다. 통기성도 좋고 부드러운 데다 서민도 부담 없이 구매할 만큼 가격도 저렴했죠. 인도산 면제품을 찾는 사람이 급증하면서 영국의 모직물 산업은 내리막길을 걸었습니다.

경제적 위협을 느낀 영국의 양모업자들은 인도산 면제품 수입을 금지하고 동시에 구매도 막아달라고 의회에 요구했습니다. 의회에 압력을 가하기 위해 거리에서 시위를 하던 양모업자들은 인도산 면으로 만든 옷을 입은 여성이 보이면 뒤로 다가가서 옷을 찢어버리는 과격한 행동을 하기도 했죠. 고민에 빠진 영국 의회는 결국 자국의 모직산업을 보호한다는 이유로 1721년에 대부분의 면 수입을 금지했습니다.

그러나 사람들은 이미 면직물의 매력에 빠져버렸고, 인도산 면을 수입해 돈을 벌었던 상인들도 가만히 있지 않았습니다. 이들은 자유롭게 면직물을 수입하고 소비하기를 원한다며 의회를 압박했습니다. 새로운 법도 시대의 변화를 막지 못한 것이죠. 더 이상 국민의 요구를 막을 수 없던 의회는 1736년에 면직물의 생산·유통·소비의 자유를 허용하는 '맨체스터법'을 통과시키며 면직물 유통에 대한 제한을 없앴습니다. 영국에서 면직물 공업이 발전할 수 있는 토대를 마련한 것입니다.

인도는 온난하고 건조한 기후인 고원지대가 많아서 목화가 매우 잘 자랐습니다. 풍부한 목화 덕분에 18세기까지 세계 면직물 시장의 주인공은 인도였습니다. 모직물과 달리 바람결로 짠 거미줄처럼 가벼운 면직물이 큰 인기를 얻으면서 유럽 국가들은 앞다퉈 인도산 면제품을 수입했습니다.

유럽 전역에서 면직물 수요가 증가하자 영국은 면직 기술 발전의 필요성을 직감했습니다. 면을 생산하려면 두 가지 핵심 기술이 필요합니다. 면의 원료인 목화를 가공해 실을 뽑아내는 '방적 기술'과 뽑아낸 실로 천을 만드는 '방직 기술'입니다. 특히 인도산 면과 경쟁하기 위해서는 더 질기고 가는 실을 대량생산할 방적 기술이 절실했죠. 당시 영국은 손으로 물레를 돌려서 실을 뽑았는데 시간이 오래 걸리고 상품의 질도 균일하지 못했습니다.

하지만 모직물에서 면직물로 눈길을 돌리기 시작하면서 면 생산 기술의 혁신이 일어나기 시작했습니다. 먼저 1764년에 제임스 하그리브스

James Hargreaves라는 목수가 아내의 이름을 딴 '제니 방적기'를 발명한 것입니다. 이는 물레와 달리 한 번에 8가닥의 실을 뽑아냈죠. 1768년에는 방적 작업에 수력을 이용해 빠르게 실을 뽑아내는 '수력 방적기'가 등장했고, 1779년에는 제니 방적기와 수력방적기의 장점을 합친 '뮬 방적기'가 탄생했습니다. 사람의 힘 대신 수력으로 기계를 돌리자 작업 속도가 더욱 빨라졌고, 실의 품질도 높아졌습니다.

이때 생산력이 향상된 방적기에 새로운 동력을 연결해 면사의 대량생산을 가능하게 만든 인물이 등장합니다. 산업혁명 시대의 획기적인 발명품 중 하나인 '증기기관'을 만든 제임스 와트James Watt입니다. 그가 증기기관을 처음 만든 것은 아닙니다. 이미 여러 형태의 증기기관이 있었고 18세기 초에 토머스 뉴커먼Thomas Newcomen이 물과 석탄을 끌어올리는 펌프 용도로 만든 대기압식 증기기관도 유명했습니다. 이 기계는 투입된 석탄의 약 80%를 낭비한다는 결점이 있었는데, 와트가 '콘덴서'라는 장치를 사용하면서 열 손실을 반으로 줄인 것입니다. 또한 기존의 증기기관은 피스톤이 위아래로만 움직였는데 와트는 이 상하운동을 회전운동으로 바꾸는 장치를 만들고 결합했죠. 이후 와트가 발명한 증기기관은 다양한 산업 분야에 적용되었습니다. 특히 뮬 방적기에 수력을 대신한 새로운 동력이 결합하면서 생산력이 눈부시게 향상했죠. 이제는 사람이나 수력 같은 자연의 힘이 아닌 기계의 힘으로 실을 뽑을 수 있게 된 것입니다.

이전의 방적기와 증기기관을 장착한 방적기는 어떻게 달랐을까요? 184쪽의 그림을 보면 확연한 차이가 드러납니다. 18세기 초만 해도 집에서 물레를 돌려 한 가닥씩 실을 뽑았습니다. 하지만 산업혁명으로 기계가 발전하고 증기기관이라는 동력을 얻으면서 완전히 달라졌습니다. 가령 약

물레 돌리기와 뮬 방적기 공장

45kg의 면을 가공할 때 물레를 돌리면 약 5만 시간(2,083일)이 걸리고 수력을 이용한 뮬 방적기를 가동하면 약 2,000시간(83일)이 걸렸습니다. 그렇다면 증기기관을 장착한 대형 뮬 방적기는 얼마나 걸렸을까요? 135시간(약 6일)밖에 걸리지 않았습니다. 인력보다 370배, 수력보다는 15배 가까이 빠른 것입니다. 기계와 동력의 발전으로 공장이 탄생했고, 이제 가내수공업 대신 공장에서 물건을 대량생산하는 시대가 열렸습니다.

산업혁명이 바꾼 것들

이제 필요한 기술은 면직물 같은 생산품을 소비자에게 빠르게 전달하는 것입니다. 와트의 증기기관은 먼 지역까지 손쉽게 움직일 수 있는 교통수단의 발전에도 극적인 변화를 가져왔습니다. 증기기관차가 등장한 것입니다. 19세기 초에도 증기기관차는 존재했지만 레일이 기관차의 무게를 견디지 못하거나 기관차가 폭발하는 등 여러 기술적 결함으로 상용화되지 못하던 상황이었습니다. 아직 증기기관차는 안전하지 않고 비효율적이라고 평가받던 이 시기, 영국은 맨체스터에서 항구도시인 리버풀까지 약 50km에 이르는 철도를 건설했습니다. 맨체스터에서 생산한 면을 수출하기 위해서였죠.

영국의 산업혁명을 견인하는 두 지역 사이에 첫 증기기관차 운행이 시작되자 철도회사는 홍보할 방법을 고민하기 시작했습니다. 그 결과 안전하고 빠른 최고의 증기기관차를 뽑기 위한 경주 대회를 개최하기로 합니다. 우승자에게는 500파운드의 상금(현재 가치 약 7,300만 원)과 해당 구간의 기관차를 독점으로 공급할 수 있는 계약권이라는 파격적인 조건을 내걸었습니다. 대회 규칙은 상당히 까다로웠습니다. 우선 기관차의 무게가 5톤을 넘을 수 없었고, 그 무게의 3배에 달하는 화물을 싣고 평균 시속 16km 이상으로 56km의 거리를 달려야 했죠.

1829년 10월, 세계 최초로 열린 '증기기관차 경주대회'에는 엄청난 사람이 몰렸습니다. 치열한 예선을 거쳐 최종 본선에 올라간 5대 중 유독 돋보이는 기관차가 한 대 있었습니다. 월등히 빠른 속도로 달리면서도 안정적으로 운행한 로켓호입니다. 조지 스티븐슨George Stephenson이 만든 로켓호는 13톤의 화물을 끌고도 평균 시속 19km, 최고 시속 46km까지 달렸습니다. 유일하게 대회 규칙을 만족한 로켓호의 우승은 이제 증기기관차도 안전하고 빠른 교통수단이 될 수 있음을 증명했습니다. 이듬해 멘체스터와 리버풀을 잇는 철도 개통식에서 로켓호는 무사히 첫 운행을 마쳤습니다. 이날

로켓호

을 기점으로 증기기관차는 마차와 운하를 대체하는 교통수단으로 관심받으며 산업혁명의 중요한 기폭제 역할을 했습니다.

그렇다면 증기기관차는 영국의 산업혁명에 어떤 영향을 미쳤을까요? 영국은 기계를 만드는 데 필요한 철광석과 석탄이 매장된 지역과 이를 사용할 공장, 그리고 생산한 제품을 판매할 수 있는 시장을 연결하는 철도를 건설했습니다. 지도를 보면 약 50년 사이에 전국 대부분 지역에 철도가 놓인 것을 확인할 수 있습니다. 이 철도로 중북부 지역에서 확보한 석탄과 철광석을 주요 공업 도시로 빠르게 운반할 수 있었고, 여기서 생산한 완제품을 시장과 항구로 보냈습니다. 공장이 대량생산을 가능하게 했다면 증기기관차와 철도의 발달은 대량소비를 가능하게 한 것이죠. 영국은 식민지인 인도 전역에도 철도를 건설했습니다. 당시 인도는 마을 단위의 자급자족 사회로 상거래에 필요한 물자 이동이 많지 않았습니다. 하지만 인도에서 재배한 목화의 빠른 보급을 위해 공업 도시에서 항구 도시인 뭄바이까지 철도를 놓았습니다.

산업혁명은 일상생활에도 큰 변화를 가져왔습니다. 시간 약속이라는 개념이 생긴 것입니다. 철도회사가 정확한 시간에 맞춰 기관차를 운행하기 위해 열차 노선 시간표를 게시하면서 사람들은 시간을 기준으로 약속을 잡았습니다. 예전에는 "해가 중천에 뜰 때 보자"라는 식으로 약속을 잡았지만 "12시에 보자" 같은 식으로 바뀐 것입니다. 철도가 시간 개념의 근대화를 촉진한 것이죠.

이동 수단의 발달은 새로운 식문화를 낳았는데 영국의 대표 음식인 '피시 앤 칩스'도 이때 널리 퍼졌습니다. 흰살생선과 감자를 튀기고 소금과 식초를 뿌려 먹는 피시 앤 칩스는 원래 잉글랜드 남동 해안가에서 즐겨

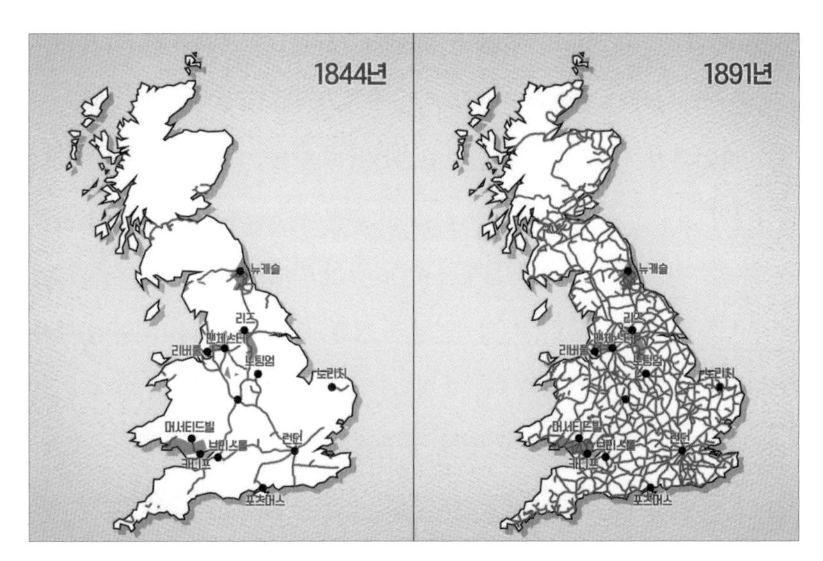

영국의 철도 변화

먹던 음식입니다. 그런데 물자 운송을 위한 철도를 깔면서 내륙에서도 신선한 생선을 공급받을 수 있게 된 것이죠. 영국 정부는 값싸고 영양가도 높은 피시 앤 칩스를 노동자들의 영양식으로 권장했고 큰 인기를 얻으며 국민 음식이 되었습니다.

기술의 발달로 공장이 성장하고 면직물을 비롯한 공산품을 대량생산한 영국은 증기기관차에 이어 증기선까지 개발했습니다. 덕분에 영국과 유럽을 넘어 전 세계로 제품을 수출하는 생산과 소비의 순환구조를 완성한 것이죠. 이렇게 영국은 산업혁명으로 경제의 중심을 농업에서 공업으로 전환한 최초의 국가가 되었습니다. 산업혁명 이전의 영국은 농업의 비중이 공업보다 높았으나 1821년에 농업이 26%, 공업이 32%로 역전하면서 공업 중심 국가가 된 것입니다.

영국 노동자들은 단기간에 벌어진 엄청난 변화를 반기기보다 불만을 드러냈습니다. 공장에서 기계를 도입해 대량생산을 하면서 집이나 작은 규모의 작업장에서 일하던 수공업자들이 일자리를 잃었기 때문입니다. 생계가 막막해진 사람들은 폭동을 일으키며 대항했습니다. 산업도시인 노팅엄에서 시작된 이 운동은 낮에는 도시에서 모임을 하고 밤이 되면 공장에 숨어들어서 망치로 기계를 부쉈죠. 공장의 기계가 자신의 일자리를 빼앗았다고 생각했기 때문입니다. 영국의 직물 공업 지대에서 일어난 기계 파괴 행위는 초기의 주동자 이름을 붙여 '러다이트 운동'이라고 합니다.

러다이트 운동이 확산하자 영국 정부는 이에 맞서 군대를 파견했고 의회는 기계를 부순 사람을 중범죄로 다루는 법안을 통과시켰습니다. 그럼에도 사람들은 기계를 부쉈고 거칠게 운동을 펼친 사람들은 총에 맞거나 교수형을 당했습니다. 러다이트 운동은 단순한 기계 파괴 운동이 아니라, 산업혁명으로 불안을 느낀 노동자들이 자신의 권리를 요구한 노동운동이었습니다.

경제 대국으로 성장한 영국

영국은 산업 발달에 박차를 가했습니다. 공업의 발달로 19세기 영국은 생산력이 크게 증가했고 경제는 폭발적으로 성장했습니다. 경제 대국의 반열에 오른 영국의 1인당 소득수준 변화를 나타낸 오른쪽 그래프를 보면 약 1500년간 비교적 일정하게 소득이 오르락내리락 반복하다가 산업혁명 이후 급속도로 증가한 것을 확인할 수 있습니다. 이때부터 생활 수준은 지속적으로 향상했습니다. 이는 다른 나라와 비교했을 때 더 확실하게 드러납니다.

아래의 표는 1500년경부터 1870년까지 국가 간 GDP(국내총생산)를 비교한 것입니다. 영국의 1820년 GDP를 100으로 봤을 때 1700년경 영국의 GDP는 무역이 활발했던 네덜란드의 약 66%로 이탈리아, 벨기에와 비슷한 수준이었습니다. 그런데 산업혁명 이후 GDP가 점차 증가하더니 1820년에는 네덜란드의 93%까지 따라잡았습니다. 벨기에, 프랑스보다는 30% 가까이 앞섰죠. 1870년에는 드디어 네덜란드도 누르고 유럽 최고의 경제 대국이 되었습니다.

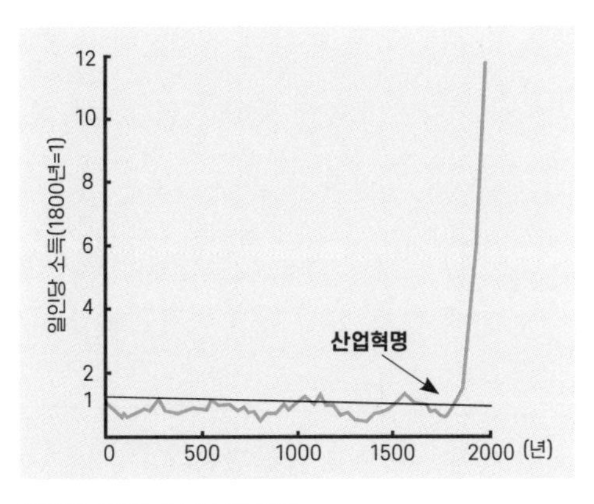

영국의 1인당 소득수준 변화

산업혁명이 몰고 온 빠른 변화 속에서 가장 큰 이득을 본 사람은 누구일까요? 바로 산업 자본가들입니다. 지주와 농민으로 구성된 전통적 사회계층이 자본가와 노동자라는 새로운 계층으로 바뀌는 과정에서 귀족과 노동자 사이에 중간 계급이 하나 더 생겼습니다. 농장주와 숙련 노동자,

유럽 주요 국가 간 GDP 비교					
국가	1500년경	1700년경	1750년경	1820년	1870년
영국	57	73	87	100	187
네덜란드	67	109	109	107	162
벨기에	58	69	76	77	158
이탈리아	83	71	76	65	88
프랑스	-	-	-	72	110

* 출처: 송병건(2016), 산업혁명 시기 영국 기술선도의 요인, 『경제사학』 40권

전문직 종사자 등 다양한 직업군에 속한 사람들이었죠. 이들 중 일부가 세대를 거치며 교육을 통해 지위가 상승했고 또 대규모 공장을 소유한 산업 자본가로 성장한 것입니다. 짧은 시간에 벼락부자가 된 산업 자본가들은 거대한 저택을 짓고 화려한 취미를 즐겼습니다. 집 안에 미술작품, 조각상, 고대 유물, 화석 등을 박물관처럼 전시하곤 했죠. 이들은 귀족과 같은 지위는 없지만 많은 돈과 건물, 토지, 자본력으로 의회에도 진출해 영국의 핵심 세력으로 성장했습니다.

영국 하면 빼놓을 수 없는 축구도 이때 대중화되었습니다. 초창기 축구는 상류층이 즐기는 스포츠였으나 산업혁명 시기 공장 노동자들이 휴식 시간에 축구를 즐기기 시작하면서 대중화되었습니다. 영국의 유명 프로 축구팀 아스널은 1886년에 무기를 제조하던 공장 노동자들이 뭉쳐서 팀을 만들면서 시작되었죠. 맨체스터와 웨스트햄, 코번트리 시티 등 명문 축구팀도 공장 노동자들이 만든 축구팀입니다. 이후 서민들이 팀을 이뤄서 하는 축구가 유행하면서 공식 리그가 생겼고 거대한 구장과 수많은 팬을 지닌 명문 축구 클럽들이 생겨났습니다.

산업혁명을 기점으로 영국인의 삶은 풍요로워졌습니다. 경제적 여유가 생긴 덕분에 소비도 증가했죠. 그러면서 새롭게 등장한 것이 백화점입니다. 런던의 랜드마크로 유명한 해러즈 백화점은 본래 빈민가의 작은 상품점이었습니다. 산업혁명으로 영국인의 소비가 증가하자 1849년에 런던 중심가로 자리를 옮겨 백화점을 세웠습니다. 사람들은 백화점에서 판매하는 수입품에 관심을 보였고 이때 유행한 소비품이 차와 설탕, 그리고 커피입니다. 비슷한 시기에 맨체스터와 글래스고 등 여러 도시에도 백화점이 생겼습니다.

해러즈 백화점

이 외에도 영국인들의 생활에는 많은 변화가 찾아왔습니다. 1800년에 약 100만 명이던 런던의 인구는 1900년에 670만 명까지 증가했습니다. 폭발적 인구 증가로 기존의 도로와 마차만으로는 이동 인구의 수요를 따라잡을 수 없자 땅속에서 움직이는 교통수단까지 생각하게 됩니다. 이렇게 탄생한 것이 지하철입니다. 192쪽의 사진은 1862년 런던 메트로폴리탄 철도회사 직원들이 지하철 노선을 점검하는 모습입니다. 이로부터 1년 후 런던에서 세계 최초의 지하철이 개통됐습니다. 비슷한 시기 프랑스는 마차 외에 별다른 교통수단이 없었고 약 40년 뒤 파리에서 첫 지하철을 운행한 것을 보면 당시 런던이 얼마나 앞서 나갔는지 알 수 있습니다. 산업혁명으로 혁신적인 변화를 맞이한 런던은 행정·상업·금융·교통 등 서비스업의 중심지이자 세계적인 대도시로 거듭났습니다.

런던이 성장하자 사업가는 물론 노동자, 상인, 행정가, 법률가 등 다양

개통 전 점검 중인 런던 지하철

한 직업의 사람들이 도시로 몰렸습니다. 이런 현상은 도시의 경제적·문화적 발전으로 이어지면서 또 다른 변화를 가져왔는데, 가장 두드러진 것이 은행의 급격한 증가입니다. 영국은 1694년 잉글랜드 은행, 1695년 스코틀랜드 은행을 설립하는 등 일찍이 금융업이 발달한 나라였습니다. 1784년에는 각 지방에 100개 이상의 지역 은행이 존재했다고 합니다. 이후 산업혁명과 함께 상업 은행이 탄생했습니다. 로스차일드Rothschild와 베어링스Barings 같은 거대 은행가들은 기업에 돈을 빌려주고 이자를 받거나, 해외무역 자금을 빌려주기 시작했죠. 금융업의 발달로 영국 상인들이 무역 자금을 쉽게 마련하면서 해외무역은 더욱 팽창했습니다. 덕분에 영국은 빠르게 부를 축적했습니다.

이처럼 산업혁명으로 일궈낸 성과를 전 세계에 널리 알리고 싶었던 빅토리아Victoria 여왕과 남편인 앨버트Albert 공, 그리고 발명가 헨리 콜Henry Cole 등은 1851년에 만국박람회를 개최했습니다. 영국과 영국 식민지 외에

만국박람회가 열린 수정궁

44개국이 참가한 만국박람회에는 6개월간 매일 약 4만 명이 방문했다고 합니다. 이때 전시한 1만 3,000여 개의 산업제품 중 절반 이상이 영국산 제품이었죠. 기관차 엔진을 비롯해 타워 시계와 금속 기압계 등 정밀기계를 선보인 영국은 주변의 유럽 국가와 인도, 호주 등 영국 식민지가 전시한 제품보다 훨씬 뛰어난 기술력을 자랑했습니다.

영국이 자국의 기술과 발전이 세계 최고라는 사실을 마음껏 과시한 만국박람회에서 가장 주목받은 것은 전시장인 수정궁입니다. 철과 유리로 지은 건축물인 수정궁은 세인트 폴 대성당보다 3배나 큰 규모임에도 건축 기간이 6개월밖에 걸리지 않았습니다. 이로써 영국은 건축공학 기술도 매우 뛰어남을 과시할 수 있었죠. 내부에 설치한 유리 분수대는 유리 세공, 정밀기계, 자동장치 등 여러 기술을 투입한 화룡점정이었습니다.

영국의 만국박람회는 경쟁국인 프랑스의 시기심을 자극했습니다. 프랑

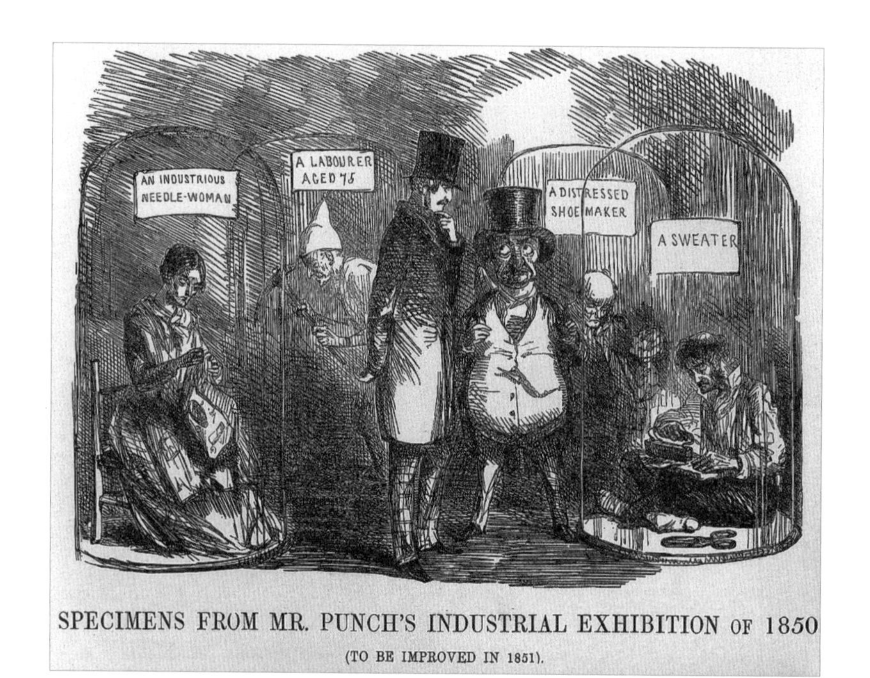

산업혁명으로 고통받는 노동자의 모습

스는 1855년, 1867년, 1889년에 연달아 파리에서 박람회를 개최했습니다. 특히 수정궁을 보며 경쟁의식을 느낀 프랑스는 토목기술자 귀스타브 에펠 Gustave Eiffel에게 박람회에 걸맞은 건축물을 의뢰했습니다. 그도 처음에는 타원형의 유리 건물을 지었지만 영국의 수정궁보다 못하다는 평가를 받았죠. 에펠은 영국을 따라잡아야 한다는 프랑스 여론을 의식해 다양한 건축에 철골조를 시도했고, 프랑스 혁명 100주년을 기념한 1889년 박람회에서 비로소 자신의 이름을 딴 에펠탑을 전시했습니다. 수정궁이 수평으로 만들어진 철조구조물이라면 에펠탑은 수직으로 뻗은 철조구조물입니다. 두 건축물 모두 산업혁명이 남긴 것이라 할 수 있죠.

이처럼 영국은 산업혁명을 통해 큰 성장을 이뤘습니다. 산업 자본가와 귀족들이 풍요로운 생활을 누렸고 속도는 매우 더뎠지만 큰 틀에서 노동자들의 삶도 조금씩 나아지기 시작했습니다. 하지만 산업혁명의 풍요를 누리지 못한 노동자들도 많았고 그들의 삶은 여전히 어려웠습니다. 산업혁명에 가려진 노동자들의 모습은 어떠했을까요?

그림은 1850년에 『펀치』라는 영국 주간지에 실린 풍자화입니다. 제목은 "1850년 미스터 펀치의 산업 전시회 표본(1851년에 개선 예정)"입니다. 그림 속 유리 돔 안에는 여러 사람이 있고 왼쪽부터 '바느질하는 여자', '75세 노동자', '신발 제작자', '스웨터 만드는 남자'라는 글이 붙어 있습니다. 이 그림은 만국박람회를 준비하던 빅토리아 여왕의 남편인 앨버트 공에게 펀치라는 사람이 영국 노동자들의 실상을 표본에 담아서 보여준다는 내용을 담고 있습니다. 1850년 런던에서는 산업사회가 도래했음을 알리고 영국의 기술을 세계에 자랑할 만국박람회를 준비가 한창이었지만, 그 뒷골목에서는 많은 노동자가 거친 환경에서 힘든 노동에 시달리고 있음을 풍자한 것이죠.

산업혁명이 감춘 노동자의 피·땀·눈물

이처럼 산업혁명의 달콤한 열매를 누리지 못하는 노동자도 많았습니다. 특히 문제는 가난한 하층 노동자들이었습니다. 당시 노동자 사이에서도 기술 숙련도나 업종에 따라 계층이 나뉘었습니다. 특정 기술이 있는 숙련 노동자는 상대적으로 높은 생활 수준을 누리며 여가 생활을 즐길 수 있었지만, 단순 노동자나 일자리를 찾아 도시에 올라온 가난한 이주자들에게 산업혁명의 풍요는 거리가 멀었습니다. 특히 너무 많은 사람이 도시로 몰리다 보니 노동자들이 특정 지역에 밀집되는 상황이 벌어졌고 런던에는 '이스트엔드'라는 최악의 거주지역이 탄생했습니다. 가진 것이 없는 자들에게 산업혁명은 비극의 시작이었죠.

19세기 후반 영국의 하층 노동자들은 평균 6일간 80시간 이상 일했습니다. 시끄럽고 냄새나며 비위생적인 환경에서 반복 작업을 해야 했던 이들이 쉴 수 있는 시간은 아침 식사 15분, 점심 식사 30분, 맥주를 마시는 15분뿐이었습니다. 이마저도 공장주가 제대로 쉬지 못하게 하거나 휴식을 취한 대가로 일부 급여를 깎아서 지급하기도 했죠. 어느새 맥주를 마시는 관행은 점차 사라지고 작업 환경은 더욱 열악해졌습니다. 열악한 환경에서 반복 작업을 할 수밖에 없었죠.

면직공장에서는 안전장치를 제대로 설치하지 않아 빠른 속도로 돌아가는 기계에 손이 끼거나, 머리카락과 옷자락이 말려 들어가 다치는 사람들이 생겼습니다. 심할 경우 장애를 얻거나 목숨을 잃기도 했습니다. 면직공장은 실 끊어짐을 방지하기 위해 매우 높은 온도를 유지했고 습도도 높았습니다. 이런 곳에서 10시간 이상 버틴다는 것은 매우 힘들었죠. 게다가 기계의 소음 때문에 청각 장애인이 되거나 흩날리는 면 가루 때문에 폐 질환을 달고 사는 이들도 허다했습니다.

하층 노동자들이 더욱 비참했던 것은 일할 수 없는 상황이 되면 어떤 보상도 없이 하루아침에 다른 노동자로 교체되는 뼈아픈 현실이었습니다. 사람이 마치 기계의 부품 같은 존재로 소모되기 시작한 것입니다. 그렇다면 노동자의 임금은 어느 정도였을까요? 1860년대 중반 잉글랜드의 일반 노동자는 일주일에 6일 일하고 평균 3실링 9페니를 받았습니다. 현재 가치로 약 1만 8,000원입니다. 석공이나 목수는 6실링 6페니를 벌었고, 이는 현재 가치로 약 3만 원입니다. 엔지니어의 임금은 7실링 6페니로 약 3만 5,000원입니다. 당시 일반 점원이 일주일 방값으로 6실링을, 식비로 7실링을 썼다고 하니 먹고살기에는 턱없이 부족한 돈이었죠.

이토록 임금이 낮은 이유는 18세기 말 이후 영국의 인구가 꾸준히 증가하면서 노동력이 넘쳐났기 때문입니다. 돈을 벌기 위해 노동자들이 도시로 몰려들면서 일할 곳보다 일할 사람이 더 많아졌습니다. 자본가들은 이 기회를 놓치지 않고 원하는 만큼 임금을 낮췄고 그만큼 이익을 챙겼습니다. 자본가가 배를 불리는 동안 하층 노동자들은 적은 임금을 채우기 위해 더 많이 일해야 했습니다. 자본가들은 지각을 용납하지 않고, 작업 중 음주를 금지하며, 휴식 시간도 최소한으로 줄였죠.

이렇게 노동시간을 엄격하게 지키면서 영국 대도시에서는 '노커어퍼 knocker-upper'라는 새로운 직업이 등장했습니다. 근무 교대를 위해 이른 아침에 공장에 가거나 두 곳 이상의 공장에서 일하는 노동자들이 지각하

완두콩을 쏘는 노커어퍼

지 않도록 깨워주는 이른바 인간 알람시계입니다. 당시에도 기계식 알람시계가 있었지만 비싸고 고장이 잦아서 직접 창문을 두드리며 알람시계 역할을 해준 것입니다.

노커어퍼는 새벽 3시부터 사람들을 깨우기 위해 마을을 돌아다녔습니다. 위층 창문에 닿기 위해 긴 장대를 사용하거나 막대기와 망치로 현관문을 두드리고 딸랑이를 울리기도 했죠. 또 긴 막대기 끝에 갈고리를 달아 창문을 긁기도 했습니다. 197쪽 그림 속 여성은 메리 스미스Mary Smith라는 노커어퍼로 그녀는 창문을 향해 말린 완두콩을 쏴서 노동자들을 깨우는 것으로 유명했습니다. 이렇게 일하고 1인당 일주일에 6펜스(약 2,000원) 정도의 돈을 받았으며, 노커어퍼 한 명당 최대 100명의 고객이 있었다고 합니다. 이 직업은 20세기에 알람시계가 널리 사용되면서 점차 사라졌습니다.

공장으로 내몰린 아이들

공장이 등장하고 기계가 생산의 중심이 되면서 사회는 노동자를 부품처럼 여겼습니다. 문제는 어린아이들도 노동 착취의 대상이었다는 것입니다. 19세기에 영국 하원은 공장법이 통과되는 과정에서 여러 차례 노동 실태를 조사했습니다. 여기에는 아동 노동에 관한 기록이 남아 있습니다. 아이들은 좁디좁은 굴뚝을 오르내리며 검댕을 떼어내고 가루를 쓸어 담아 밖으로 끄집어냈습니다. 문제는 굴뚝이 꺾이는 굽은 곳에 끼여서 빠져나오지 못하거나, 공기가 통하지 않아 질식해 목숨을 잃기도 했다는 것입

어린 굴뚝 청소부의 죽음

니다. 이렇게 소중한 어린 목숨을 잃는 일이 허다했습니다.

아이들이 굴뚝 청소부로 내몰린 데는 이유가 있습니다. 산업혁명으로 인구가 증가하면서 건물도 많아졌는데 대부분 석탄을 연료로 사용했기에 굴뚝 청소부가 꼭 필요했습니다. 그런데 연통의 크기는 가로 23cm, 세로 35cm로 A4 용지보다 살짝 큰 정도의 너비밖에 되지 않아 성인이 들어갈 수 없어 아이들이 하게 된 것입니다. 고용주는 굴뚝에 오르는 훈련을 하기 위해 아이들의 발바닥을 뾰족한 물체로 찌르거나, 짚단을 깔고 불을 붙여서 굴뚝에 오르게 했습니다. 이렇게 열악한 환경이지만 아이들이 제대로 저항하지 못한다는 점을 악용해 더 많은 아이들을 굴뚝 청소부로 고용했습니다.

그림은 굴뚝을 청소하던 아이들이 사고로 연통에 갇혀서 희생당한 장면을 묘사한 것입니다. 한 남자는 굴뚝을 허물기 위해 곡괭이를 들고 있고 다른 남자는 아이의 발을 잡아 끄집어내고 있습니다. 왼쪽 아래를 보면 안타깝게도 이미 한 아이가 질식한 채 누워 있습니다. 당시에는 이런 일이 비일비재했습니다. 게다가 굴뚝에서 나오는 발암물질 때문에 폐암과 폐병도 쉽게 노출됐습니다. 그렇지만 당시 노동자 부모들은 빈곤 때문에 자신의 아이를 굴뚝 청소부에게 팔아넘기는 일이 많았죠. 영국의 시인 윌리엄 블레이크William Blake는 〈굴뚝 청소부〉라는 시에서 노동 착취에 몰린 아이들의 상황을 이렇게 표현했습니다.

> "엄마가 돌아가셨을 때 나는 아주 어렸고, 아직 내가 울음소리도 내지 못할 때 아버지가 나를 팔았다. 그래서 나는 당신네 굴뚝을 청소하고, 또 검댕이 속에 잔다. (…) 톰은 자면서 아주 기이한 장면을 보았다. 딕, 조, 네드, 잭 같은 수많은 청소하는 아이들이 모두 검은 관 속에 갇혀 있었다. 그리고 한 천사가 빛나는 열쇠를 가지고 와서 관을 열고 모두를 풀어주었다."

산업혁명 시기에 아동 노동의 참혹함을 엿볼 수 있는 자료가 또 있습니다. 아동 노동이 한참 심각했던 1845년에 덴마크의 동화 작가 한스 안데르센Hans Andersen이 출간한 《성냥팔이 소녀》입니다. 성냥을 팔지 못하면 집에 돌아갈 수도 없는 굶주린 소녀가 꽁꽁 언 손을 녹이기 위해 성냥을 긋다 죽음을 맞이하는 내용이죠. 동화에 성냥이 등장하는 것은 성냥공장에서 일하는 소녀들이 많았기 때문입니다.

당시 4세에서 16세의 소녀들은 성냥공장에서 새벽 6시부터 저녁 10시까지 하루 16시간의 중노동에 시달렸습니다. 공장에 출근하는 순간부터 두 번의 짧은 휴식 시간을 제외하면 작업 중 말을 하거나 앉아서 쉴 수 없었죠. 규칙을 어기거나 화장실에 다녀오면 벌금을 매겼고 체벌을 가하기도 했습니다. 소녀들의 일은 성냥 끝을 유독성 화합물에 담갔다가 빼는 것이었습니다. 19세기 후반까지 성냥은 낮은 온도에서 점화가 잘 되는 백린을 이용해 만들었는데 이는 인체에 매우 치명적이었습니다. 성냥공장에서 오랫동안 일한 사람 중에는 치아가 노랗게 변하거나 탈모가 일어나고, 인의 독성으로 턱뼈가 변형되기도 했습니다. 공장 관리인들은 얼굴색이 까맣게 변하기 시작하는 소녀들을 곧바로 해고했죠. 다른 아이들이 흉측한 몰골로 죽을 수도 있다는 것을 알지 못하도록 감추려고 한 것입니다. 《성냥팔이 소녀》는 급속한 산업화의 흐름 속 공장에서 일하다 병을 얻어 쫓겨난 후 먹을 것을 얻기 위해 거리를 헤매던 어린 노동자들의 아픔이 녹아 있는 이야기라는 해석도 있습니다.

아직 어린 아이들이 이렇게 일해야만 했던 첫 번째 이유는 노동자의 임금이 하락한 것입니다. 부모가 버는 돈만으로 생계를 책임지기 어렵거나 산업재해로 부모를 잃은 아이들이 어쩔 수 없이 일터로 내몰린 것이죠. 특히 자본가들은 가혹한 노동에 시달리던 부모가 죽어 고아가 된 아이들을 구빈원이라고도 부르는 고아원으로 데려가 강제로 일을 시켰습니다. 1838년에 출간한 찰스 디킨스Charles Dickens의 소설 《올리버 트위스트》는 고아 소년이 구빈원에서 강도 높은 노동에 시달리다가 탈출하는 장면을 통해 산업화의 폐해를 알렸습니다.

두 번째 이유는 아이들의 임금 수준이 어른의 10%~20%밖에 되지 않은 것입니다. 공장주들은 이를 악용해 더 많은 아이들을 채용하려 했습니다. 당시 미성년자 고용 비율은 탄광이 22%, 면직물 공업이 35%에 이르렀지만 비인간적 노동 형태를 규제할 법적 장치는 미비했죠. 즉 노동자의 빈곤, 일부 자본가들의 욕심, 당국의 무관심이라는 삼박자 속에 사회의 약자인 어린이들이 희생된 것입니다.

가난한 노동자들의 삶, 슬럼가의 등장

도시로 몰린 아이들과 단순 노동자들은 노동 환경뿐 아니라 일상생활도 열악했습니다. 방 한 칸에 온 가족이 사는 일은 다반사였고, 극빈 노동자들은 햇볕이 들지 않는 지하실이나 다락방에서 생활했습니다. 시골에서 올라온 노동자들은 지하 창고에서 수십 명이 성별 구분 없이 잠을 잤습니다. 심지어 가축과 함께 생활하는 사람도 있었죠.

좁은 공간에서 함께 생활하는 노동자층이 많아지면서 점차 슬럼가가 형성되기 시작했습니다. 이곳의 건물은 겨울이면 물을 공급하는 파이프가 얼어붙을 정도로 열악해 긴 겨울을 나는 사이 집 안에서 얼어 죽는 노동자까지 생겼습니다. 다음은 19세기 중반에 하더스필드 공장 근처의 노동자 거주지역의 위생 상태를 조사한 하원 위원회의 기록입니다.

> "온갖 쓰레기와 오물이 길 위에 그대로 버려져 썩어 있으며, 웅덩이에 고인 물이 그대로 방치되어 있다. 집들이 다닥다닥 붙어 있는 환경은 전염병이 돌면 주민 전체의 건강을 위협한다."

이렇게 조사관은 열악한 위생이 전염병을 일으킨다고 경고했지만 환경

구세군이 운영한 도스 하우스

은 크게 나아지지 않았습니다. 이때 최소한의 주거 생활조차 누릴 수 없던 노동자들이 살아남기 위해 향한 곳이 런던에 있는 '도스 하우스'입니다. 슬럼가에서조차 갈 곳 없는 노동자들의 일일 숙소 역할을 하던 곳이었죠. 나무로 만든 관 모양의 침대에서 자는 비용은 하룻밤에 4페니로 지금 가치로 2,000원 정도입니다. 19세기 말까지 런던에 등록된 도스 하우스는 1,000여 개나 됐습니다. 놀라운 사실은 도스 하우스 정도면 꽤 괜찮은 잠자리였다는 것입니다. 4페니조차 없는 노동자들은 2페니를 내고 로프에 기댄 채 잠을 자야 했습니다. 이 외에 추위를 피해 몸을 녹일 최후의 수단으로 1페니를 내고 앉을 수 있는 보호소도 있었습니다. 이곳에서는 밤새도록 앉아만 있어야 했죠.

한 도시에서 신흥 자본가들은 풍요로운 삶을 즐기는데 뒷골목에 사는 노동자들은 상상조차 힘든 끔찍한 삶을 살았죠. 계층 차는 더욱 커졌고 서로의 삶을 이해 못 할 상황에 이르면서 '슬럼 관광'이라는 기이한 문화까지 탄생했습니다. 그림은 1880년대에 상류층이 런던 슬럼가를 방문한 모습입니다. 커다란 버스를 빌려 이스트엔드를 방문했기 때문에 '슬럼 관광 버스slummibus'라고 불렀습니다. 일부는 호기심과 즐거움을 목적으로, 또 다른 일부는 자선을 목적으로 슬럼가를 방문했습니다. 부유층과 빈곤층의 동떨어진 삶에서 비롯한 슬럼 관광은 도시 발달의 어두운 측면을 여실히 드러냈습니다. 양 계층이 서로를 소외시키고 얼마나 괴리된 삶을 살았는지를 보여준 것입니다.

슬럼가에 사는 여성과 어린아이들은 상대적으로 더 많은 위험에 노출

부유층의 슬럼 관광

됐습니다. 18세기 중반 런던의 매춘부는 8만 명에 달했는데, 빈민가 이스트엔드에서는 폭력적인 포주들에 의해 12세 이하의 소녀들까지 강제로 매춘을 했습니다. 더 심각한 문제는 이런 여성을 향한 범죄가 끊이지 않았다는 것입니다.

뮤지컬 〈잭 더 리퍼〉는 1888년 영국을 공포로 몰아넣은 희대의 연쇄 살인사건을 모티브로 한 것입니다. 어느 날 슬럼가 이스트엔드 지역의 윤락가에서 매춘부가 살해당한 채 발견됐습니다. 마지막 목격자에 따르면 그녀는 도스 하우스에서 잘 수 있는 4페니를 술 먹는 데 써버려서 길거리를 헤매고 있었다고 합니다. 피해자는 처참하게 난도질당한 채로 죽어 있었는데 이후 유사한 사건이 4건이나 더 일어났습니다. 이 연쇄 살인마를 '잭 더 리퍼'라고 칭한 것입니다. 수술용 칼을 이용해 연쇄 살인을 일으킨 범인은 아직도 잡히지 않았죠. 빈민가의 연쇄 살인이 보도되면서 많은 사람이 이스트엔드가 얼마나 열악한 곳인지, 도시의 화려한 이면에 어떤 일이 일어나고 있는지 알게 되었습니다.

산업혁명이 불러온 심각한 환경 문제

산업혁명은 환경 오염이라는 또 다른 심각한 문제를 낳았습니다. 당시 수많은 공장이 엄청난 양의 석탄을 사용하면서 막대한 양의 오염 물질이 대기 중에 퍼졌습니다. 1847년 런던 신문에 실린 그림을 보면 공기 오염이 너무 심해 앞을 볼 수 없어 횃불에 의지해 마차와 사람을 안내하는 모습을 확인할 수 있습니다. 공장이 많은 대도시일수록 문제가 심각했는데,

스모그로 앞이 보이지 않는 런던

1873년에는 사람들이 자신을 발을 볼 수 없을 만큼 짙은 노란색 안개가 일주일간 런던을 뒤덮었다고 합니다. 이때 기관지 관련 질환으로 268명이 사망했고, 축산물 시장인 스미스필드에서는 소들이 제대로 숨을 쉬지 못해 헐떡거리다가 죽기도 했습니다. 1879년에도 11월부터 다음 해 3월까지 4개월간 오염 물질이 섞인 스모그가 런던을 뒤덮었습니다.

스모그가 심한 날에는 교통수단이 마비돼 사람들은 이동에 불편을 겪었습니다. 또한 까만 석탄 가루나 숯가루가 공기 중에 날아다녀 흰옷을 입으면 금세 검게 변해 일부러 검은색 옷을 입고 다니기도 했죠. 이 외에도 주변의 많은 것들이 검게 변했습니다. 문제는 영양이 부실하고 오랜 시간 먼지가 날리는 공장에서 일하는 노동자들의 피해가 훨씬 컸다는 것입니다. 이런 환경 때문에 영국에는 제2의 페스트라 불리는 결핵이 창궐했습니다. 1851년에서 1910년 사이 잉글랜드와 웨일스에서 약 400만 명이 결핵으로 사망했는데, 특히 20세~24세는 인구의 절반이 결핵으로 목숨을 잃은 것으로 추정합니다.

빈민가 노동자를 위협하는 건 스모그뿐만이 아니었습니다. 도시의 인구수가 늘어날수록 폐기물 처리와 하수 시스템에 과부하가 걸렸고 사람들은 배설물과 썩은 동물, 부패한 음식과 공장의 유독성 원료 등을 그대로 템스강에 버렸습니다. 런던의 주 식수원이었던 템스강이 각종 폐기물로 오염되면서 슬럼가인 화이트 채플에서 장티푸스가 창궐했고, 엎친 데 덮친 격으로 콜레라까지 유행했죠. 전염병이 빈민가를 휩쓸자 수많은 사망자가 나왔고 시신을 묻을 자리마저 찾기 어려울 정도로 상황은 처참했습니다. 다음은 1832년 영국 랭커셔주에서 내린 공고문입니다.

> "콜레라로 사망한 사람은 다음 주 일요일 이후 이 마을에 있는 세인트 토머스 묘지나 세인트 에드먼드 묘지에 매장되는 것이 허용되지 않습니다. 콜레라로 죽는 모든 사람은 향후 네더톤의 교회 묘지에 매장해야 합니다."

콜레라 사망자가 너무 많아 이 마을에는 더 이상 묻을 곳이 없으니 일요일부터는 다른 마을로 가라는 내용입니다. 그만큼 많은 사람이 콜레라로 목숨을 잃었습니다. 더 나은 삶을 살기 위해 노동자가 됐으나 도시에서 비참한 삶을 살다가 죽어서도 몸을 누일 곳을 찾지 못해 도시 밖으로 내몰린 것이죠. 이처럼 안타까운 상황이 계속됐음에도 노동 조건이나 주거 환경을 개선해야 한다는 사실을 깨닫기까지는 아직 시간이 필요했습니다.

이때 영국 사람들의 생각을 일깨우는 사건이 발생했습니다. 1818년 맨체스터의 한 면직물 공장에 불이 난 것입니다. 그날 밤 면직물 공장에는 9세~18세 사이의 소녀 22명을 포함해 총 26명의 노동자가 야간 근무 중이었습니다. 지하에서는 10세 소년이 들고 있던 초의 불이 섬유에 옮겨붙었고 금세 불길이 치솟았습니다. 1층에 있던 소녀들은 바닥 틈을 보고 불이 난 것을 알아차렸지만 2층에 있던 사람들은 아무것도 모른 채 일만 하고 있었죠. 화재를 발견한 소녀가 감독관에게 말하려고 했지만 제대로 듣지도 않고 소녀에게 자리로 돌아가라는 명령만 했습니다. 그 사이 불길은 빠르게 번졌고 감독관을 포함한 몇 사람만 가까스로 탈출했습니다. 공장은 불이 난 지 30분도 되지 않아 지붕과 바닥이 무너졌고 남아 있던 17명의 소녀들은 끝내 탈출하지 못했습니다. 이미 연기에 질식해 쓰러져 잿더미와 함께 사라진 것입니다. 소녀들의 시신은 알아볼 수 없을 정도로 훼손되어 부모조차 자녀의 신원을 확인할 수 없었습니다. 이들은 함께 마을 공동묘지에 묻혔습니다.

이 비극은 영국의 노동 환경 개선에 큰 역할을 했습니다. 비판 여론이 커지자 사건 9일 뒤 정치가 로버트 필Robert Peel은 공장 환경 개선을 위한 법안을 제출했습니다. 이듬해인 1819년에 국회는 면직물 공장의 노동 환경을 법으로 통제하는 '공장법'을 통과시켰습니다. 법의 주요 내용은 9세 이하 어린이의 고용을 금지하고 미성년자의 노동 시간을 단축한다는 것으로, 최초로 아동 노동을 제한한 법안이라는 점에서 중요한 의미를 지닙니다.

그러나 돈에 눈이 먼 공장주들은 이 법을 지키지 않았습니다. 처벌도

제대로 이루어지지 않았죠. 결국 1833년에 새로운 공장법이 제정되었습니다. 핵심 내용은 다음과 같습니다.

- 18세 미만 미성년자의 야간작업 및 하루 12시간 이상 노동 금지
- 13세 미만 어린이의 하루 9시간 이상 노동 금지 및 이들 아동에 대한 하루 2시간 학교 교육과 법 시행 여부를 감독하는 감독관 임명
- 9세 미만 아동 고용 금지

이 공장법으로 아이들은 노동 착취의 그늘에서 조금이나마 벗어날 수 있었습니다.

한편 노동자들도 스스로 열악한 삶을 개선하려는 움직임을 보였습니다. 먼저 임금 삭감이나 열악한 노동 조건에 항의하는 파업을 벌였습니다. 1842년에 영국 탄광 지대와 면공업 지대 노동자들의 대규모 파업이 있었고, 1853년 여름에는 섬유 공업이 발달한 랭커셔에서 직조공들이 임금 인상을 요구하며 7개월간 대규모 파업을 이끌었죠. 이후 여러 지역의 공장에서 파업이 일어났습니다. 노동자의 산발적 투쟁은 노동조합 결성으로 이어졌습니다. 노조는 처음에는 경조사를 챙기거나 어려운 동료를 돕기 위해 만든 부조 단체의 성격을 띠었으나, 곧 노동자 스스로 저임금·장시간 노동·산업재해 같은 문제에 단체로 대응하는 기구로 발전했죠. 이 과정에서 노동자 계급이 성장하고 계급의식을 갖게 되었습니다.

19세기 후반에는 노동자에게까지 선거권이 확대되면서 서유럽 곳곳에서 노동자 정당이 탄생했습니다. 영국도 1900년에 노동당이 창설되었죠. 이들 정당은 노동 환경과 슬럼가의 생활을 개선하려 노력했습니다. 하지

만 노동자들의 처우와 생활이 실제로 좋아지기까지는 이후로도 오랜 시간이 걸렸습니다. 노동운동은 수많은 노동자의 삶이 나아지도록 도왔으나 고용주와의 갈등과 대결을 키우고 사회불안을 높이기도 했습니다. 그럼에도 산업혁명의 화려함에 감춰진 공장과 슬럼가의 가혹한 환경을 노동자 스스로 개선하려 노력한 것은 반드시 기억해야 합니다.

영국은 이 외에도 산업혁명이 불러일으킨 사회문제를 해결하기 위해 많은 노력을 기울였습니다. 슬럼가의 상황이 알려지면서 많은 영국인이 빈곤 퇴치에 관심을 갖게 되었고, 이는 슬럼가 개선에 도움을 주었습니다. 슬럼가에 학교와 도서관을 세우고 노동자 계층이 가난에서 벗어날 수 있도록 도운 것이죠. 정부 또한 복지에 관심을 갖고 가난한 가정의 아이들에게 무료 급식을 제공하기 시작했습니다. 영국은 지금도 복지 혜택이 많은 국가 중 하나입니다.

영국의 변화는 식민지였던 인도에도 영향을 주었습니다. 1883년에 영국의 공장법이 인도에도 도입된 것입니다. 덕분에 인도는 처음으로 8시간의 근로시간, 아동 노동 금지, 여성의 야간근로 금지, 초과 근로 수당 등의 규정을 갖게 되었죠.

영국의 산업혁명은 어떤 점에서 '혁명적'이었을까요? 인간이 기계의 힘을 사용해 생산성이 전례 없이 발전한 것, 농업사회를 산업사회로 전환한 것, 지주와 농민이라는 오랜 사회구조가 산업 자본가와 노동자의 관계로 변화한 것, 그리고 무엇보다 사회가 경제적으로 풍요로워지면서 많은 사람이 굶주림에서 벗어나고 안정적인 삶을 누리게 된 것 등을 들 수 있습니다. 하지만 산업혁명의 영광 이면에는 노동 착취와 아동 노동 문제, 열악한 거주 환경과 환경 오염이라는 심각한 사회문제가 있었고 식민지는 경제가 파괴되었습니다. 이런 문제들은 점차 개선되면서 현대에 이르렀지만 온전히 해결하지 못한 면도 있습니다.

제1차 산업혁명 이후 우리는 지금 제4차 산업혁명의 시대를 살고 있습니다. 기계뿐 아니라 인공지능이 사람의 일을 대신하며 생산성이 기하급수적으로 상승했죠. 그러나 기술의 발달로 직업을 잃고, 환경이 파괴되고, 사회계층 사이의 격차가 점점 더 커지는 점에서는 200여 년 전과 본질적으로 크게 다르지 않은 것 같습니다. 이제 우리는 과거의 산업혁명이 보여준 다양한 부작용을 살피며 어떻게 그 폐해를 줄여나갔는지 고민해야 합니다. 사회의 어두운 부분을 감추기보다 고치려 했던 이전의 노력이 세상을 조금 더 나아지게 만들었듯이, 지금 우리도 현대사회의 문제를 개선할 수 있다는 용기를 내야 할 때입니다.

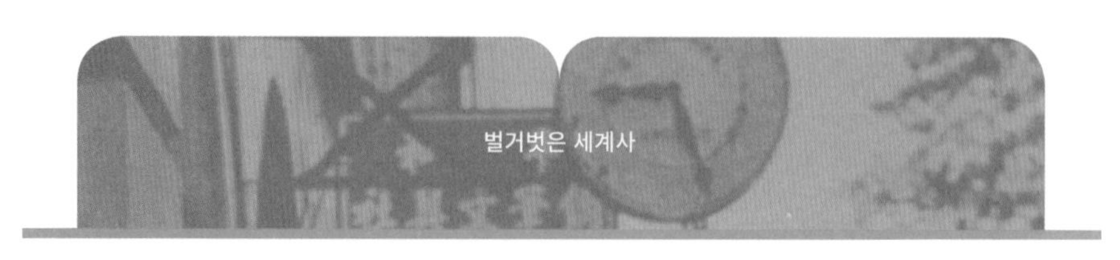

벌거벗은 경제 도시 상하이

뻘밭에서 황금의 땅으로, 수난과 반전의 역사

조영헌

● 1972년에 개봉한 이소룡 주연의 영화 〈정무문〉에는 주인공이 공원에 들어가려 하자 경비원이 나타나 '개와 중국인 출입 금지'라는 입간판을 가리키며 막는 장면이 등장합니다. 그때 어느 외국인이 개를 데리고 공원으로 들어갑니다. 이를 보며 "저 개는요?"라고 묻는 주인공에게 "외국 개잖소, 그쪽은 못 들어가요"라는 대답이 돌아오죠. 화가 난 주인공은 날라차기로 입간판을 박살 냅니다. 이 영화는 1900년대 중국 상하이를 배경으로 합니다. 이 시기 상하이는 왜 중국인을 외국인이 키우는 개만도 못한 취급을 하며 자신의 국민을 모욕한 것일까요?

상하이는 중국의 과거와 현재에 얽힌 수수께끼를 풀어주는 열쇠와도 같은 도시입니다. 19세기에 들어선 뒤 상하이는 파란만장한 근현대사를 겪어왔습니다. 먼저 서구 열강에 의해 유례없는 굴욕의 역사를 맞이했죠. 자신들의 땅을 차지한 서양인들에게 사법권과 경제권까지 내어줘야 했고, 수십 년간 미개한 인종 취급을 받으며 차별당했습니다. 영화 〈정무문〉에서 '개와 중국인 출입 금지'는 입간판을 내건 공원은 실제로 '개와 자전거 출입 금지'라는 안내문과 함께 중국인 하층민의 출입을 금지했다고 합니다. 19세기 중반, 어느새 상하이는 야욕을 채우려는 서양인들의 먹잇감으로 전락하고 말았습니다.

상하이의 수난은 여기서 끝나지 않았습니다. 청일전쟁으로 일본이 침략하고 청나라가 몰락했으며 잇따른 혼란 속에서 공산당까지 창당합니다. 참혹한 내전과 고통의 시간을 견뎌야만 했던 상하이는 이후 대반전을 이뤄내며 아시아의 진주라 불리는 중국 최고의 경제 도시로 발돋움하게 됩니다.

상하이의 수난사는 도시의 발전과 어떤 관계가 있는 걸까요? 그리고 상하이는 왜 중국의 근현대사를 관통하는 역사의 현장이 된 것일까요? 지금부터 뻘밭에서 황금의 땅이 된 상하이의 수난과 반전의 역사, 그리고 화려한 상하이의 모습 속에 감춰진 발전의 진실을 벌거벗겨 보겠습니다.

서양 세력에 땅을 빼앗기다

상하이 수난사의 첫 번째 장을 열기 위해서는 먼저 19세기의 상황을 살펴봐야 합니다. 상하이는 중국 남북 해안선의 중간 지점이자 양쯔강 하구에 자리 잡은 도시입니다. 150여 년 전의 상하이는 화려한 지금의 풍경과 달리 양쯔강에서 배출한 흙과 모래가 쌓인 뻘밭으로 농사도 지을 수 없는 척박한 땅이었습니다. '상하이上海'라는 지명에 관한 여러 설 중 하나인 '바다(海) 위(上)에 있다'라는 것도 이 같은 환경 때문이었죠. 이곳은 주민들이 농어를 잡아서 생활하는 청나라 변방의 작은 어촌 마을에 불과했습니다.

그런데 이 조용한 마을에 엄청난 위기가 찾아왔습니다. 당시 청나라는 황제의 사치와 부패로 백성을 향한 수탈이 심했습니다. 이로 인해 지방 곳곳에서는 크고 작은 반란이 일어났죠. 설상가상으로 영국이 들여온 아편이 급속도로 퍼지면서 백성들의 삶은 더욱 피폐해져 갔습니다. 나라 안팎으로 풍전등화의 위기에 놓인 청은 아편 문제를 막고자 특단의 조치를 취했습니다. 아편 금지령을 내리고 광저우를 통해 들어오는 영국 아편을 모두 불태워버린 것입니다.

이 사실을 알게 된 영국은 가만히 있지 않았습니다. 1839년에 함대를 이끌고 출격한 영국이 광저우를 맹공격하면서 제1차 아편전쟁이 일어났

150여 년 전 상하이 풍경

습니다. 치열하게 싸웠으나 순식간에 영국에 굴복한 청나라는 1842년에 중국 역사상 굴욕의 상징으로 남은 '난징조약'을 체결했습니다. 다음은 조약의 주요 내용입니다.

- 홍콩섬을 영국에 할양한다.
- 광저우, 샤먼, 푸저우, 닝보, 상하이 다섯 개 항구를 개항한다.
- 개항장에 영국인 가족의 거주를 허가하고 영사관을 설치한다.

난징조약으로 청나라는 상하이를 포함한 다섯 개 항구를 영국에 개항하기로 했습니다. 청나라 조정의 관리하에 광저우의 항구만을 개방했던 영국과의 교역이 이제는 영국이 원하면 다섯 개 항구를 통해 마음껏 오갈 수 있게 된 것입니다. 청나라 입장에서는 강제 개항과 마찬가지였죠.

이때 영국이 가장 중요하게 생각한 지역이 바로 상하이였습니다. 영국은 왜 뻘밭뿐인 어촌 마을에 불과한 상하이에 관심을 보였을까요?

영국의 목적은 크게 두 가지였습니다. 무역과 선교. 지도를 보면 바다와 양쯔강이 만나는 곳에 상하이가 위치한 것을 알 수 있습니다. 중국 전역에서 무역과 선교를 펼치려 한 영국의 눈에 상하이는 양쯔강의 물길을 이용해 중국 내륙으로 들어갈 수 있는 최상의 거점으로 보였습니다. 여기에 중국의 경제적 중심지인 항저우와 수도 베이징을 잇는 1,800km의 대운하와 양쯔강 하류가 만난 것입니다. 따라서 상하이를 점령하면 이곳을 본거지 삼아 베이징까지 쉽게 통할 수 있는 대운하 유통로까지 확보할 수 있었죠. 이처럼 상하이는 단순한 뻘밭이 아니라 동아시아에서 경제적 이익을 챙기려는 큰 그림을 그린 영국에 있어 최고의 요충지였습니다.

아편전쟁과 난징조약을 계기로 상하이 수난 시대의 첫 장이 열렸습니다. 그리고 영국은 상하이를 치욕의 공간으로 만들기 시작했습니다. 상하이를 개항한 영국이 가장 먼저 한 일은 자신들이 거주할 수 있는 구역인

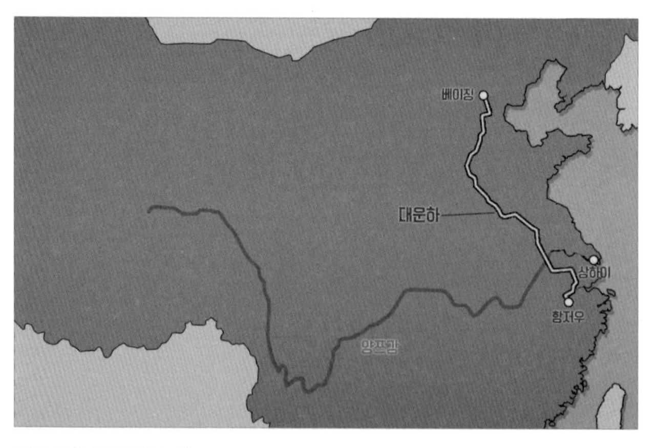

중국 양쯔강과 대운하

'조계租界'를 형성한 것입니다. 조계는 영국을 비롯한 서구 세력이 청나라를 침략하기 위한 근거지로 삼았던 곳이자, 개항장에 외국인이 자유롭게 거주할 수 있도록 설정한 외국인 전용 주거지역입니다. 자신들에게 불리하다는 것을 알면서도 청나라는 왜 상하이에 조계 지역을 만들도록 허락한 것일까요? 사실 청나라는 영국에 조계를 내어주고 더 이상 서구 세력이 내륙으로 침투하지 못하게 막으려 했습니다.

문제는 조계가 단순한 거주지가 아니었다는 것입니다. 청나라는 조계로 인정한 땅에서는 어떠한 권리도 행사할 수 없었습니다. 조계도 엄연히 청나라의 영토인데 왜 청나라의 법과 질서가 통하지 않았을까요? 조계는 다른 나라의 영토 안에 있으면서도 그 나라 국내법을 적용받지 않는 '치외법권' 지역입니다. 즉 외국인이 청나라 영토 안에 있어도 그곳이 조계 지역이라면 자기 나라의 주권 행사가 가능하고 청나라 법 적용을 면제받을 수 있었죠. 쉽게 말해 조계는 청나라 법이 통하지 않는 영국에 빼앗긴 것과 다름없는 땅이었습니다.

영국은 이전까지 전쟁을 통해 식민지를 늘려왔습니다. 그런데 같은 방법으로 드넓은 영토를 가진 청나라를 식민지 삼으려면 막대한 전쟁 자금이 필요했죠. 그럴 여건이 되지 않았던 영국은 차선책으로 청나라의 법이 통하지 않는 개항장을 장악한 것입니다. 이처럼 세계 최초로 청나라에 조계를 설치한 영국은 철저하게 중국으로부터 정치적 간섭을 받지 않고 자유로운 무역 활동으로 경제적 이익을 얻게 되었습니다.

영국은 먼저 무역항이었던 상하이에 무역회사를 세우고 막대한 수익을 거두어들이겠다는 목적을 세웠습니다. 때문에 첫 조계지인 상하이의 와이탄 지역으로 온 외국인들은 대부분 무역을 하러 온 상인들이었죠. 이들의 목표는 무역으로 큰돈을 벌어 자기 나라로 돌아가는 것이었습니다. 조계가 설치된 후 20여 년간 상하이에서 이루어진 무역 거래의 대부분은 외국 회사가 차지했다고 합니다.

서양인과 중국인의 동거가 시작되다

아편전쟁으로 청나라의 방어벽이 무너졌습니다. 이후 영국이 손쉽게 상하이 땅을 차지하자 동아시아로 세력을 뻗기 위해 호시탐탐 눈치를 보던 다른 서구 세력들도 움직이기 시작했습니다. 1845년에 영국인이 처음으로 거주 지역을 이루자 미국과 프랑스도 상하이로 몰려와 영국처럼 자신들만의 조계를 형성한 것입니다. 지도는 영국, 미국, 프랑스가 차지한 상하이의 조계지입니다. 미국은 상하이 일대의 땅값이 저렴하다는 사실을 알고 주택과 교회를 건축해 거주 지역부터 만들었고 1848년에 청나라로부터 조계를 승인받았습니다. 이를 본 프랑스가 이듬해 청나라에 조계지 설치를 요구하면서 작은 어촌 마을이었던 상하이는 외국인들로 들끓었습니다. 어느새 청나라는 서구 열강의 먹잇감이 되었습니다.

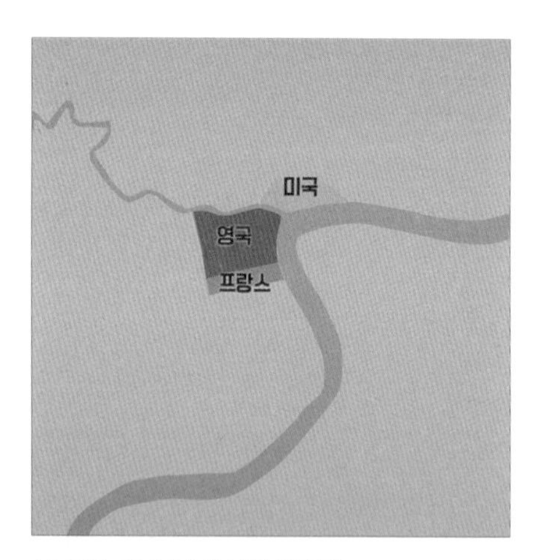

1845년~1849년 상하이 조계지

이때 대부분의 서양인은 청나라 법이 아닌 유럽과 미국 등 각국의 사법권을 적용하는 치외법권이라는 이점 때문에 자기 나라의 조계에 거주했습니다. 약 9년간 유지한 영국, 미국, 프랑스 조계의 공통 원칙은 '중국인 거주 금지'였습니다. 철저하게 외국인들을 위한 주거지로 만들겠다며 중국인의 거주는 물론이고 들어오는 것조차 막았습니다. 이는 자유로운 무역을 위해 청나라의 영향에서 벗어난 독점 공간을 만들고자 한 것입니다. 또한 당시에 중국인을 무시했던 서양인들의 인종차별적 시각도 한몫했습니다. 이제 중국인에게 상하이 조계지는 자국의 땅이지만 금단의 땅이며, 전쟁의 패배와 서구의 욕심으로 만들어낸 굴욕의 상징이 되었습니다.

그런데 중국인의 거주를 금지한다는 원칙이 곧 깨지고 말았습니다. 상하이 조계에 중국인들이 모여드는 사건이 발생한 것입니다. 그 계기는 1850년에 시작된 중국 역사상 최대 규모의 반란인 '태평천국의 난'입니다. 청나라 말기, 농민 출신인 홍수전洪秀全은 기독교 구세주 사상을 기반으로 한 종교 단체를 창시한 후 농민 봉기를 일으켰습니다. 그는 병력을 이끌고 본격적으로 자신의 지역을 확장하러 나섰습니다. 봉기가 점차 확산하자 이를 막기 위한 청나라 조정과 전쟁이 일어났죠. 이렇게 시작한 태평천국의 난은 광시성에서 출발해 난징에 수도를 마련하면서 무려 14년간 중국 각 지역을 휩쓸었습니다. 이 시기 전쟁을 피해 피난을 온 중국인들이 상하이로 몰려든 것입니다.

조계는 청나라 법이 통하지 않는 외국인들만의 지역이었기 때문에 피난민들은 이곳으로 몸을 피하면 안전할 것이라 생각했습니다. 게다가 태평천국이 마련한 수도인 난징은 상하이와 양쯔강으로 연결된 인접 도시였기에 피난민이 움직이기 수월했죠.

그리고 이때 조계지에 더 많은 중국인이 모여드는 결정적 사건이 하나 더 터졌습니다. 허리에 작은 칼을 차고 있어 '소도회小刀會'라 불리는 무리가 각지로 번지는 태평천국의 난에 호응해 상하이에서 봉기를 일으킨 것입니다. 이른바 소도회의 반란입니다. 이들은 조계지를 제외한 상하이 일부를 점령했는데, 이 혼란을 피해 2만여 명의 피난민이 조계지로 숨어들었습니다.

태평천국의 난과 소도회의 봉기로 인해 외국인과 중국인이 철저하게 분리됐던 상하이 조계지에 피난민이 몰려오는 갑작스러운 상황이 벌어졌습니다. 이곳에 거주하던 외국인들은 자신들보다 월등히 많은 수의 중국인 피난민을 받아들일 수밖에 없었습니다. 그리하여 서구 세력들은 1854년에 조계의 원칙이었던 중국인 거주 금지를 철회했습니다.

한편 소도회의 반란으로 수많은 중국인 피난민들이 조계지로 몰려오자 안전에 위협을 느낀 영국과 프랑스는 군대의 필요성을 깨달았습니다. 영국을 중심으로 한 서양인들은 치안 강화를 위해 '상해지방의용대(Shanghai Volunteer Corps)'라는 군대조직을 만들었습니다. 상하이의 첫 외국인 군대였던 상해지방용의대는 곧 '만국상단'으로 이름을 바꿔 운영했습니다. 왼쪽 사진은 1911년에, 오른쪽은 1930년대에 찍은 만국상단의

만국상단(1911년, 1930년대)

모습입니다. 점차 조직적인 군대의 모습으로 발전하는 것이 느껴집니다.

영국을 중심으로 서양인들의 신변 보호를 위해 조직한 이 군대의 출현은 뜻밖의 상황을 불러왔습니다. 조계지에 서양식 군대가 생기자 오히려 중국인들이 더 많이 몰려온 것입니다. 이들은 외국군으로 무장한 조계지에서는 안전이 보장될 거라 생각했고 이 같은 사실이 알려지면서 사방에서 더 많은 피난민이 모여들었습니다. 그만큼 중국 각지는 불안한 상황이었죠. 조계지의 인구가 기하급수적으로 증가하자 가장 먼저 터를 잡은 영국은 고민 끝에 한가지 묘안을 짜냈습니다. 당장 지낼 곳이 없는 피난민들에게 집을 임대해 돈을 버는 것입니다. 영국인들은 나무판자로 된 집을 대량으로 지어 돈을 받고 피난민들에게 빌려주기 시작했습니다.

사진은 현재 상하이에 남아있는 150여 년 전 목조건물로 일명 '시쿠멘石庫門'이라고 합니다. 돌로 문을 만들고 검고 단단한 나무로 문짝을 만들

약 150년 된 상하이 '시쿠멘'

었다고 해서 붙인 이름입니다. 1853년부터 1년도 지나지 않아 조계지에는 800여 동의 목조 가옥이 들어섰습니다. 테라스가 있는 서양식 건축과 기존의 중국식 건축이 절묘하게 섞인 형태의 시쿠멘은 6~12가구로 이루어졌으며, 많게는 40명 정도가 함께 거주했다고 합니다. 영국인은 시쿠멘 임대로 많은 돈을 벌어들였습니다.

피난민이 돈이 되자 서양인들은 중국인 거주 금지 원칙을 깨고 이들에게서 경제적 이득을 얻는 방향으로 눈을 돌렸습니다. 이때부터 조계지는 중국인과 서양인이 함께 사는 구역이 되었습니다. 그런데 아무리 조계지라고 해도 청나라 땅인데 어떻게 임대로 돈을 벌 수 있었을까요? 이는 서양 세력이 청나라의 동의 없이 마음대로 집을 지었기 때문에 가능했습니다. 시쿠멘을 지은 영국은 미국, 프랑스와 협의한 뒤 청나라에 일방적으로 임대를 통보했습니다. 즉 청나라의 허가 없이 임대사업을 이미 시행한 뒤에야 조계지의 중국인 거주와 토지 및 건물 임대를 인정하라고 강요한 것입니다. 당시 내부 혼란으로 상하이까지 신경 쓸 여력이 없던 청나라는 조계지에서의 서구 세력이 막강하다는 사실을 깨닫고 그들의 요구를 받아들였습니다.

당시 피난민들은 하나의 시쿠멘에 수십 명이 함께 살았는데, 이곳에는 화장실과 주방이 하나밖에 없었습니다. 열악한 환경이었지만 돈을 벌어야 했기에 주거 공간에서 가게를 열고 장사를 시작했습니다. 시쿠멘에서 살 돈조차 없었던 무일푼 피난민들은 진흙탕 바닥에 가건물을 세워 생활하기도 했습니다. 이들 중에는 먹을 것을 구하지 못해서 굶어 죽거나 좋지 않은 위생 상태로 전염병에 걸려 죽는 사람도 많았죠. 이때는 시신을 묻을 곳을 찾지 못해 강물에 던져버리기도 했습니다. 이런 생활이 계속되면서 난민들 사이에는 전염병도 돌았다고 합니다.

중국인들과 함께 거주하기 시작한 서구 세력은 조계지에서 자신들의 입지를 더욱 공고히 하기 위해 치밀한 계획을 세웠습니다. 조계를 본격적으로 관리하기 위한 부서인 '공부국', 즉 관청을 만들겠다고 청나라에 통보한 것입니다. 이는 조계가 청나라의 통치권으로부터 완전히 분리된 자유로운 지역이므로 서구 세력이 직접 다스리겠다고 선포한 것과 다름없었죠. 이렇게 서양인들은 상하이 조계를 빼앗아 자신들이 온전히 관리하고 통제할 수 있는 공간으로 만들었습니다. 이후 1869년에는 경무처와 소방서, 위생처, 교육처 등 도시를 운영하기 위한 완전한 행정 기관을 설치해 자치 시스템을 갖춰나갔습니다.

그리고 영국은 중국인과 함께 살다 보면 생길 수 있는 분쟁에 대비해 재판소도 만들었습니다. 왼쪽 사진은 '회심공당'이라 불린 재판소 겸 감옥입니다. 오른쪽 사진은 재판을 받는 중국인의 모습이죠. 조계지에서 재판을 받는 중국인은 청나라법이 아닌 영국법을 따랐습니다. 심지어 중국인에게는 상대적으로 더욱 엄격한 법률을 적용하는 모순된 처분을 내렸습니다. 반대로 서양인이 법을 어겼을 때는 죄가 없다고 판결했습니다. 중국인이라면 10년 이상의 형을 내렸을 일도 서양인에게는 무죄를 선고했죠.

회심공당 재판을 받는 중국인

1850년대 상하이 1880년대 상하이

결국 조계지의 재판소는 이곳에 거주하는 중국인을 엄격하게 관리하기 위한 수단이었던 것입니다.

조계지의 중국인들은 부당한 대우를 많이 받았습니다. 한번은 인신매매범이라는 누명을 쓴 중국인 여성이 억울하게 감옥에 갇히는 일이 발생했습니다. 하급 관료였던 그녀는 아이와 함께 중국 상선을 타고 고향으로 가고 있었습니다. 그런데 도중에 상하이에서 배가 멈췄고 조계의 외국인 순찰대가 들어와 그녀의 돈을 빼앗으려다가 실패했습니다. 그러자 외국인 순찰대는 여성에게 인신매매범이라는 누명을 씌우고 체포했습니다. 이 사건을 알게 된 중국인들은 분노했습니다. 상하이 중국인 노동자들은 파업을 선언했고 시위를 벌이며 재판소에 불을 질렀습니다. 중국인들의 거센 저항에 여성은 풀려났지만, 이는 치외법권 지역이었기 때문에 일어난 굴욕적인 사건이었죠.

이렇게 영국은 상하이 조계를 치밀하게 장악해가는 한편, 자신들이 살았던 나라의 선진화된 시스템도 함께 가져왔습니다. 영국인들은 가스회사를 설립해 조계에 가스를 공급하고, 수자원공사를 만들어 깨끗한 수돗물을 보급했죠. 그리고 1880년대에 전기가 들어오면서 전화가 통용되자 상하이는 점차 근대화된 도시의 모습으로 변신했습니다. 사진을 보면 불과 30년 사이에 큰 변화가 일어난 것을 확인할 수 있습니다. 1850년대만 해도 작은 어촌 마을이었던 상하이에 서구 세력이 늘어나면서 제대로 된 인프라를 갖춘 도시가 된 것입니다. 이 같은 변화가 조계라는 불평등 조약으로 시작되었다는 사실은 역사의 어디서나 볼 수 있는 아이러니라 하겠습니다.

상하이에 불어온 근대화 바람!

19세기 후반이 되자 상하이가 발전했다는 입소문을 타고 더 많은 외국인이 밀려왔습니다. 영국, 미국, 프랑스뿐 아니라 독일과 포르투갈 등에서도 모여들었는데, 특히 일본인이 급증했습니다. 서양인이 모여든 상하이 조계지에 일본인의 활동이 증가한 이유는 1894년에 일어난 청일전쟁 때문입니다. 두 나라의 전쟁에서 승리한 일본은 서양 열강과 대등한 반열에 올라서는 발판을 마련했고, 패배한 청나라의 위상은 급격히 하락했습니다. 이 시기 수많은 일본인이 본격적으로 청나라를 침략하기 시작했는데 이들이 자리 잡은 곳 중의 하나가 상하이였죠.

1905년, 상하이 조계지에 거주하는 외국인은 약 9,300명이었으나 10년 후 이곳의 외국인은 1만 6,000여 명까지 증가했습니다. 당시 열강에 둘러싸인 청나라를 묘사한 그림이 있습니다. 1898년에 홍콩 신문인 「보인문사사간輔仁文社社刊」 실린 시사만화는 '극동의 상황'이라는 타이틀 아래 동아시아의 상황을 다음과 같이 설명합니다.

"국민들은 지금 깨어나야 합니다. 이 땅이 여러 개로 찢어질 때까지 기다리지 마시오."

이는 19세기 말, 열강에 점령당한 청나라가 분열될지도 모른다는 두려움을 담은 문구입니다. 그림에 등장한 다양한 동물 중 청나라 땅 가운데 앉아 있는 불도그는 영국을 상징하는 대표 이미지입니다. 오른쪽 아래 필리핀 방향에서 날아오르는 독수리는 미국을 상징합니다. 러시아를 대표하는 곰은 북쪽에서 청나라를 침입하고 있고, 일본을 표현한 태양은 중국을 바라보고 있죠. 그리고 개구리는 프랑스를 뜻하는 것으로 베트남을 점령한 상태에서 청나라 땅을 향해 팔을 벌린 모습입니다. 이들 동물은 청나라, 그중에서도 상하이를 침탈한 열강의 모습을 상징적으로 나타낸 것입니다.

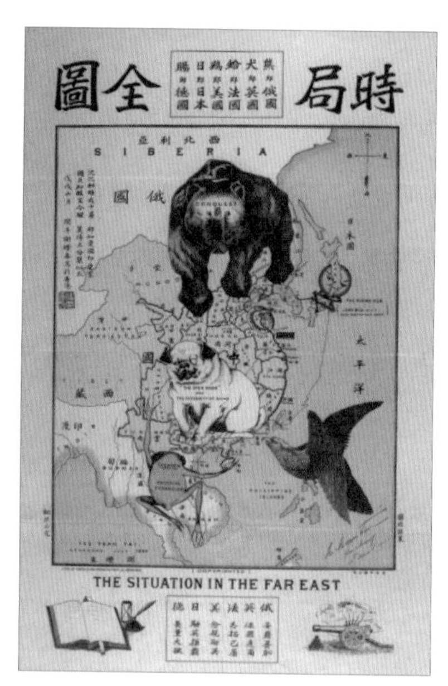

청나라 상황을 묘사한 시사만화

여기서 프랑스를 개구리로 표현한 데는 비하의 의도가 숨어 있습니다. 과거에 전쟁을 많이 치른 프랑스는 전쟁 비용을 감당하지 못해 나라가 어려워졌고 먹을 것을 구하지 못하자 개구리를 잡아먹었다고 합니다. 이후 개구리는 프랑스의 국민 음식이 되었는데 영국과 미국은 그런 프랑스를 비하할 때마다 개구리라고 불렀습니다. 두 나라는 백년전쟁과 미국 독립전쟁을 치르며 사이가 좋지 않았기 때문이죠. 이 사실을 알고 있었던 중국도 개구리를 즐겨 먹는 프랑스를 업신여기는 의미로 프랑스인을 개구리에 비유한 것입니다.

그런데 중국도 개구리 요리를 즐겨 먹는 나라 중 하나인데 왜 프랑스를 비하한 것일까요? 이 시기까지만 해도 청나라에서는 개구리 요리를 거의 먹지 않았습니다. 오히려 특이하다고 생각했죠. 시사만화에서 프랑스를 개구리로 표현한 뒤부터 중국에서는 농담이나 빈정거림의 의미로 프랑스를 개구리라고 불렀습니다.

영국, 미국, 프랑스, 일본, 러시아, 독일 등 열강에 둘러싸인 상하이는 공포와 두려움에 휩싸였지만 도시의 외형만은 빠르게 발전했습니다. 특히 영국이 가장 먼저 조계를 형성한 와이탄 지역은 인구가 급증하고 자본이 몰리면서 엄청난 부동산 붐이 일어났습니다. 땅값이 상승한 와이탄은 건물의 절반이 재건축에 들어갔습니다. 그중에는 1860년에 지은 기존의 3층 건물을 1906년에 6층으로 증축한 회중 호텔도 있었죠. 상하이의 랜

1860년대 회중 호텔

1906년 회중 호텔

회중 호텔 엘리베이터

드마크로 알려진 이곳은 1908년에 중국 최초의 엘리베이터를 설치했습니다. 고층 건물의 핵심인 엘리베이터라는 신기술을 도입한 회중 호텔은 상하이의 근대화를 상징하는 건물이었죠. 현존하는 이 호텔은 110여 년이 지난 지금도 이 엘리베이터가 실제로 작동 중이라고 합니다.

상하이가 급속한 근대화를 이루던 시기에 중국인 사이에서는 재미있는 것이 유행했습니다. 상하이에 가면 반드시 서양경을 봐야 한다는 소문이 퍼진 것이죠. 서양경은 상자 속에서 서양의 이국적인 풍경을 연속으로 보여주는 민간 놀이기구입니다. 당시 유행하던 서양경 안에는 런던에서 열린 만국박람회 풍경이 들어 있었습니다. 수정궁을 비롯해 세계 각국이 전시한 신기한 물건을 그려서 중국인들에게 보여준 것입니다. 주로 상하이 골목길 입구에 서양경을 두고 2센트를 내면 최대 10장의 서양화를 볼 수

서양경을 구경하는 중국인

있었다고 합니다. 서양경이 상하이에서 유행하기 시작하자 다른 지역 사람들도 상하이에 가서 서양경을 보고 싶어 했습니다. 이 시기 상하이를 방문한 중국인 사이에서는 서양경을 구경하는 것이 여행 코스처럼 굳어졌다고 합니다.

상하이 조계지 중에서도 와이탄을 중심으로 문물이 발전한 것은 이곳이 중국인은 물론 외국인까지 몰려드는 금융과 상업의 중심지였기 때문입니다. 1864년 61개였던 상하이 지역 내 외국 기업은 11년 뒤 157개까지 급격히 증가했습니다. 특히 중국 자본으로 세운 최초의 은행인 통상은행도 와이탄에 자리 잡았으며 유럽 최대 금융기업인 HSBC도 이곳에 빌딩을 세웠죠. 이처럼 상하이는 와이탄을 중심으로 한 국제 금융도시의 베이스캠프와도 같았습니다.

청나라를 먹잇감으로 삼은 열강의 경제 침탈

서구 열강은 뻘밭이었던 상하이를 금세 국제 금융도시로 바꿔 놓았습니다. 겉으로 보기에는 서구 열강이 도시를 발전시킨 것 같지만 그들이 일궈놓은 화려한 반전의 이면에는 어둠도 존재했습니다. 여기서부터 상하이 수난사의 두 번째 장이 시작됩니다.

당시 청나라는 청일전쟁 이후 일본에 지급해야 할 배상금과 바닥난 국고를 채울 돈을 마련하기 위해 머리를 싸매고 있었습니다. 청나라가 전쟁에서 패배한 대가로 일본에 물어내야 할 돈은 은 2억 냥이었습니다. 여기에 랴오둥반도를 돌려받는 조건으로 3,000만 냥을 추가로 지급하기로 했죠. 하지만 파산 지경에 이른 청나라 정부는 배상금을 지급할 여력이 없었습니다.

이때 서양 열강은 자본주의를 이용해 힘을 잃은 청나라를 돕는 척하면서 경제적으로 수탈하기 시작했습니다. 조계지 국가의 은행들은 청나라에 돈을 빌려주는 대가로 경제적 이익을 요구했습니다. 철도 부설권, 광산 채굴권, 염전 개발권 등을 넘겨받거나 수출입 무역에 관세를 제외하는 등 법과 권한을 자신에게 유리하게 바꾼 것입니다. 서구 열강은 이런 방식으로 청나라 경제를 야금야금 약탈하고 통제함으로써 청나라를 반半식민지 상황으로 내몰았습니다.

청나라의 경제가 서구 열강의 자본주의에 잠식당하자 중국인들의 삶은 더욱 궁핍해졌습니다. 나라의 부채가 쌓일수록 내야 할 세금도 점점 커졌고 빈곤층은 끊임없이 늘어났습니다. 상황이 이렇게 되자 상하이에는 중국인의 삶을 파괴하는 심각한 문제가 퍼지기 시작했습니다. 사진 속 목말

어린 매춘부의 출근 모습

을 타고 어딘가로 향하는 소녀는 매춘부입니다. 작은 발을 미인의 기준으로 삼았던 청나라는 어린 소녀의 발을 인위적으로 압박해 성장하지 못하게 만드는 '전족'이라는 풍습이 있었습니다. 전족 때문에 걷기 힘든 어린 매춘부가 목말을 타고 출근하는 것입니다. 이처럼 상하이에서는 10세 미만의 어린 소녀들이 누군가의 어깨에 업혀 유곽이나 식당으로 보내질 만큼 매춘이 심각한 사회문제로 떠올랐습니다.

매춘과 더불어 중국인을 병들게 하는 또 다른 문제는 아편이었습니다. 사람들은 아편을 팔고 피우는 아편굴에서 마약에 취해 많은 시간을 보냈습니다. 영국과의 아편전쟁 이후 청나라에서 아편 무역은 합법적인 것으로 여겼습니다. 특히 영국 선박이 오가는 개항장인 상하이는 다른 지역에

아편굴(1800년대 중반, 1900년대 초)

비해 영국에서 들여온 아편을 쉽게 구할 수 있었죠. 왼쪽 사진은 개항 초기인 1800년대 중반의 상하이 아편굴의 모습이고, 오른쪽 사진은 1900년대 초반의 침대와 소파를 갖춘 현대화된 아편굴의 모습입니다. 아편굴은 중국 전역에서 꾸준히 증가했으며 1900년대에 들어섰을 때 상하이에만 최대 1,700여 개의 아편굴이 존재했습니다. 화려한 도시 뒤편에서는 많은 중국인이 가난한 아편 중독자로 전락하고 있었던 것입니다.

아편 중독자 중에는 도시 노동자나 하층민도 많았습니다. 대부분 외국인의 수발을 드는 인력거꾼이나 수레꾼, 공장일 등으로 돈을 버는 사람들이었죠. 이들은 아무리 일해도 빈민가를 벗어날 수 없었습니다. 조계지에 거주하는 중국인을 향한 서양인의 차별이 너무도 심했기 때문입니다. 중국 노동자들은 열심히 일해도 정당한 돈을 받지 못했습니다. 같은 경찰이어도 서양인은 70냥의 봉급을, 중국인은 약 8냥의 봉급을 받았습니다. 승진 속도도 달랐습니다. 서양 경찰이 형사로 승진하기까지는 약 3년이 걸렸는데 중국인은 무려 24년이 걸렸습니다.

먹고 사는 것조차 버거웠던 상하이 노동자들은 조계지 내 개울 근처의 슬럼가에서 생활했습니다. 이곳은 도로가 깔리지 않아서 질퍽한 땅에 판자촌을 짓고 어렵게 살아야 했죠. 이처럼 부당한 대우와 열악한 환경에 상대적 박탈감을 느낀 중국 노동자들이 자포자기의 심정으로 힘든 현실을 벗어나기 위한 도피처로 아편을 찾은 것입니다.

상하이가 점점 더 화려하고 부유한 도시로 발전할수록 그곳에 거주하는 중국 노동자를 향한 차별과 괄시도 더욱 심해졌습니다. 그럼에도 계속해서 더 많은 중국인이 상하이로 모여들었습니다. 20세기에 들어선 청나라는 도시를 중심으로 자본주의와 상공업이 등장했습니다. 하지만 이는 일부에 불과했습니다. 여전히 청나라를 지탱하는 것은 농업이었고 인구의 절대 다수는 농민이었죠. 문제는 대량의 토지를 소유한 지주계급이 농민에게 소작을 주는 기존의 봉건적인 방식이 농민 착취의 수단으로 활용된 것입니다. 지주와 부패 관리들의 횡포로 막대한 소작료를 물어야 하거나 지주의 세금까지 떠맡는 등 땅을 볼모로 한 약탈과 착취는 날이 갈수록 심해졌습니다. 더는 견딜 수 없던 소작농들은 생업을 버리고 일자리를 찾아 도시로 떠날 수밖에 없죠. 이렇게 상하이의 도시 노동자는 더욱 늘어났습니다.

청의 몰락과 중화민국 설립

청나라의 가장 큰 문제는 정부의 무능함이었습니다. 서양 세력이 커질수록 중국인의 삶은 피폐해졌지만 정부는 개선의 의지가 전혀 없었습니다. 청일전쟁 이후 청나라 경제가 파탄하기 시작했지만 황실과 조정은 제 살기에만 급급했죠. 열강에 빌린 부채는 더 많은 세금을 걷는 것으로 해결하려 했고 나라의 재산인 광산 채굴권도 넘겨버렸습니다. 이 모습을 지켜보던 중국인들은 "만주족의 청나라 조정이 열강에 나라를 팔아먹는다"라며 배신감을 느꼈습니다.

열강이 조계지를 중심으로 내륙까지 침투하는 동안에도 그저 당하고만 있자 지도층을 향한 불만은 점차 커졌습니다. 1911년 마침내 민심이 폭발하면서 신해혁명이 일어났습니다. 분노한 사람들은 들불처럼 일어났고 300년에 가까운 역사를 가진 청나라는 멸망했습니다.

이듬해인 1912년, 새로운 근대 국가를 목표로 하는 중화민국을 수립했습니다. 하지만 중화민국은 근대 정치체제를 추진할 준비가 부족했고 주도 세력조차 구성하지 못한 채 혼란에 휩싸였습니다. 이 틈을 타 중국 각 지방에서는 권력을 차지하려는 군인들이 나섰습니다. 이른바 중국의 군벌 시대가 시작된 것입니다.

혼란한 상황이지만 상하이 조계는 중국 내부 세력의 영향력을 받지 않는 곳이기에 자연스럽게 혁명가들이 모여들었습니다. 이제 중국인들은 상하이 조계를 안전하고 자유로운 땅이라고 인식하게 되었죠. 이 같은 분위기가 널리 퍼지면서 또다시 수많은 중국인이 상하이로 운집했습니다. 그러는 사이 조계 영역은 점점 더 확대되었죠. 1914년 상하이의 조계지는 개항 초기 면적보다 15배나 커졌습니다. 이 시기의 조계지는 영국과 미국이 구역을 합쳐서 공공 조계를 형성했고, 프랑스는 독립된 조계를 이뤘습니다. 집계에 따르면 전체 조계지 면적은 서울의 강서구와 비슷했고, 거주하는 외국인은 약 1만 6,000명이었다고 합니다.

앞서 조계는 치외법권이 발동하는 지역으로 과거 청나라의 입장에서는 영토를 수탈당한 것과 마찬가지라고 말했습니다. 그렇다면 서양 세력이 조계를 확장할 수 있었던 비결은 무엇일까요?

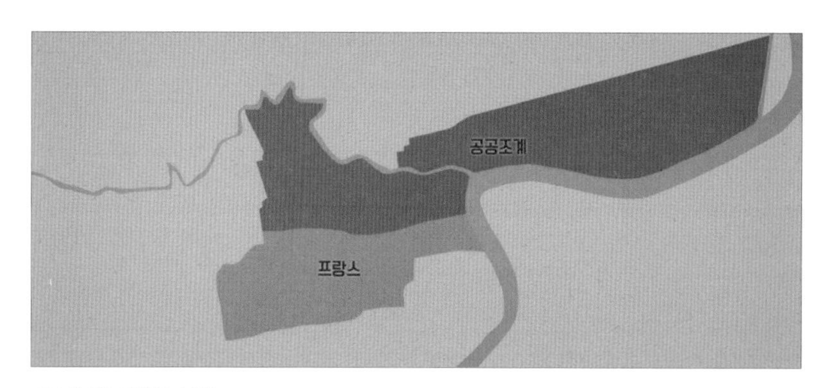

1914년의 조계지 상황

청나라가 멸망한 뒤 새롭게 건국한 중화민국 역시 지도 세력의 부재로 열강에 대항할 수 있는 능력이 없었습니다. 이런 와중에도 상하이 내 조계에서는 무역과 외국인 투자가 활발하게 이루어졌습니다. 심지어 중국인들마저 자유를 찾아 상하이로 흘러들어왔죠. 이렇게 서양인들과 중국 지식인들의 이해관계가 맞아떨어지자 서양 열강은 거침없이 조계를 넓혀나갔습니다.

상하이 조계는 우리나라와도 깊은 관련이 있습니다. 1919년 프랑스 조계에 대한민국 임시정부를 수립한 것입니다. 당대 지식인들이 커피를 마시며 자유롭게 이야기할 수 있는 카페나 문화 공간이 많았던 프랑스 조계에는 혁명가들이 많이 거주했습니다. 이때 일본총영사관은 프랑스 조계에 대한민국 독립운동가를 탄압하고 체포할 것을 요청했습니다. 프랑스는 이를 거절하지 않았으나 동시에 독립운동가의 체포를 지원하지도 않았습니다. 이런 이유로 수많은 독립운동가들이 프랑스 조계의 대한민국 임시정부에서 독립 의지를 다졌다고 합니다.

상하이에서 일어난 끔찍한 학살극

청나라 말기, 혁명으로 새롭게 탄생한 중화민국은 곧 군벌들의 손에 넘어갔습니다. 기득권은 여전히 농민들을 수탈했고 노동자들은 강도 높은 일을 하고도 적은 임금을 받으며 착취당했습니다. 이때 상하이 프랑스 조계에서 중국 역사에 한 획을 그은 역사적 사건이 일어났습니다. 불평등한 상황을 뒤엎겠다며 모인 사람들이 새로운 정당을 만든 것인데, 이는 현재 중국의 집권당인 공산당입니다.

상하이와 중국 주요 도시의 지식인들은 청나라의 몰락 이후 군벌 세력에 의한 국가의 분열과 열강의 침략이 점점 더 거세지는 것을 해결하려 했습니다. 이런 상황에서 러시아의 공산주의 사상을 공부하던 일부 지식인들이 이를 중국에 접목한 것입니다. 당시 프랑스는 자유·평등·박애 정신을 외국인에게도 보장했습니다. 이런 이유로 중국 내부 세력이 간섭할 수 없는 상하이 프랑스 조계에서 1921년 7월에 공산당을 창당했습니다. 지금의 화이하이중루가 이 지역입니다.

공산당은 노동자와 농민이 혁명군대를 만들어 정권을 뒤엎어야 한다는 강령을 채택하고 사회혁명 실행을 당의 근본적인 정치 목표로 세웠습니다. 농민과 노동자들은 이런 공산당을 지지했습니다. 당시 중국은 국민의 대다수가 농민인 농업사회였습니다. 그런데 농민들은 지주나 관료들로부터 보호받기는커녕 끊임없는 수탈의 대상에 불과했습니다. 노동자들 역시 하루에 16시간씩 강도 높은 노동을 하면서도 값싼 임금을 받으며 자본가들에게 착취당했죠.

착취와 수탈에 시달리는 노동자들의 건강은 나날이 악화했고 일하다가

지쳐서 죽는 사람까지 생겨났습니다. 게다가 각지의 군벌들은 거액의 군비와 행정비, 일본에 지불할 배상금과 서양 열강으로부터 빌린 외국채 등 수많은 명목의 세금을 농민과 노동자들에게서 걷어갔습니다. 끝이 보이지 않는 가난에 시달리던 노동자들은 자신의 비참한 운명을 바꾸려는 욕구가 점차 커졌습니다. 때마침 공산당 세력이 노동자를 지지하며 파업을 선동하고 어려움에 처한 농민들을 지지했죠. 이렇게 농민과 노동자는 공산당의 편에 서게 된 것입니다.

그러자 군벌정부는 민중들의 언론, 출판, 집회 등의 자유를 박탈했습니다. 또한 각지에 정탐꾼을 조직한 뒤 노동자가 파업을 하거나 농민들이 저항하려는 움직임을 보이면 미리 파악해 단속에 나섰습니다. 만일의 사태를 대비해 군대를 키우는 데 더욱 매진했는데 이 모든 비용은 모두 세금으로 충당했죠. 결국 민중들의 삶은 더 어려워졌습니다.

창당 초기 소수에 불과했던 공산당이 가장 힘을 쏟은 것은 노동운동입니다. 이들은 상하이에 중국노동조합 서기부를 설치하고 노동자를 지지했습니다. 또한 각지의 철도·광산·기계 노동자들을 대상으로 파업 투쟁을 지도하고 노동자를 위한 야간학교를 세우고 교육도 제공했죠. 이 외에도 농민을 위해 토지소유권을 균등하게 배분하자는 원칙을 세우거나 인민출판사를 설립해 마르크스Marx나 레닌Lenin의 책을 출판하기도 했습니다. 어느새 농민과 노동자들은 자신들의 이해관계를 대변해주는 공산당 편에 서게 됐습니다. 이렇게 공산당은 급증하는 노동자 계층을 사로잡으면서 점차 세력을 키워나갔습니다.

그런데 이처럼 권세를 확장하는 공산당을 지켜보는 또 다른 세력이 있었습니다. 쑨원孫文과 그가 이끄는 국민당이었죠. 과거 중화민국을 세웠던 쑨원이 이끄는 국민당은 공산당에 함께 손을 잡고 군벌을 물리친 다음 새로운 정부를 세우자는 엄청난 제안을 했습니다. 1924년 1월, 국민당과 공산당은 본격적으로 손을 잡았습니다. 이른바 '제1차 국공합작'입니다. 과연 두 정당은 새로운 정부를 세웠을까요? 국공합작을 제안한 지 1년 만에 국민당의 지도자인 쑨원이 갑작스럽게 사망하면서 국공합작은 와해 위기에 놓였습니다. 쑨원의 뒤를 이어 국민당을 장악한 장제스蔣介石는 아예 국공합작을 무너뜨렸습니다.

당시 러시아는 공산주의를 확산할 목적으로 중국을 주목하고 있었습니다. 공산당은 러시아 혁명 세력과 뜻을 같이해 협력하고자 했죠. 하지만 장제스는 러시아 혁명 세력이 중국을 점령할 것이므로 공산당과의 합작은 불필요할 뿐 아니라 오히려 방해라고 생각했습니다. 결국 공산당과 정치적 행보가 달랐던 장제스는 끝내 합의점을 찾지 못해 국공합작을 파기한 것입니다. 그는 공산당과 이념적으로 연결된 국민당 내 좌파 세력과 공산당을 척결하기 위해 공산당이 탄생한 상하이로 향했습니다.

이때부터 상하이 수난사의 세 번째 장인 중국 내부의 권력투쟁이 시작되며 피바람이 몰아치기 시작합니다. 1927년 4월 12일, 장제스는 상하이에서 대대적인 공산당 소탕 작전을 개시했습니다. '4·12 상하이 쿠데타'라 부르는 이 작전에는 약 2,000명의 군인이 투입됐습니다. 이들은 상하이에 있는 노동조합 지부와 노동자들을 공격했고 대규모 학살극이 벌어졌습니다. 사진은 공산주의자들을 공개 처형하는 참혹한 현장입니다. 이 같은 만행은 밤새도록 이어졌습니다. 다음은 희생자들을 추모하는 비석 속 글귀입니다.

"1927년 4월 12일, 장제스는 자베이와 난스 등에서 군대를 동원해 노동자의 무장을 해제시키고는 노동자들을 학살했다. 다음 날 국부군은 바오산로에서 시위 군중을 도살했다. 중국과 세계를 깜짝 놀라게 했던 이 4·12 쿠데타에서 공산당원과 혁명 군중 300여 명이 살해됐고, 500여 명은 체포되었으며, 5,000여 명은 실종됐다."

기록에 따르면 쿠데타로 학살된 사람만 300여 명이었다고 합니다. 이후 장제스는 다른 도시에서도 쿠데타를 일으켜 공산당원을 숙청했습니다. 그리고 1928년 난징에서 국민당이 주도하는 새 정부가 들어서면서 장제스는 난징 국민정부의 주석이 되었습니다. 이때 장제스는 공산당을 박살냈지만 절멸시키지는 못했습니다. 공산당 세력인 마오쩌둥毛澤東은 산악지대에서 게릴라 부대를 이끌며 계속 항쟁했으며 다른 공산당원들도 활동을 지속했죠. 하지만 공산당 세력은 급격히 약해졌습니다. 당시 상하이 조계지에 있는 서구 세력 중 영국과 프랑스, 미국은 중립을 선택했습니다. 동시에 상하이에 주둔한 병력을 제공해 장제스가 공산주의를 수색할 때 도와주었죠. 이는 세 나라가 공산주의를 반대했기 때문이라고 합니다.

공산당원 공개 처형

상하이에 펼쳐진 풍요의 시대

쿠데타 이후 장제스가 이끄는 새로운 난징 국민정부는 약 10년간 황금기를 맞이했습니다. 이 시기 난징은 경제적으로 성장하고 과거에 비해 정치적으로 안정되었는데, 이러한 난징과 지리적으로 가까운 상하이는 과거의 수난사를 잊고 경제 호황기를 맞으며 상업 발달의 중심지로 거듭났습니다. 이때 조계의 대표 번화가인 난징루에는 현대 문명의 상징인 백화점이 번창했습니다.

1930년대에 들어서 대표적인 소비 대상인 백화점 매출은 급격히 상승했습니다. 백화점에는 중국과 서양에서 수입한 상품들이 즐비했고 장식품, 비단, 모피 등 다양한 상품을 구입할 수 있었죠. 당시 상하이 백화점은 매일 현금 거래로 약 10만 달러 이상을 벌었다고 합니다. 돈이 많은 상하이 사람들은 백화점에서 다양한 물건을 구매했습니다. 특히 음악을 들을 수 있는 축음기와 가난한 노동자들은 꿈도 못 꿨던 선풍기, 그리고 재

영안 백화점과 시엔스 백화점(1930년대)

봉틀과 카메라 등이 유행했죠. 이 외에도 장미향이 나는 고급 향수와 얼굴에 바르는 크림 등 수입 화장품을 찾는 사람도 많았습니다. 또 미국의 껌과 커피도 많이 들어왔다고 합니다. 스위스에서 들여온 손목시계도 인기가 많았습니다. 외제 차 광고도 자주 눈에 띄었는데 미국 자동차 브랜드인 쉐보레가 상하이에 공장을 지으면서 많은 사람들이 타기 시작했습니다.

상하이에는 라이벌 격인 영안 백화점과 시엔스 백화점이 유명했습니다. 240쪽의 사진은 1930년대에 촬영한 영안 백화점과 시엔스 백화점입니다. 난징루를 사이에 둔 두 백화점은 모두 서양식 외관을 뽐냈는데 백화점 건물의 높이를 두고 신경전을 벌였습니다. 원래 5층 높이의 건물로 지으려고 했던 시엔스 백화점은 맞은편 영안 백화점이 6층 규모로 건설 중이라는 소식을 듣자마자 2층을 더 증축해 7층으로 지었습니다. 그러자 영안 백화점은 2층 높이의 첨탑을 얹어서 더 높게 만들었죠. 이에 시엔스 백화점은 지지 않으려고 똑같이 2층 높이의 첨탑을 올렸습니다. 백화점 관계자들은 고급스럽게 보이려면 건물이 높아야 한다고 생각해 건물 높이에 집착했습니다. 두 백화점은 예나 지금이나 상하이의 랜드마크를 유지하며

영안 백화점과 시엔스 백화점(1930년대 vs 2022년)

'잠들지 않은 밤거리'라는 유행어를 만들었습니다.

241쪽 사진은 난징루의 야경을 멋지게 밝힌 두 백화점의 모습입니다. 왼쪽은 1930년대이고 오른쪽은 2022년에 찍은 사진이죠. 두 사진을 나란히 놓고 비교해보니 예나 지금이나 화려함은 여전합니다. 중국은 1930년대에 이미 오늘날과 크게 다르지 않은 완벽한 도시 경관을 완성한 것입니다.

소비문화가 발달하면서 상하이 사람들은 스타일을 중요하게 생각했습니다. 그리고 최신 유행 아이템을 뽐내는 일명 '모던걸'이 등장했죠. 사진은 상하이에 살던 모던걸들의 모습입니다. 이들은 유행에 매우 민감해서 옷이나 머리 스타일이 비슷한 경우가 많았습니다. 특히 상하이만의 헤어스타일이 따로 있었는데 짧은 머리가 유행한 것입니다. 당시 중국 전통 미인의 기준 중 하나는 검은색 긴 머리카락이었습니다. 그런데 일상생활에서 긴 머리가 불편하다고 느낀 상하이 여성들은 서양 여성들의 짧은 머리를 보고 자르기 시작했습니다. 이런 이유로 다른 지방과 달리 상하이에서만 도시형의 짧은 머리가 유행했습니다. 이때 상하이에 사는 남자들은 3 대 7로 가르마를 만들고 기름을 발라서 광택이 나게 했습니다. 이 역시 서양 남자의 헤어스타일을 따라서 만든 상하이식 스타일이었죠.

상하이 여인들

헤어스타일뿐 아니라 패션도 서

양의 영향을 많이 받았습니다. 상하이 인근 지역에는 궁정 의복을 만들던 전문가들이 많이 살았는데 이들 대부분이 상하이로 건너와 의상실을 열었습니다. 처음에는 외국인들의 옷을 수선하고 세탁하는 일을 했으나 점차 서양 옷을 만들기 시작했죠. 그렇게 상하이에는 지금의 패션 회사 격인 '홍샹복장회사'를 시작으로 다양한 회사가 문을 열었습니다. 이들은 패션쇼까지 열면서 자신의 회사를 선전하기 시작했고 중국 전통과 서양식을 결합한 화려한 의상을 자아낸 상하이 패션은 이곳 사람들을 더욱 개성 있고 멋지게 만들어 주었습니다.

중국 여성들은 우아한 서양식 코트를 입기도 하고 치파오 길이를 줄이거나 소매 길이를 길게 하는 등 다양한 방식으로 옷을 즐겼습니다. 또 원피스나 투피스를 입고 하이힐을 신으며 모자를 쓰는 것도 유행했죠. 반면 남자들은 금테 안경과 선글라스를 쓰고 회중시계 줄을 양복 조끼 위로 살짝 보이게 착용하는 스타일이 유행했습니다. 또한 상하이 남자들 사이에서는 영국 스타일이 유행했습니다. 건장한 사람도 지팡이를 들고 시가를 입에 물고 다녔는데 찰리 채플린이 생각나는 스타일이었죠.

이때 상하이에서는 파격적인 광고도 유행했습니다. 대표적인 것이 한 달에 한 장씩 떼는 달력인 '월분패'입니다. 달력과 상품, 그리고 미녀를 한 번에 보여주면서 광고했는데, 1910년대의 월분패와 1930년대 월분패를 비교해보면 불과 20년 사이에 큰 변화가 일어났음을 알 수 있습니다. 244쪽의 1910년대 광고 속 여성은 전통적인 청나라 복장과 치맛자락 밑으로 보이는 뾰족한 전족의 형상만으로 그 시대의 분위기를 전달하고 있습니다. 그런데 1930년대는 커다란 눈망울과 오뚝한 콧날, 짧은 단발머리와 과감한 노출, 그리고 서양식 의상에 대담한 포즈를 취하고 있죠. 관능미 외에

1910년대 월분패　　1930년대 월분패

도 여성의 자유로움과 자신감을 표출하는 광고로 바뀐 것입니다. 상하이에 사는 사람들은 광고 속 모던걸의 모습에서 최신 유행과 상품 정보를 얻었습니다. 광고 덕분에 조계지에 사는 사람들은 옷, 수입 향수, 커피, 고급 가구, 양주, 자동차 등을 끊임없이 구매했습니다.

이 시기 상하이에서는 서양 음악이 퍼지면서 사교춤이 성행했습니다. 상하이에만 100여 곳의 무도장이 생겼는데 이곳에서는 재즈가 흘러나왔습니다. 사교춤은 외국인뿐 아니라 중국인들도 매우 즐겼습니다. 상하이 사람들은 급변하는 환경에 피로감을 느꼈고 유행을 따라가야 한다는 강박증까지 생겼다고 합니다. 이런 기분을 해소하기 위해 자유의 공간이자 서구 근대화의 상징인 무도장이 큰 인기를 얻은 것입니다.

이 시기 상하이에서는 사교춤 외에도 20세기 중국 미술사를 흔들 만큼 충격적인 문화가 유행했습니다. 서양의 영향을 받아 누드화 붐이 일어난 것입니다. 청나라 때까지 살아 있는 여성을 모델로 그림을 그리는 것은 상상조차 하기 어려운 일이었습니다. 때문에 중국의 일반 시민들은 누드화라는 것 자체를 상상하기 어려웠죠. 그렇다면 대체 어떻게 누드화를 그릴 수 있었던 걸까요?

1929~1930년대 누드화

상하이의 한 미술 아카데미 교과과정에서 석고상이 아닌 살아 있는 육체를 모델로 삼는 유럽식 모델 드로잉을 도입한 것입니다. 처음에는 남자 모델을 보고 그림을 그렸지만 학생들은 점차 모델의 한계를 느꼈죠. 이런 남자친구의 속사정을 듣게 된 한 여성이 최초로 공개 누드 모델을 자청했습니다. 그리고 그해에 누드 사생 50점을 전시한 것입니다. 그림을 본 사람들은 모두 경악했습니다. 그림은 사건 이후 누드화를 선도했던 상하이 미술 아카데미 출신 화가들의 작품입니다.

중국에 누드화라는 것이 존재하지 않았던 시절이었기 때문에 많은 사람이 파격적인 예술에 큰 충격을 받았습니다. 그림의 모델을 자처한 여성은 다니던 학교에서 퇴학까지 당했다고 합니다. 하지만 상하이 미술 아카데미에서는 근대적 의미로 미술 교육을 개혁하려고 했습니다. 오히려 누드화를 장려하며 중국의 고루한 문화 세력을 몰아내기 위해 애썼던 것입니다. 일찌감치 서양 조계를 통해 서구 문물을 받아들인 상하이였기에 가능했던 파격이 아니었을까 생각합니다. 이러한 노력의 결과로 상하이 대학 서양화과 학생들은 누드 모델과 함께 사진까지 찍었습니다. 결국 누드화 열풍은 서구적인 대중 미술이 유입되면서 상하이의 자유주의 문화가 발전하는 데 큰 영향을 준 사례라고 볼 수 있습니다.

그밖에 상하이에서는 프랑스 조계의 영향으로 양산을 들고 공원을 산책하거나 한여름 저녁에 음악회를 즐기는 문화가 널리 퍼졌습니다. 그리고 서양인들의 입소문을 타고 유럽까지 소문난 상하이의 대표 오락장인 '대세계'도 빼놓을 수 없습니다. 프랑스 조계에 있었던 대세계는 여러 오락을 한데 모아놓은 복합 문화공간으로 상하이의 세속적인 쾌락을 추구할 수 있는 대표적 건물이었습니다. 마술사, 귀 청소사, 이야기꾼 등이 있었고 오페라와 영화관, 그리고 서커스 공연도 했습니다. 또 마사지 의자, 복권, 거울 미로, 카페도 모여 있었죠. 한번 이 건물에 들어가면 6층까지 빼곡히 들어선 다양한 공연과 모든 형태의 오락에 빠져들었다고 합니다.

프랑스 조계는 다른 조계보다 많은 지식인이 모여들었습니다. 이는 프랑스 문화를 보급하기 위해 인종, 종교의 차별 없이 프랑스어를 교육하는 학교를 설립했기 때문입니다. 이곳에서 교육받으며 프랑스 문화에 익숙해진 아이들은 졸업 후에도 국적과 상관없이 프랑스계 기업에 취직할 수 있었죠. 즉 프랑스 조계지는 상당히 국제화된 환경이었고 자유로웠습니다. 그 때문에 여러 곳에서 학자, 예술가, 사상가, 작가들이 모여든 것입니다. 당시 상하이는 중국이지만 중국이 아닌 곳으로, 예술이 흘러넘치는 도시였습니다. 상하이가 '동방의 파리'라고 불리게 된 이유도 당시 유럽 예술문화가 동양의 예술문화와 한데 엉켜 '상하이 모던'이라는 독특한 풍조를 만들었기 때문입니다.

상하이 수난사의 정점, 중일전쟁

상하이 수난사는 끝나고 황금기가 찾아온 듯한 이때, 풍요로운 도시를 완전히 뒤엎는 사건이 벌어졌습니다. 1937년 7월 7일에 일본이 중국을 차지하기 위해 중일전쟁을 일으킨 것입니다. 청일전쟁 시기부터 중국 침략의 기회를 노리고 있었던 일본은 제1차 세계대전 이후 열강의 반열에 오르자 본격적으로 중국 침략에 나섰습니다. 일본의 침략은 상하이 수난사에 정점을 찍었습니다.

중일전쟁을 일으킨 일본은 중국 베이징을 점령한 뒤 같은 해 11월에 폭격기를 보내 상하이까지 점령했습니다. 이후 육군 2개 사단을 상하이에 파병했죠. 일본의 공격에 난징 국민정부의 주석 장제스는 약 80만 명의 중국군과 함께 전투기와 폭격기를 상하이로 급파했습니다. 일본군에게 빼긴 상하이를 되찾고자 한 것입니다. 중국군은 방어에 사력을 다했지만 제2차 세계대전 초반에 승기를 잡았던 일본의 기세를 감당하기에는 역부족이었죠. 일명 '상하이 사변'이라 부르는 이 전쟁으로 상하이는 예전의 화려한 모습은 찾아볼 수 없는 폐허 더미로 전락하고 말았습니다. 다음은 당시 상하이에서 전쟁을 목격한 오스트레일리아의 기자가 전쟁의 참상을 고스란히 알린 기사의 일부입니다.

‘고성능 폭약의 황색 연기가 지나간 후 난징루는 공포의 현장을 드러냈다. 불타는 차량에서 치솟는 화염이 차 안에 가득 찬 탑승자들의 시체를 재로 만들고 있었다. 몸을 오므린 채 피신하고 있는 사람들의 파란색 작업복은 빨갛게 변한 채였다. 머리, 팔, 다리가 갈기갈기 찢겨 엉망진창으로 멀리 흩어져 있었고 시가 전차 맞은편에는 키가 큰 유럽인이 있었는데 하얀 플란넬 양복은 물든 곳 없이 깨끗했지만, 그의 두개골은 부서져 산산조각이 나 있었다.’

상하이 주민들은 도시와 인근 지역에서 발생한 끔찍한 폭격 현장에 큰 충격을 받았습니다. 상하이 사변으로 약 28만 명이 실종되거나 목숨을 잃었습니다. 당시에는 난민 문제도 심각했는데, 가장 큰 상하이 난민 캠프에는 약 25만 명이 모였을 정도였죠. 이곳의 난민들은 대부분 가족을 잃었고 고아가 된 아이들이었습니다.

이때 상하이 조계는 어떻게 됐을까요? 일본은 국제사회의 지지를 얻기 위해 열강의 영역인 조계지는 건드리지 않았습니다. 이로 인해 상하이 조계지에서는 매우 기괴한 장면이 연출되었습니다. 조계지 밖에서는 일본이 총알 세례를 요란하게 퍼부었지만 조계지 안의 사람들은 강 건너 불구경하듯 평화로웠던 것입니다. 완전히 다른 세상이었죠.

서구 세력과의 충돌을 피하기 위해 조계지를 공격하지 않았던 일본이지만 1941년에 태평양 전쟁으로 기세등등해지자 상하이 조계까지 공격하기 시작했습니다. 화려했던 조계지는 한순간에 전쟁터로 변했고 열강들은 끝내 조계를 포기했습니다. 일본의 공격에 점령당한 조계는 또다시 굴욕의 순간을 겪어야 했습니다.

믿었던 조계지마저 공격당한 상황에서 이곳에 살던 외국인들은 어떻게 됐을까요? 상하이는 수많은 외국 기업이 투자한 도시였고 이를 포기할 수 없었던 영국, 미국, 프랑스와 같은 열강들은 일본과 중국 사이에서 휴전 협상을 시도했습니다. 하지만 일본이 쉽게 뜻을 굽히지 않을 것을 예상한 열강 국가의 대표들은 자국민을 구하기 위해 협상을 끌며 이들이 상하이를 떠날 시간을 벌어주었다고 합니다.

9년간 이어진 중일전쟁은 1945년에 일본이 제2차 세계대전에서 항복하면서 끝을 맺었습니다. 상하이에서 일본군이 물러나자 몸을 피했던 외국인들은 다시 상하이로 돌아오기 시작했습니다. 전쟁이 끝난 상하이의 운명은 이제 어떤 방향으로 움직였을까요?

일본이 무조건 항복하자 1945년 중국 공산당 제1대 주석으로 임명된 마오쩌둥과 국민당의 주석 장제스는 권력투쟁을 시작했습니다. 중국 패권을 두고 싸우는 제2차 국공내전으로 상하이는 또다시 소용돌이에 휘말린 것입니다. 당시 국민당은 상하이를 중심으로 공산당보다 더 큰 세력을 구축하고 있었습니다. 하지만 마오쩌둥이 농민과 노동자층의 전폭적인 지지를 받으며 상황이 역전되기 시작했습니다. 마오쩌둥은 농민에게 토지를 공동 분배하고 토지 매매도 공평하게 처리할 것, 노동자들의 손해는 반드시 배상할 것, 부녀자를 희롱하지 않을 것 등을 주장하며 민심을 얻었습니다. 당시 중국인 중 농민과 노동자의 비율은 90%에 육박했고 이들 중 다수가 마오쩌둥을 지지한 것입니다. 결국 마오쩌둥과 장제스의 대결은 마오쩌둥이 이끄는 공산당의 승리로 끝났습니다.

마오쩌둥이 이끄는 공산당이 승리한 또 하나의 이유는 장제스의 패착

마오쩌둥 vs 장제스

입니다. 그는 중국을 향한 일본의 끊임없는 야욕을 견제하느라 국내 민심을 살피지 못했고 국민당 내부의 부정부패도 정리하지 못했습니다. 그 결과 국공내전은 많은 이들의 예상을 깨고 마오쩌둥이 이끄는 공산당의 손을 들어준 것입니다.

공산당은 베이징에 입성해 국민당의 주도인 난징을 함락하고, 중국 경제의 중심이자 최대 항구 도시인 상하이까지 점령했습니다. 상하이가 공산당의 통제권 아래 들어가게 되자 조계지의 외국인들이 급히 짐을 싸서 빠져나가기 시작했습니다. 공산당은 농민 등 하층 노동자 계급을 중심으로 평등한 분배를 중요하게 생각하는 정당입니다. 그러니 자본주의의 상징인 외국인들이 중국 땅, 그것도 정치적·군사적 요충지인 상하이를 점령하는 것을 공산당이 허용할 리 없었죠.

1949년 10월에 마오쩌둥이 이끄는 중국인민공화국이 탄생하면서 상하이는 개항의 문을 닫았습니다. 외세는 농민과 하층 노동자를 중심으로 평등을 주장한 공산당을 피해 상하이에서 완전히 물러났습니다. 하지만 이후 중화인민공화국의 최고 지도자 덩샤오핑鄧小平의 등장으로 상하이는 중국 최고의 경제 도시로 성장했습니다. 그는 중국의 개혁과 개방을 주장하며 중국 경제의 모델로 상하이를 선택했습니다. 1979년 1월 1일에는 미국을 파트너로 삼아 미·중 외교관계를 수립하기도 했죠. 과거 열강들의 힘으로 성장한 상하이에 다시 미국 자본을 투입하면서 다시 중국 최고 경제 도시로 성장한 것입니다.

상하이는 열강 사이에서 수난을 겪으며 여러 차례 전쟁으로 침탈도 당했지만 중국 전통과 서구의 근대가 섞인 문화 도시로 발전했습니다. 동시에 진보적 지식인들에게 정신적인 해방 공간도 제공했습니다. 그 결과 현재 동방명주를 중심으로 한 마천루는 중국 제1의 경제 도시의 위엄을 알리는 대표적인 랜드마크로 상하이를 빛내고 있습니다. 중국에는 이런 말이 있습니다.

> "중국의 과거를 보려면 시안을 가고, 중국의 현재를 보려면 베이징에 가고, 중국의 미래를 보려면 상하이에 가라."

이는 상하이가 중국의 미래를 짐작하게 할 정도의 경제적 성장을 이룬 도시이자 앞으로도 중국의 경제를 이끌 도시라는 뜻입니다. 과연 상하이는 앞으로 또 어떤 역사를 써 내려갈까요? 상하이 수난사를 기억하며 지켜볼 필요가 있습니다.

벌거벗은 석유 패권 전쟁

유가를 움직이는 검은 손의 진실

박현도

● 2022년 2월 24일, 러시아가 우크라이나를 침공했습니다. 우크라이나 전쟁으로 세계 경제가 휘청거렸습니다. 기름값, 즉 유가가 폭등해서였죠. 당시 우리나라 휘발유 가격은 리터당 3,000원까지 치솟았습니다. 몇 개월 전까지만 해도 상상할 수 없었던 가격입니다. 러시아가 우크라이나를 침략하자 미국은 러시아산 원유와 가스 수입을 금지했습니다. 이에 맞서 러시아 역시 천연가스 공급량을 축소했죠. 유럽연합도 해양으로 들어오는 러시아산 원유를 막아 석유 공급 불안이 유가 폭등으로 이어졌습니다. 유가 폭등은 다시 물가 상승을 불렀고, 미국에는 40여 년 만에 최악의 인플레이션이 찾아왔습니다.

이러한 위기를 해결할 수 있는 열쇠를 쥔 나라가 있습니다. 과거 전 세계가 '오일쇼크'로 패닉 상태에 빠졌을 때 끝내 유가를 안정시키며 석유 패권을 장악했던 나라입니다. 러시아의 우크라이나 침공으로 유가가 폭등하자 세계 강대국들은 이 나라에 엄청난 러브콜을 보냈습니다. 미국도 도움을 요청하는 전화를 걸었지만 거부당하는 수모를 겪었죠. 그래도 미국 대통령은 기름값 안정을 위해 이곳을 방문했습니다. 이 나라는 산유국 협력체에서 러시아를 쫓아내야 한다는 여러 국가의 압박에도 꿋꿋하게 퇴출을 반대하며 국제 관계를 좌지우지하고 있습니다. 대체 '이 나라'는 어디일까요? 중동의 경제 대국 사우디아라비아입니다.

석유는 생산량에 따라 가격이 조정되는 만큼 석유를 생산하는 나라의 입김이 매우 큽니다. 전 세계 3대 산유국은 미국, 러시아, 사우디아라비아로 이들 세 나라가 전체 석유 생산량의 약 40%를 차지하고 있습니다. 러시아의 우크라이나 침공 이후 러시아와 미국이 석유 문제를 두고 실랑이를 벌이고 있는 지금 전 세계 석유 매장량의 55%를 차지하는 중동이 석유를 얼마나 공급하느냐에 따라 유가 폭등에 따른 경제 위기를 해결할 수 있죠. 사우디아라비아는 중동에서 정치·경제적 영향력을 행사하면서 중동 산유국이 중심이 된 석유 수출국 기구인 OPEC을 사실상 주도하고 있는 나라입니다.

해결의 열쇠를 쥔 사우디아라비아를 둘러싼 강대국의 움직임에는 어떤 이해관계가 숨어 있을까요? 그리고 그 관계 뒤에 가려진 역사는 국제 질서를 어떻게 바꿀까요? 유가를 보면 한국 경제와 세계 경제뿐 아니라 세계의 역사를 알 수 있습니다. 지금부터 석유 패권을 쥔 사우디아라비아와 유가를 움직이는 검은 손을 벌거벗겨 보겠습니다.

고래기름에서 시작한 석유의 역사

사우디아라비아가 석유 패권을 손에 쥔 역사를 살펴보려면 석유의 개발 과정부터 알아야 합니다. 인류가 석유를 본격적으로 사용한 시기는 산업혁명 이후인 1853년으로 등유 램프가 등장하면서부터입니다. 1861년 영국 잡지 『베니티 페어』에 실린 삽화를 보면 고래 파티가 한창입니다. 고래들이 신나게 춤을 추는 이유는 펜실베이니아에서 석유를 발견했기 때문입니다. 석유와 고래는 서로 매우 밀접한 관계를 맺고 있습니다. 19세기 초까지 불을 밝히는 램프의 주 연료 중 하나는 '고래기름'이었습니다. 그런데 고래가 희귀해지면서 고래기름의 가격이 올랐고 이를 대체할 에너지원을 찾아야 했죠. 이때 주목한 것이 고래기름보다 저렴하면서도 품질도 좋은 석유입니다.

석유 발견을 기뻐하는 고래들

1853년에 석유에서 추출한 등유를 연료로 삼는 램프를 발명하면서 석유를 찾는 사람이 늘었습니다. 문제는 석유를 구하기 어렵다는 것이었죠. 당시는 땅속 깊이 파내는 시추 기술을 발명하기 전으로, 지표면으로 올라온 원유 웅덩이를 천이나 담요로 덮어 원유를 흡수한 뒤 꾹 짜내거나 양동이로 퍼내서 석유를 얻었습니다. 그러나 이 방법으로는 고래기름을 대체할 만큼의 석유를 얻기에는 턱도 없었죠. 그러던 중 1859년 미국에서 세계 최초로 시추공을 사용해 석유의 원유를 가득 퍼낼 수 있는 현대식 기술을 발명했습니다.

256쪽의 사진처럼 펜실베이니아의 타이터스빌 인근에서 발견한 유정에 높은 나무 기둥을 세우고 파이프를 박아 땅이 무너지는 것을 막았습니다. 여기에 드릴을 넣어 지하 20m 아래까지 파 내려간 다음 뽑어

현대식 시추 작업으로 석유 생산 중인 미국 펜실베이니아주 타이터스빌 유정(1859)

져 올라오는 석유를 수동 펌프로 뽑아내는 것입니다. 이때 하루에 약 3,000~6,000리터의 석유를 생산했다고 합니다. 석유 대량 시추에 성공하자 고래기름 대신 등유를 연료로 하는 램프를 널리 사용하기 시작했습니다. 사람들은 허리가 둥그런 나무 위스키 통인 '배럴'에 대량의 석유를 담아 보관했는데, 이 배럴이 현재 전 세계에서 통용되는 석유의 단위가 된 것입니다. 배럴 한 통에 약 159리터의 석유를 담을 수 있죠. 1866년부터 지금까지 석유 1배럴당 159리터라는 공식을 적용하고 있습니다.

이렇게 배럴에 담은 석유는 당시 한 통에 약 40달러, 즉 리터당 25센트에 판매했습니다. 당시 고래기름이 리터당 65센트였으니 석유가 훨씬 저렴했죠. 1861년 말에는 석유 가격이 배럴당 10센트까지 떨어지기도 했습니다. 1리터에 1센트도 되지 않는 가격입니다. 타이터스빌에서 대량 시추에 성공했다는 소문이 나면서 검은 황금인 석유를 캐기 위해 많은 사람이 몰려들었습니다. 1년 사이 펜실베이니아주 주변에만 300개의 유정을 뚫었죠. 석유 생산량의 폭발적 증가로 유가는 떨어졌고, 어느새 석유는 일상생활에서 필수 연료로 자리 잡았습니다. 당시 어느 기자가 쓴 글은 석유가 얼마나 중요한 역할을 했는지 보여줍니다.

> "메인주에서 캘리포니아주에 이르기까지 석유 덕에 우리는 집에 등불을 켰다. 석유는 윤활유, 기술, 제조, 가정생활 등 온갖 분야에서 없어서는 안 될 물건이 됐다. 만약 지금 석유가 없어진다면 우리의 문명 전체가 거꾸로 갈 것이다."

이후 미국과 러시아를 중심으로 석유 생산량이 점점 증가했습니다. 그런데 이때 석유 산업에 위기가 찾아왔습니다. 1879년에 토머스 에디슨Thomas Edison이 전기 조명을 발명하면서 석유의 인기가 떨어질 수도 있다는 위협을 느낀 것입니다. 석유 수요의 대부분이 램프 연료였던 만큼 전기 조명은 석유 산업 최대의 라이벌이었죠. 많은 사람을 긴장하게 만든 문제는 새로운 발명품 덕분에 해결됐습니다. 1886년에 '말 없는 마차'라 불린 최초의 자동차가 등장한 것입니다.

마차에 가솔린 엔진을 장착한 삼륜차 '페이턴트 모터바겐Patent

페이턴트 모터바겐 자동차

Motorwagen'을 만든 사람은 벤츠 자동차의 창립자 칼 벤츠Karl Benz입니다. 자동차는 최고 속도 시속 16km에 연비는 리터당 10km 정도였습니다. 이후 헨리 포드Henry Ford가 석유 엔진을 장착한 자동차 '모델 T'를 대량 양산하는 데 성공해 저렴한 가격으로 판매하면서 석유 수요는 더욱 커졌습니다. 당시 자동차는 부자들만 살 수 있었는데, 포드 덕분에 20여 년간 1,500만 대 이상 팔리면서 자동차의 대중화가 일어난 것입니다. 넉넉한 석유 공급 덕분에 자동차 산업은 급속도로 성장했습니다. 1903년 라이트 형제가 세계 최초로 동력 비행기를 제작한 것도 석유가 있었기에 가능했죠. 라이트 형제는 가솔린 기관을 이용해 12초 동안 36m 동력 비행에 성공했습니다. 이처럼 석유는 세상을 바꿨습니다.

사우디아라비아의 탄생과 석유 패권 전쟁의 서막

낮은 유가 덕분에 다양한 분야에서 석유를 사용했습니다. 이에 새로운 석유 생산지를 찾아 헤매던 석유 업자들은 훗날 세계 유가를 뒤흔드는 주무대가 된 중동에서 석유를 발견했습니다. 중동 국가 중 가장 먼저 석유가 나온 나라는 이란입니다. 1908년 이란에서 석유를 발견하자 이듬해 영국의 버마 석유회사는 이곳에 앵글로-페르시아 석유회사를 세웠습니다. 오늘날 세계적 석유회사인 브리티시페트롤리엄(BP)의 전신이죠. 여기서 만족할 수 없던 영국은 중동에서 또 다른 유전을 찾아다니며 본격적으로 더 많은 석유를 확보하려 했습니다.

영국이 석유에 집착한 이유는 제1차 세계대전 때문입니다. 영국은 1900년대 초까지 전함의 동력원으로 석탄을 사용했습니다. 하지만 제1차 세계대전 직전 해군 장관이던 윈스턴 처칠Winston Churchill의 주도로 1912년부터 함선의 동력원을 석탄에서 석유로 바꿨습니다. 독일의 무력 증강에 대응하기 위해서였죠. 이후 항공기, 탱크 등에 쓰는 연료까지 모두 석유로 바꾸기 시작한 것입니다. 더 빠르고 더 조용하게 이동하면서 기동성이 높아진 전함은 해상전에서 큰 활약을 했습니다. 그 결과 제1차 세계대전에서 승기를 잡은 영국이 중동에서 석유 이권을 거머쥔 것입니다.

이때 영국의 도움으로 탄생한 중동 국가가 사우디아라비아 왕국입니다. 오늘날 사우디아라비아의 홍해 인근 지방인 히자즈는 제1차 세계대전까지도 오스만 제국의 지배 아래 있었습니다. 영국은 히자즈의 지도자 샤리프 후세인Sharif Hussein의 도움으로 오스만 제국을 공격했고, 사우디아라비아 중부지역의 압둘아지즈Abdulaziz에게는 자금을 지원했습니다. 압둘아지즈는 1921년 나즈드 왕국을 건설한 뒤 영국과 사이가 틀어진 샤리프 후세인을 물리치고 1925년 히자즈에 자신의 왕국을 세웠습니다. 나즈드와 히자즈 두 지역의 왕으로 군림한 압둘아지즈는 여러 부족을 통일해 홍해와 페르시아만 사이의 광대한 지역을 차지했죠. 1932년에는 두 왕국을 통합하고 새로운 국가의 이름을 가문의 성 '사우드Saud'를 따 '사우디아라비아 왕국'으로 정했습니다.

압둘아지즈 국왕은 이슬람교를 바탕으로 강력한 통합 왕국을 만들기 위해 유력 가문의 여성과 정략결혼을 거듭했습니다. 22차례의 정략결혼에서 45명의 아들을 얻었죠. 현재 그의 자손들은 1,000명이 훨씬 넘는 왕가를 이루고 있습니다. 정략결혼으로 여러 부족과 끈끈한 관계를 맺은 압둘아지즈는 국가 최고 의사결정기구 '슈라'를 만들어 주요 부족과 왕족의 의견 합의를 이끌며 왕국을 통치했습니다.

이처럼 영국과 돈독한 관계를 맺었던 사우디아라비아가 건국 초기에 미국과 손을 잡는 일이 생겼습니다. 당시 사우디아라비아의 주요 수입원은 세계 이슬람교인의 '메카'와 '메디나' 성지순례였습니다. 문제는 1929년에 세계적인 경제 대공황으로 순례자가 급격히 줄어들어 사우디아라비아의 재정이 어려워진 것입니다. 압둘아지즈 국왕은 재정난을 해결하기 위해 사우디아라비아 땅에서 석유를 개발할 수 있는 채굴권을 서양 석유회사들에 팔기로 했습니다. 당시 기술과 자본이 절대적으로 부족했던 중동 국가들은 서양의 대형 석유회사에 채굴권을 팔고 계약금과 이익을 받곤 했죠. 사우디아라비아는 영국에 석유 채굴권을 팔고 싶었습니다. 하지만 영국은 '사우디아라비아의 석유 채굴은 도박'이라는 스위스 지질학자 알베르트 하임Albert Heim의 보고서와 앵글로-페르시아 석유회사의 부정적인 견해에 따라 석유가 나올 가능성이 희박하다고 판단했죠.

이때 신흥강대국으로 떠오른 미국의 소칼(SOCAL: Standard Oil Company of California, 지금의 셰브론Chevron)이라는 석유회사가 사우디아라비아에서 석유 개발을 하겠다고 나섰습니다. 1932년에 옆 나라 바레인에서 대규모 유전을 발견한 소칼은 지형이 유사한 사우디아라비아에도 석유가 묻혀 있을 거라고 보았죠. 소칼은 1933년에 5만 파운드의 계약금과 석유가 나올 때까지 매년 약 5,000파운드의 임대료 등을 약속하고 60년간 석유를 개발할 사업권을 따냈습니다. 계약금은 현재 시세로 계산하면 우리 돈으로 약 75억 3,000만 원, 임대료는 연 7억 5,300만 원입니다.

소칼은 채굴을 시작했지만 믿음과 달리 좀처럼 석유를 발견하지 못했습니다. 미국에서 온 지질학자들의 조언대로 먼저 6개의 유정을 뚫었지만 모두 실패했죠. 하지만 포기하지 않고 폭약을 터뜨려 땅의 파동을 살피면서 지하 구조를 추정했습니다. 노력을 계속하던 중 1938년에 마침내 '담맘 7호정' 지하 1,440m에서 대량의 석유가 뿜어져 나왔습니다. 이때를 시작으로 1938년에만 약 50만 배럴의 석유를 생산한 사우디아라비아는 1939년에는 8배나 증가한 400만 배럴의 석유를 지하에서 끌어올렸습니다. 현재 우리나라가 하루에 쓰는 석유의 양이 약 270~290만 배럴이니 어마어마한 양을 뽑아낸 셈입니다.

석유 생산과 수출로 사우디아라비아는 재정난을 극복하고 안정적인 수입원을 확보했습니다. 석유가 나온 곳에 사는 사람들이 엄청난 부자가 됐다는 소문이 퍼지자 많은 사람이 몰렸고 주변에 병원과 학교 등이 생겼습니다. 도로와 상하수도 같은 기반시설도 마련했죠. 당시 통일한 지 얼마 되지 않은 사우디아라비아는 무엇보다 통합이 중요했는데 석유 덕분에 충분한 재정을 확보해 나라도 안정되었습니다.

미국과 사우디아라비아, 동맹의 시작

사우디아라비아에서 석유를 수출하기 시작한 1939년에 전 세계는 대변혁을 맞이했습니다. 제2차 세계대전이 시작된 것입니다. 사우디아라비아가 연합국의 석유 자원을 책임지는 중요한 역할을 맡게 되자 미국 정부는 한 가지 결단을 내렸습니다. 당시 미국은 전 세계에서 사용하는 석유의 70%가량을 생산하는 최대 산유국이었습니다. 하지만 언젠가는 자국의 석유가 고갈될 거라는 사실을 깨닫고 안정적인 석유 확보를 국가의 최우선 과제로 삼았습니다. 당시 석유 가격에 관한 주도권은 석유회사가 가지고 있었는데, 석유는 국가 산업이며 이를 정부 차원에서 관리해야 한다고 판단한 것입니다.

미국 정부는 먼저 사우디아라비아에서 활동하는 미국 석유회사들을 국가가 매입하겠다고 제안했습니다. 사우디아라비아의 석유 자원을 독점하려는 의도였죠. 하지만 미국 석유회사들은 자신의 이익을 침해하는 정부의 개입에 반대했습니다. 계획은 실패했지만 미국 정부는 포기하지 않고 사우디아라비아에 석유 전문가를 파견해 탐사를 시작했습니다. 전문가들은 사우디아라비아에 적어도 1,000억 배럴의 석유가 묻혀 있다는 결론을 내렸습니다. 그러자 미국의 프랭클린 루스벨트Franklin Roosevelt 대통령은 1944년에 주미 영국 대사인 핼리팩스Halifax 백작을 백악관으로 불렀습니다. 그리고 직접 중동 지도를 그리며 제안을 했습니다.

이란의 석유는 영국이 갖고, 이라크와 쿠웨이트의 석유는 미국과 영국이 공유하고 사우디아라비아의 석유는 미국이 갖겠다는 내용이었죠. 영국은 이 제안에 동의할 수밖에 없었습니다. 당시 미국은 제1차, 제2차 세계대전으로 힘을 잃은 영국과 프랑스 등을 제치고 새로운 강대국으로 떠오르며 세계 질서를 잡아가고 있었기 때문입니다. 이 내용은 '영미석유협약'으로 이어졌습니다. 미국과 영국이 각각 4명씩 총 8명으로 구성한 전문가를 선발해 국제석유위원회를 만들고, 여기서 석유 생산 및 수요 정도를 평가한 뒤 각 산유국의 생산량과 유가를 결정하는 것입니다. 즉 석유회사를 매입하지 않고도 사우디아라비아에서 생산하는 석유의 공급과 유가를 좌우하려 한 것이죠.

하지만 정부에 석유 이권을 뺏기고 싶지 않은 미국 석유회사의 막강한 반대에 부딪히며 협약은 무산됐습니다. 사우디아라비아 석유를 두고 미

루스벨트의 생각을 반영한 1944년의 중동 지도

국과 영국, 석유회사들이 이런 결정을 내리는 동안 사우디아라비아 정부는 아무것도 할 수 없었습니다. 재정난은 해결했지만 석유를 탐색하고 대량으로 생산하거나 정제할 선진 기술을 갖추지 못했기 때문입니다. 게다가 당시 석유회사들은 정부조차 건드리기 힘들 만큼 막강한 권력을 가지고 있었습니다. 미국과 영국 정부도 손쓰지 못하는데 사우디아라비아 정부가 산유국의 권리를 주장할 수는 없었죠.

어떻게 해서든 석유 자원을 확보하고 싶었던 루스벨트 대통령은 1945년 얄타회담을 마친 뒤 이집트 수에즈 운하에 정박한 미 해군함선 퀸시호(USS Quincy)에서 사우디아라비아의 압둘아지즈 왕과 회담을 가졌습니다. 단 몇 시간의 만남에서 루스벨트 대통령은 다른 중동 지역보다 풍부한 사우디아라비아의 석유를 안정적으로 공급받을 권한을 확보했습니다. 그 대가로 미국은 이란과 같은 중동 지역의 강국과 사회주의 세력으로부터 신생 국가인 사우디아라비아 왕가의 안보를 지켜줄 군사력을 제공하기로 했죠. 두 나라는 안정적인 석유 공급기지와 강력한 보호자라는 관계를 맺었고, 덕분에 미국의 석유회사들도 사우디아라비아 석유의 독점적 개발권을 보장받았습니다. 미국은 끝내 석유회사들의 이익을 침범하지 않으면서도 새로운 석유 보급처를 확보했습니다.

1947년에는 미국 석유회사인 소칼이 사우디아라비아에 세운 석유회사의 지분을 미국의 4개 기업이 나눠서 공동으로 관리하기 시작했습니다. 이 기업이 바로 현재 사우디아라비아의 석유 국영기업이자 전 세계 시가총액 1위인 '아람코(Aramco: Arabian American Oil Company)'입니다. 사우디아라비아의 석유 생산과 판매를 담당하는 아람코는 다음 해인 1948년부터 약 30여 년간 380만 배럴의 석유를 생산했습니다. 이는 사우디아라비아에서 생산하는 석유의 약 30%에 해당하는 양입니다. 또한 세계 최대 규모의 단일 유전인 가와르Ghawar유전을 발굴하면서 세계에서 가장 영향력 있는 석유회사로 거듭났습니다. 아람코는 순이익이 미국의 애플과 구글의 이익을 합친 것보다 많고, 기업 가치는 1경 원으로 추정되는 사우디아라비아의 자부심으로 세계 경제에 엄청난 영향을 끼치고 있습니다.

석유 패권을 둘러싼 배신과 우정

석유 생산이 한창이던 그때, 석유를 둘러싼 갈등이 폭발했습니다. 사우디아라비아를 중심으로 중동 국가들이 반발하기 시작한 것입니다. 석유 판매 수익 배분이 문제였죠. 미국 석유회사들이 막대한 이익을 얻는 동안 사우디아라비아의 이익은 별다른 변화가 없었습니다. 석유 개발에 관해 잘 몰랐던 과거와 달리 이제 사우디아라비아도 아람코가 가격을 마음대로 조정해 엄청난 수익을 올린다는 사실을 알게 된 것입니다. 석유회사의 이익 배분에 불만을 품은 사우디아라비아는 거세게 반발했습니다. 1949년 베네수엘라가 미국의 석유회사와 50 대 50으로 판매 이익을 나누기로 하자 사우디아라비아도 아람코와 50 대 50으로 석유 판매 이익을 나누기로 합의했습니다.

중동에서 가장 먼저 대규모 유전을 개발한 이란은 앵글로-페르시아 석유회사로부터 엄청난 석유 판매 이익금을 제대로 받지 못한 나라입니다. 이란 정부가 영국 석유회사에 채굴권을 팔면서 석유 판매 이익의 16%만 받는 조건으로 계약했기 때문이죠. 그 결과 1948년 영국 석유회사가 이란에서 생산한 석유로 3억 달러가 넘는 이익을 거뒀을 때 이란이 받은 돈은 3,600만 달러에 불과했습니다. 이에 불만을 품은 이란은 제2차 세계대전 이후 본격적으로 영국에 석유 이권 배분 재협상을 요구했습니다. 영국이 이를 무시하자 이란은 1951년 4월에 석유 국유화를 단행하는 동시에 석유 생산을 중단했습니다. 이제껏 이란 석유를 독점으로 개발해온 영국 석유 회사를 이란 정부가 소유하겠다는 것이었죠.

이란에서 촉발한 석유 국유화 열풍은 서방과 중독 산유국 간 갈등의 도화선이 되었습니다. 1960년에 베네수엘라와 사우디아라비아를 중심으로 이란, 이라크, 쿠웨이트 5개국이 대형 석유회사의 횡포에 맞서 산유국의 권리를 찾기 위해 석유수출국기구 OPEC을 조직한 것입니다. 중동 산유국이 서구 석유회사들의 부당한 수익 배분 구조에 반기를 든 틈을 타 이탈리아 국영 석유회사의 엔리코 마테이Enrico Mattei 회장은 석유 판매 이익의 75%를 배분하겠다는 파격적인 제안을 내놓았습니다. 하지만 얼마 후에 그가 의문의 비행기 사고로 세상을 떠나면서 모두 물거품이 되고 말았죠. 이 과정에서 사우디아라비아는 자국 땅에서 돈을 버는 석유회사의 모든 이권을 차지하고 싶은 욕망을 키웠습니다.

이 무렵 중동에서는 새로운 변화가 일어나고 있었습니다. 사우디아라비아의 '석유 황제'로 불리는 아흐메드 자키 야마니Ahmed Zaki Yamanif는 석유 패권을 완전히 빼앗기로 마음먹었습니다. 사우디아라비아의 제2대 석유 장관이자 OPEC의 사무총장인 야마니는 중동 산유국을 이끌며 22개 석유회사와 합의해 석유 가격을 올렸습니다. 그리고 매년 자동으로 유가를 인상한다는 조항과 함께 석유 판매 이익 배분을 산유국 55, 석유회사 45로 조정해 산유국이 더 많은 이익을 가져가게 했죠.

한편 야마니 장관은 단계적으로 아람코를 차지할 계획에 착수했습니다. 1972년 사우디아라비아는 미국 석유회사가 100% 소유한 아람코 지분의 일부를 요구했습니다. 전면 국유화보다 지분을 나누는 게 낫다고 생각한 아람코는 25%의 지분을 내줬습니다. 마침내 석유 패권을 가져오기 위한 사우디아라비아의 대반격이 시작된 것입니다.

이때 뜻밖의 기회가 찾아왔습니다. 1973년 10월 이집트의 선제공격으로 아랍-이스라엘 전쟁인 제4차 중동전쟁이 일어난 것입니다. 이때 미국은 수세에 몰린 이스라엘에 무기를 지원했습니다. 그러자 OPEC 회원국이자 페르시아만 6개국(사우디아라비아, 아랍에미리트, 이라크, 이란, 카타르, 쿠웨이트)은 석유 무기화 정책을 내놓았습니다. 배럴당 약 3.01달러였던 유가를 5.15달러까지 70%나 올려버린 것입니다. 다음 날에는 이란을 제외한 중동 산유국이 이스라엘을 지지하는 미국 등의 나라에 석유 수출을 중단하겠다고 선언했죠. 제1차 오일쇼크는 이렇게 시작됐습니다.

사우디아라비아를 포함한 OPEC의 조치에 미국뿐 아니라 전 세계가 큰

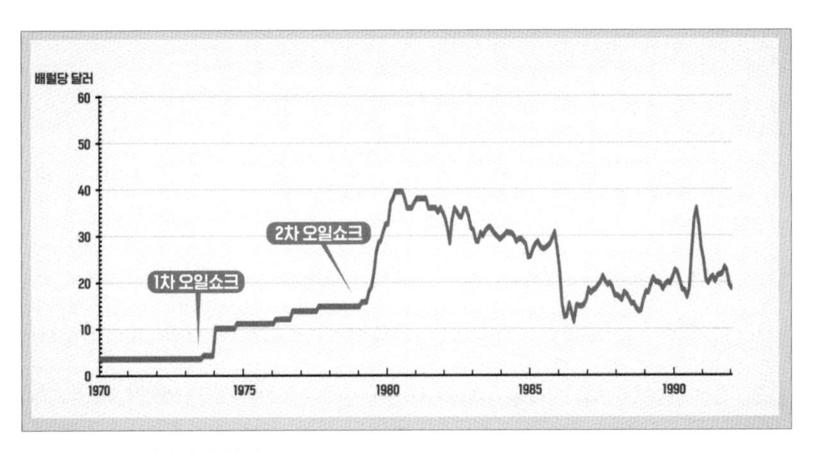

1970년~1980년대 유가 변동

충격을 받았습니다. 중동 산유국들이 석유를 무기로 유가를 흔들 수 있다는 사실을 실제로 체험했기 때문입니다. 당시 세계 석유시장에서 OPEC 산유국이 차지하는 비중은 무려 80%나 됐습니다. 막강한 영향력을 가진 중동 산유국이 고의로 유가 조정에 나서면 전 세계는 휘청거릴 수밖에 없었죠. 두 달 뒤 OPEC은 유가를 재조정했습니다.

267쪽의 그래프를 보면 1973년에서 1974년 사이, 그리고 1979년에서 1980년 사이에 유가가 갑자기 상승했습니다. 3.01달러였던 유가는 결국 두 달 뒤 배럴당 11.65달러까지 올랐죠. 무려 4배나 뛴 것입니다. 그 덕에 1970년 한 해 동안 OPEC 회원국은 석유 수출로 77억 달러를 벌어들였고, 1974년에는 무려 888억 달러를 손에 넣었습니다. 오일쇼크로 가장 큰 타격을 받은 나라는 미국입니다. 약 7%의 석유 부족분이 발생한 미국은 베네수엘라와 이란에서 석유를 들여왔지만 엄청난 석유 수요를 감당하지 못했습니다.

고유가 사태와 기름 부족에 시달린 미국에서는 자동차를 이끄는 말이라는 새로운 이동 수단까지 등장했습니다. 자동차에 넣을 기름조차 없어 말까지 동원한 것이죠. 당시 미국 주유소는 기름을 나눠서 넣는 휘발유 배급제를 도입했고 도로에서는 55마일, 약 88.5km의 제한속도를 둬서 석유 사용을 줄이기도 했습니다. 기름이 떨어져 도로에 멈춘 자동차를 끌고 가는 모습은 흔히 볼 수 있는 풍경이었죠. 주유소마저 기름이 떨어졌을 때는 남의 차에서 기름을 빼가는 휘발유 도둑이 기승을 부렸습니다. 그해 겨울에는 난방용 기름을 구하지 못한 사람들이 종이 신문을 땔감으로 때기도 했습니다. 이렇게 폭등한 유가 앞에 미국은 속수무책이었습니다.

그런데 일본은 오일쇼크로 이득을 본 나라 중 하나입니다. 이 시기 일

제1차 오일쇼크 이후 자동차를 이끄는 말

본은 연료를 적게 쓰는 경차를 내놓기 시작했는데, 오일쇼크를 계기로 일본 자동차가 미국 시장에 자리 잡은 것입니다. 당시 경제개발이 한창이던 우리나라도 오일쇼크로 큰 타격을 입었습니다. 폭등한 기름값에 택시 연료가 휘발유에서 LPG로 바뀌고, TV에서는 아침 방송을 단축했으며, 아파트는 엘리베이터가 층마다 서지 않고 층과 층 사이에 서서 반 층씩 걸어 올라가는 형태로 지었죠.

미국과 사우디아라비아의 굳건한 동맹

미국은 이 위기를 어떻게 극복했을까요? 우선 1974년에 OECD 회원국과 국제에너지기구 IEA를 만들었습니다. 중동 산유국이 유가를 흔들 때마다 석유 수입국들도 뭉쳐서 석유를 긴급 공수하거나 대응하겠다는 의도였죠. 그러고는 OPEC의 중심국인 사우디아라비아와 손을 잡았습니다. 그런데 유가 상승과 석유 부족 사태의 중심에 있던 사우디아라비아와 손을 잡는 게 어떻게 가능했을까요?

사실 사우디아라비아 왕실은 안보에 불안을 느끼고 있었습니다. 이란과는 종파가 다르다는 이유로 갈등을 빚었고, 사우디아라비아 내 공산주의 세력의 등장으로 언제든 통치 기반이 흔들릴 수 있었죠. 최대 산유국인 사우디아라비아의 왕조에 무슨 일이 생기면 유가도 불안정해지므로 미국은 긴장을 놓치지 않았습니다. 1974년 미국의 리처드 닉슨Richard Nixon 대통령은 나라의 기반을 다져야 하는 사우디아라비아에 손을 내밀었습니다. 사우디아라비아가 석유를 팔고 받은 달러로 미국 국채를 사서 재정을 받쳐준다면 미국은 왕실이 계속 유지될 수 있도록 안전을 보장해주는 협약을 맺자는 내용입니다.

이 밀약은 더 나아가 사우디아라비아가 미국 달러로만 석유를 구매하는 데까지 합의를 끌어냈습니다. 중동 산유국이 유가를 쥐고 흔들어도 미국의 달러가 원활하게 순환할 수 있는 방어책을 마련한 것이죠. 흔히들 오일달러Oil Dollar라고 하는 '페트로 달러Petro Dollar'의 시작입니다. 미국은 페트로 달러로 세계 원유시장 통제는 물론 달러가 세계 기축통화로 가치를 유지하도록 만들었습니다.

사우디아라비아가 적극적으로 미국을 도운 데는 이유가 있었습니다. 1975년 사우디아라비아의 제3대 국왕인 파이살Faisal이 조카에게 암살당하면서 국가 안보가 위험해진 것입니다. 당시 미국의 국무장관이었던 헨리 키신저Henry Kissinger는 이란의 팔라비Pahlavi 국왕과 밀약을 맺었습니다. 만일 사우디아라비아의 안보가 불안해지면 석유시장이 흔들리므로 유사시에 이란이 사우디아라비아의 유전 지대를 장악하라는 내용이었죠. 한마디로 빼앗아 통제하라는 것입니다. 이처럼 미국은 중동 최고의 강국인 이란과 돈독한 관계를 유지했습니다. 1971년에 영국이 중동에서 완전히 철수하면서 힘의 공백이 생겼을 때 중동의 안정을 책임질 국가로 이란을 선택하고 제한 없이 무기를 제공했기 때문입니다.

미국의 지원으로 더욱 강해지는 이란을 이웃으로 둔 사우디아라비아는 근심스러운 눈빛으로 경계하지 않을 수 없었습니다. 즉 사우디아라비아가 미국의 손을 잡은 것은 이란을 막고 나라의 안전을 유지하기 위한 자구책이었던 셈입니다. 미국과 사우디아라비아의 협력으로 제1차 오일쇼크는 마무리되었습니다.

1976년, 사우디아라비아와 탄탄한 동맹 관계를 다진 미국의 노력이 빛을 발하는 사건이 일어납니다. 당시 이란은 국가 주도로 산업 근대화를 추진하면서 막대한 자금이 필요했습니다. 유가 인상이 절실했던 이란은 카타르 도하에서 열린 OPEC 회의에서 1977년의 유가를 15% 인상하겠다고 발표했습니다. 그런데 이때 사우디아라비아가 제동을 걸었습니다. 이란이 유가를 인상하면 석유 생산량을 늘려서 가격 상승을 막겠다는 것이었죠. 사우디아라비아의 저지에 이란과 산유국들은 유가 인상을 포기했고, 6개월간 유가를 동결하는 것으로 결정했습니다. 사우디아라비아가 적극적으로 미국을 도운 것입니다. 원래 미국은 중동에서 이란과 더 가까웠는데 이 사건을 계기로 사우디아라비아와 더 가까운 사이로 발전했습니다.

여기에 두 나라의 관계가 더욱 돈독해지는 사건이 또 일어났습니다. 1978년 10월에 이란의 석유 노동자들이 임금 협상과 팔라비 왕조의 사치와 부정으로 국가 경제가 파탄에 이르렀다고 비판하면서 파업에 돌입한 것입니다. 이란의 석유 생산량이 감소하자 겨우 잠잠해졌던 유가는 다음 해 32달러까지 폭등했습니다. 제2차 오일쇼크가 일어난 것입니다. 1979년에 친미 정권이었던 팔라비 왕조가 무너지고 이란 혁명의 지도자인 루홀라 호메이니Ruhollah Khomeini가 이끄는 반미 정권이 들어섰습니다. 이제 미국은 이란과 돈독한 관계를 유지할 수 없게 되었죠.

본래 미국은 중동 지역의 석유를 안정적으로 확보하고자 이란과 사우디아라비아를 양 축으로 하는 '쌍둥이 기둥 정책'을 세웠습니다. 그런데 이란이 무너진 것입니다. 사우디아라비아는 이웃 이란 왕조의 몰락을 보면서 자국의 왕조도 위험에 처할 수 있다는 불안감에 휩싸였습니다. 위기 속에서 미국과의 협력은 더욱 견고해졌습니다.

1979년 2월 이란에 반미 정권이 들어섰고, 12월에는 소련이 아프가니스탄을 침공했습니다. 이에 1980년 1월 23일, 미국의 지미 카터Jimmy Carter 대통령은 '카터 독트린'을 선언합니다.

> "우리의 입장을 분명히 밝히겠습니다. 페르시아만 지역의 지배권을 얻기 위한 외부 세력의 행위는 미국의 중요한 이익에 대한 공격으로 간주할 것입니다. 이러한 공격은 군사력을 포함, 필요한 모든 수단을 동원해서 물리칠 것입니다."

당시 페르시아만 지역의 산유국은 전 세계 석유 유통량의 60% 이상을 담당했습니다. 이곳이 흔들려 유가가 불안해지면 미국의 국익도 함께 흔들립니다. 미국의 '페르시아만 수호' 선언은 미국이 안정적으로 석유 유통 경로를 관리하겠다는 강력한 의지를 담고 있습니다. 카터 이후 모든 미국 대통령은 석유를 원활하게 얻기 위해 군사력을 동원해 페르시아만을 수호했습니다.

1980년 9월에는 이라크가 이란을 침공하면서 8년간 전쟁이 이어졌습니다. 이란-이라크 전쟁으로 중동에는 바람 잘 날이 없었습니다. 이란은 친미 국가의 유조선을 공격하며 페르시아만 지역의 석유 수급을 방해하려 했지만 미국의 강력한 제지에 결국 뜻을 이루지 못했죠. 이렇듯 미국은 사우디아라비아와 손을 잡고 강력한 정책을 펼친 끝에 안전한 석유 유통망을 확보했습니다. 덕분에 전 세계에 안정적인 석유 공급이 가능했습니다.

두 나라는 석유로 소련을 견제하는 데도 힘을 합쳤습니다. 당시는 냉전 시대로 미국과 소련은 적대적 관계였습니다. 사우디아라비아도 소련과 사이가 좋지 않았는데, 건국 초기에 압둘아지즈 왕과 가까웠던 카자흐스탄 외교관들이 모두 소련에서 숙청당했기 때문입니다. 이후 소련과 모든 외교관계를 단절했죠. 1985년에 사우디아라비아는 OPEC과 상의하지 않고 단독으로 석유 생산량을 늘려 유가를 3분의 1 수준까지 떨어뜨렸습니다. 비非OPEC 국가 중 최대 산유국인 소련은 사우디아라비아가 유가를 낮추면 석유 경쟁력에서 뒤처지지 않기 위해 덩달아 유가를 낮출 수밖에 없었습니다. 석유를 팔아 얻는 수입이 줄어들자 소련 경제는 무너지기 시작했고 5년 뒤 소련은 붕괴했습니다. 사우디아라비아가 미국을 도와 소련을 무너뜨리기 위해 유가를 떨어뜨렸다는 추측이 가능합니다.

이 외에도 사우디아라비아는 1979년에 소련이 아프가니스탄을 침공했을 때 앞장서서 아프가니스탄을 지원했습니다. 미국은 이에 보답이라도 하듯 1990년에 이라크가 쿠웨이트를 침공하며 제1차 걸프 전쟁이 일어나자 사우디아라비아에 미군을 주둔시켰습니다. 이때 '사막 보호 작전'과 '사막의 폭풍 작전'으로 사우디아라비아를 방어하고 보호했죠. 더군다나 미국이 1990년대 초 하루 200만 배럴의 사우디아라비아산 석유를 지속적으로 수입하면서 더욱 끈끈한 사이가 됐습니다. 국제 유가는 걸프 전쟁으로 배럴당 30달러대까지 급격히 상승했지만 이내 미국과 사우디아라비아의 공조로 10달러대를 유지하며 안정을 유지했습니다.

미국과 사우디아라비아, 70년 동맹의 균열

무엇보다 단단했던 사우디아라비아와 미국의 관계에 금이 가기 시작했습니다. 첫 번째 사건은 2001년에 미국을 공포와 분노로 몰아넣은 9·11 테러입니다. 뉴욕 중심에서 벌어진 끔찍한 테러는 2,977명의 목숨을 빼앗았습니다. 테러 이후 FBI는 당시 4대의 비행기를 납치했던 테러범 19명 중 무려 15명이 사우디아라비아 출신이라고 밝혔습니다. 게다가 테러 배후의 주범 오사마 빈 라덴Osama bin Laden 역시 사우디아라비아 사람이었죠.

이 사건을 계기로 사우디아라비아를 바라보는 미국의 시선이 달라졌습니다. 두 나라 사이에는 불신이 싹텄고 서로 죽고 죽이는 잇따른 테러 사건이 벌어지면서 세계정세에 불안을 안겨주었습니다. 특히 미국에서는 사우디아라비아인을 부정적으로 보면서 증오범죄가 늘었습니다. 9·11 테러 전에는 한 해 28건이었던 증오범죄가 481건까지 증가한 것입니다. 두 나라 사이를 걱정한 사우디아라비아의 압둘라 왕세자는 9·11 테러 1주기를 맞아 미국의 부시 대통령에게 공개서한을 보냈습니다.

"미국 국민을 향한 테러 공격 1주년을 앞둔 오늘, 저는 이 기회를 빌어 여러분과 희생자 가족분들, 그리고 미국 전체에 사우디아라비아 국민과 함께 저의 진심 어린 애도와 공감을 표합니다. (…) 우리는 모든 사회를 위협하는 이 치명적인 독을 근절한다는 목표 아래 테러리스트들을 향해 맹렬하고도 무자비한 전쟁을 수행하고자 미국이 주도하는 국제 연합과 함께하고, 또 독립적으로도 행동할 것입니다."

압둘라 왕세자는 공개적으로 미국 국민과 대통령에게 메시지를 보내면서 두 나라의 틈을 좁히려 했습니다. 하지만 한 번 깨진 관계는 좀처럼 예전으로 돌아가지 못했죠. 테러 이후 두 나라 사이의 미묘한 변화는 유가에도 영향을 주었습니다. 미국은 테러를 일으킨 오사마 빈 라덴의 배후로 사담 후세인Saddam Hussein을 지목했습니다. 부시 대통령이 테러와 전쟁을 선언하면서 미국은 빈 라덴을 잡기 위해 2001년 아프가니스탄을 침공한 데 이어 2003년에는 이라크를 침공했습니다.

미국과 이라크가 전쟁을 시작하자 전쟁을 반대한 사우디아라비아가 석유 생산을 줄였고 유가는 치솟았습니다. 2004년에는 사상 최초로 배럴당 40달러를 넘어섰죠. 끝없이 오르던 유가는 2008년 미국발 세계 금융위기로 급락했습니다. 그러자 사우디아라비아와 OPEC은 그해 9월부터 12월까지 세 번에 걸쳐 하루 석유 생산량을 420만 배럴씩 줄였습니다. 유가를 끌어올리기 위한 결정이었죠. 이때까지만 해도 유가를 결정하는 권한은 사우디아라비아의 손에 달려 있었습니다. 사우디아라비아가 생산을 늘리면 유가가 떨어지고, 생산을 줄이면 유가가 올랐던 것입니다.

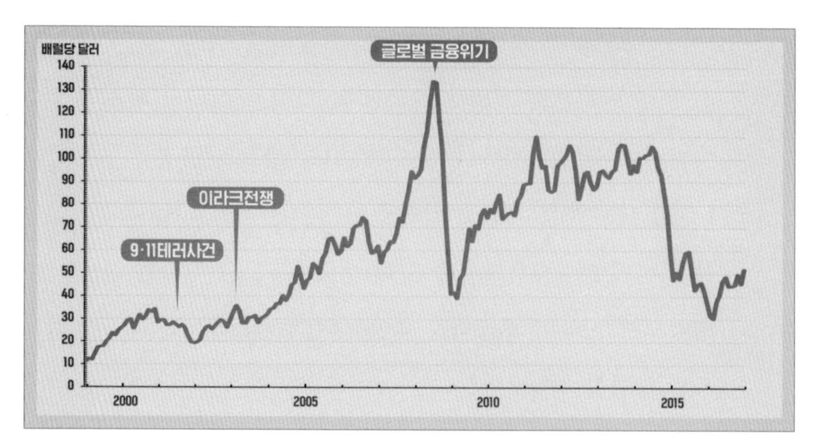

2000년 이후 유가 변동

그런데 2012년에 유가 결정권을 쥔 손이 바뀌는 사건이 일어납니다. 그 중심에는 최대 산유국이자 세계 유가를 움직였던 사우디아라비아가 본격적으로 미국과 벌인 갈등이 있습니다. 미국의 버락 오바마Barack Obama 대통령은 2012년 연두 국정연설에서 "미국 전역에 약 100년간 에너지를 공급할 수 있게 됐으며, 이것을 안전하게 개발하기 위해 모든 조치를 취할 것"이라고 선언했습니다. 100년 동안 미국을 버틸 수 있게 해줄 '이것'은 과연 무엇일까요?

제1차 오일쇼크 이후 비OPEC 국가들은 중동산 석유 의존도를 줄이기 위해 새로운 석유산지를 찾아 헤맸습니다. 여기에 동참한 미국은 1970년대 초, 자국 내 영토에 방대한 천연가스와 석유가 지하 약 2km~4km 아래 셰일Shale층에 묻혀 있다는 사실을 발견했습니다. 셰일층은 모래와 진흙이 단단히 굳은 퇴적암층입니다. 이 중 석유와 가스를 품은 셰일층에서 원유를 채굴할 수 있죠. 지도에 주황색으로 표시한 지역이 셰일오일Shale Oil이라 불리는 석유가 깔린 곳입니다.

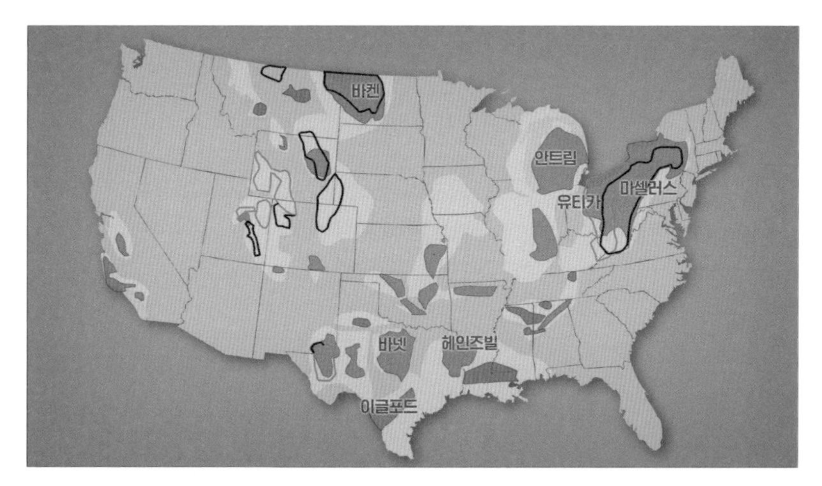

미국 내 셰일오일 분포

지도 속 바켄 지역에만 약 5,000억 배럴의 원유가 매장된 것으로 추정할 만큼 셰일층이 매우 넓게 분포합니다. 하지만 기존 기술로는 암석에서 석유를 채굴할 수 없었죠. 석유의 존재는 확인했으나 추출이 쉽지 않았던 것입니다. 그래서 미국은 석유를 수입할 수밖에 없었고, 중동에서 안정적으로 석유를 공급받고자 한 것입니다. 그러던 중 미국 텍사스의 석유업자 조지 미첼George Mitchell이 셰일층 석유를 뽑아낼 기술을 발견했습니다. 오랜 시간 수천 번의 실패와 수백만 달러의 재산, 그리고 꺾이지 않는 노력을 들인 결과였죠.

전통적인 석유 시추법은 석유층에 바로 파이프를 연결해 뽑아내는 것입니다. 하지만 셰일오일은 암석이 원유를 포함한 상태라 파이프 연결이 불가능했죠. 이에 조지 미첼은 '수압파쇄법'이라는 원리를 개발했습니다. 1단계로 파이프를 수직으로 내리꽂았다가 수평으로 꺾어 넣은 다음, 2단계로 수평으로 된 곳에 충격을 줘서 균열을 만들고, 3단계로 물과 화학제

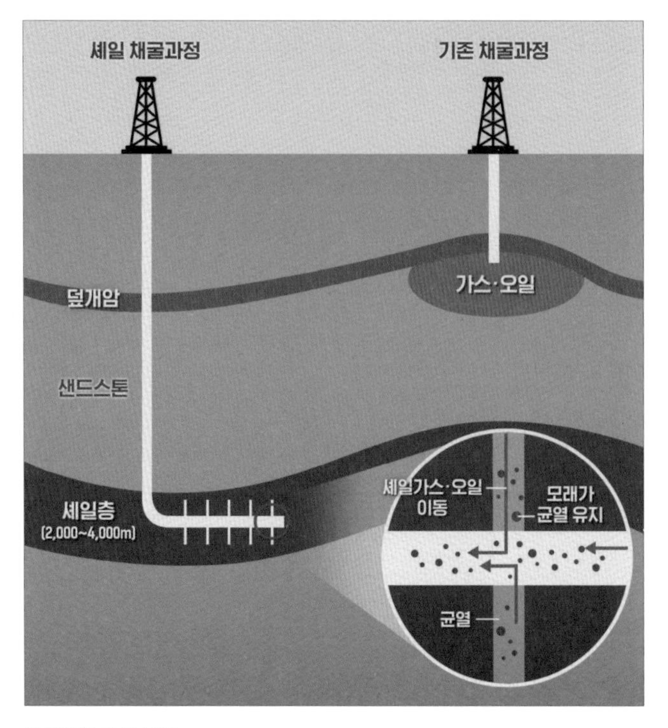

셰일오일 추출 공법

품, 모래를 혼합한 물질을 고압으로 분사해 균열이 생긴 틈에서 석유와 가스를 추출하는 방식입니다. 기존 석유 시추법보다 고난도인 생산 기술이 성공하면서 미국은 1998년에 최초로 셰일가스를 채굴했습니다.

그런데 비용이 문제였습니다. 석유 생산 비용이 정확히 얼마인지 밝히지는 않으나, 중동산 석유 시추 비용은 배럴당 대략 10~30달러 정도로 추산합니다. 그런데 셰일오일 시추 비용은 기술에 따라 비용의 차이가 있지만, 배럴당 최소 25달러에서 최대 95달러까지 들었습니다. 이처럼 생산 단가가 높은 셰일오일은 유가가 상승했을 때 생산하는 편이 가장 유리했죠. 따라서 수압파쇄법을 즉시 도입하지 않고 적절한 때를 기다렸습니다.

미국은 2008년에 노스다코타주의 바켄 필드라는 넓은 유전 지대에서 본격적으로 셰일오일 개발을 시작했습니다. 시추 기술이 발전하면서 생산 단가가 떨어졌고 셰일오일 생산성도 나아졌죠. 미국은 첫 채굴에 성공한 지 6년 만에 10배 이상 증가한 양의 석유를 뽑아냈습니다. 노스다코타주 외의 지역에서도 셰일오일을 활발하게 개발하면서 생산 단가는 배럴당 60달러 아래로까지 떨어졌죠. 이 시기 미국은 석유와 천연가스 채굴 총생산량이 가장 많은 세계 최대 산유국에 등극했습니다. 본격적인 셰일 혁명이 시작된 것입니다.

이를 '혁명'이라고 부르는 이유는 규모뿐 아니라 미국 경제에도 엄청난 효과를 가져왔기 때문입니다. 셰일 혁명으로 석유 공급이 원활해지면서 미국의 2014년 3분기 경제 성장률은 5%에 이르렀고, 기름값은 절반 가까이 떨어졌습니다. 미국인들은 휘발유 가격에 환호했죠. 이제 미국은 석유를 대부분 수입만 하다가 자급 가능한 최초의 나라로 탈바꿈했습니다.

본격적인 석유 전쟁의 서막

그렇다면 산유국들은 미국의 셰일오일을 지켜보면서 어떤 반응을 보였을까요? 많은 나라가 달가워하지 않았지만, 특히 사우디아라비아가 가장 민감한 모습을 보였습니다. 280쪽 그림은 2014년 12월에 발간한 『이코노미스트』의 표지입니다. 셰이크Sheikh는 아랍 지도자라는 뜻이고 셰일은 셰일오일을 뜻합니다. 즉 사우디 석유와 미국 셰일오일이라는 새로운 오일 대결 구도를 표현한 것이죠. 미국과 등을 맞대고 선 사우디아라비아는 셰일오일 시추 이후 묘한 신경전을 벌였습니다. 이제껏 유가 안정과 국가 안보라는 동맹 관계를 맺어온 두 나라가 세계 석유 패권국가의 자리를 두고 맞붙은 것입니다.

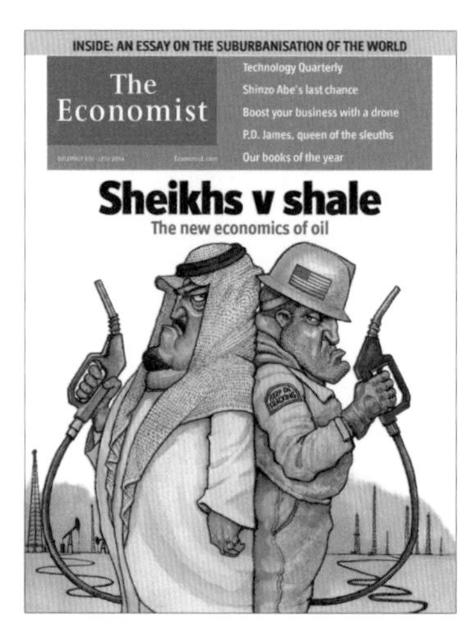

2014년 12월 6일 자 『이코노미스트』 셰이크 vs 셰일

결국 사우디아라비아는 OPEC을 동원해 생산량 조정으로 미국의 셰일 혁명을 저지하기로 합니다. 110달러 근처까지 갔던 유가는 2014년 이후 미국의 셰일오일 생산량이 크게 늘면서 50달러 밑으로 떨어졌습니다. 산유국이라면 유가를 올리기 위해 생산량을 줄여야 하지만 OPEC 산유국은 정반대의 방법을 선택했습니다. 생산량을 늘려 유가를 더 떨어뜨린 것입니다. 미국 셰일오일 회사들이 저유가에 나가떨어지게 하려는 작전이었죠. 당시 OPEC의 석유 생산 단가는 배럴당 30달러가 되지 않았는데 미국 셰일오일의 생산 단가는 배럴당 50달러가 넘었습니다. 중동 산유국이 공급량을 늘려 국제 유가를 낮추면 생산 단가가 높은 미국 셰일오일 회사는 손해를 보면서 팔아야 했던 거죠. 때마침 중국의 석유 수요까지 감소하면서 유가 하락세는 더욱 깊어졌습니다.

결국 몇몇 미국 셰일오일 회사가 도산했습니다. 사우디아라비아의 작전은 성공한 듯 보였지만 결과는 예상과 다르게 흘러갔습니다. 첫째, 금방이라도 다 나가떨어질 듯한 미국 셰일오일 업계가 굳건히 버틴 것입니다. 오히려 살아남은 일부 회사는 생산성을 크게 높여서 생산 단가를 37달러까지 낮추며 진정한 셰일 혁명을 일으켰습니다. 국제 유가가 배럴당 40달러까지 떨어져도 이익을 낼 수 있었죠. 둘째, 저유가 정책은 사우디아라비아에도 타격을 주었습니다. 자신이 던진 돌이 부메랑으로 돌아온 사우디아라비아는 2016년에 사상 최초로 재정 적자가 발생했고 175억 달러(약 19조 원)의 국채를 발행해 구멍 난 재정을 메워야 했던 것입니다.

같은 해 말, 사우디아라비아를 포함한 13개 OPEC 회원국은 당시 최대 산유국인 러시아를 포함해서 멕시코, 말레이시아, 오만, 카자흐스탄 등 산유국 10개국과 함께 'OPEC 플러스(OPEC+)'라는 이름으로 한자리에 모였습니다. 이들은 2017년 1월부터 6개월간 하루 180만 배럴씩 산유량을 줄이기로 합의했죠. OPEC 플러스의 감산 정책에도 미국의 셰일오일 생산량은 급증했습니다. 2017년 5월에는 하루 930만 배럴을 생산하며 최고치를 기록했죠. 이제 석유로 중동에 더는 아쉬울 게 없는 미국과 셰일 혁명이 승리한 것입니다.

카슈끄지 암살사건의 전말

2018년 10월 2일, 사우디아라비아와 미국 두 나라가 서로 돌이킬 수 없는 사이가 되는 결정적 사건이 일어났습니다. 튀르키예 이스탄불의 사우디아라비아 영사관에서 사람 한 명이 신기루처럼 사라진 것입니다. 사우디아라비아 출신 언론인 자말 카슈끄지Jamal Khashoggi가 그 주인공입니다. 사우디아라비아에 있을 때부터 왕실과 정부를 비판해온 카슈끄지는 2017년부터 미국으로 거처를 옮겨 「워싱턴포스트」의 칼럼니스트로 활동했습니다. 튀르키예로 망명한 뒤 약혼녀와 결혼에 필요한 서류를 발급받기 위해 이스탄불에 있는 사우디아라비아 영사관으로 들어간 카슈끄지가 행방불명됐습니다.

놀랍게도 CCTV에 포착된 카슈끄지의 모습은 영사관으로 들어갈 때와 나올 때가 달랐습니다. 영상 속 인물은 신발과 풍채 등 모든 면에서 진짜 카슈끄지와 미묘하게 달랐고, 영사관에서 나와 인파 속으로 빠르게 사라진 후 지금까지 돌아오지 않았습니다. 사우디아라비아 정부가 카슈끄지는 영사관 내부에 없다고 밝히면서 사건은 미궁으로 빠져들었죠.

하지만 사건 발생 8일 후부터 튀르키예 언론은 석연치 않은 점을 속속 보도하였습니다. 먼저 CCTV를 돌려 본 결과 15명의 정체불명 인물들이 영사관으로 들어간 사실을 확인했습니다. 사건 발생 열흘 후에는 미국 언론이 카슈끄지의 마지막 순간을 녹음한 파일이 존재한다고 발표했죠. 언론에 따르면 불안감을 느낀 카슈끄지가 자신의 애플워치를 아이폰과 동기화하고 약혼녀에게 아이폰을 건네준 후 영사관으로 들어갔다고 합니다. 카슈끄지 실종 후 녹음본을 확인한 약혼녀는 카슈끄지가 영사관에서 고문을 받고 살해당했다고 주장했습니다.

강하게 부인하던 사우디아라비아는 결국 CCTV에 포착된 정체불명의 인물 15명이 영사관에서 카슈끄지의 목을 졸라 살해했다고 밝혔습니다. 언론이 모든 정황을 알린 것이죠. 이후 사우디아라비아 정부는 영사관 직원 5명을 해고하고 관련자 11명을 기소했으며, 그중 5명에게는 사형을 선고했습니다. 그런데 더 큰 문제가 남아 있었습니다. 사건 발생 45일 후 미국 정보기관 CIA가 카슈끄지 암살 지시자로 예상외의 인물을 지목한 것입니다. 용의자는 바로 사우디아라비아의 왕세자 무함마드 빈 살만 Muhammad bin Salman이었습니다.

당시 왕위 계승 서열 1위 빈 살만 왕세자는 개방적인 정치로 많은 인기를 얻었습니다. 백악관부터 실리콘밸리까지 미국을 휩쓸면서 도널드 트럼프Donald Trump 대통령과 돈독한 관계를 맺기도 했죠. 이때까지만 해도 자유민주주의의 선봉에 서 있는 미국과 절대 왕정 사우디아라비아의 우호 관계는 돈독했습니다. 빈 살만 왕세자는 미국산 무기를 대량으로 사들이며 커다란 배포를 드러냈고, 전 세계에 '젊고 개혁적인 지도자' 이미지를 보여주었습니다. 그렇다면 미국 CIA는 왜 빈 살만 왕세자를 범인으로 지목했을까요? CIA의 평가를 담은 보고서를 보면 이유를 알 수 있습니다.

- 2017년부터 왕세자는 왕국의 안보와 정보기관을 절대적으로 통제하고 있으므로, 관료들이 왕세자의 허가 없이 이러한 작전을 수행했을 가능성은 매우 희박해 보입니다.
- 2018년 10월 2일 이스탄불에 도착한 15명의 사우디아라비아 팀에는 왕립 사우디아라비아 연구 및 미디어 문제센터에서 일했거나 관련 있는 관료들이 포함되어 있습니다. 작전 당시 미디어 문제센터는 무함마드 빈 살만의 측근인 사우드 알까흐타니Saud al-Qahtani가 이끌었는데, 2018년 중반 알까흐타니는 왕세자의 승인 없이는 결정을 내리지 않았다고 공식 선언했습니다.

미국이 이런 보고서를 만든 것은 그동안 빈 살만 왕세자의 행보에 주목했기 때문입니다. 사실 빈 살만은 왕세자가 되기 어려운 인물이었습니다. 그림은 사우디아라비아 왕조의 가계도입니다. 초대 국왕 압둘아지즈는 죽기 전 아들들이 형제 상속으로 왕위를 계승하는 기틀을 만들어놓았습니

사우디아라비아 왕조의 가계도

다. 압둘아지즈에게는 무려 45명의 아들이 있었고, 아들 한 명만 왕이 된다면, 왕이 되지 못한 아들들이 왕위를 차지하고자 다투리라 걱정한 거죠. 결국 압둘아지즈의 계획대로 2대부터 7대까지 왕위 모두 형제 승계가 이루어졌습니다.

그런데 시간이 흐를수록 고령으로 형제 승계가 불가능하다는 문제가 생겼습니다. 현재 국왕인 살만 빈 압둘아지즈 알 사우드Salman bin Abdulaziz Al Saud는 2015년 80세에 왕위에 올랐습니다. 살만 국왕은 배다른 형제의 아들, 즉 동생이 아니라 다음 세대인 조카 무함마드 빈 나이프Muhammad bin Nayf를 왕세자로, 자기의 아들 빈 살만을 부왕세자로 삼았습니다. 2년 뒤인 2017년에는 왕위 계승 서열 1위인 빈 나이프를 왕세자직에서 폐하고, 부왕세자 빈 살만을 왕세자로 임명했습니다.

빈 살만 왕세자는 권력을 튼튼하게 쥐고자 가장 먼저 반체제 인사들을 제거하기 시작했습니다. 그는 1만 5,000여 명에 달하는 지식인과 왕가 사람 중 충성심이 약하거나 부정 축재한 인물이 있다고 생각했습니다. 왕실을 장악하기로 마음먹은 왕세자는 사우디아라비아의 최고급 호텔에 여러 왕자를 초대해 가둔 뒤 부정부패 혐의를 적용하고 죄를 인정하라고 강요했습니다. 외신에 따르면 1억 달러를 내면 풀어주겠다며 협박했다고 합니다. 막대한 재산을 국고로 헌납하라고 한 것입니다. 사우디아라비아 영사관에서 사망한 카슈끄지 역시 반체제 인사였습니다. 활동 무대가 미국이 아니라 사우디아라비아였다면 카슈끄지 역시 호텔로 초청받았을 것입니다. 다음은 카슈끄지가 「워싱턴포스트」에 기고한 칼럼의 제목입니다.

> "사우디아라비아의 왕세자는 이미 국가의 언론을 통제했다. 현재 그는 언론을 더 압박하고 있다."
> "사우디아라비아의 왕세자가 자신의 나라에 충격 요법을 쓰고 있다."

꽤 날카로운 글입니다. CIA 보고서에는 이런 내용도 있었죠.

> "왕세자는 카슈끄지가 왕국을 위협한다고 보고 필요하다면 침묵시키는 데 폭력적인 수단을 사용하는 것을 지지했다."

카슈끄지는 언론인으로서 사우디아라비아 왕실과 왕세자를 향해 날 선 비판을 서슴지 않던 인물이었습니다. 사우디아라비아의 명문가 출신이기도 했지요. 할아버지는 초대 국왕의 주치의를 지냈고, 삼촌은 세계적인 무기상이었습니다. 그리고 영국 다이애나Diana 왕세자비가 자동차 사고로 사망할 때 다이아나와 함께 타고 있던 연인 도디 알파예드Dodi Al-Fayed는 카슈끄지의 사촌이었죠. 왕실과 가까운 지식인이 정부를 비판하자 빈 살만 왕세자는 카슈끄지를 눈엣가시로 여겼습니다.

카슈끄지의 죽음으로 사우디아라비아와 미국의 본격적인 대립이 시작됐습니다. 당시 대선 후보였던 조 바이든Joe Biden은 빈 살만을 공개적으로 비난했습니다.

> "카슈끄지는 살해되었습니다. 배후에 왕세자가 있다고 믿습니다."
> "사우디아라비아가 대가를 치르도록 할 것입니다. 고립시킬 것입니다."

그러자 빈 살만 왕세자는 미국 언론 인터뷰에서 자신은 암살 배후가 아니라고 적극적으로 부정했습니다.

> "그 범죄는 모든 사우디인에게 정말 고통스러운 일이었습니다."
> "가해자들을 법정에 세워 판결을 내릴 것입니다."

빈 살만은 카슈끄지 살해 배후설을 부인했고, 암살사건의 정확한 배후는 여전히 확실하게 밝히지 못했습니다. 사우디아라비아는 2015년 자국을 배제하고 이란과 핵합의를 한 미국이 왕세자를 암살의 배후로 몰아가자 몹시 언짢아했습니다. 결국 두 나라 사이는 급격하게 얼어붙었습니다.

바이든 대통령은 전임 트럼프 대통령과 달리 민주주의와 인권을 중시한다고 사우디아라비아 왕세자를 파렴치한 범죄자로 몰아붙였습니다. 그런데 이런 배경에는 무엇보다 미국에 이제 더 이상 사우디아라비아가 필요하지 않다는 사실이 있었죠. 미국은 2018년에 세계 최대 산유국, 2019년에는 세계 최대 석유 수출국 자리에 올랐기 때문입니다. 석유 때문에 사우디아라비아의 눈치를 보며 연연할 이유가 없었죠.

현재 미국은 예전처럼 중동에 관심을 쏟을 여력이 없습니다. 웨슬리 클라크Wesley Clark 미국 예비역 장군은 "석유 없는 중동은 아프리카"라고 말했습니다. 석유 때문에 중동을 중요하게 여긴다는 뜻이죠. 그런데 이제 미국에 석유가 많으니 중동에 관심을 둘 이유가 줄어든 것입니다. 중동 대신 급격하게 미국을 쫓아 치고 올라오는 중국으로 모든 관심을 돌렸습니다. 1990년만 해도 중국의 GDP는 미국 대비 6%에 불과했습니다. 그러던 것이 2010년에는 40%에 달했고, 2020년에는 70%, 2021년에는 80%까지 따라붙었습니다. 이러한 추세라면 2025년에 중국이 미국을 앞지를 거라는 우울한 전망이 나오자 미국은 초조해지기 시작했습니다. 발등에 불이 떨어진 미국은 모든 동맹국과 함께 중국을 봉쇄하고자 서둘렀습니다. 이런 상황에서 석유를 확보하기 위한 중동 정책은 중요한 일이 아니었죠.

사면초가에 몰린 사우디아라비아

미국은 1931년 5월 사우디아라비아를 공식적으로 인정하며 외교관계를 맺었습니다. 90년에 달하는 양국 우호 관계에 균열이 생긴 또 다른 원인은 이란입니다. 2019년 세계 최대 석유회사인 아람코에서 폭발 사고가 일어났습니다. 원인은 예멘 반군이 보낸 드론 미사일의 공격이었죠. 많은 국가가 사건의 배후로 이란을 지목했습니다. 사우디아라비아는 안보 불안감에 휩싸였습니다.

사우디아라비아와 이란의 갈등은 종교에서 시작했습니다. 이슬람교에는 수니파와 시아파라는 두 개의 종파가 있습니다. 이슬람에서는 하느님이 보낸 최후의 예언자를 무함마드Muhammad라고 합니다. 수니Sunni와 시아Shia는 무함마드가 세상을 떠난 뒤 이슬람 공동체를 이끌 후계자가 누구인지를 두고 다른 의견을 냈습니다. 수니파는 예언자가 후계자를 지명하지 않았으므로 예언자가 속한 꾸라이시 부족 사람들 중에서 지도자를 선출해야 한다고 주장했습니다. 반면 시아파는 무함마드가 사촌 동생이자 사위인 알리Ali를 후계자로 지명하였기에 알리가 지도자가 되어야 하고 이후에는 알리가 예언자의 딸 파티마Fatimah와 낳은 아들 하산Hassan과 후세인Hussein, 그리고 후세인의 후손이 지도자 자리를 승계해야 한다고 주장했습니다.

오늘날 이슬람 세계에서 사우디아라비아는 대표적인 수니파 국가이고, 이란은 대표적인 시아파 국가입니다. 그런데 사우디아라비아 전 국민 중 15%가 시아파에 속합니다. 이들 주민은 대부분 동부 유전 지역에 거주합니다. 1979년 이슬람 혁명이 성공하자 이란은 사우디아라비아 왕정이 부패했다고 하면서 이슬람 혁명을 전파하려고 했습니다. 사우디아라비아는 시아파 주민이 이란의 사주를 받아 반란을 일으킬 수 있다고 보고 국가 안보에 커다란 위협을 느꼈습니다. 그래서 1980년에 이란이 이라크와 전쟁을 치를 때 사우디아라비아는 이라크 편에 섰죠.

2015년 미국은 사우디아라비아를 비롯해서 아랍 친미 국가에 한마디 말도 없이 이란과 핵협정을 타결하였습니다. 주변국의 반대가 거셀 것을 알았기에 당시 미국 대통령 오바마는 비밀리에 핵 협정을 진행했습니다. 미국의 안보만을 믿고 있던 사우디아라비아는 분노와 배신감을 느꼈습니다.

협정의 핵심은 이란이 핵무기에 쓰일 우라늄 농축을 15년간 3.67%로 제한하고 평화적으로만 핵을 사용한다면 미국과 유럽연합이 이란에 가한 각종 금융·경제 제재를 해제하겠다는 것이었죠. 이란의 핵 개발을 제한하고 감시하는 것이 주요 목적이었습니다. 그러나 사우디아라비아는 이란이 결국 핵무기를 개발할 것이라고 믿었고 지금도 그러합니다. 사우디아라비아와 이란 사이가 멀어진 또 다른 이유죠.

게다가 2015년 예멘 정부군을 돕기 위해 내전에 끼어든 사우디아라비아는 2019년 이란의 지원을 받는 예멘 반군이 사우디아라비아를 공격했는데도 미국이 적극적으로 나서지 않자 불만을 드러냈습니다. 1945년 석유와 안보를 맞바꾼 약속과 1980년 페르시아만을 수호하겠다던 카터 독트린이 무너진 것입니다. 이를 두고 미국 학자들은 "2019년 카터 독트린이 막을 내렸다"라고 평가했습니다.

미국이 중동에서 한발 물러나려 하자 사우디아라비아는 중동을 지킬 새로운 힘과 질서를 필요로 했습니다. 미국과 사우디아라비아의 관계가 소원해진 이때 빈 살만 왕세자와 친분을 과시하며 사우디아라비아에 접근한 나라가 둘 있습니다. 첫 번째는 러시아입니다. 사우디아라비아와 러시아는 돈독한 관계를 다지기 시작했습니다. 2019년에 블라디미르 푸틴Vladimir Putin 대통령이 사우디아라비아를 방문하자 살만 국왕은 푸틴에게 그림을 선물했습니다. 이에 푸틴은 캄차카반도에서 잡은 희귀한 매를 살만 국왕과 빈 살만 왕세자에게 주었습니다. 과거 중동에서 매사냥은 왕족만이 누릴 수 있는 고급 취미였습니다. 사우디아라비아 왕가는 푸틴 대통령의 선물을 왕실 존중의 뜻으로 받아들였습니다.

사실 두 나라 사이에는 빠질 수 없는 핵심 이슈가 있습니다. 바로 유가입니다. 사우디아라비아와 러시아는 미국 다음으로 세계 최대 산유국입니다. 사우디아라비아는 러시아와 OPEC 플러스를 이끌며 석유 생산량을 논의합니다. OPEC 플러스는 OPEC 회원 13개국과 러시아, 말레이시아, 오만, 카자흐스탄 등 석유 생산량이 많지만 OPEC에는 가입하지 않은 10개국이 함께하는 23개 산유국의 모임입니다. 두 나라의 만남에는 미국 셰일오일을 견제하려는 의도가 숨어 있었죠.

미국과 사우디아라비아의 관계에 틈이 생겼을 때 접근한 두 번째 나라는 중국입니다. 사우디아라비아와 중국은 이해관계가 잘 맞아떨어졌습니다. 미국과 패권 경쟁을 벌이는 중국은 사우디아라비아가 탄도미사일을 제조할 수 있도록 도움을 주었습니다. 또한 사우디아라비아의 빈 살만 왕세자가 주도하는 '네옴'이라는 스마트 시티 건설에 중국이 투자하기로 협의했죠. 네옴은 서울의 약 44배 규모로 540조 원에 달하는 금액을 들여 건설하는 미래 도시입니다. 두 나라는 280억 달러 상당(약 33조 원)의 경제협정을 맺었고, 중국의 시진핑習近平 국가주석이 사우디아라비아를 방문하는 등 활발한 경제적·외교적 교류를 이어가고 있습니다.

그리고 최근 미국을 깜짝 놀라게 한 소식이 나왔습니다. 사우디아라비아가 중국의 화폐인 위안화를 석유 대금 결제 수단으로 고려하고 있다는 뉴스입니다. 1974년 사우디아라비아와 미국은 달러를 석유 대금으로 거래하면서 안정적인 달러 순환을 이끌어왔습니다. 석유대금 결제 수단이 달러화에서 위안화로 바뀐다면 자국 화폐의 세계화를 추진하는 중국은 날개를 다는 셈입니다. 사우디아라비아가 위안화를 받아들이면 다른 산유국 역시 위안화 거래로 돌아서는 도미노 효과가 발생할 수 있죠. 러시아가 우크라이나 전쟁을 일으키고, 사우디아라비아와 미국이 국제 정세를 불안하게 하면서 세계 유가는 사상 최고가인 140달러까지 급등했습니다. 유가와 석유 패권 전쟁은 지금도 계속 진행 중입니다.

현재 미국은 코로나와 우크라이나 전쟁으로 인플레이션이 계속되면서 고유가를 잡기 위해 사우디아라비아와의 관계 회복이 절실한 상황입니다. 게다가 미국이 보유한 원유가 충분하지 않다는 이야기가 나오면서 석유 공급 불안정으로 유가는 계속 상승하는 추세입니다. 유가 급등으로 지지율이 하락한 미국의 바이든 대통령은 사우디아라비아와 관계를 우호적으로 되돌려야 한다는 여론을 받아들여 빈 살만 왕세자에게 연락을 시도했으나 거절당했습니다.

첨예한 신경전 끝에 바이든 대통령이 2022년 7월 사우디아라비아를 방문했습니다. 고유가를 잡기 위해서였죠. 바이든은 사우디아라비아의 석유 증산을 원했지만, 사우디아라비아는 증산 여력이 없다며 냉담한 반응을 보였죠. 바이든이 떠난 후 러시아는 사우디아라비아와 원유 문제를 논의했습니다. 미국과 사우디아라비아의 관계가 여전히 숙제로 남아 있는 가운데 과연 이번 석유 전쟁의 승자는 누가 될까요? 석유가 사라지지 않는 한 석유 패권을 향한 여러 나라의 싸움은 계속될 것입니다.

지금까지 역사를 되짚어보면서 석유 패권의 움직임을 살펴보았습니다. 강대국의 행보가 세계 경제와 국제 관계에 얼마나 많은 영향을 미치는지 다시 한번 더 깊이 생각해 보기 바랍니다.

벌거벗은 아메리칸 마피아

미국의 지하 세계를 지배한 검은 조직

김봉중

● 1900년 전후의 미국은 아메리칸드림을 품고 온 이민자들의 천국이었습니다. 누구든지 노력만 한다면 꿈을 이뤄 행복하게 살 수 있다는 장밋빛 믿음이 전 세계 수많은 사람을 미국으로 이끌었죠. 하지만 다양한 민족과 문화가 뒤엉키고 이민자를 탄압하는 분위기가 형성되면서 미국의 이민자 사회는 큰 혼란에 빠졌습니다. 게다가 정착민들은 이주민들을 향한 차별과 멸시를 멈추지 않았죠. 급기야는 이들을 공포로 몰아넣는 범죄가 잇따랐습니다.

사진은 1900년대 미국에서 일어난 범죄 현장을 찍은 것입니다. 사진마다 범행이 일어난 시대는 다르지만 살인을 저지른 이들의 수법은 비슷합니다. 먼저 타깃을 정한 뒤 그가 방심한 틈을 타 총격을 가하는 계획 살인입니다. 그러고는 시체를 은폐하지 않고 보란 듯이 누구나 발견할 수 있는 곳에 방치하고 떠나죠. 이들은 왜 이토록 잔인하게 살해당한 것일까요? 또 누가 이렇게 끔찍한 범죄를 저질렀을까요?

모든 사건의 범인은 미국 이민자, 그중에서도 이탈리아에서 온 마피아입니다. 사진 속 피해자들은 마피아 간 세력 다툼에서 목숨을 잃은 것입니다. 미국 사회는 이런 범죄가 수시로 벌어지는 탓에 마피아 공포에 시달

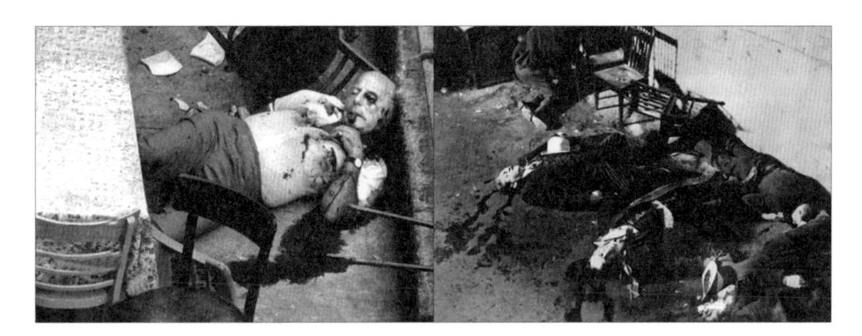

1900년대 미국의 범죄 현장

려야 했습니다. 세계 각국의 이민자들이 미국으로 건너가기 시작한 19세기 후반부터 최근까지 100년이 넘는 시간 동안 미국의 검은 지배자로 군림해온 마피아는 어떻게 탄생했을까요? 그리고 어떤 방법으로 이토록 오래 미국 사회를 지배할 수 있었던 것일까요?

미국의 지하 세계를 장악한 마피아는 아메리칸드림이 낳은 괴물이자 정확한 실체를 파악하기 힘든 검은 조직입니다. 역사에는 정사가 있고 야사가 있는데 이 조직은 소문과 음모가 가득하며 믿을 수 없는 자료들이 많아 확실한 정체를 파악하기 어렵습니다. 지금부터 세계 최강대국 미국의 화려함 뒤에 감춰진 가장 어둡고 잔인한 세력에 관해 이야기하려 합니다. 미국의 정치·사회·경제를 장악하며 혼란에 빠뜨렸던 검은 조직, 아메리칸 마피아를 벌거벗겨 보겠습니다.

마피아의 시작과 정착

마피아라고 하면 폭력과 범죄가 가득한 지하 조직을 먼저 떠올립니다. 하지만 시칠리아 지역에서 시작된 마피아의 모습은 지금과 많이 달랐습니다. 시칠리아는 이탈리아반도 끝에 있는 섬으로 지중해 중앙에 자리 잡고 있습니다. '지중해를 지배하는 자가 곧 세상을 지배한다'라는 말이 있을 만큼 지중해는 수 세기 동안 유럽과 아프리카, 아시아를 잇는 해상 패권의 중심지였죠.

하지만 이 같은 지정학적 위치는 오히려 시칠리아에 독이 되었습니다. 오랜 세월 강대국의 침략과 수탈의 역사가 반복된 것입니다. 고대 그리스부터 로마, 비잔티움 제국, 아랍, 노르만, 유럽 열강에 이르기까지 수없이 많은 외세의 침략을 받았습니다. 시칠리아 사람들은 외세에 대항해 투쟁했지만, 그때마다 많은 사람이 희생됐고 가혹한 착취가 끊임없이 이어졌습니다. 고난이 이어지던 중 북부에 위치한 사르데냐 왕국의 비토리오 에마누엘레 2세Vittorio Emanuele II와 남부의 양시칠리아 왕국을 점령한 주세페 가리발디Giuseppe Garibaldi 등에 의해 1861년에 드디어 통일 이탈리아 왕국이 들어섰습니다. 시칠리아 사람들은 이제 나라의 보호를 받을 수 있을 거라 기대했습니다.

시칠리아 위치

믿음과 달리 중앙 정부는 멀리 떨어진 섬을 방치했습니다. 정부의 무관심 속에서 이번에는 대지주들의 횡포가 시작됐습니다. 대지주들은 땅을 빼앗기 위해 농민들에게 폭력을 일삼았고 심지어 살인까지 저질렀습니다. 경찰은 문제를 해결하기는커녕 오히려 뇌물 챙기기에만 급급했죠. 비극적인 역사가 반복되자 시칠리아 사람들은 외부인을 극도로 경계했고 중앙 정부도 믿지 않았습니다. 대신 마을의 우두머리를 의지하기 시작했습니다. 그들은 외부로부터 마을을 지키는 수호자이자 어려운 일이나 분쟁을 해결하는 심판자로서 일종의 현자 역할을 해왔습니다. 이런 상황에서 유래한 단어가 바로 '두려움 없는', '자신감 넘치는'이라는 뜻의 시칠리아의 방언 '마피아Mafia'입니다.

시칠리아 사람들은 무슨 일이 생길 때마다 대지주의 편을 드는 경찰 대신 마피아를 찾아갔습니다. 재산을 보호하거나 큰 싸움이 생길 때는 물론이고 심지어는 아버지가 살해를 당해도 경찰에 알리지 않고 마피아를 찾아갔다고 합니다. 그만큼 마피아에 대한 시칠리아 사람들의 믿음은 컸습니다. 그렇다면 마을의 수호신이었던 마피아가 공포의 대상이 된 이유는 무엇일까요? 시칠리아 사람들은 마피아가 문제를 해결해주면 사례를 지불하곤 했습니다. 문제는 이 같은 관례가 점차 폭력이나 살인을 대행하거나 보호를 빌미로 돈을 갈취하는 행태로 변질한 것입니다. 1800년대 후반에서 1900년대 초에는 마피아들이 같은 출신지의 가족들끼리 뭉쳐 패밀리를 조직하고 자신들만의 이익을 추구하는 범죄 집단이 되면서 마피아의 의미도 변했습니다.

그런데 시칠리아에서 착실히 세력을 키우던 마피아가 모든 것을 버리고 섬을 떠나야 하는 일이 벌어졌습니다. 1900년대를 전후로 이탈리아가 큰 혼란에 빠진 것입니다. 1903년 에트나 화산 폭발로 도시는 황폐해졌고, 1908년 시칠리아에서는 강도 7.1에 이르는 대지진이 연이어 발생하며 8만여 명이 사망했습니다. 엄청난 피해를 입은 이탈리아는 잇따른 자연재해의 여파로 흉년이 들었고 사람들은 배고픔과 가난에 시달렸습니다. 이때 이탈리아인들이 살아남기 위해 새로운 삶의 터전을 찾아 이주한 곳이 미국입니다. 여기에는 지진으로 폐허를 경험한 시칠리아 사람들과 마피아도 포함됐죠.

미국으로 건너온 마피아들은 대부분의 이민자가 정착한 동부의 항구 도시 뉴욕으로 향했습니다. 그중에서도 이스트할렘 지역에 첫발을 내디뎠습니다. 현재 할렘가로 잘 알려진 지역의 일부입니다. 맨해튼 북동부에 있는 이스트할렘은 미국에서 월세가 가장 싼 곳 중 하나로 수많은 이탈리아인이 이곳에 모였습니다. 그래서 과거에는 이곳을 '이탈리아할렘'이라고 부르기도 했죠.

이 시기 미국에는 유럽 각지에서 이민자들이 몰렸습니다. 미국의 남북전쟁이 끝나고 제1차 세계대전이 발발하기까지 약 50년간 미국으로 이주한 사람들은 미국 전체 인구의 25%나 되었습니다. 모두 아메리칸드림을 꿈꾸며 미국으로 건너간 것이죠. 미국 역사에서는 19세기 후반에서 20세기 초를 '대이주 시대'라 할 만큼 이민자들이 넘쳐났습니다. 각국의 이민자들이 몰려오면서 뉴욕은 집과 음식뿐 아니라 일할 곳마저 부족했습니다. 과연 미국에 정착한 이탈리아인들은 어떻게 살았을까요?

이들은 절반 이상이 글을 읽지 못하는 가난한 노동자로, 항구에서 허드렛일을 하거나 공장이나 건설 현장에서 일하며 생계를 해결해야 했죠. 그런데 강도 높은 노동이나 가난만큼 이탈리아 이주민들을 또 괴롭히던 것이 차별과 텃세였습니다. 미국인들은 이주민들을 '검은 백인', '이등 시민'이라 부르거나 이탈리아인을 모욕하는 단어인 '다고dago'라고 칭하며 경멸했습니다. 다고는 스페인의 흔한 이름인 디에고Diego에서 유래한 말로 이탈리아, 포르투갈, 스페인 출신을 멸시하는 속어입니다. 당시 뉴올리언스 시장이었던 조셉 A. 셰익스피어Joseph A. Shakspeare는 시칠리아를 비롯한 남부 이탈리아인에게 "우리 중 가장 게으르고 사악하며 무가치한 인간들", "이 극악무도한 자들을 끝장내자! 설사 지구상의 이탈리아인들을 모조리 쓸어버려야 할지라도"와 같은 폭언을 퍼붓기도 했습니다.

이탈리아인들은 종교적인 이유로도 차별당했습니다. 가톨릭을 믿는 이탈리아와 달리 미국의 주류 종교는 개신교였기 때문입니다. 이로 인해 이탈리아 이민자는 독일, 영국 이민자보다 40%나 적은 임금을 받았습니다. 게다가 당시 뉴욕의 대표 슬럼가인 파이브 포인츠 등 대부분의 빈민가를 장악한 아일랜드인 갱단들로부터 갈취와 협박을 당하기 일쑤였죠. 하지만 경찰은 이스트할렘에는 관심을 주지 않았습니다.

이탈리아인들은 인종차별과 위협, 착취 등 다양한 위협으로부터 자신과 가족을 보호하기 위해 모여 살았습니다. 이때 동포들을 보호하는 데 앞장선 세력이 마피아입니다. 문제는 미국으로 건너온 마피아 대부분이 마을의 현자가 아닌 범죄 조직이었다는 것입니다. 1900년 이후 10년간 미국으로 이주한 이탈리아인의 80%가량이 마피아의 근거지였던 시칠리아를 비롯한 남부 출신이었는데, 이들 중 상당수가 본국에서 범죄를 저지른 뒤 미국으로 도피한 마피아들이었죠. 이탈리아 이민자 사회에서 해결사 역할을 하던 마피아는 금세 범죄 집단의 본색을 드러냈고 보호는 착취로 바뀌었습니다.

아메리칸 마피아의 시초, '모렐로 패밀리'

이탈리아 이민자들을 갈취하는 마피아 중에서도 단연 악명 높은 조직은 '모렐로 패밀리'였습니다. 이들의 보스인 주세페 모렐로Giuseppe Morello는 선천적으로 오른손 집게손가락만 가지고 태어나 '갈고리'라고 불렸습니다. 그는 고향인 시칠리아에서부터 다양한 범죄 활동에 가담했으며 살인과 위조지폐 발행 혐의로 6년의 징역형을 선고받았습니다. 눈치 빠른 모렐로는 1890년대 초반에 미국으로 밀항해 비슷한 시기에 미국으로 이주한 가족 중 일부와 동맹을 맺고 최초의 마피아 패밀리를 만들었습니다. 이것이 아메리칸 마피아의 시작입니다.

뉴욕 마피아의 기초를 세운 모렐로는 잔인하기로도 유명했습니다. 고향 출신끼리 패밀리를 만들어 경쟁자를 고문하고 거침없이 죽였죠. 엄청난 권력을 손에 쥔 모렐로 패밀리의 주력 사업은 위조지폐였습니다. 이미 이탈리아에서 위조지폐를 만들었던 모렐로는 미국의 달러까지 찍어냈습니다. 그는 1달러짜리 위조지폐를 20센트~35센트에 팔아 돈을 챙겼습니다. 한때는 10만 달러 이상의 위조지폐를 제작했다고 합니다.

주세페 모렐로

그뿐 아니라 납치, 재산 강탈, 술집 운영 등 돈이 되는 사업에는 물불을 가리지 않고 손을 뻗었습니다. 사업 성공을 위해서라면 살인이나 폭행 같은 잔인한 범죄도 서슴지 않고 자행했죠. 모렐로 패밀리를 1세대 마피아로 부르는 것도 이들의 범죄가 사업적으로 매우 치밀하고 악랄했기 때문입니다. 이들은 뉴욕에서 이탈리아 식료품 도매점을 열었는데 이탈리아 상인들은 무조건 여기서 식료품을 사야 했습니다. 다른 곳에서 물건을 사는 게 발각되면 상인들의 가게에 폭탄을 설치하거나 자녀를 납치하며 위협했죠.

이탈리아 이민자들은 대체 왜 마피아의 위협과 갈취를 참고만 있었을까요? 정부에 대한 불신이 깊어 외부에서 해결책을 찾지 않는 이탈리아 이민자들의 특징을 알고 있던 모렐로 패밀리가 이를 이용한 것입니다. 덕분에 이들의 악행은 이민자 사회 밖으로는 잘 드러나지 않았습니다. 그러던 어느 날 충격적 소식과 함께 모렐로 패밀리의 악행이 세상에 알려졌습니다. 다음은 1903년 4월 14일 신문 기사의 내용입니다.

> "드럼통 속 남자는 고문을 받고 살해되었다. 경찰 조사에 따르면 그는 살인자들에게 20번 칼에 찔린 다음 목이 베어진 것으로 나타났다."

이날 새벽, 뉴욕 이스트할렘 11번가에서 목이 거의 절단된 시체가 들어 있는 드럼통이 발견됐습니다. 살해된 남자는 모렐로 마피아의 조직원이었죠. 경찰 조사에 따르면 위조지폐를 둘러싸고 패밀리 내부에서 다툼이 생겼고 살인으로 이어졌다고 합니다. 경찰은 모렐로 패밀리가 범행을 저질렀다고 확신하고 12명의 용의자를 지목했습니다. 보스인 주세페 모렐로도 용의자에 포함되었죠. 경찰은 즉시 용의자 검거에 나섰고, 모렐로를 포함한 용의자 다수가 체포됐습니다.

과연 드럼통 살인사건의 범인은 밝혀졌을까요? 마피아들은 모두 침묵했습니다. '오메르타omerta'라고 부르는 이 행위는 절대 조직의 비밀을 누설하지 않는 마피아의 규칙으로, 침묵의 계율이라고도 합니다. 과거 시칠리아에서는 경찰을 믿지 않았기에 문제가 생기면 마을의 우두머리 이외에 그 누구에게도 진실을 말하지 않았습니다. 미국으로 이주한 시칠리아 마

살인사건 용의자가 된 모렐로 패밀리

피아들도 침묵의 맹세를 했으며 이를 지키지 않으면 죽임을 당했다고 합니다. 결국 용의자들은 증거 부족으로 풀려났고 모렐로 패밀리의 악명은 더욱 높아졌습니다.

다른 유럽계 갱단이 주로 소매치기나 절도 같은 범죄를 저질렀다면 이탈리아 마피아는 탄탄한 조직력과 충성심을 바탕으로 대범한 악행도 서슴지 않았습니다. 모렐로 패밀리는 이민자들의 돈을 갈취하기 위해 수단과 방법을 가리지 않았는데 주로 '검은 손'이라 부르는 협박 편지를 보냈습니다. 다음은 편지의 내용입니다.

> "이것은 두 번째 경고다. 일요일 오전 10시에 3번가 두 번째 거리 모퉁이에 300달러를 놓아라. 그렇지 않으면 불을 붙이거나 폭탄으로 날려버리겠다. 잘 생각해라. 이것이 마지막 경고다."

모렐로 패밀리는 돈을 주지 않으면 죽이겠다는 편지를 보내 협박을 일

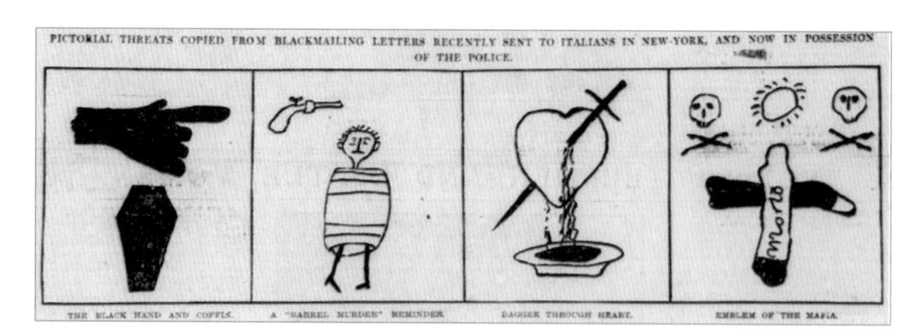

검은 손 편지 속 협박 그림

삼았습니다. 편지에는 해골, 십자가, 칼 등을 그려 넣기도 했죠. 그림은 모렐로 패밀리가 검은 손을 보낼 때 함께 그린 것들입니다. 첫 번째 그림은 검은 손과 관입니다. 검은 손의 말을 따르지 않으면 관에 들어갈 것이라는 의미죠. 두 번째 그림은 드럼통 살인사건을 기억하라는 것이고, 세 번째는 너의 심장을 관통하겠다는 뜻입니다. 마지막 그림 속 십자가와 해골은 당시 마피아의 상징입니다. 이탈리아 이민자들은 검은 손 편지를 받을지도 모른다는 공포에 떨었습니다. 그리고 모렐로 패밀리는 의도한 대로 많은 돈을 벌어들였습니다. 이렇게 갈취한 돈은 석탄 상점이나 식당 등의 사업에 투자했고 부를 축적한 패밀리의 세력은 점점 커졌습니다.

모렐로 패밀리는 예상치 못한 이유로 최후를 맞이했습니다. 보스인 주세페 모렐로가 위조지폐 불법 유통으로 덜미를 잡힌 것입니다. 그는 벌금 1,000달러와 25년의 징역형을 선고받았습니다. 뉴욕 마피아 보스가 한순간에 몰락한 것이죠. 모렐로 패밀리가 장악했던 이민자 사회에는 이제 평화가 찾아왔을까요?

빈자리는 늘 새로운 사람으로 채워지기 마련입니다. 모렐로가 감옥에 가자 뉴욕 마피아계에는 한 인물이 다크호스로 떠올랐습니다. 시칠리아에서 악명 높은 마피아 행동대장으로 30여 명을 살해하고 처벌을 피해 미국으로 도망 온 주세페 마세리아Giuseppe Masseria입니다. 그는 세력이 약한 마피아였으나 뜻밖의 기회를 얻어 패밀리를 키울 수 있었습니다. 그에게 행운을 가져다준 것은 미국이 술을 제조하고 판매하는 것을 금지한 '금주법'의 발효입니다. 당시 미국은 세계 각국의 이민자가 몰려들면서 급격한 도시화가 진행됐고 매춘, 폭력, 도박, 살인 등 각종 범죄와 사회 문제로 골머리를 앓았습니다. 이 모든 것이 유럽 이민자들 때문이라고 생각한 미국은 이탈리아나 아일랜드 같은 가톨릭 이민자들의 음주 문화와 범죄 조직을 금주령으로 해결하려 했죠.

1920년 1월, 알코올 농도 0.5% 이상의 음료는 불법으로 간주하는 금주법이 시행됐습니다. 덕분에 알코올 소비량은 절반 이하로 줄었고 동시에 각종 범죄 발생률도 낮아졌죠. 하지만 금주법은 미국 마피아 조직이 세력을 키우는 결정적인 계기를 제공했습니다. 사람들은 음지에서 몰래 술을 찾았고 캐나다에서 10달러에 판매하는 위스키가 뉴욕에서는 100달러 가까운 가격에 판매됐습니다. 이때 마피아들이 밀주를 팔아 엄청난 수익을 챙긴 것입니다. 금주법을 비웃듯 밀주업이 성행하면서 마피아들의 연간 최대 수익은 5,000만 달러가 넘었다고 합니다. 이 자본을 밑거름 삼아 세력을 키우고 다른 사업에도 투자했습니다. 마피아들은 더 큰 돈과 권력을 잡기 위해 조직적으로 범죄를 저질렀고 그 결과 마피아 제국 시대가 열렸습니다. 아이러니하게도 이민자 문제를 해결하기 위해 내놓은 금주법이 아메리칸 마피아 제국을 확장한 결정적 계기가 된 것입니다. 그런 점에서 금주법은 미국 정부의 큰 실수라고 할 수 있죠.

마세리아가 금주법으로 돈을 번 방식은 간단합니다. 금주령으로 뉴욕

마세리아 패밀리

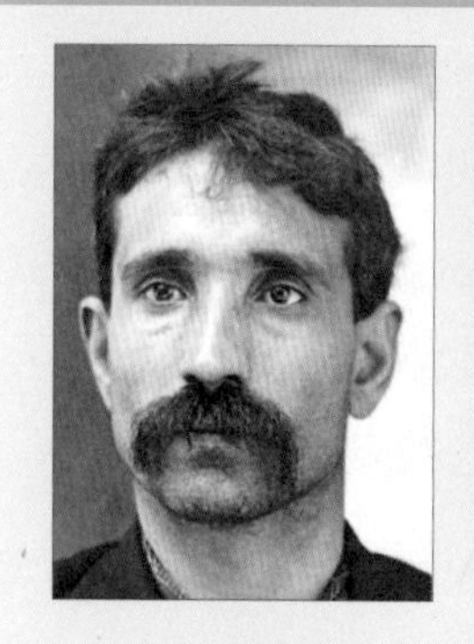
고문
주세페 모렐로

보스
주세페 마세리아

오른팔
찰스 루치아노

의 1만 6,000여 개의 술집이 문을 닫자 3만여 개의 밀주집이 생겼습니다. 여기에 술을 공급하려면 반드시 물류창고가 필요했습니다. 금주령 시기 물류창고는 술을 만들기도 하고 거물급 고객이 고급 위스키를 요구하면 물물교환도 해주는 밀주 자유무역지대였죠. 마세리아는 이곳을 공략했습니다. 그는 물류창고를 총괄하면서 큰돈을 손에 넣었고 이를 토대로 조직을 만들어 막강한 힘을 가진 마피아로 떠올랐습니다. 마세리아는 세력을 더 키우기 위해 가석방된 모렐로와 손을 잡았습니다. 그리고 당시 마피아계에서 악명 높은 킬러로 이름을 날린 찰스 루치아노Charles Luciano를 입단식을 통해 오른팔로 영입했습니다.

시칠리아 마피아는 입단할 때 피의 선서를 합니다. 먼저 보스가 새 구성원의 손가락을 칼로 베고 성자의 사진에 피를 흘립니다. 그리고 그 사진을 손에 올려서 불을 붙인 뒤 보스가 이렇게 말합니다.

"오늘 밤 너는 새로운 삶으로 다시 태어난다. 형제들을 배반하면 네 손 위에 있는 성자처럼 너도 지옥에서 불타 죽을 것이다."

절대 충성할 것을 피로 맹세하는 것입니다. 세력이 약했던 마세리아는 금주법 특수를 누리며 모렐로와 루치아노라는 든든한 지원군을 등에 업고 더 큰 야망을 품기 시작했습니다. 특히 루치아노를 절대적으로 신임하고 아꼈습니다.

뉴욕 마피아들의 피의 전쟁, 카스텔라마레세

마세리아는 전국 마피아 조직의 일인자가 되어 미국의 모든 범죄 조직을 휘두를 만큼 큰 권력을 손에 넣고 싶어 했습니다. 그의 야망은 곧 뉴욕의 암흑가에 매서운 긴장감을 불어넣었습니다. 이 시기 마세리아는 작은 조직이 큰 조직을 인정하는 표식이었던 상납금을 걷으며 마피아계를 평정해 나갔습니다. 그런데 한 조직만이 그의 요구를 거절했습니다.

마세리아에게 배짱을 부리며 눈엣가시가 된 인물은 살바토레 마란자노 Salvatore Maranzano입니다. 그는 젊은 시절 신학교에 다녔으며 5개 국어가 가능한 엘리트로 시칠리아 마피아 조직에 들어가 뛰어난 협상 능력을 발휘해 부두목의 자리까지 올랐습니다. 이런 그가 미국으로 건너온 것은 시칠리아에 있는 보스의 명령 때문입니다. 마란자노의 보스는 마세리아와 같은 꿈을 꾸고 있었습니다. 아메리칸 마피아를 평정해 자신의 발아래에 두고 시칠리아 전통을 따르는 무적의 범죄 조직을 만들겠다는 것입니다.

그러니 마세리아의 상납금 요구를 들어줄 리 없었죠.

승승장구하던 두 조직은 뉴욕 암흑가를 장악하기 위해 충돌하기 시작했습니다. 이른바 '카스텔라마레세Castellammarese 전쟁'이라 불리는 대결의 서막을 연 것은 탁월한 지략가였던 마란자노였습니다. 그는 마세리아의 오른팔이자 킬러였던 루치아노를 이용할 계획을 세웠습니다. 은밀히 루치아노를 만나 그의 보스인 마세리아를 죽이라고 제안했죠. 시칠리아 마피아 세계에는 직접 보스를 죽인 사람은 절대 다음 보스가 될 수 없다는 규칙이 존재합니다. 즉 마란자노는 불문율까지 거스르며 마세리아를 제거하자고 제안한 것입니다.

루치아노는 이 제안을 단칼에 거절했습니다. 이후 두 조직 간의 팽팽했던 긴장감이 폭발했습니다. 먼저 마란자노의 조직원이 뒷골목에서 변사체로 발견됐고 얼마 후에는 또 다른 측근까지 목숨을 잃었습니다. 누구도 말하지 않았지만 사건의 배후에 마세리아가 있다는 것을 모두가 알고 있었죠. 두 패밀리의 치열한 혈투가 더욱 거세지던 중 마세리아의 일방적 공격이 잠시 주춤하는 사건이 발생합니다. 그의 고문이었던 모렐로가 총에 맞아 사망한 것입니다. 그를 죽인 것은 놀랍게도 같은 패밀리인 루치아노였습니다.

루치아노는 훗날 회고록에서 이유를 밝혔습니다. 두 조직 간의 전쟁 초기에 마란자노의 조직원들이 사망하고 마세리아 패밀리가 승기를 잡자 마세리아의 권력이 너무 커지는 것을 막기 위해 모렐로를 처리한 것입니다. 마피아의 낡은 규칙을 싫어했던 루치아노는 킬러를 고용해 모렐로를 죽였습니다. 그리고 이 혼란을 틈타 패밀리를 차지할 계획을 세웠죠. 이런 상황을 알 리 없었던 마세리아는 모렐로가 죽자 루치아노를 더욱 신뢰하고 아들처럼 여겼습니다.

상납금 거부에서 시작한 마세리아와 마란자노 패밀리 간의 전쟁은 서로 죽고 죽이는 유혈 충돌이 잇따르며 더욱 거세졌습니다. 하지만 수많은 조직원이 죽어 나가도 전쟁은 끝나지 않았습니다. 결단코 끝장을 봐야겠다고 생각한 마란자노는 직접 마세리아를 처리할 계획을 세웠습니다. 1930년 11월 5일, 마란자노는 킬러 3명을 고용했습니다. 이들은 마세리아가 자주 드나드는 아파트 근처에서 기회를 엿보다가 총격을 가했죠. 갑작스러운 공격에 행동대장들은 목숨을 잃었고 마세리아는 몰래 현장을 빠져나가 누구도 알지 못하는 은신처에 몸을 숨겼습니다.

이때 의외의 인물이 유혈 전쟁의 판도를 바꿨습니다. 마세리아의 오른팔이자 가장 아끼는 부하인 루치아노가 은밀히 마란자노에게 접근해 숨어 있는 자신의 보스를 꾀어내 처리하자고 제안한 것입니다. 대신 '마세리아 패밀리를 나에게 넘기고, 사업에 간섭하지 말라'라는 조건을 걸었죠. 사실 루치아노는 사업을 방해하는 시칠리아 마피아의 낡은 규칙을 버리고 자신만의 조직을 만들어 미국 마피아를 평정하려 한 야심가였습니다.

마세리아가 자취를 감춘 지 5개월이 지난 1931년 4월, 루치아노는 마세리아를 브루클린의 이탈리아 레스토랑으로 초대했습니다. 비록 은신 중이었지만 루치아노를 아들처럼 생각한 마세리아는 의심 없이 초대에 응했죠. 두 사람은 식사를 마친 후 카드 게임까지 즐겼습니다. 한창 분위기가 무르익자 루치아노가 화장실에 간다며 자리를 비운 사이 갑자기 4명의 킬러가 나타나 마세리아에게 총알을 퍼부었습니다. 루치아노가 고용한 킬러들은 즉사한 마세리아의 손에 스페이드 에이스 카드를 남기고 떠났습니다.

카드가 상징하는 것은 죽음입니다. 사건 이후 루치아노는 경찰 조사

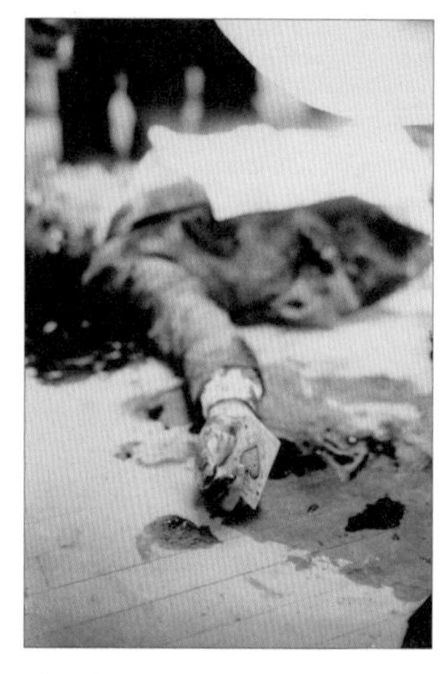
마세리아의 죽음

를 받았지만 화장실에 있었다는 알리바이를 인정받아 무혐의로 풀려났습니다. 그리고 마침내 마세리아와 마란자노의 '카스텔라마레세 전쟁'이 끝났습니다. 이 기간에 사망한 마피아는 50여 명으로 집계됐으나 더 많은 희생자가 있을 것으로 예상합니다. 마피아 역사상 최악의 살육전으로 기록된 전쟁의 승자는 마란자노였습니다. 그는 배신과 음모, 피로 얼룩진 전쟁이 끝나자 시칠리아 마피아들을 모아놓고 평화를 선포했습니다. 그리고 앞으로 뉴욕 암흑가를 다스릴 5개의 시칠리아 마피아 패밀리를 정했습니다.

마란자노는 약속대로 루치아노에게 마세리아 패밀리를 넘겨주고, 그의 이름을 따서 '루치아노 패밀리'라고 불렀습니다. 또한 믿을 만한 인물들을 보스의 자리에 앉힌 다음 이들에게서 상납금을 받기로 했습니다. 스스로를 일인자로 선포한 것입니다. 그는 보스들의 모임을 '코사 노스트라Cosa Nostra', 즉 '우리들의 것, 우리들의 임무'라고 부르며 보스들이 따라야 할 5가지 계율까지 만들었습니다.

뉴욕 5대 마피아의 계율

1. 시칠리아의 오랜 전통인 오메르타, 즉 침묵의 맹세를 어긴 자에게 내려지는 벌은 재판 없는 즉각 처형이다.

2. 조직은 보스-언더 보스-카포-솔저로 각 등급을 나누고 윗사람에게 절대 복종한다.
3. 어떤 일이 있어도 같은 코사 노스트라의 회원을 죽여서는 안 된다.
4. 동료가 하는 일은 방해하지 않고 동료의 부인을 넘보지 말아야 한다.
5. 이제까지 있었던 일은 모두 잊고 더 이상의 복수를 저지르지 말라.

마란자노는 조직이 더 강해지려면 체계적인 질서가 필요하다고 생각했습니다. 특히 조직 내에 계급을 만들고 조직의 계율을 철저히 지킬 것을

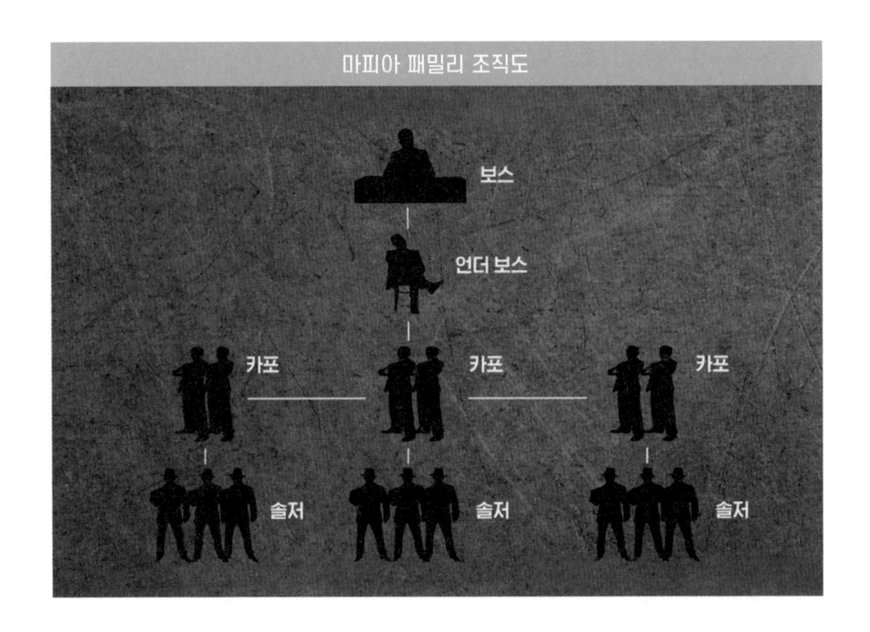

강조하며 5대 보스들과 결의를 다졌습니다. 이후 두 번째 계율은 마피아 패밀리의 기본 시스템이 되었습니다. 그림은 마피아 패밀리의 조직도입니다. 서열 1위인 보스 아래 굵직한 지시를 내리는 언더 보스가 있고, 그 밑에 실질적으로 활동하는 행동대장인 카포와 정식 조직원인 솔저로 구성되어 있습니다.

마피아 세계를 평정하고 새롭게 조직까지 정비한 마란자노는 자신의 위치를 더욱 확고히 하기 위해 한 가지 결단을 내렸습니다. 일인자의 앞길에 방해가 될 주요 인물을 제거하기로 한 것입니다. 그중에는 카스텔라마레세 전쟁을 끝내는 데 큰 역할을 한 루치아노도 있었죠. 하지만 마란자노의 계획은 작전대로 진행되지 않았습니다. 정보원을 통해 마란자노가 자신을 암살하려 한다는 사실을 알게 된 루치아노도 마란자노를 암살할 계획을 세운 것입니다. 그는 마세리아 암살 작전과 마찬가지로 치밀하게 준비했습니다. 마란자노의 사무실을 범행 장소로 정하고 자신이 고용한 유대인 킬러를 국세청 직원으로 위장해 잠입시켰습니다. 킬러들이 의심을 사지 않고 사무실에 들어갈 수 있도록 묘안을 낸 것이죠. 킬러들은 세무 용어를 익히고 공무원이 시민을 대하는 태도까지 연습했습니다.

범행 당일, 킬러들은 거침없이 마란자노의 사무실에 들어가 그를 향해 총격을 가했습니다. 마란자노는 4개의 총상과 10개의 자상을 입고 숨진 채 발견됐습니다. 마피아 보스는 일인자가 된 지 5개월 만에 살해당한 채 씁쓸한 말로를 맞이했습니다.

이로써 뉴욕 마피아계는 배신과 복수를 거듭하며 패권을 잡은 루치아노의 손으로 넘어갔습니다. 보스가 된 그는 시칠리아 마피아 조직끼리의 모임을 타파하고 민주적이고 합리적인 조직을 꾸리려고 했습니다. 범죄 조직에 불과한 마피아를 합법적 사업까지 하는 큰 조직으로 확장할 생각이었죠. 루치아노는 가장 먼저 마피아 전국 모임을 계획했습니다. 뉴욕의 5대 패밀리뿐 아니라 시카고와 클리블랜드에 있는 마피아 패밀리의 동의를 얻어 1931년에 '마피아 위원회'를 만들었습니다.

루치아노가 결성한 위원회는 마피아와 관련한 중요 문제를 논의하는 조직으로, 마란자노가 맡았던 보스 중의 보스라는 총 두목을 없앤 그들 나름의 민주적 통제 기구였습니다. 이는 앞으로 마피아의 사업 방향을 보스가 독단적으로 명령하는 게 아니라 위원회에서 회의를 통해 진행하겠다는 의미였죠. 루치아노는 당장은 자신이 위원회 의장을 맡았지만 어디까지나 모든 보스가 평등한 입장이라는 것을 강조했습니다. 당시 마피아 위원회는 미국의 어떤 조직보다 강력했는데 이는 시카고를 장악한 한 인물 덕분이었습니다.

시카고를 장악한 밤의 대통령 알 카포네

마피아 위원회의 핵심 인물이자 시카고 암흑가의 지배자이며, 밤의 대통령으로 불린 그는 마피아의 대명사인 알 카포네Al Capone입니다. 시카고에서 밀주와 도박, 매춘을 결합한 자신만의 제국을 건설해 1927년에만 총수익을 1억 달러까지 올린 인물이죠. 시카고를 장악해 막대한 수익을 거둔 알 카포네가 뉴욕의 5대 마피아와 인연을 맺고 위원회를 결성한 것은 그가 뉴욕 브루클린 출신이기 때문입니다.

1919년의 시카고는 도박장과 매춘업소가 크게 형성되던 시기였습니다. 이를 두고 이탈리아계 마피아와 아일랜드계 마피아가 세력 다툼을 했죠. 이때 시카고에 있던 한 이탈리아계 마피아가 자신과 함께 사업을 할 만한 사람을 찾았고 때마침 뉴욕에서 활동하던 후배 알 카포네를 불러들인 것입니다.

뉴욕 토박이인 알 카포네가 시카고에서 자기 세력을 빠르게 키울 수 있었던 비결은 다른 마피아와 마찬가지로 금주법입니다. 시카고는 운하와 철도 건설로 미국 동부와 서부, 북부와 남부를 잇는 거점도시였습니다. 또한 연방 군대에 물자를 공급하는 서부의 요충지이기도 했죠. 알 카포네는 시카고의 발달된 교통망이 밀주 사업에 유리하다는 것을 직감했습

알 카포네

니다. 그는 바로 전국의 마피아 조직과 연합해 밀주 사업을 확장해 나갔습니다. 동시에 마피아 세력도 전역으로 뻗어나갔는데 그 중심에 알 카포네가 있었죠. 미국 정부 보고서에 따르면 1927년 알 카포네의 한 해 총수익은 약 1억 달러였다고 합니다. 그는 '한 해 수입이 1억 달러인 세계 최고의 시민'으로 기네스북에 등재되기도 했습니다. 마피아는 세금도 내지 않았으므로 순수익은 엄청났죠.

알 카포네가 금주법으로 막대한 부를 쌓는 동안 그를 견제하는 세력도 커졌습니다. 그중 하나가 아일랜드계 마피아입니다. 알 카포네는 자신의 심기를 건드리는 이들을 손보기로 했습니다. 시카고에 있던 7명의 아일랜드계 마피아가 처참히 살해당한 '성 밸런타인데이 학살 사건'은 미국 전역에 알 카포네의 존재와 마피아의 잔혹함을 알렸습니다.

사건의 전말은 다음과 같습니다. 1929년 2월 13일, 한 아일랜드계 마피아가 디트로이트에서 강탈한 밀주 운송 차량의 위스키를 케이스당 57달러에 사지 않겠냐는 연락을 받았습니다. 당시로서는 꽤 괜찮은 가격이었죠. 그는 바로 약속을 잡고 만나기로 합니다. 다음 날인 2월 14일 밸런타인데이에 아일랜드계 마피아 7명이 약속 장소인 낡은 차고에 나타났습니다. 그런데 약속 시간에 나타난 것은 경찰차였습니다. 경찰은 마피아에게 "뒤돌아서 벽을 바라보고 서"라고 명령했습니다. 마피아들이 하는 수 없이 벽을 향해 돌아서는 순간 총을 든 세 명의 남자가 차고로 들이닥치더니 마피아에게 무차별 총격을 가한 뒤 경찰차를 타고 가버렸습니다.

사람들은 알 카포네의 짓이라고 예상했지만 사건 당시 그는 플로리다에 머물고 있었습니다. 심증은 있었지만 물증이 없었던 것입니다. 알 카포네는 잡히지 않았고 사건이 온갖 뉴스를 장식하면서 미국 전역에 그의 악

성 밸런타인데이 학살

명이 퍼졌습니다. 다른 지역의 마피아도 감히 알 카포네를 위협할 수 없을 만큼 그의 위상은 높아졌죠. 이때 그는 고작 서른 살이었습니다.

그런데 거칠 것 없던 알 카포네에게도 위기가 찾아왔습니다. 1930년대 초에 미국 전역에서 금주법 반대 운동이 일어난 것입니다. 금주법으로 세력을 키운 알 카포네로선 근간이 흔들릴 수 있는 위기 상황이었죠. 금주법이 폐지될 분위기를 미리 예감한 그는 새로운 사업을 시작했습니다. 항상 식탁 위에 올라가며 빵이나 시리얼, 커피나 차에 꼭 필요한 우유 사업입니다. 그는 재빨리 목장을 손에 넣고 우유의 품질을 철저하게 관리했습니다. 그리고 유리병 제조 공장과 냉장 수송차를 이용해 신선하게 보존한 우유를 밀주 사업으로 확보해둔 전국의 유통망을 통해 공급했습니다.

미국 전역에 우유를 공급할 수 있는 사람은 자신뿐이라고 생각한 알 카포네는 우유에 유통기한을 적용하기로 하고 시카고 시의회를 상대로 로비를 펼쳤습니다. 이 시기에는 손수레나 동물이 끄는 마차로 우유를 배달하곤 했는데 운반 속도가 느려 소비자에게 도착하기도 전에 상하기 일쑤였죠. 이런 상황에서 유통기한 법안이 통과되면 알 카포네의 빠른 유통망이 사업에 유리하다고 생각한 것입니다. 반대로 다른 유통업자들은 막대한 피해를 입었습니다. 사실 우유의 유통기한이 처음 생긴 경위가 명확하게 밝혀진 것은 아닙니다. 그러나 알 카포네 가족의 회고록에 의하면 그가 유통기한 제도 정착에 일조한 것은 분명합니다. 하지만 암흑가의 대부로 군림하던 알 카포네는 1931년에 22건의 탈세와 금주법 위반 혐의로 악명 높은 알카트라즈 감옥에 수감되었습니다.

루치아노, 마피아의 전성기를 열다

그렇다면 뉴욕의 일인자 루치아노는 금주법 폐지 후에 어떤 사업을 했을까요? 그의 목표는 체계적인 마피아 조직을 통해 큰 사업을 벌이는 것이었습니다. 이를 위해 유대계와 아일랜드계 마피아를 포섭해 혈통을 초월한 기업형 범죄 조직인 '전미범죄연합회'를 출범시켰습니다. 그리고 금주법 폐지 이후 마약, 매춘, 금융사기, 도박장 운영, 할리우드 영화계 갈취를 일삼았고 치즈 사업에도 진출했다고 합니다. 이렇게 마피아는 합법과 불법을 가리지 않고 다양한 사업을 펼쳤고 이 시기 미국에서는 마약, 매출, 도박이 성행하며 사회악으로 작용했습니다.

마피아 비즈니스의 모든 판을 짜던 루치아노는 돌연 매춘법 위반 혐의로 1936년에 기소됐습니다. 치열한 법정 공방 끝에 62건의 유죄가 확정돼

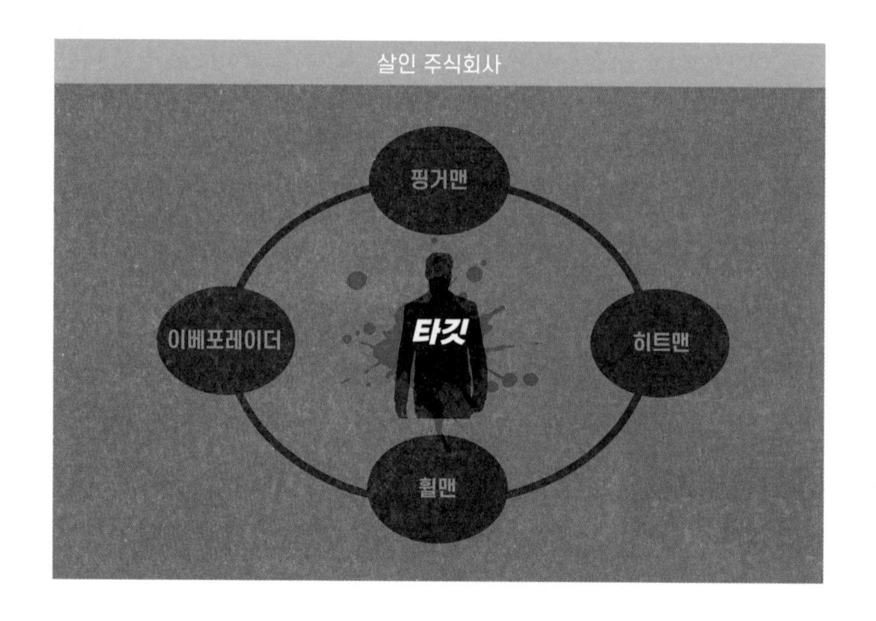

징역 50년을 선고받고 뉴욕 교도소로 들어갔습니다. 결국 루치아노는 일인자에서 물러났을까요? 놀랍게도 그의 영향력은 오히려 커졌습니다. 루치아노가 투옥된 후에도 일인자로서 군림할 수 있었던 것은 그가 세운 '살인 주식회사' 덕분이었죠. 전미범죄연합회의 산하기관인 살인 주식회사는 마피아 보스의 의뢰를 받아 사업에 방해되는 인물을 제거하는 살인 청부 조직입니다.

살인 주식회사는 4명이 한 조를 이뤘습니다. 타깃의 정보를 수집하고 암살 계획을 짜는 '핑거맨'과 암살조를 수송하는 '휠맨', 그리고 직접 살인을 저지르는 '히트맨', 범행 후 증거를 인멸하고 마무리를 담당하는 '이베포레이터'로 구성돼있죠. 미국 정부는 이들이 살해한 피해자 수를 63명이라고 발표했지만 실질적으로 이들이 제거한 사람은 최소 400명에서 최대 1,000명에 달하는 것으로 추정하고 있습니다. 이 모든 살인 명령의 꼭대기에 루치아노가 있었습니다. 그는 감옥에 들어간 후에도 인맥을 이용해 지령을 전달하며 마피아 조직을 손에 쥐고 있었던 것입니다.

루치아노는 50년 형을 받았지만 미국 정부의 도움으로 감옥에서 나왔습니다. 제2차 세계대전이 터지고 정부는 미국 시민권을 가지고 미국에 거주하고 있는 수많은 일본인과 이탈리아인, 독일인들을 경계했습니다. 그러던 중 1942년에 뉴욕 맨해튼 항구에서 병력수송선으로 개조 작업을 하던 여객선 노르망디호가 화재로 전복되는 사고가 발생합니다. 중요한 전력을 잃은 미 해군 정보국은 용의자를 찾기 위해 백방으로 노력했지만 끝내 아무것도 알아내지 못했습니다. 이때 해군 정보국이 은밀히 접촉한 인물이 바로 루치아노였습니다. 맨해튼 항구에는 이탈리아계 이민자가 많았는데 부두 사업에 마피아도 연루되어 있기 때문에 루치아노를 통하면 해결할 수 있다고 생각한 것입니다. 미국 정부는 정보와 도움을 제공하면 형량을 줄여주겠다고 제안했고, 루치아노는 이를 마다할 이유가 없었죠.

이후 루치아노는 뉴욕 항구에 미국을 비롯한 연합군에 대립하는 국가의 스파이가 있는지, 수상한 사람은 없는지 등을 확인해 미국 정부에 보고하는 '언더월드 작전'에 투입됐습니다. 루치아노의 요구에 따라 항만 노동자와 어부들도 적극 협력하며 미국 해군의 눈과 귀가 되었습니다. 이때 해군이 전시훈련을 위해 항구의 모든 불빛을 꺼달라고 요청해도 안 되던 일이 루치아노의 한마디면 해결될 만큼 그의 영향력은 엄청났습니다. 이렇게 해군의 정보 제공자가 된 루치아노는 공권력이 해내지 못한 일을 대신했습니다.

루치아노는 시칠리아 점령 작전에도 투입됐습니다. 제2차 세계대전 중 미국은 유럽에 상륙하기 위해 지중해 한가운데에 있는 시칠리아를 침공하는 '허스키 작전'에 돌입했습니다. 하지만 외부인을 잘 믿지 않는 시칠리아 사람들은 협력하지 않았죠. 미국은 루치아노를 이용해 협력을 요청했고 시칠리아 사람들의 도움으로 작전은 성공했습니다. 이후 1945년 5월에 독일이 마침내 항복을 선언했습니다. 루치아노는 강제 추방을 조건으로 징역 50년 중 단 9년만 채우고 석방되었습니다.

끝나지 않는 마피아의 검은 비즈니스

이탈리아로 강제 추방된 루치아노는 여러 차례 복귀를 노렸지만, 미국 정부의 연이은 추방 명령에 끝내 미국에 돌아오지 못했고 그의 영향력은 점차 사라졌습니다. 그러는 사이 뉴욕 5대 마피아 보스들과 조직원은 새로운 인물로 교체됐습니다. 마피아 비즈니스는 더 치밀해졌고 다양한 사업에 진출하며 수익은 나날이 늘어났죠. 미국 사회에서 마피아의 영향력이 점점 커지던 그때 마피아 역사의 전환점이 된 사건이 발생했습니다.

침묵이라는 규칙 아래 베일에 싸여 좀처럼 세상에 드러나지 않았던 마피아가 거대한 범죄 조직이라는 사실이 드러난 것입니다. 이른바 '아팔라친 모임'입니다. 마피아 위원회는 1957년 11월 14일 뉴욕 외곽의 외진 시골 마을인 아팔라친의 한 저택에 마피아를 소집했습니다. 미국 전역에서 보스들과 언더 보스, 조직원들까지 100명이 넘는 마피아가 모였습니다. 이들은 1957년부터 시행한 '연방 마약법'에 관해 의논할 예정이었습니다. 연방 마약법은 마약 밀수입과 불법 거래에 대한 처벌을 강화한다는 내용의 법안으로, 마약 사업으로 수십억 달러를 벌어들이는 마피아들은 대처

아팔라친 저택에 주차한 자동차

방안이 필요했죠. 그런데 본격적으로 회의를 시작하기도 전에 경찰이 저택을 급습하면서 그곳은 아수라장이 되었습니다.

경찰이 마피아 모임을 알게 된 데는 두 가지 설이 존재합니다. 하나는 한적한 시골길을 순찰하던 중 저택 앞에 수십 대의 고급 자동차가 있는 것을 보고 이상하다고 여긴 것입니다. 그래서 번호판을 확인해 보니 뉴욕 이외의 6개 주에서 온 자동차라는 것이 밝혀져 마피아 모임을 눈치챘다고 합니다. 또 하나는 마피아 조직원 중 한 사람이 모임에 대한 정보를 흘렸다는 것입니다.

갑작스러운 경찰의 등장에 마피아들은 재빨리 자동차를 타고 저택을 떠나거나 뛰어서 도망쳤지만 무려 62명이 체포되었습니다. 이들 중 50명이 과거에 체포된 기록이 있었고 18명은 살인 혐의, 15명은 마약 혐의, 그리고 23명은 불법 무기 소지 혐의로 체포됐습니다. 이후 유죄 판결을 받은 20명이 항소로 처벌을 면했지만 마피아의 어두운 면이 미국 사회에 드러나면서 아메리칸 마피아는 전환점을 맞이했습니다.

그런데 마피아의 불법 행위가 공개적으로 알려지기까지 미국 정부는 무얼 하고 있었던 것일까요? 이제껏 마피아에 대한 조사가 제대로 이루어지지 않은 데는 FBI 국장이 마피아 보스들과 협력 관계를 맺었다는 설과 마피아와 대적했을 때 FBI의 무능함이 드러날까 봐 쉽게 행동에 옮기지 않았다는 이야기가 있습니다. 그래서 마피아들이 범죄를 저질러도 제대로 수사하지 않고 그저 방관했다고 합니다. FBI와 마피아에 관한 이야기는 사실 여부가 확실하지 않지만 역사적 배경을 보면 FBI가 그들의 무능함을 걱정했다는 가설이 설득력을 가집니다.

또한 이 시기 FBI는 미국 내 공산주의자 척결에 온 힘을 쏟았습니다. 즉 냉전이라는 시대적 배경 때문에 인력과 자원이 부족했던 FBI가 마피아 범죄를 방관한 것이죠. 그러던 중 아팔라친 모임으로 미국 전역에 마피아의 존재가 알려지자 FBI도 더 이상 마피아의 존재와 영향력을 부정할 수 없었습니다. 이 사건 이후 마피아 범죄를 심각한 사회 문제로 인지하고 1960년대에는 마피아를 공공의 적으로 규정했습니다. 동시에 미국 전역의 마피아 보스들을 추적하기 시작했죠.

사진은 FBI가 1963년 기준 미국 전역에서 활동하는 마피아 보스들의 얼굴과 지역을 정리한 것입니다. FBI는 마피아의 규모를 파악한 후 전국적으로 인력과 자원을 투입해 여러 도시에 조직범죄 수사대를 창설했습니다. 이런 노력에도 마피아들은 여전히 범죄를 일삼으며 세력을 키웠습니다. 가장 심각한 것은 마약 사업이었습니다. 1957년에 연방 마약법을 시행

1963년에 활동 중인 마피아

했지만 마피아는 강력한 법망을 뚫고 입수한 헤로인을 유통했습니다.

이들은 과거 프랑스 식민지였던 동남아시아와 튀르키예의 양귀비를 프랑스 마르세유에서 순도 높은 헤로인으로 정제해 미국으로 들여왔습니다. 당시 마르세유 마약은 코르시카 갱들이 장악했는데, 지리적으로 가까웠던 시칠리아 마피아와 코르시카 갱이 의기투합해 미국에 마약을 판 것이죠. 마약을 건네받은 아메리칸 마피아들은 뉴욕, 디트로이트, 시카고 등 미국 전역에 헤로인을 운반했습니다. 이 루트를 가리켜 '프렌치 커넥션'이라고 합니다.

이렇게 들어오는 헤로인의 규모는 상당했습니다. 1951년부터 1973년까지 미국 헤로인 소비량의 약 80%를 장악할 정도였죠. 문제는 헤로인이 수많은 마약 중에서도 중독성이 강하기로 악명 높다는 것입니다. 1945년에 약 2만 명이었던 미국 내 헤로인 중독자는 1973년에 56만 명까지 증가했습니다. 미국 내 중독자는 기하급수적으로 늘었고 심지어 헤로인을 흡입하는 당사자뿐 아니라 신생아까지 중독되는 악순환을 낳았습니다. 산모가 헤로인에 중독되면 태어난 아이도 중독될 확률이 높습니다. 금단 현상은 저마다 다르지만 대부분 온몸을 떨고 발작·설사·구토 증상을 겪거나 살아남지 못하는 경우도 많았습니다. 마피아가 들여온 마약이 죄 없는 아이들에게까지 영향을 미치는 끔찍한 일이 발생한 것입니다.

대대적인 단속으로 프렌치 커넥션은 끊어졌지만 '피자 커넥션'이 새로운 마약 거래 루트로 등장했습니다. 1970년대에는 시칠리아에서 온 밀입국자들에 의해 마약이 미국으로 밀수입되기 시작했는데, 이들이 단속을 피하려 피자가게를 연 것입니다. 이곳에서 아메리칸 마피아들과 마약을 거래했죠.

이 외에도 마피아들은 불법 도박장, 매춘, 대출은 기본이었고 일상생활에 필요한 다양한 제품을 독점하며 돈을 벌었습니다. 양배추 독점, 얼음 독점, 밀가루 독점, 심지어는 교회에서 약혼식을 올릴 때 필요한 양초까지 독점했죠. 이들은 영화 산업에도 영향을 끼쳤는데 영화 〈대부〉를 제작할 때 마피아를 세상에 알리지 못하게 하려고 제작진을 협박해서 '마피아'라는 단어와 '코사 노스트라'라는 단어를 대본에서 삭제했다고도 합니다.

문어발 수준으로 사업을 확장한 아메리칸 마피아의 수입은 어느 정도였을까요? 전 「뉴욕타임스」 기자이자 마피아 전문가인 셀윈 라브Selwyn Raab에 따르면 1960년대 20여 개 미국 마피아 패밀리의 범죄수익은 연간 70억 달러를 넘어섰으며, 이는 당시 미국 10대 대기업의 수익을 합친 것과 거의 비슷하다고 합니다. 현재 가치로 환산하면 무려 90조 원에 달하는 돈입니다. 이 규모는 아메리칸 마피아가 당시 미국 사회에 상당한 영향을 끼쳤다는 방증이기도 합니다.

미국 공공의 적, 마피아 소탕 작전

미국 전역의 마피아 중에서 범죄수익이 가장 높았던 세력은 뉴욕 5대 마피아였습니다. 그러다 보니 뉴욕은 그야말로 마피아들의 무법지대였죠. 더는 마피아를 두고 볼 수 없던 미국 사법권은 마피아 조직을 무너뜨릴 목적으로 '리코법'을 제정했습니다. 리코법이란 'Racketeer Influenced and Corrupt Organizations Act'의 약자로 간단히 말해 '조직범죄처벌법'입니다.

이 법의 가장 큰 특징은 말단 조직원의 범죄가 발각됐을 때 명령을 내린 윗사람도 주범으로 기소할 수 있다는 것입니다. 그동안은 범죄를 저지른 조직원을 잡아도 마피아의 규칙인 침묵의 맹세 때문에 윗선의 배후까지 죄를 물을 수 없었습니다. 그런데 리코법으로 개별 범죄들을 조직 단위로 묶어서 기소할 수 있게 된 것입니다. 또한 강력 범죄뿐 아니라 뇌물을 주고받은 경제사범도 조직범죄로 처벌이 가능해졌죠. 마지막으로 범죄집단이나 기업이 불법 사업을 했을 경우 국가가 이익을 몰수할 수 있도록 규정했습니다.

FBI의 최종 목표는 뉴욕 5대 마피아를 비롯한 조직의 보스들을 검거하는 것입니다. 아무리 조직원을 잡아들여도 보스를 잡지 못하면 범죄를 근절할 수 없다고 판단한 것이죠. 1980년대 초, FBI는 보스들과 조직원 사이에 명령과 지시가 오고 간 확실한 물증을 찾기 위해 목표 대상의 집과 자동차, 자주 가는 레스토랑 등을 도청했습니다. 그러던 중 뉴욕 5대 마피아 중 하나인 보스의 집에 도청 장치를 설치하는 데 성공합니다. 이때 FBI 요원이 케이블 TV 기사로 위장해 도청 장치를 설치했죠. FBI 요원은 사전에 보스의 집으로 케이블 방해 전파를 보내 케이블 TV 기사를 부르도록 유도했고, 계획대로 수리 요청이 오자 위장한 채 방문해 아무런 의심도 받지 않고 도청 장치를 설치한 것입니다.

FBI는 시간과 장소를 불문하고 마피아 보스를 잡기 위한 도청에 집중했습니다. 운 좋게도 도청을 시작한 지 얼마 지나지 않아 뉴욕 5대 마피아 패밀리가 감춰온 비즈니스를 알아냈습니다. 다음은 루케제 패밀리의 보스 앤서니 코랄로Anthony Corallo의 도청 파일 내용의 일부입니다.

> "강한 노조는 모두에게 돈을 벌어주지. 거긴 조직원들도 포함돼. 조직원들은 강한 노조로 더 많은 돈을 벌게 돼. 이제 사람을 포섭하자고 일자리를 주는 거지. 조합을 우리 사람들로 채우면 노조는 우리 것이 돼."

노동조합 장악을 통한 마피아의 범죄행위가 간접적으로 드러난 순간이었죠. 이들은 건설 노조를 비롯해 트럭 운송, 항만, 호텔 종업원, 의류 회사, 청소부, 요리사 노조 등 뉴욕 대다수의 노조를 장악했습니다. 마피아는 노조를 어떤 방식으로 이용해 돈을 번 것일까요?

예를 들어 뉴욕 항구는 엄청난 양의 물류가 들어오는데 이때 마피아는 일부러 파업을 유도해 항구 노동자가 일하지 못하도록 만들었습니다. 그

1980년대 뉴욕 5대 패밀리

제노베제 패밀리 **보스** 앤서니 살레르노	감비노 패밀리 **보스** 폴 카스텔라노	루케제 패밀리 **보스** 앤서니 코랄로	보나노 패밀리 **보스** 필립 라스텔리	콜롬보 패밀리 **보스** 알퐁스 페르시코

러고는 물류회사가 돈을 내놓지 않으면 계속 파업하겠다고 협박했죠. 심지어는 마피아 조직원이 노동조합 대표가 되기도 했습니다. 200만 명이 넘는 회원이 등록한 미국 최대 노동조합인 트럭 운송 노조 회장에 마피아를 앉히고 노조를 쥐락펴락한 것입니다. 이들은 파업을 미끼로 고용주를 위협하는 것 외에도 노조원의 투표권을 이용해 정치인과 결탁하거나, 노조 연금을 빼내 다른 사업에 투자하기도 했습니다. 근로자를 보호해야 할 노조를 불법 사업의 밑거름 삼아 몸집을 불린 것입니다.

FBI는 도청으로 이런 정황을 파악했습니다. 하지만 마피아 보스들을 잡기에는 증거가 부족했죠. 조직원의 동선을 살피며 도청을 이어갔지만 보스들을 체포하고 중형을 선고할 만한 결정적인 증거는 좀처럼 나타나지 않았습니다. 난항을 겪는 FBI 앞에 마피아 척결을 다짐한 인물이 등장합니다. 1983년 6월에 뉴욕 연방 검사장으로 부임한 루돌프 줄리아니Rudolf Giuliani 검사입니다. 그는 부임 후 자신의 최우선 과제를 뉴욕 5대 마피아 보스 체포와 조직범죄 근절로 잡았습니다. 그 역시 마피아 보스들을 감옥에 보내야 조직이 힘을 잃을 것이라고 믿었죠.

줄리아니는 검사 재직 시절 총 4,000건 이상의 유죄 판결을 받아낸 마피아 킬러였습니다. 그는 뉴욕 연방 검사장으로 발령받자마자 마피아 조직범죄에 관한 모든 자료를 재빨리 파악했습니다. 그리고 뉴욕을 지배한 5대 마피아 보스들을 단번에 간파했죠. 줄리아니 검사의 타깃인 각 패밀리의 보스들은 더 많은 돈을 벌기 위해 경찰을 매수하고 정치인까지 끌어들였습니다. 사업을 위해서라면 살인과 협박까지 서슴지 않았죠. 때문에 줄리아니 검사는 이들을 사회악이라 여겼습니다.

줄리아니 검사는 마피아를 극도로 싫어했는데 여기에는 마피아와의 악연이 존재합니다. 그는 이탈리아계 미국인으로 브루클린에서 태어났습니다. 그의 조부모들은 아메리칸드림을 꿈꾸며 미국으로 온 이탈리아 이민자로 이발사와 재단사였죠. 이들은 마피아에게 수익금의 30%를 상납했습니다. 돈을 내지 않으면 가게에 불을 지르고 자식까지 때리겠다고 협박했기 때문이죠. 그 모습을 보고 자란 줄리아니는 누구보다 절실하게 이민자를 착취하고 끔찍한 범죄를 저지르던 마피아의 척결을 다짐한 것입니다.

이런 그가 뉴욕 연방 검사장으로 부임한 지 얼마 되지 않아 든든한 아군이 나타났습니다. 당시 미국 대통령이었던 로널드 레이건Ronald Reagan입니다. 1983년 7월에 레이건 대통령은 조직범죄에 관한 담화문을 발표했습니다.

> "이 마피아 조직의 힘은 우리 사회의 모든 부분을 감염시킵니다. 우리 모두가 미국 마피아 세력을 무너뜨리기 위한 싸움을 도울 때가 되었습니다. 최종 목표는 거의 100년 동안 지속된 미국 역사의 오점을 제거하는 일입니다."

마피아에 대처하는 레이건 대통령의 태도는 매우 간절했습니다. 호소문처럼 느껴지는 그의 발언은 마피아 척결에 대한 중요성을 일깨웠고 줄리아니 검사의 마피아 소탕 작전에 무게를 실어 주었습니다.

본격적으로 수사를 시작한 줄리아니 검사는 FBI의 도청자료를 듣던 중 마피아를 옭아맬 결정적 단서를 생각해냈습니다. 뉴욕 마피아 사업의 모든 결정권을 5명의 보스가 소속된 '마피아 위원회'가 가지고 있다는 사실을 알아낸 것입니다. 즉 보스들을 잡기 위해서는 이 조직을 추적해야 했죠. 줄리아니 검사와 FBI는 도청 내용을 취합해 마피아 구성원들을 제대로 파악한 다음 미국 정부로부터 마피아 소송 제기 허가를 받았습니다. 그의 주도로 1984년까지 350명의 FBI 요원과 100명의 뉴욕 경찰 및 형사가 마피아를 조사하고 추격했습니다. 그리고 수사를 통해 뉴욕, 뉴저지, 코네티컷 일대에 약 1,000명의 조직원과 5,000여 명에 이르는 마피아 동료들이 존재한다는 구체적인 정보까지 얻었죠.

이 시기 줄리아니 검사는 또 하나의 엄청난 사실을 발견하게 됩니다. 마피아가 관리하는 노동조합이 뉴욕시 건설업계에 깊이 개입한 정황이 드러난 것입니다. 이는 마피아가 뉴욕의 건설업마저 장악했다는 의미였습니다. 1960년대 이후 뉴욕은 도시를 세우기 위한 건설 사업이 한창이었습니다. 도로가 정비되고 높은 빌딩과 집을 지었죠. 1980년대에는 맨해튼 전역에 건물을 세우면서 건설업에 큰돈이 몰렸습니다. 이 시기 마피아는 마약에 이어 건설업에서도 큰 수입을 올렸습니다. 대체 이들은 어떻게 막대한 사업을 손에 넣었을까요?

마피아는 노동조합 장악으로 건설 현장의 공사 진행을 멈출 수도, 재기할 수도 있었습니다. 가령 건설업 시공자가 마피아 보스 마음에 들지 않으면 건설 노조 소속인 시멘트 트럭 운전자에게 작업을 멈추라고 지시하며 인위적으로 파업을 유도했죠. 이 경우 공사 현장에 시멘트를 붓던 작업을 다시 시작해야 할 뿐 아니라, 시멘트 특성상 남은 시멘트는 모조리 버려야 합니다. 다른 작업도 모두 지연돼 공사는 중단됩니다. 시공업자는 마피아에게 돈을 주고 다시 공사를 시작하는 방법과 공사를 포기하고 막대한 손해를 입는 방법 중 하나를 선택해야 했죠. 결국 건설업자들은 손해를 견디지 못하고 마피아에게 굴복했습니다. 뉴욕의 5대 마피아는 이런 식으로 건설 사업을 독점했습니다.

당시 「워싱턴 스타」 신문에는 마피아 패밀리가 건설 사업을 독점한 상황을 풍자한 그림이 실렸습니다. 머리에 마피아라고 쓰여 있는 문어가 건축, 건설, 유흥 등 다양한 산업을 장악한 모습을 통해 뉴욕 마피아의 영향력이 심각하다는 사실을 시민들에게 알린 것이죠.

마피아 위원회의 횡포는 점점 심해졌고, 급기야 뉴욕에서는 200만 달러 이상의 시멘트 공사는 마피아가 선정한 8개 회사만 입찰에 참여할 수 있게 되었습니다. 이 회사들을 가리켜 '콘크리트 클럽'이라고 합니다. 여기에 가입한 8개 회사는 입찰에 참여할 특권을 받고 그 대가로 '마피아 위원회' 소속인 뉴욕 5대 패밀리에게 계약금의 2%를 바쳤습니다.

줄리아니 검사가 발견한 마피아를 검거할 수 있는 단서가 바로 '콘크리트 클럽'입니다. 이는 마피아가 8개 건설사로부터 돈을 받아왔다는 증거로 미국법상 갈취에 해당하는 중범죄였죠. 그러나 보스들이 더 높은 형량을 받기를 원했던 줄리아니 검사는 미국 사법 체계에서 중요한 역할을 하는 배심원들의 마음을 흔들 수 있는 강력한 사건을 원했습니다. 즉 FBI는 마피아 위원회가 살인을 지시했고, 이 결정에 보스들이 움직였다는 증거

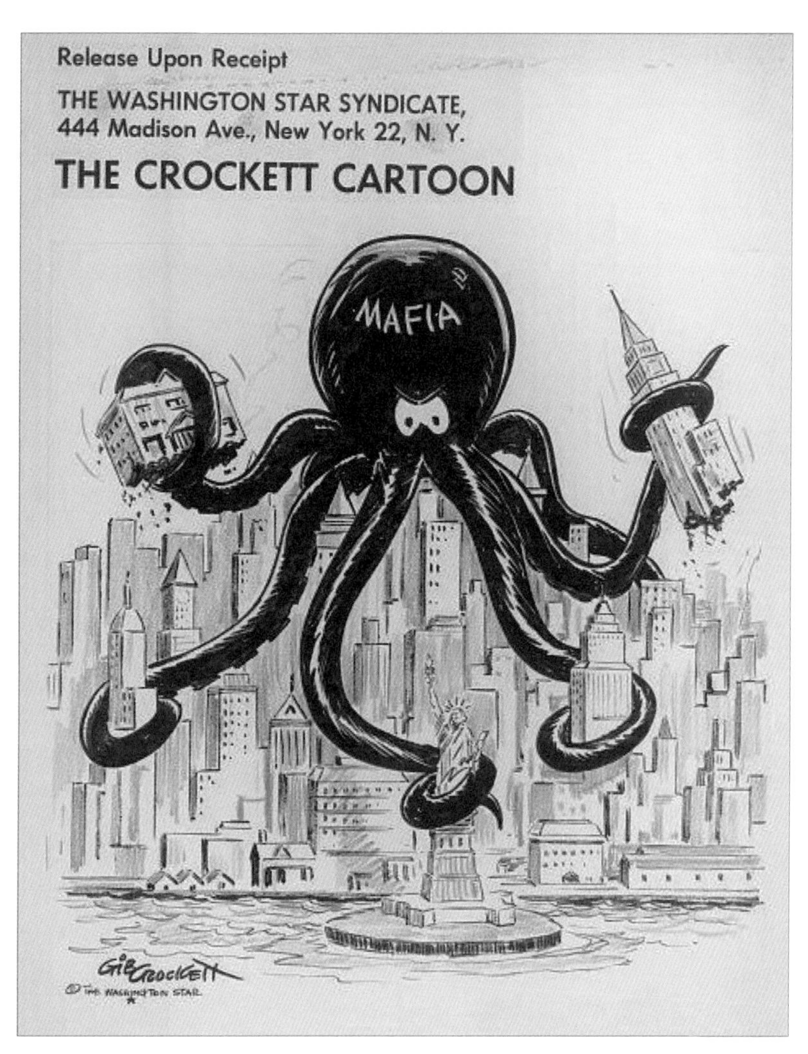

각종 산업을 장악한 마피아

를 잡아야 했죠. 살인은 마피아의 잔혹함을 드러내는 동시에 배심원의 마음을 확실하게 흔들 수 있는 사건이었습니다.

100년 만에 무너진 미국의 마피아 제국

드디어 마피아 위원회가 살인사건의 배후라고 확신할 수 있는 사건이 수면 위로 떠올랐습니다. 1979년에 일어난 '갈란테 살인사건'입니다. 브루클린의 작은 식당에서 뉴욕 5대 마피아 중 하나인 보나노 패밀리의 보스 대행 카르미네 갈란테Carmine Galante가 무려 84개의 총상을 입고 잔인하게 살해당한 사건입니다. 그는 위원회의 결정을 무시하고 4명의 마피아 보스를 따돌린 후 마약 사업 수입을 독식하려다 목숨을 잃었습니다. 수사를 통해 유력한 용의자를 찾아냈지만 지문이 불일치해 사건은 미제로 남았습니다. 그런데 5년이 지나서야 진범이 잡힌 것입니다. 사건 당시 유력한 용의자였던 앤서니 인델리카토Anthony Indelicato, 일명 브루노였습니다.

미제로 남을 뻔한 이 사건을 어떻게 해결했을까요? 경찰은 범인이 탔던 자동차 손잡이에 남은 지문을 보관하고 있었습니다. 그런데 시간이 흐른 후 다시 보니 손가락 지문이 아니라 손바닥 지문이었던 것입니다. FBI는 수소문 끝에 용의자를 찾아 그의 손바닥 지문을 채취하고 다시 대조했습니다. 그 결과 지문은 완벽하게 맞아떨어졌죠. 이로써 브루노가 살인했다는 확실한 증거를 잡았습니다.

문제는 위원회가 지시했다는 증거를 찾는 것이었죠. 이 기회를 놓칠 수 없었던 FBI는 모든 자료를 샅샅이 훑었습니다. 그리고 살인사건이 일어난 날 입수했던 한 클럽의 녹화 테이프에서 수상한 점을 발견했습니다. 갈란테가 살해당한 지 30분이 지나서 범인과 몇몇 사람이 클럽에 나타났는데 너무도 활기찬 모습이었던 것입니다. 범인을 껴안고 악수하는 사람 중에는 5대 마피아 보스 중 하나인 감비노 패밀리의 언더 보스도 있었습니다.

FBI는 이들이 범행을 끝내고 성공을 축하하는 자리라고 판단했고 이 모습을 위원회가 살인을 지시했다는 정황 증거로 해석했습니다.

수많은 FBI 요원들의 밤낮 없는 도청작업으로 모은 자료는 퍼즐 조각처럼 맞아떨어졌습니다. 1985년 2월 25일, 드디어 리코법에 따라 마피아 보스와 언더 보스 9명이 기소됐습니다. FBI 뉴욕지부는 무장병력을 동원했고, 줄리아니 검사는 살인, 갈취, 노동 공갈, 마약 밀매 등 중범죄를 공모한 혐의로 이들을 기소했죠. 이후 오랜 시간 마피아 재판이 열렸습니다. 재판 마지막 날인 1986년 11월 19일 「뉴욕타임스」 에는 "미국 배심원단, 마피아 위원회 위원 8명 유죄 선고"라는 기사가 실렸습니다.

체포된 마피아 보스 9명 중 한 명은 가석방 중 다른 조직원에게 살해당했고, 나머지 8명에게는 리코법에 따라 유죄를 선고했습니다. 대부분 100년형 이상을 받았죠. 이로써 줄리아노 검사의 표적이었던 5명의 마피아가 모두 정리됐습니다. 이후 리코법의 영향으로 1990년까지 약 1,000명 이상의 마피아가 유죄 판결을 받았습니다. 마피아가 완전히 사라진 것은 아니지만 100여 년간 미국 암흑가를 흔들었던 악명 높은 마피아가 힘을 잃었다는 데 리코법의 의미가 있습니다.

많은 사람이 마피아 하면 영화 〈대부〉에 등장하는 낭만적인 이미지를 떠올립니다. 하지만 이들은 미국 이민자의 역사에서 불법적이고 손쉬운 방법으로 욕심을 채우고 선량한 사람들의 아메리칸드림을 빼앗은 악인입니다. 무엇보다 우리는 대다수의 이민자가 근면 성실함으로 지금의 미국을 세운 영웅이라는 사실을 기억해야 합니다. 시대와 나라, 상황은 모두 다르지만 꿈을 이루는 방법은 오롯이 자신의 선택에 달려 있습니다. 모두 자기만의 방법을 찾아 인생을 책임지고 꿈을 이루기 바랍니다.

벌거벗은 마약 카르텔

라틴 아메리카 현대사에서 가장 충격적인 사건

박구병

● 2021년 미국 펜실베이니아주 필라델피아의 켄싱턴 거리, 마치 좀비를 연상하듯 기이한 움직임을 보이거나 괴상한 자세로 거리에 멈춰버린 이들이 있습니다. 살아 있는 시체라 불리는 좀비를 소재로 한 영화에서나 볼 법한 장면이 도심 한복판에서 펼쳐진 것이죠. 이곳에서는 대체 무슨 일이 벌어지고 있는 걸까요?

충격적인 모습으로 거리를 떠도는 이들에게는 공통점이 있습니다. 모두 '펜타닐'이라는 약물에 취해 있다는 것입니다. 펜타닐은 아편 계열 마약성 진통제로 말기 암 환자에게 사용하며 과다 복용 시 뇌에 과부하가 발생합니다. 비유하자면 몸의 스위치를 꺼버림으로써 사망에 이르게 하는 것이죠. 2020년과 2021년에 교통사고, 총기사고 등을 제치고 코로나 바이러스 감염을 제외한 미국인 사망 원인 1위에 오른 것이 마약성 진통제인 펜타닐입니다. 즉 좀비처럼 변한 이들은 모두 강력한 마약의 중독자입니다.

20세기 초 이래 미국은 아편, 마리화나, 헤로인, 코카인과 같은 마약에 잠식당했다고 해도 과언이 아닙니다. 그렇다면 이 위험한 마약들은 대체 어디에서 온 것일까요? 현재 미국으로 들어오는 마약 유통에서 큰 부분을 차지하는 곳은 이웃 나라 멕시코와 남아메리카의 콜롬비아입니다. 국제 마약계의 양대 산맥과도 같은 나라죠. 두 나라 모두 아름다운 자연환경과 오랜 문명의 유산을 간직한 유서 깊은 곳이지만 마약 밀매 조직 때문에 매년 세계에서 치안이 불안한 나라를 꼽을 때마다 빠지지 않습니다. 2019년에도 세계에서 가장 치안이 불안한 도시로 멕시코의 티후아나가 뽑혔죠.

멕시코가 이토록 위험한 국가로 전락한 것은 마약 밀거래 조직의 활동 때문입니다. 이들은 수십 년 전부터 미국에 마약을 몰래 유통해 왔습니다. 최근 미국의 심각한 사회 문제로 떠오른 펜타닐도 멕시코를 통해 유입되고 있다고 합니다. 2020년 5월부터 2021년 4월까지 미국에서 약물 과다복용으로 사망한 사람이 최초로 10만 명을 넘었는데, 이들 중 무려 80%가 펜타닐 과다 복용과 관련되어 있다고 합니다.

상황이 이토록 심각하다 보니 전 세계가 멕시코의 마약 조직에 주목하고 있습니다. 멕시코는 어쩌다 마약과 엮이게 된 것일까요? 그리고 멕시코인들은 언제부터, 어떻게 미국으로 마약을 실어 날랐을까요? 지금부터 라틴 아메리카 현대사에서 가장 자극적이고 충격적인 사건에 관해 이야기하려 합니다. 마약 조직의 온상이 된 멕시코를 위험한 국가로 만든 역사적 배경을 벌거벗겨 보겠습니다.

멕시코와 마약, 그 악연의 시작

멕시코는 왜 마약의 제국이라는 불명예를 떠안게 된 것일까요? 멕시코와 마약의 악연은 어느 날 갑자기 시작된 것이 아닙니다. 19세기 후반, 중국인들은 일자리를 찾아 미국 캘리포니아부터 멕시코 서부 해안 지대, 페루의 친차섬 등 여러 곳으로 이주해 철도 건설에 투입되거나 농업 노동자로 활동했습니다. 19세기 중국에서는 아편 흡연이 성행했는데 멕시코 시날로아 지역에 정착한 중국인이 아편의 원료인 양귀비 종자를 들여오면서 오늘날 멕시코 마약의 역사가 시작된 것입니다.

이렇게 19세기 말부터 멕시코에서는 양귀비와 마리화나를 재배했습니다. 어린 시절 음악 시간에 배운 〈라 쿠카라차〉는 '바퀴벌레'라는 뜻의 멕

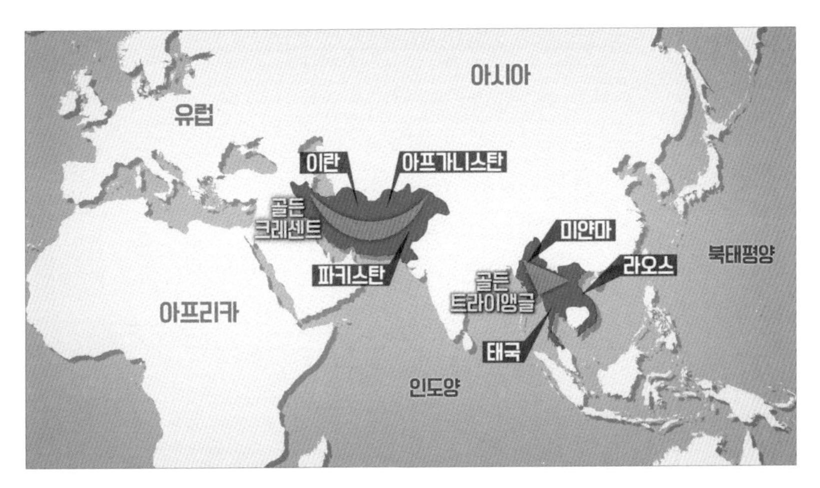

골든 트라이앵글과 골든 크레센트

시코 민요입니다. 여기에는 '바퀴벌레, 바퀴벌레는 이젠 걸을 수가 없네. 피울 마리화나가 다 떨어지고 없기 때문이지'라는 가사가 있습니다. 사실 이 노래는 1910년대 멕시코 혁명 시기에 유행한 것으로 당시 농민들의 빈곤과 혁명가들의 고난을 표현한 것입니다. 이렇게 유명한 노래에도 등장할 만큼 멕시코에서는 아편과 마리화나를 복용하는 사람이 많았습니다.

게다가 이 시기에는 미국과 멕시코 국경 간 이동이 매우 자유로운 편이었습니다. 이 과정에서 아편과 마리화나는 미국으로도 흘러 들어갔습니다. 1950년대부터 멕시코의 농부들은 대량으로 양귀비와 마리화나를 재배하기 시작했습니다. 시간이 흘러 1970년대 초에는 본격적으로 미국에 마약을 판매하면서 국제 마약 밀매업자가 된 것이었죠. 이때부터 멕시코의 마약 생산과 유통은 국제적 마약 유통의 흐름에 큰 영향을 주었습니다.

원래 진통제, 환각제, 각성제의 원료는 대부분 멕시코가 아닌 '골든 트라이앵글'이라 불리던 미얀마, 태국, 라오스와 '골든 크레센트'라 불리던 아

미국과 멕시코의 국경 지대

프가니스탄, 파키스탄, 이란에서 재배해 왔습니다. 즉 동남아시아와 서아시아의 양귀비로 만든 아편과 헤로인이 튀르키예를 거쳐 프랑스 마르세유 항구로 유입된 뒤 미국으로 건너갔죠. '프렌치 커넥션'이라 불린 이 같은 흐름은 1930년대부터 1960년대까지 계속됐으나 미국 마약 단속관들의 활동으로 1970년대 초에 무너졌습니다. 이때 멕시코가 미국과 맞닿은 국경 도시들을 중심으로 미국 헤로인 시장의 4분의 3을 일시적으로 장악했습니다. 아시아와 프랑스를 거쳤던 마약 유입 경로가 미국 정부의 단속이 강화되면서 멕시코로 바뀌게 된 것입니다.

프렌치 커넥션이 와해되자 멕시코는 이웃 국가인 미국에 이전보다 많은 양의 마리화나와 헤로인을 공급했습니다. 이 무렵 시날로아를 포함한 멕시코 서북부 지역에서는 생아편과 마리화나를 재배해서 미국으로 판매했는데 그 체계는 매우 단순했습니다. 마약을 판매하고 운송하는 구역을 '플라사plaza'라고 했는데 작은 마을이나 도시 정도의 규모였습니다. 그러

미국의 히피 문화

다가 국경 도시 티후아나가 마약 유입 경로로 자리 잡으면서 1970년대에 멕시코에서 미국으로 흘러 들어가는 마리화나의 양도 폭발적으로 증가했습니다. 당시 미국에서 마리화나를 복용하는 사람은 약 150만 명으로 전체 소비량의 절반 이상이 멕시코산이었습니다.

이 시기 미국에서 마리화나가 사회적 문제로 떠오른 데는 히피 문화가 큰 영향을 미쳤습니다. 1960~1970년대 미국 청년층에서는 평화와 사랑, 자유를 추구하며 소비적인 물질문명을 거부하려는 운동이 전역으로 퍼졌습니다. 히피 문화를 상징하는 것은 자유로운 복장, 평화를 상징하는 꽃, 기성 사회에 대한 도전, 전쟁 반대, 그리고 마리화나입니다. 틀에 박힌 가치가 아닌 자신만의 개성을 표현하던 당시 젊은이들은 저항과 자유를 표현하는 방식으로 마리화나를 피웠습니다. 마약이 유행처럼 번지자 미국 정부도 더 이상 두고 볼 수만은 없었죠.

이 시기 미국 내의 마약 유행은 미국이 치르고 있던 베트남 전쟁과도 깊은 연관이 있었습니다. 미국인들은 1964년부터 1975년까지 베트남에서 치른 이 전쟁에서 치료의 목적으로 마약성 진통제인 헤로인을 사용했습니다. 문제는 전쟁터에서 진통제에 중독된 참전 군인들이 미국으로 돌아와서도 헤로인을 끊지 못했다는 것입니다. 11년이나 계속된 전쟁에서 참전 군인들은 마약의 늪에 빠졌고 어느새 미국의 마약 중독은 심각한 사회 문제로 부상했습니다.

마약이 국가를 위협할 만큼 위급한 상황을 두고 볼 수 없던 미국의 리처드 닉슨Richard Nixon 대통령은 1971년 6월에 미국 역사상 최초로 '마약과의 전쟁'을 선포했습니다. 마약을 '공공의 적 1호'라고 부르며 미국 사회에서 마약을 뿌리 뽑겠다는 강력한 의지를 보인 것입니다. 닉슨 대통령이 대대적인 마약 소탕 작전에 나선 것은 그의 정치적 계산과 맞물려 있습니다. 당시 베트남 전쟁의 수렁에 빠진 미국에서는 날이 갈수록 청년들의 불만이 커졌고 반전 시위를 주도하기도 했습니다. 이들이 마약을 복용하자 닉슨은 여론의 관심을 전쟁에서 마약으로 바꾸려 한 것입니다. 그리고 1973년 7월에는 미국의 마약단속국인 DEA(Drug Enforcement Administration)를 창설했죠.

사실상 마약 전담 경찰이자 특수 부대 역할을 한 DEA는 주로 마약 밀수와 미국 내 마약 유통을 단속하는 조직입니다. 미국뿐 아니라 전 세계에서 불법으로 마약을 유통하는 국가와 공조해 침투 작전을 펼치거나 마약 카르텔의 두목들을 검거하기도 합니다. 지금도 전 세계 69개국에 90개

사무소를 운영하며 소속 직원만 1만 명이 넘고 5,000명이 넘는 특수요원이 활동 중입니다.

DEA는 1976년에 1만 명의 멕시코 군인을 지원해 '콘도르 작전'을 펼쳤습니다. 멕시코의 마약 재배지를 소탕하는 이 작전에서 DEA는 멕시코에 블랙호크 헬리콥터를 제공해 마리화나 재배지에 제초제를 살포했습니다. 1977년에만 약 38km^2(약 1,150만 평)에 달하는 마리화나 밭이 파괴됐죠. 그런데 이 작전은 예상치 못한 결과를 가져왔습니다.

새롭게 떠오른 마약 제국, 콜롬비아

멕시코와 더불어 국제 마약계의 양대 산맥인 콜롬비아는 마약 밀매 조직을 말할 때 빼놓을 수 없는 나라입니다. '콘도르 작전'을 계기로 멕시코의 마약 공급이 주춤한 사이 1970년대 중반 마약 재배와 제조의 중심지가 콜롬비아로 이동했습니다. 풍선 한쪽을 누르면 다른 쪽으로 바람이 몰리면서 부풀어 오르는 풍선의 모습처럼, 멕시코의 마리화나 문제를 어느 정도 해결하자 콜롬비아에서 또 다른 마약 문제가 터진 것입니다.

본래 미국에서 인기를 끌던 마약은 마리화나와 헤로인입니다. 그런데 1970년대 말부터 코카인이 인기를 얻었고 콜롬비아는 코카인 밀수출의 중심으로 떠올랐습니다. 우리가 잘 아는 코카콜라와 코카인의 원료는 코카나무의 잎입니다. 코카나무 잎 자체는 마약이 아니며 오래전부터 피로회복에 효과가 있는 자양강장제 역할을 해서 그곳 주민들이 즐겨 먹었습니다. 페루, 볼리비아, 콜롬비아 등의 안데스산맥 고지대에 밀집한 코카나무에서 잎을 따고 간단한 가공을 거치면 코카 반죽이 됩니다. 이후 더 복잡한 결정화 과정을 거쳐 마약으로 재탄생합니다. 콜롬비아는 벽돌 형태의 순수한 코카인을 만들어 유통했습니다. 이렇게 코카나무 잎은 마약이 되었습니다.

코카인의 유통 과정에서 핵심적인 역할을 한 것은 마약 밀매자라는 의미의 '나르코트라피칸테narcotraficante'입니다. 이 책에서는 '마약 카르텔'이라고 부르겠습니다. 카르텔cartel은 17세기 말 프랑스와 이탈리아에서 '도전장'이나 '항의 서한'을 의미했으나, 나중에는 가격 담합이나 경쟁 제한을 목적으로 하는 기업 간 연합이나 공동 행동을 위한 세력의 연합을 뜻하게 되었습니다. 연합의 뜻을 살려 마약 밀매조직에도 카르텔이라는 용어를 붙였는데 아마도 1970년대 국제 뉴스에 자주 등장한 석유수출국기구(OPEC)를 카르텔로 묘사한 데서 영향받은 것으로 보입니다. 당시 OPEC은 담합해서 석유 가격을 정하고 부유한 국가에 밀리지 않으면서 제3세계 국가들의 이해관계를 대변하는 것처럼 보이기도 했습니다. 콜롬비아의 마약 카르텔도 이런 이미지를 차용했다고 볼 수 있습니다. 마치 콜롬비아가 미국 같은 부유한 국가들과 맞서는 투쟁의 대변자인 것처럼 이미지를 조작하기 위해 '마약 카르텔'이라는 말을 사용하기 시작한 것이죠.

콜롬비아의 마약 카르텔은 단순히 밀매에 그치지 않고 무기를 갖추고 업계의 경쟁자나 단속 요원, 군인 등과 전투를 벌이는 수준에 이르렀습니다. 어느새 준군사적 범죄 집단으로 변모한 이들은 코카인 가공에 가담할 뿐 아니라 항공편이나 해상 운송을 통해 직접 미국까지 코카인을 실어 날랐습니다. 그 중심에는 가장 강력한 마약 카르텔인 '메데인 카르텔'이 존재합니다. 지금까지도 널리 회자되는 악명 높은 마약왕 파블로 에스코바르

Pablo Escobar가 메데인 카르텔의 보스였죠. 그의 전성기인 1980년대에는 미국에 유통한 코카인의 80%가 그를 거쳤다고 합니다.

이 시기 메데인 카르텔은 하루에 최대 6,000만 달러, 1년에 약 40억 달러의 수입을 올렸습니다. 당시 코카인 1kg을 정제하는 데 드는 비용이 1,000달러 정도였는데 메데인 카르텔의 조직원은 코카인 1kg에 최대 7만 달러까지 받았다고 합니다. 무려 70배의 폭리를 취한 것입니다. 덕분에 메데인 카르텔은 '마약 제국'을 이뤘고 카르텔의 보스 에스코바르는 '마약왕'에 등극했습니다.

마약왕 에스코바르의 재력은 상상을 초월했습니다. 비공식적이지만 그는 마약 밀매로 억만장자가 된 최초의 인물일 가능성이 큽니다. 미국의 경제지 『포브스』는 1987년 기사에서 에스코바르의 순자산이 20억 달러이며

THE AMERICAS

Colombia

[PAB]LO ESCOBAR-GAVIRIA

[Ch]ief Paisa

[E]scobar apparently made his way to the top of the cocaine cartel by [sh]rewdly reinvesting his initial earn[ing]s and becoming a master of public [rela]tions in Colombia. He first at[trac]ted the attention of drug police in [197]5 when he was working as a smug[gle]r, enforcer and bodyguard. In the [nex]t two years he saved enough mon[ey t]o start his own business traffick[ing] in cocaine. By 1978 he was mov[ing] about 35 kilos of coke a month out [of] Colombia's Medellín. A husky, 5-[foo]t-6-inch man normally given to [spor]ty shirts, chino pants and sneak[ers], Escobar is a prime example of a [Col]ombian *paisa*—an aggressive, un[sen]timental country hustler.

[W]ith his increasing wealth, Escobar [too]k over a Medellín newspaper, ac[quir]ed influence in Colombian poli[tics] and successfully ran for public [offi]ce, becoming an alternate to the [nat]ional congress. He built a reputa[tio]n as a Robin Hood by erecting [hou]sing for the poor, building 70 soc-cer fields and opening a zoo to the public. A member of the U.S. Drug Enforcement Administration groused that the importing of exotic animals for the zoo seemed to have brought Escobar more trouble from the government than his drug business.

Currently, Escobar is wanted in the U.S. on charges in three federal indictments for cocaine marketing, money laundering and contract killing. Escobar denied all charges through an attorney. But he admits he had made an amnesty proposal on behalf of members of the cartel in 1984, when the cartel insolently offered to pay the Colombian national debt and retire in return for immunity. Prosecutors are not sure where he is and are not optimistic that he will be arrested and extradited. Officials believe he is in business as much as ever, but they say profit margins are declining with increasing supply and some evidence that demand is tapering off.

He has the largest share, estimated at 40%, of the cartel's business—indicating a cash flow to him alone totaling at least $3 billion over the years. Federal prosecutors who had him indicted in Miami don't know where he has hidden his wealth. But they see no evidence that he has squandered his huge earnings, either.—David Henry

Pablo Escobar-Gaviria

OCHOA BROTHERS

Jorge's Bright Idea

Jorge Luis Ochoa-Vasquez, the second of three drug-running sons of a Medellín restaurant owner, first took charge of a cocaine exporting business in 1977 by having his boss executed, according to a Drug Enforcement Administration agent. He and brothers Fabio and Juan David are believed to

[FOR]BES, OCTOBER 5, 1987

153

에스코바르의 재산을 다룬 『포브스』

현금 유동성은 30억 달러에 이른다고 공표했습니다. 1989년에는 그를 세계 7위의 부자로 선정하기도 했죠. 당시 10억 달러 이상의 재산을 가진 사람은 전 세계에 226명에 불과했습니다. 그가 사망할 당시인 1993년의 재산은 90억 달러로 추산하기도 하는데 이는 현재 기준으로 11조 3,000억 원에 달하는 금액입니다.

실제로 에스코바르는 돈이 너무 많아서 지폐를 묶는 고무줄을 사는 데만 매주 1,000달러를 썼다고 합니다. 번 돈의 일부는 창고나 땅에 묻어두기도 했는데 한 달 수입의 10%가량을 쥐가 갉아먹거나 물에 젖어서 쓸 수 없게 됐을 정도였죠. 훗날 그가 쫓기는 과정에서 감기에 걸린 딸을 위해 200만 달러 정도의 돈뭉치를 불 피우는 데 사용했다는 이야기도 있습니다. 또한 1978년에는 아들을 위해 자신의 대저택에 개인 동물원을 만들어 콜롬비아에서는 보기 힘든 하마, 캥거루, 기린, 코끼리 같은 희귀 동물을 들여왔다고 합니다.

그렇다면 에스코바르는 어떤 식으로 코카인을 미국에 팔아넘겼을까요? 그는 카리브해 바하마 군도의 섬을 사서 1km에 달하는 활주로를 만들고 코카인 수송의 거점으로 삼았습니다. 콜롬비아에서 대형 수송기에 코카인을 싣고 바하마로 날아가 경비행기에 나눠 실은 다음 직접 미국 플로리다주 마이애미로 입국하거나 플로리다 해안 근처의 특정 지점에 마약을 떨어뜨렸습니다. 그러면 미국에서 보트를 타고 와서 마약을 가져갔죠. 이런 방법으로 하루 5~7차례씩 미국 남부로 실어 나른 코카인의 양은 한 달에 약 70~80톤이나 됐습니다. 이 외에도 콜롬비아 해안에서 배를 타고 플로리다까지 코카인을 실어 날랐습니다.

에스코바르가 미국에 코카인을 유통하면서 거대한 마약 제국을 만든 데는 '은 아니면 납(Plata o Plomo)'이라는 뜻의 일 처리 방식도 큰 역할을 했습니다. 여기서 '은'은 돈을, '납'은 총알을 뜻합니다. 그는 경찰, 공무원, 정치인, 심지어 법조계 인사들에게까지 "뇌물을 받고서 눈감아줄 것인지, 아니면 총을 맞고 죽을 것인지 하나를 선택해라"라며 협박했습니다. 자신에게 협조한 사람에게는 거액의 돈을 주고 안전도 보장해줬지만 협조하지 않는 사람에게는 총탄 세례를 퍼부었죠. 이 외에도 에스코바르는 일을 방해하는 사람을 처치할 때 암살자를 뜻하는 '시카리오'를 고용했습니다. 그에게는 뽀빠이라는 별명으로 불리던 시카리오가 있었는데 훗날 그는 인터뷰에서 250명 정도를 직접 죽였고 3,000명이 넘는 이들을 죽이는 작업을 도왔다고 고백했습니다.

이런 무자비한 방법으로 메데인 카르텔을 운영한 에스코바르의 또 다른 직업은 국회의원이었습니다. 마약왕이 국회의원으로 변신한 방법 역시 돈이었습니다. 그는 막대한 경제력을 내세워 각계각층의 사람들을 매수하는 동시에 주요 활동 지역인 메데인에서 각종 지원을 펼쳤습니다. 빈민층을 위한 학교와 병원, 공원 등을 짓고 노숙자를 위한 무료 급식소를 열었으며, 성당과 집들을 대대적으로 수리하고 축구팀도 만들었습니다. 당시 콜롬비아는 지속된 내전으로 정부의 기능이 원활하지 않았는데 에스코바르의 메데인 카르텔이 정부의 역할을 대신한 것입니다. 덕분에 에스코바르는 메데인 지역에서 가난한 이들을 돕는 의적이자 영웅인 로빈 후드Robin Hood처럼 여겨졌고 1982년에 하원의원에 당선됐습니다.

콜롬비아의 마약왕이 승승장구하는 사이 미국 내 마약 문제는 더욱 심각해졌습니다. 1980년대 콜롬비아에 코카인이 대량으로 유입되면서 가격이 떨어졌고 구하기 쉬워지자 특정 부류의 사람들이 아닌 일반 대중까지

코카인이 장식한 『타임』

소비층이 증가한 것입니다. 코카인은 미국 시사 주간지 『타임』의 1981년 7월 6일 자 표지를 장식했습니다. 관련 기사는 '미국을 대표하는 마약' 코카인이 눈보라처럼 몰아쳐 사상자가 증가했다고 전했습니다. 더불어 자양강장제 수준을 넘어 며칠 동안 잠을 자지 않아도 버틸 수 있게 만드는 코카인이 미국 전역을 강타했다면서 매우 심각한 사회적 문제를 일으키고 있다는 사실을 보도했죠.

1981년에 미국에 유통된 코카인은 약 40톤입니다. 전문가들은 미국에 코카인을 공급하는 전 세계 마약 밀매 조직이 연합해서 회사를 세운다면 포드 자동차와 비슷한 규모였을 거라고 분석했습니다. 이 시기 포드 자동차의 연 매출은 약 370억 달러였고 미국 내 코카인 총매출은 약 300억 달려였습니다.

더욱이 이때 코카인의 변종 마약인 '크랙'이 미국에 들어오면서 상황은 더욱 절박해졌습니다. 크랙은 코카인을 고체화한 것으로 기존처럼 주사로 주입하지 않고 태워서 그 연기를 담배처럼 들이마시는 것이 특징입니다. 흡입하는 즉시 환각 효과가 나타나 중독성이 강한 것으로 알려져 있죠. 보급형 코카인인 크랙은 가격이 더 저렴했습니다. 1982년에서 1985년 사이 미국 내 크랙 경험자는 160만 명에 달했습니다. 젊은 층을 중심으로 크랙이 유행처럼 퍼져나가면서 크랙 소지자들이 매일 체포되는 현상이 반복된 것입니다.

멕시코 마약 카르텔의 대부, 펠릭스

따라서 미국 정부도 가만히 있을 수 없었습니다. 당시 미국 대통령이었던 로널드 레이건Ronald Reagan은 미국 내 급증하는 마약 소비를 줄이기 위해 강력한 마약 단속 정책을 공표했습니다.

> "마약이 우리 사회를 심각하게 위협하고 있습니다. 37개의 연방 기관이 강력하게 협력 중이며, 내년까지 마약 정책 집행을 위한 예산이 1981년 대비 3배 이상 증가할 것입니다."

단순히 마약과의 전쟁을 선포한 수준이 아니라 마약 문제를 미국만이 아닌 국제정치적 쟁점으로 부각시킨 것입니다. 레이건 정부가 추진한 마약 정책의 특징은 '군사화'와 '공급 축소'입니다. 한마디로 마약 생산지에 군대를 투입해 마약 재배 단계부터 싹을 자르는 원천 봉쇄 방식이었죠.

영부인 낸시 레이건Nancy Reagan도 마약 문제 해결에 힘을 보탰습니다. 그녀는 '그냥 싫다고 하세요(Just Say No)' 캠페인을 통해 마약의 위험성을 강조했습니다. 1984년부터 전국을 돌며 캠페인을 홍보했고 뉴스와 토크쇼 등에 출연하기도 했죠. 'Just Say No'는 마약 퇴치 캠페인을 상징하는 구호가 되었습니다. 영부인의 적극적인 활동 결과, 1985년 설문조사에서 단 2%~6%만이 '마약이 제1의 국가적 문제'라고 대답했던 비율이 1989년에는 64%까지 상승했습니다.

그뿐 아니라 레이건 정부는 선박과 항공기를 투입해 순찰을 강화하는 동시에 미국 플로리다주 마이애미의 밀매 통로도 완전히 차단했습니다. 이 같은 강력한 조치에 가장 큰 타격을 받은 것은 콜롬비아의 마약 카르텔이었습니다. 에스코바르의 메데인 카르텔이 마약을 운반하던 모든 통로가 막혀버린 것입니다. 그런데 이때 콜롬비아 마약 카르텔의 위기를 해결하는 동시에 멕시코 마약 카르텔의 역사를 바꿔놓은 한 인물이 등장합니다.

멕시코 마약 카르텔에서 '보스 중의 보스' 또는 '대부'라고 불리는 미겔 앙헬 펠릭스 가야르도Miguel Ángel Félix Gallardo입니다. 1970년대 중반 멕시코에서 두 번째로 큰 도시 과달라하라 마약 카르텔의 수장이었던 그는 원래 멕시코의 연방 사법 경찰 소속이었습니다. 한마디로 경찰 출신이 범죄 조직을 창설한 것입니다. 시날로아 주지사 가족의 경호원으로 일하던 시절 마약 밀매를 하는 측근을 통해 마약 범죄에 발을 들인 펠릭스는 멕시코 마약 카르텔의 시초라고 할 수 있습니다. 실제로 그가 등장하기 전까지 멕시코 마약 사업에서 코카인의 비중은 그리 두드러지지 않았습니다. 아편과 마리화나가 중심이었죠.

하지만 펠릭스는 미국의 마약 수요와 콜롬비아의 상황 변화에 주목했습니다. 첫째는 미국인이 찾는 마약이 마리화나와 헤로인에서 코카인으로 바뀌고 있었다는 것이고, 둘째는 미국의 압박에 콜롬비아에서 미국으로 마약을 배송하는 루트가 막혔다는 사실이었죠. 이를 간파한 펠릭스는 멕시코에서 생아편이나 마리화나를 재배해서 미국으로 판매하던 플라사의 우두머리들을 모아놓고 이렇게 말했습니다.

"이제 미국에는 마리화나 대신 코카인의 시대가 올 것이다. 그런데 코카나무는 안데스의 고지대에서 재배되고 콜롬비아도 지금 코카인 생산과 유통에 열을 올리는 중이다. 지금까지 아편이나 마리화나는 소규모 플라사로도 유통이 가능했지만 코카인은 차원이 다르다. 콜롬비아로부터 코카인을 들여와 미국으로 배송하려면 멕시코 내 플라사들이 체계적으로 움직여야 한다."

플라사 보스들을 설득하는 데 성공한 펠릭스는 멕시코 마약 유통망을 통합하고 장악했습니다. 그는 1980년대 중반에 콜롬비아 마약 카르텔에 솔깃한 제안을 했습니다. 직접 미국으로 마약을 운반할 수 없게 되었으니 멕시코를 통한 새로운 육상 경로를 이용해 코카인을 운송하자는 것입니다. 코카인 밀매로 불법 수익을 극대화하는 것보다 체포와 미국 송환을 피하는 것이 우선이었던 콜롬비아 카르텔은 펠릭스의 제안을 받아들였습니다. 서로의 이해관계가 맞아떨어진 것이죠. 이렇게 멕시코 카르텔은 콜롬비아에서 미국으로 향하는 코카인 배송의 브로커 역할을 맡았습니다.

348쪽의 그림처럼 과거 카리브해를 이용해 미국으로 코카인을 배송했던 콜롬비아는 콜롬비아-멕시코-미국으로 이어지는 새로운 유통 경로

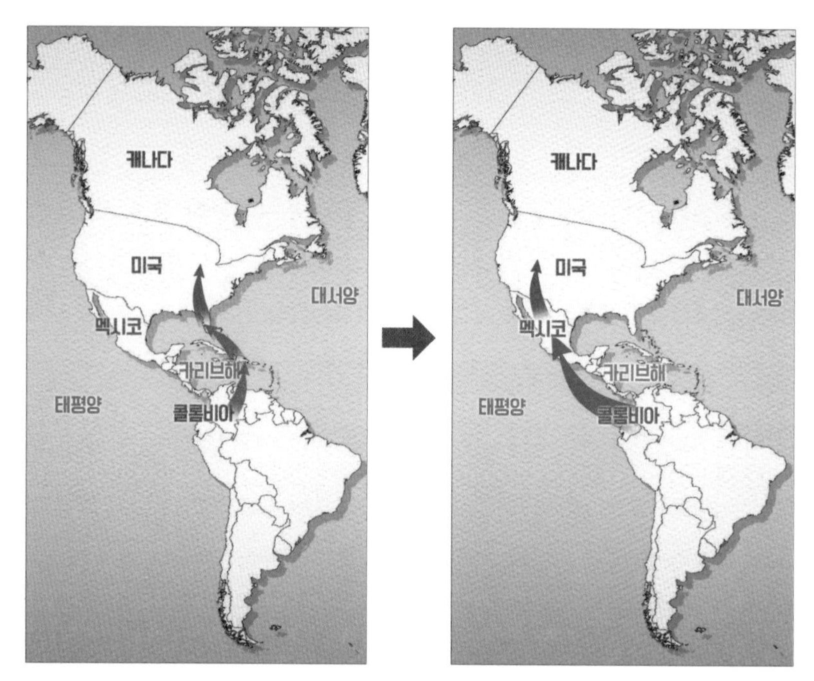

콜롬비아 마약의 유통 경로 변화

를 갖추게 되었습니다. 한마디로 콜롬비아인이 생산하고, 멕시코인이 실어 나르면, 미국인이 흡입한 것이죠. 1980년대에 미국에서 소비한 코카인의 60%가 이 유통 경로로 들어왔고 펠릭스는 큰돈을 벌었습니다. 멕시코를 통한 지상 마약 유통 루트를 만들고 이를 체계화한 펠릭스와 그의 조직인 과달라하라 카르텔은 마약 밀수를 둘러싼 모든 사업을 관장했습니다.

그런데 마약은 어떻게 돈이 되는 걸까요? 1kg의 순수 코카인을 만들기 위해서는 1톤 이상의 코카잎이 필요합니다. 이 비용은 200~400달러입니다. 코카인의 제조는 콜롬비아에서 이루어지는데 이때 벽돌 모양의 코카인 결정체 1kg이 중앙아메리카 여러 나라를 거쳐 멕시코에 도착하면 가격은 1만~2만 달러까지 상승합니다. 그다음 멕시코에서 미국으로 들어가

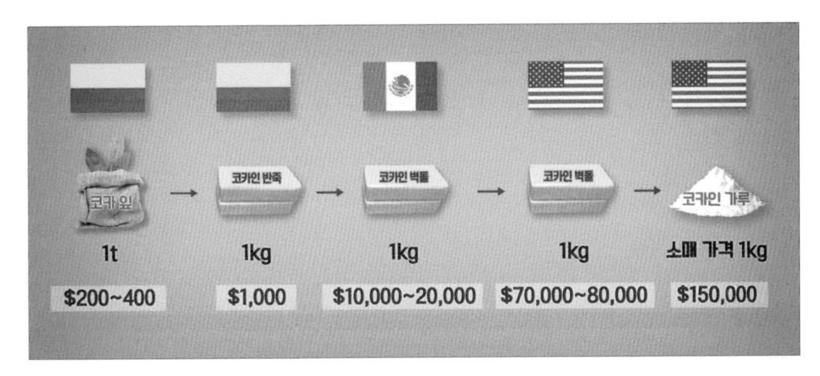

코카인 유통 과정과 가격의 변화

면 가격은 7만~8만 달러까지 치솟고, 최종 소비자 가격은 15만 달러까지 오릅니다.

미국 vs 멕시코, '마약과의 전쟁'

마약 운송 경로를 독점하면서 승승장구했던 펠릭스에게 어느 날 예상치 못한 위기가 찾아왔습니다. 1985년 4월, 펠릭스의 동업자였던 라파엘 카로 킨테로Rafael Caro Quintero가 미국의 마약단속국인 DEA 요원을 살해한 혐의로 체포된 것입니다. 사건은 킨테로가 소유한 1,000만㎡ 규모의 마리화나 농장을 멕시코 정부 당국이 급습해 불태워버린 일에서 시작됐습니다. 당시 불타버린 마리화나의 양은 약 1만 톤으로 1억 6,000만 달러 상당이었죠. 화가 솟구친 킨테로는 위장 잠입 중이던 DEA 요원 엔리케 키키 카마레나Enrique Kiki Camarena를 납치했고 고문 끝에 잔인하게 살해했습니다. 1985년 2월 카마레나는 납치 이틀 만에 도시 외곽에서 싸늘한 주검으로 발견됐습니다. 그의 시신은 다리 가죽이 벗겨져 근육이 드러났고 온갖 구타와 고문으로 내부 장기가 손상됐으며 갈비뼈는 모두 부러져 있었습니다. 머리에는 드릴로 뚫은 자국이 여럿이었다고 합니다.

잔혹하고 무자비한 살인 행각에 경악한 미국 정부는 레이건 대통령이 직접 나서서 카마레나의 희생을 추모하고 마약 없는 세상으로 만들겠다고 다짐했습니다. 그리고 곧바로 응징을 가했죠. 멕시코 당국을 압박해 군사 지휘권을 넘겨받고 멕시코 영토에서 무장 추적 활동을 벌였습니다. 1985년 3월에는 수사권을 넘겨받은 FBI 요원을 파견해 사실상 멕시코 경찰과 군대를 지휘하면서 카르텔 두목들을 체포했습니다. 특히 카마레나의 납치 용의자 세 명을 모두 잡았습니다. 이 과정에서 체포된 킨테로는 DEA 요원을 납치하고 고문, 살해한 혐의로 40년 형을 선고받았습니다. 28년을 복역하고 2013년에 형집행정지로 풀려난 그의 행방은 아직도 묘연하다고 합니다.

미국은 DEA 요원 살해 사건에 연루된 마약 카르텔을 처단하는 데 그치지 않고 새로운 해결책을 모색했습니다. 숨진 요원의 희생을 기리기 위해 1986년 10월에 '마약 남용 금지법'을 시행한 것입니다. 이 법의 주요 내용 중에는 마약 단속을 위해서라면 당사국이 허락하지 않아도 미국이 타국 영토에서 독자적인 활동을 벌일 수 있다는 대목이 있습니다. 미국은 마약 남용 금지법에 17억 달러를 투입했고 시행 이후 지금까지 미국 DEA 요원은 단 한 번도 살해당한 적이 없다고 합니다.

카마레나 요원의 사망 당시 언론은 이 사건을 대대적으로 보도했습니다. 그의 죽음을 추모하고 마약 퇴치에 앞장서자는 의미로 옷에 빨간 리본을 다는 행사가 이루어졌는데, 지금도 미국은 매해 10월 마지막 일주일은 학생들이 상의에 빨간 리본을 달고 등교한다고 합니다. 이 기간에는 마약의 위험성에 관한 강연을 듣거나 경찰이 직접 학교를 방문해 마약의 종류를 설명하며 절대로 마약에 손대지 말아야 하는 이유를 자세하게 알려주기도 합니다.

미국이 전방위적으로 마약 카르텔을 압박하는 사이 과달라하라 카르텔의 수장인 펠릭스는 미국의 추적을 피해 가족들과 잠적했습니다. 떠나기 전 그는 자신의 카르텔을 나누고 조직의 부하들과 친척들에게 분배했습니다. 이후 과달라하라 카르텔은 티후아나, 시우다드 후아레스, 멕시코만, 시날로아 등지의 카르텔로 갈라져 발전했습니다. 다양한 마약 카르텔이 형성되면서 일종의 악惡의 계보가 만들어진 셈입니다. 펠릭스의 조직 분할은 현재의 멕시코 마약 카르텔의 본격적인 출발점이라고 할 수 있는데, 역설적이게도 DEA 요원의 죽음에 대한 미국의 응징이 멕시코 마약 카르텔을 확산시키는 계기가 된 것입니다.

펠릭스는 1989년 4월에 멕시코 경찰에 검거돼 40년형을 선고받았습니다. 멕시코주의 일급 보안 교도소에 수감된 그는 건강 문제로 중급 보안시설로 옮겨졌고, 28년의 수감생활 이후 2017년 재심을 통해 37년형이 추가되었습니다.

펠릭스의 조직 분할로 여러 마약 카르텔이 탄생했는데 그중에서도 가장 핵심적이고 강력한 조직은 시날로아 카르텔입니다. 이탈리아 시칠리아가 마피아의 고향이라면 시날로아는 멕시코 마약 카르텔의 요람과도 같은 곳입니다. 시날로아는 두랑고, 치와와와 함께 '멕시코의 골든 트라이앵글'로 불리는데, 미국으로 밀매되는 마약의 65% 정도가 시날로아 카르텔을 거치는 것으로 추정됩니다. 이 막강한 카르텔의 수장은 키가 작다는 뜻의

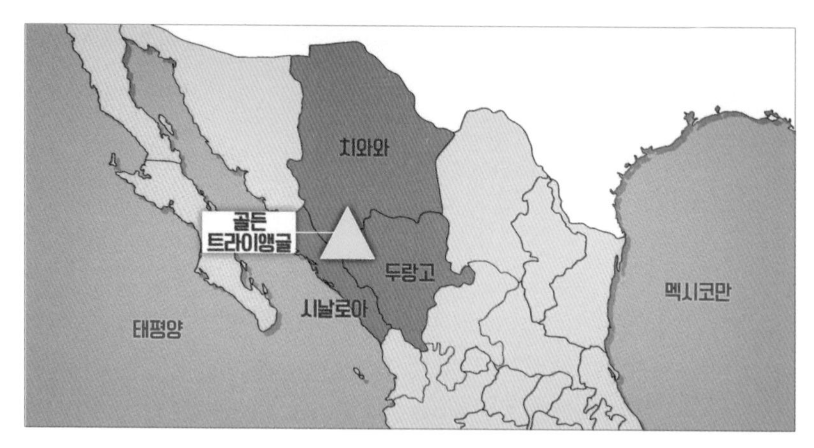

멕시코의 골든 트라이앵글

'엘 차포El Chapo'라는 별칭으로 더 유명한 멕시코의 마약왕 호아킨 구스만 Joaquín Guzmán입니다.

미국 수사기관의 지명수배 1순위이기도 했던 그는 어떻게 멕시코 마약왕의 자리에 올랐을까요? 그는 펠릭스가 만든 육상 경로를 새로운 방법으로 업그레이드했습니다. 멕시코와 미국의 국경을 넘는 지하 터널을 만든 것입니다. 덕분에 이전보다 많은 양의 마약을 빠르게 유통할 수 있었죠.

터널은 주로 멕시코와 미국 국경 사이의 집과 창고를 사서 비밀리에 지하를 뚫어서 만들었습니다. 처음 완성한 터널은 약 91m였으며 이후 새로운 방법과 루트를 개발해 '슈퍼 터널'을 완성했습니다. 멕시코 티후아나에서 미국 캘리포니아주 샌디에이고 오타이메이사의 창고까지 연결된 이 터널의 길이는 무려 730m입니다. 슈퍼 터널은 2006년 1월에 미국 국경순찰대에 의해 발견됐는데 구스만이 뚫어놓은 터널들은 최근까지도 곳곳에서 발견되고 있습니다.

터널을 통해 미국에 도착한 마약들은 누가 어떻게 관리할까요? 원래 멕

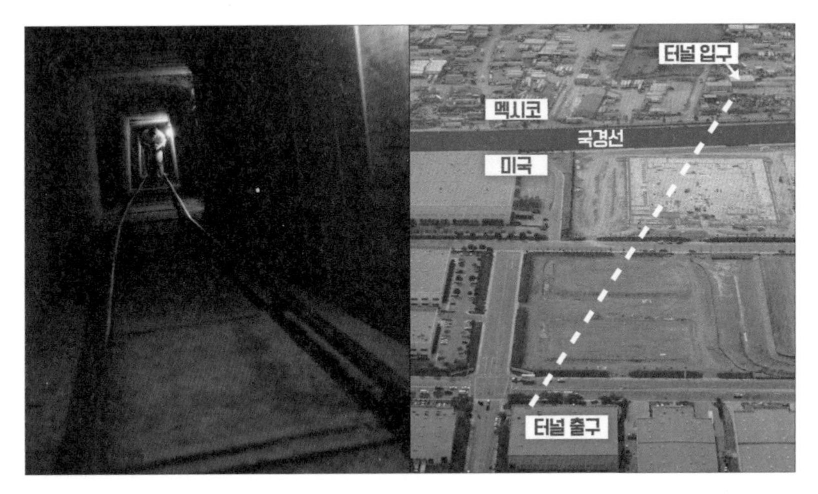

마약 유통 터널 내부 슈퍼 터널 루트

시코의 카르텔은 마약이 미국 국경을 넘은 뒤의 문제는 관여하지 않았다고 합니다. 그런데 2010년을 전후로 국경 너머의 마약 유통에도 도매업자로서 관여하고 있습니다. 밀수를 담당하는 전문 인력을 확보해 미국 내에 유통하거나 LA, 댈러스, 시카고, 애틀랜타 등에 거점을 두고 직접 마약을 유통해 수익을 높이기도 합니다.

구스만의 시날로아 카르텔은 터널로 마약을 운반하면서 멕시코 마약 카르텔을 주도하는 거대한 조직으로 성장했습니다. 그에 따른 수익도 어마어마해 구스만 역시 『포브스』에서 선정한 억만장자 리스트에 이름을 올렸죠. 『포브스』에 따르면 그의 재산은 약 10억 달러, 우리 돈으로 1조 2,200억 원이 넘는다고 합니다. 구스만이 은밀하게 자신의 마약 제국을 넓혀가며 엄청난 부를 쌓는 와중에 멕시코 국민에게 마약 카르텔의 존재를 확연히 드러낸 충격적인 사건이 벌어졌습니다.

1993년 5월, 과달라하라 공항에서 멕시코인들의 존경을 받는 후안 헤수스 포시다스 오캄포Juan Jesús Posadas Ocampo 추기경이 수십 발의 총알에 맞아 숨진 것입니다. 사건은 구스만의 시날로아 카르텔과 경쟁 관계인 티후아나 카르텔이 구스만의 비행기 탑승 정보를 입수하면서 시작됐습니다. 그들은 공항에서 구스만의 자동차를 향해 총탄을 난사했는데 사실은 오캄포 추기경이 탄 같은 모델의 자동차를 오인했던 것입니다. 마약 카르텔의 세력 다툼에 추기경이 희생된 비극적 사고로 멕시코는 충격에 휩싸였습니다.

추정하건대 멕시코는 국민의 90% 이상이 가톨릭 신자인 국가입니다. 멕시코 마약 카르텔도 가톨릭 신자일 정도죠. 이런 멕시코에서 추기경의 피살은 충격적인 사건이었습니다. 이 사건으로 멕시코인들은 마약 카르텔의 위험성을 확실히 체감했죠. 모두가 슬픔에 잠겼고 이 사건을 단순 사고사가 아닌 암살로 보는 사람들도 생겼습니다. 이들은 당시 멕시코 정부와 마약 카르텔 간에 모종의 거래가 있었다고 주장했습니다. 숨진 추기경이 멕시코 정부와 마약 카르텔의 불법 거래를 폭로하려고 했었다는 소문이 돌았기 때문입니다.

실제로 추기경이 사망한 지 몇 년이 지나 티후아나 대주교는 TV에 출연해 오캄포 추기경이 당시 티후아나 카르텔과 카를로스 살리나스Carlos Salinas 대통령과의 밀접한 관계를 폭로하려고 했었고 그 때문에 살해당한 것이라고 말하기도 했습니다. 하지만 명확한 진실은 밝혀지지 않았습니다. 이 사건을 계기로 펼쳐진 대대적인 검거 작전으로 1993년 6월 과테말라에서 체포된 구스만은 20년 9개월의 징역형을 선고받았습니다.

콜롬비아 마약왕의 끝없는 횡포와 최후

시날로아 카르텔의 수장 구스만이 감옥에 들어간 1993년에는 콜롬비아 마약 카르텔에도 큰 변화가 찾아왔습니다. 앞서 메데인 사람들의 지지를 받아 국회의원으로 변신했던 마약왕의 이중생활은 금세 발각되고 말았습니다. 법무부 장관 로드리고 라라 보니야Rodrigo Lara Bonilla가 에스코바르의 실체와 비리를 폭로한 데 이어 콜롬비아의 유력 일간지도 그가 마약 밀매자라는 사실을 대대적으로 보도한 것입니다. 결국 에스코바르는 당선된 지 2년 만인 1984년에 국회의원에서 밀려났습니다. 상황이 이렇게 되자 에스코바르는 정치인, 법조인, 언론인 등을 상대로 무자비한 피의 복수와 테러를 벌였습니다. 곧 그의 범죄를 폭로한 법무부 장관과 일간지 편집국장이 피살됐고 몇 년 뒤에는 일간지 건물이 폭탄 테러를 당했습니다. 이는 에스코바르의 마약 제국이 위협받고 있다는 반증이기도 했죠.

콜롬비아 정부는 법무부 장관이 암살당하자 군대를 동원해 마약 카르텔을 진압하려 했습니다. 1985년에는 미국과 마약 밀매 및 기타 범죄 혐의자들의 미국 송환을 의무화하는 '범죄인 인도 조약'을 체결했죠. 이후 마약 밀매업자를 중심으로 한 강제 송환 리스트를 작성했습니다. 콜롬비아 마약 카르텔 보스들은 범죄인 인도 조약을 가장 두려워했는데 미국에 마약을 공급했으므로 미국법에 따라 처벌받고 평생 감옥에 갇힐 가능성이 컸기 때문입니다. 평소 "미국의 감옥보다 콜롬비아의 무덤이 더 낫다"라고 말할 만큼 미국으로 송환되는 것을 끔찍하게 여겼던 에스코바르도 가만히 있을 수는 없었습니다.

그는 1989년이 되자 12명의 지방법원 판사들을 살해하는 것을 시작으로 정치인과 언론인을 겨냥한 보복을 이어갔습니다. 특히 그다음 해에 예정된 대통령 선거에 출마할 유력 후보이자 여론조사에서 선두를 달리던 루이스 카를로스 갈란Luis Carlos Galán을 암살했습니다. 그가 치안 불안의 해소를 선거 공약으로 내놓으면서 '마약과의 전쟁'을 약속했기 때문입니다.

에스코바르의 악행은 멈출 줄 몰랐습니다. 1989년 11월 27일에는 콜롬비아의 수도 보고타에서 칼리로 향하던 아비앙카 항공 203편이 이륙한 지 얼마 지나지 않아 폭발하는 사고가 발생했습니다. 이 역시 에스코바르가 벌인 일이었죠. 정부 측 정보원이 항공기에 탑승했다는 소식을 듣고 그를 제거하기 위해 항공기를 폭파한 것입니다. 이 사고로 100명이 넘는 무고한 사람이 목숨을 잃었습니다. 그런데 이 비행기 사고에서 극적으로 목숨을 건진 사람도 있습니다. 앞서 암살된 갈란에 이어 대통령 선거에 나선 세사르 가비리아César Gaviria입니다. 보안상의 이유로 항공편을 바꾸면서 극적으로 목숨을 건진 가리비아는 피로 얼룩진 선거전 끝에 1990년 8월에 대통령에 당선됐습니다. 그는 마약 문제를 해결하기 위해 미국과 본격적으로 공조했고 에스코바르는 쫓기는 신세가 되었습니다.

도망자가 된 에스코바르는 콜롬비아 정부의 부채 중 일부를 갚아주는 조건으로 자신의 안전을 보장해달라고 제안했습니다. 당시 콜롬비아 정부의 외채는 약 170억 달러였는데 그중 약 10억~20억 달러를 자신이 갚겠다고 한 것입니다. 콜롬비아 정부는 그의 제안을 거절했습니다. 하지만 협상이 끝난 것은 아니었죠. 에스코바르는 정부와의 2차 협상을 거쳐 1991년에 자수했습니다. 협상 조건은 놀랍게도 수감될 교도소를 에스코바르가 직접 짓겠다는 것이었습니다. 콜롬비아 정부가 말도 안 되는 제안을 받아들인 이유는 에스코바르가 콜롬비아 내의 보복 및 테러 행위를 멈추겠다고 약속했기 때문입니다. 대신 미국으로 송환하지 말 것을 요청했습니다.

문제는 그가 지은 교도소가 초호화 저택과 마찬가지였다는 것입니다. 그의 교도소는 '호텔 에스코바르' 또는 '대성당'이라 불렸는데 130만m^2가 넘는 면적에 정원, 수영장, 당구장, 클럽 등 없는 게 없었습니다. 경찰관도 자유롭게 들어갈 수 없던 이곳은 교도관도 에스코바르가 직접 선발했으며 외출도 마음대로 할 수 있었죠. 게다가 그는 교도소에서도 자신의 부하 두 명을 살해했습니다. 이런 기막힌 상황은 그리 오래가지 않았습니다. 미국이 콜롬비아에 자신을 송환하도록 압박한다는 사실을 알게 된 에스코바르가 1년여 만에 감옥을 탈출한 것입니다. 결국 미국 국방부와 CIA, DEA, 콜롬비아의 특수부대는 공조 끝에 1993년 12월에 에스코바르를 사살했습니다.

에스코바르의 최후

1993년에 콜롬비아의 마약왕은 사살되었고 멕시코의 마약왕은 수감됐습니다. 과연 두 나라의 마약 카르텔 문제는 해결됐을까요? 콜롬비아의 메데인 카르텔은 큰 타격을 받았습니다. 우두머리였던 에스코바르를 중심으로 응집력 있게 운영돼 온 단일 조직이었기 때문이죠. 곧이어 또 다른 카르텔이 부상했지만 몇 년 뒤 세력이 약해졌습니다. 그에 반해 여러 지역에 뿌리를 둔 느슨한 연합에 가까웠던 멕시코의 마약 카르텔은 펠릭스와 구스만의 체포에도 큰 영향을 받지 않았습니다. 오히려 멕시코 마약 카르텔이 세력을 키우는 데 유리한 상황이 펼쳐졌습니다.

멕시코, 마약과의 전쟁을 시작하다

1994년부터 북아메리카 자유무역협정(NAFTA, North American Free Trade Agreement)의 효력이 발생한 것입니다. NAFTA는 미국, 캐나다, 멕시코가 관세와 무역장벽을 없애고 세계 최대의 자유무역 지대를 만들겠다는 협정이었습니다. 그런데 이 NAFTA가 멕시코 마약 카르텔의 득세에 영향을 주었다고 할 수 있습니다.

멕시코와 맞닿은 미국의 국경은 태평양에 면한 샌디에이고부터 멕시코만에 접한 텍사스의 브라운즈빌까지로 약 3,200km에 달합니다. 서울에서 부산까지 거리가 400km 정도이니 엄청난 길이죠. 하루에 약 100만 명이 이곳의 50여 개 국경 출입국 지점을 오간다고 하니 아마도 세계에서 가장 많은 사람이 통과하는 국경일 것입니다. 통행 차량도 하루에 약 37만 대에 이른다고 합니다. 무역 자유화와 규제 완화로 마약 밀매에 대한

멕시코-미국 국경

미국과 멕시코의 통제력은 약해졌습니다. 두 나라 사이의 교역량이 크게 늘면서 국경을 오가는 차량이나 물품을 일일이 확인할 수 없게 된 것입니다. 이런 상황을 틈타 멕시코 마약 밀거래 조직은 성장을 거듭했습니다.

게다가 NAFTA가 멕시코 경제에 타격을 주면서 마약 밀거래에 눈 돌리는 사람이 늘었습니다. NAFTA 체결 이후 무역 규모가 증가하고 국경 지대의 제조업 일자리가 늘어나긴 했지만 정부가 보조금을 삭감하면서 농업이 축소됐고 경쟁력이 약한 분야에서는 빈곤과 실업이 증가했습니다. 일자리를 찾는 사람들이 국경 도시로 몰려들었지만 이들을 감당할 만한 사회적 기반시설과 주거 환경이 열악해 노동자와 그 가족들은 그대로 방치됐습니다. 돈벌이는 줄고, 일자리는 마땅치 않은 상황에서 사람들은 돈을 벌 수 있는 불법 마약 거래에 가담하기 시작했습니다. 결국 NAFTA 발효를 계기로 마약 산업의 예비군이 많아졌고 이로 인해 마약 중독, 강도 살인 등 미국 내 마약 범죄 역시 급증했습니다.

마약 밀매의 또 다른 문제는 여성과 미성년자를 마약 운반에 이용했다는 것입니다. 빈곤층 중에서도 가장 취약한 이들은 쉽고 빠르게 돈을 벌 수 있다는 유혹에 빠졌습니다. 운반비는 마약 종류에 따라 달랐는데 마리화나보다는 코카인이나 헤로인을 운반했을 때 더 많은 돈을 받았다고 합니다. 이들은 신체 일부에 마약을 은밀하게 숨겨서 오는 방법을 사용했습니다. 마약을 가지고 국경을 넘기까지 약 3시간이 걸렸는데 성공 보수로 1,000달러 정도를 받을 수 있으니 위험을 감수하면서까지 마약 운반에 가담한 것입니다. 불법 이주자들은 돈이 아닌 비자를 조건으로 마약을 운반하기도 했습니다. 마약 카르텔이 돈이 필요한 사람들을 교묘하게 이용한 것입니다. 다음은 멕시코 마약 조직의 일원이 된 미성년자들에 관한 기사의 일부입니다.

> "멕시코 휴양지인 쿠에르나바카 인근 작은 마을에서 마약 조직원으로 일하던 에드가 히메네스는 지난 2일 현지 공항에서 경찰에 체포됐다. 그는 마약 조직에 가입한 뒤 11살 때 조직의 명령으로 살인을 시작, 지금껏 4명을 살해했다. 대가로 매주 200달러를 받았다. 에드가는 '어떻게'라는 질문에 '목을 잘랐다'라며 태연하게 경찰에 진술했다."

가난 때문에 멕시코 청소년들까지 마약 조직의 범죄에 가담한 것입니다. 상황이 이렇게 되자 멕시코 정부는 마약 카르텔과의 전면전에 나섰습니다. 특히 2006년 12월에 대통령으로 취임한 펠리페 칼데론Felipe Calderón은 곧바로 대대적인 마약과의 전쟁을 선포했습니다. 칼데론은 가장 먼저 미국에 지원을 요청했습니다. 당시 미국에서 소비하는 코카인의 90%가 멕시코와의 국경을 통해 유입됐기에 미국도 칼데론의 정책에 적극적으로 호응했습니다. 미국 대통령인 조지 W. 부시George W. Bush는 2007년 멕시코 유카탄주의 메리다를 방문해 칼데론 대통령과 만나 '메리다 계획'을 발표했습니다. 그것은 멕시코를 비롯한 중앙아메리카에 3년간 14억 달러를 지원한다는 안보 협력 협정이었죠. 미국은 멕시코 군부와 마약 단속기관의 강화를 위해 무기와 장비, 훈련 프로그램을 제공하는 등 마약 단속에 대부분의 지원금을 사용했습니다.

미국의 지원을 확보한 칼데론은 카르텔에 맞선 작전에 군대를 지속적으로 투입했습니다. 마약 문제 해결에 군대를 동원한 것은 멕시코 역사상 처음 있는 일이었죠. 멕시코에서 경찰은 부패의 상징이지만 군대는 상대적으로 신뢰받는 조직이었습니다. 칼데론은 취임 직후 군인 6,500명의 투입을 시작으로 이후 1만 2,000명의 연방 경찰과 2만 명의 군인을 12개 주에 파견했습니다. 이후 2010년까지 전체 군대의 25%에 해당하는 4만 5,000여 명의 군인을 마약 카르텔과의 전투에 투입했습니다.

칼데론이 마약 문제 척결을 위해 선택한 또 다른 전술은 마약 카르텔의 수장들을 제거하는 것이었습니다. 우두머리를 제거하면 조직도 무너질 거라고 판단한 것이죠. 실제로 2007년부터 2011년 7월 사이 주요 마약 카르텔의 보스가 35명 이상 체포되거나 피살됐습니다.

과연 칼데론의 작전은 성공했을까요? 멕시코 정부는 마약과의 전쟁을 선포한 뒤 5년간 110톤이 넘는 코카인, 12만 건의 총기류, 580여 대의 비행기, 13대의 헬리콥터, 상당한 현금 등을 압류했습니다. 그리고 379명의 마약 관련 조직원을 범죄인 인도 조약에 따라 미국으로 넘겼죠. 숫자로만 보면 어느 정도 성과를 거둔 것처럼 보이지만 칼데론 정부의 작전은 사실 성공보다 실패에 가까웠습니다. 마약 문제 척결을 표방한 6년간 약 6만 명이 사망했는데 이들 중에는 작전에 참여한 군인과 경찰 외에 무고한 민간인이 너무도 많았기 때문입니다. 민간인들은 마약 카르텔과 군경 사이에서 잔혹한 폭력에 시달렸습니다. 마약 카르텔은 힘을 과시하기 위해 폭탄 테러를 벌이거나 끔찍한 학살까지 자행했습니다. 상황이 이런데도 2010년 말까지 민간인 살상 혐의로 재판을 받은 178명의 군인 중 처벌받은 사람은 단 한 명도 없었습니다.

게다가 마약 카르텔의 우두머리를 제거하는 방법도 큰 효과가 없었죠. 조직의 보스가 죽거나 체포되면 곧바로 다른 조직이 세력을 키웠고, 원래 조직은 새로운 보스를 내세워 정비했습니다. 멕시코의 마약 카르텔은 미국과 국경을 맞댄 지리적 이점을 이용해 각 지역마다 분할된 기업형 조직을 운영했습니다. 결국 마약 카르텔의 수장을 제거하는 전술은 오히려 그 자리를 차지하기 위한 내부 싸움으로 이어졌고 카르텔 간 경쟁도 더욱 치열해졌습니다. 실제로 2006년에 6개였던 주요 마약 카르텔은 2015년 9개, 2021년에 16개까지 증가했습니다. 이뿐 아니라 2006년 마약과의 전쟁 선포 이후 2,200명의 경찰관, 200명의 군인, 판사, 시장, 인권 변호사, 카르텔의 범죄를 취재하는 언론인들이 피살됐습니다.

멕시코는 지칠 줄 모르는 마약 카르텔의 폭력에 잠식당했고, 미국에서는 엄청난 재정 투입에도 마약 소비가 줄어들지 않으면서 별다른 성과를 얻지 못했습니다. 2008년~2009년 미국 정부의 조사는 12세 이상 국민의 8.7%, 약 2,180만 명이 마약을 복용한 적이 있는 것으로 추정합니다. 미국 국무부는 미국에서 소비되는 마약의 90%가 멕시코를 통해 유입되는 것으로 파악했고 멕시코를 거쳐 미국으로 유입되는 마약은 한 해 약 130억 달러 규모에 이른다고 추정했습니다.

끝나지 않은 마약과의 전쟁

멕시코가 마약과의 전쟁을 벌이는 중에도 전에 없이 강력하고 잔혹한 카르텔이 출현했습니다. 2004년 모습을 드러내기 시작한 '로스 세타스'는 가장 기술적이고 폭력적인 마약 카르텔로 평가받습니다. 이들은 멕시코 특수부대 출신으로 단순한 마약 밀매를 넘어 준군사 조직으로 변모하면서 새로운 모델을 만들었습니다. 조직원들은 군대식 훈련으로 전투력을 키우면서 마약 밀매업자의 용병으로 재탄생했으며 일부는 미국에서 군사 훈련을 받기도 했습니다. 이들은 트럭을 개조한 탱크를 몰면서 충격을 주었고 과테말라의 전직 게릴라 진압 부대원도 끌어들였습니다. 어느새 로스 세타스는 두려움의 대상이 되었죠.

364쪽의 사진은 로스 세타스의 구인 광고입니다. 그들이 내건 플래카드들에는 이런 내용이 담겨 있습니다.

> "로스 세타스 그룹은 군인 여러분 또는 전직 군인 여러분을 원합니다."
> "우리는 여러 가지 혜택, 생명보험, 가족과 어린이를 위한 주택을 제공합니다. 더 이상 슬럼가에 살지 말고 버스를 타고 다니지 맙시다. 새로운 자동차나 트럭이 여러분의 선택을 기다리고 있습니다."

로스 세타스의 구인 광고

결국 2006년부터 6년간 멕시코에서 펼쳐진 마약과의 전쟁은 실패로 돌아갔습니다. 여기에는 몇 가지 이유가 있습니다. 첫째, 경찰의 부패와 무능 때문입니다. 멕시코 경찰은 마약 카르텔의 자원과 조직력을 넘어서지 못했습니다. 경찰 스스로 마약 카르텔의 위협과 뇌물에서 보호할 수 있는 체제를 갖추지 못했기 때문이죠. 멕시코 경찰의 부패 수준은 상상을 초월합니다. 2001년에 만든 검찰청 산하 수사기관이 부패 혐의로 2009년에 해체되었고, 2008년에는 조직범죄 특별수사본부 소속 경찰관 35명이 해고되거나 체포됐습니다. 2010년 8월에는 연방경찰의 약 10%에 해당하는 3,200명이 부패 혐의로 해고됐고, 또 다른 경찰 465명은 임무 수행 소홀로 면직됐죠. 마약 카르텔을 상대해야 할 경찰이 누구보다 타락한 뼈아픈 상황에서 작전이 성공할 리 없었습니다.

둘째, 미국의 이중적 역할입니다. 미국은 최대 마약 소비국으로 멕시코 마약 전쟁의 원인 제공자입니다. 동시에 마약 카르텔을 소탕하는 데 필수적인 자금을 지원했습니다. 게다가 이미 미국 주요 대도시에 거점을 확보한 멕시코 마약 카르텔이 즐겨 사용하는 자동 소총 AK-47을 비롯한 무기는 대부분 미국으로부터 들어온 것입니다. 즉 마약 소비자이자 무기 제공자인 미국은 멕시코 마약 카르텔이 성장하는 데 사실상 기둥 역할을 한 셈이었죠.

2011년 6월에 공개한 '불쌍한 낡은 멕시코'라는 만평은 미국의 이중적 역할을 풍자합니다. 그림 속 미국인은 "불쌍한 낡은 멕시코, 마약 거래를 그만두지 않는 한 저 모든 폭력은 멈추지 않을 텐데"라고 말하고 있습니다. 미국이 멕시코에서 마약을 사들이는 와중에 총기를 수출함으로써 멕시코의 폭력 사태에 기여하는 상황을 표현한 것이죠. 그럼에도 미국인은 멕시코의 현실이 자신과는 아무런 관계가 없는 일인 양 불쌍하다며 연민을 드러내고 있습니다.

미국의 총기 수출을 풍자한 만평

멕시코 사람들이 흔히 하는 말 중에 "불쌍한 멕시코여, 신과는 너무 멀고 미국과는 너무 가깝구나…"라는 것이 있습니다. 마약 카르텔 문제 역시 그런 한탄을 떠올리게 하는 뚜렷한 사례라고 할 수 있습니다. 마약의 소비는 대부분 미국에서 이루어지지만 정작 끔찍한 범죄에 휘말리는 곳은 멕시코이기 때문입니다.

그렇다면 라틴 아메리카의 마약 카르텔은 지금 어떤 상태일까요? 전 세계 분쟁 현황에 관한 통계자료를 발표하는 ACLE(Armed Conflict Location and Event Data Project)에 의하면, 2022년 1월에만 멕시코에서 마약 카르텔 연관 범죄로 614명이 사망했다고 합니다. 마약 카르텔의 기세가 여전히 꺾이지 않고 있는 것이죠. 2011년 멕시코에서는 '할리스코 신세대' 같은 새로운 카르텔이 등장했는데 이는 현재 멕시코에서 가장 강력하고 거대한 마약 카르텔이 됐습니다. 조직원 수는 최소 6,000명에서 2만 명까지 추산하며 그 아래에 30여 개의 소규모 카르텔이 존재합니다. 미국 시카고에 유통되는 마약의 90%를 관리하는 이 카르텔은 최근 3년간 미국뿐 아니라 라틴 아메리카, 아시아 등지에 50조 원이 넘는 마약을 공급한 것으로 추정합니다. 미국 사법 당국은 할리스코 신세대 카르텔의 수장 네메시오 오세게라 세르반테스Nemesio Oseguera Cervantes, 일명 '엘 멘초El Mencho'에게 현상금 1,000만 달러를 내걸었습니다.

대체 멕시코는 왜 이런 고통을 겪어야만 했을까요? 무엇보다 1980~1990년대 라틴 아메리카 여러 나라에서 유행처럼 번진 신자유주의 세계화 정책과 관련이 있다고 봅니다. 이 시기 멕시코에서는 정부의 개입을 최소화하고 시장 경제의 활성화를 추구하는 신자유주의 세계화로 국경을 넘어선 교역과 투자가 증가했습니다. 반면에 정부의 역할이 축소되면서 경찰과 치안 예산이 줄어들었고 더욱 확대되는 범죄와 테러의 범위를 감당할 수 없게 되었죠. 이로 인해 멕시코나 중앙아메리카 국가들의 지방 정부가 공공 치안을 사설 경호 업체에 의존하거나 심지어는 갱 조직이 그 역할을 대신하기도 하는 상황이 펼쳐졌죠. 한마디로 정부의 책임과 역할은 실종되면서 치안과 보안의 외주화가 이뤄진 것입니다.

지금까지 지난 40여 년간 세력을 키워온 멕시코와 콜롬비아 마약 카르텔의 잔혹한 악마적 범죄에 대해 살펴봤습니다. 다른 이들을 파멸시키면서 돈을 좇는 인간의 탐욕과 파괴적이고 향락적인 소비 행태 앞에 가슴이 답답해졌을지도 모르겠습니다. 마약 소비와 배송, 그에 따른 범죄 문제를 돌아보면 "불쌍한 멕시코여, 신과는 너무 멀고 미국과는 너무 가깝구나…"라는 한탄을 내뱉은 멕시코인들의 고통과 비극을 떠올리지 않을 수 없습니다.

멕시코의 현실은 여전히 참혹합니다. 지난 30여 년간 득세한 마약 카르텔로 인해 무고한 시민들이 고통받고 있습니다. 멕시코의 사례는 안전하고 건강한 국민의 삶을 위한 국가의 책임과 역할에 관해 생각해 볼 계기가 되었습니다. 동시에 우리는 마약이 한 개인의 삶은 물론이고 때로는 국가 전체를 병들게 하고 휘청거리게 만들 수 있다는 사실에 대한 경각심을 늦춰서는 안 될 것입니다.

벌거벗은 세계사

벌거벗은 일본 버블 경제

경제 붕괴와 잃어버린 20년

박상준

● 현재 세계 3대 경제 대국은 미국과 중국, 그리고 일본입니다. 제2차 세계대전의 패배 이후 폐허가 됐던 일본은 한국전쟁 특수와 효율적인 경제 전략을 계기로 1960년대 이후 눈부신 경제 성장을 거듭했습니다. 1980년대 후반에는 전 세계에서 한 번도 경험한 적 없는 일본 역사상 최고의 호황기인 '버블 경제'를 맞이했죠. 당시 일본의 1인당 GDP는 세계 1위 경제 국가인 미국을 넘어섰고, 세계 방방곡곡의 땅과 건물을 사들이며 넘쳐나는 돈을 주체하지 못했습니다. 일본의 수도 도쿄는 미국의 뉴욕, 영국의 런던과 함께 세계 3대 도시로 떠오르면서 '도쿄 땅을 팔면 미국 전체를 살 수 있다'라는 믿을 수 없는 이야기까지 퍼졌습니다.

그런데 찬란했던 이 시기는 너무나도 짧았습니다. 1990년대 들어 거품이 꺼지기 시작하면서 기업이 줄줄이 도산하고 이로 인해 자살률까지 급증하면서 일본 경제가 한순간에 무너진 것입니다. 이후 약 20여 년간 일본 경제는 주저앉아 있을 수밖에 없었습니다. 화려했던 경제 호황기가 거품처럼 사라진 뒤 겪은 혹독한 경제 침체기를 가리켜 '잃어버린 20년'이라고 합니다. 롤러코스터를 타듯 경제가 한순간에 치솟았다가 갑자기 추락하는 일본의 모습은 당시까지만 해도 역사상 유례를 찾아보기 힘든 일이었죠. 그만큼 일본인들의 충격은 매우 컸습니다.

그런데 아이러니하게도 이 시기는 일본인에게 가장 뼈아픈 기억인 동시에 가장 돌아가고 싶어 하는 시절이기도 합니다. 미국과 견줄 만큼 강력한 경제 대국이었던 일본은 왜 한순간에 경제가 붕괴하는 최악의 위기를 맞이하게 된 것일까요? 그리고 20년 가까이 지속된 긴 불황은 일본을 어떻게 바꿔놓았을까요? 지금부터 일본의 버블 경제와 잃어버린 20년을 낱낱이 벌거벗겨 보겠습니다.

전쟁으로 무너진 일본의 경제

일본의 잃어버린 20년에 숨은 역사를 마주하기 위해서는 일본이 경제 성장에 몰두하게 된 배경을 들여다봐야 합니다. 제2차 세계대전이 한창이던 1945년 3월 10일, 미국과 태평양 전쟁을 치르던 일본 도쿄 상공에 여러 대의 미군 폭격기가 나타났습니다. 이윽고 폭격기가 사정없이 소이탄을 퍼부으면서 도쿄 대공습이 시작됐습니다. 불과 2시간 동안 무려 1,700여 톤의 소이탄이 도쿄에 쏟아져 내렸죠. 왼쪽 사진은 도쿄의 주거지역이었던 스미다구의 폭격 이후 풍경입니다. 가운데 스모 경기장을 제외한 도시 대부분이 불에 탄 모습이죠. 오른쪽 사진은 도쿄 스미다강 다리 주변이 모두 무너진 모습입니다.

미군의 도쿄 대공습으로 8만여 명의 도쿄 시민이 목숨을 잃었고 4만여 명이 중상을 입었습니다. 이 시기 일본은 대부분이 목조 가옥이었는데 그중 27만여 채가 불타면서 도쿄의 3분의 1이 불바다가 됐습니다. 거대한 화마가 일본의 심장 도쿄를 삽시간에 집어 삼켰지만 일본은 전쟁을 끝내려 하지 않았습니다. 결국 8월 6일 히로시마, 8월 9일 나가사키에 원자폭

1945년 도쿄 대공습 이후의 모습

탄이 떨어지자 비로소 일본은 항복을 선언했습니다. 일본 제국이 끝내 패망한 것입니다.

태평양 전쟁에서 승리한 미군은 도쿄에 주둔하면서 패전국 일본에 대한 처리 정책을 논의하기 시작했습니다. 당시 미 국무부가 기록한 문서인 「항복 후 미국의 초기 대일방침」에 따르면 미국은 "일본 군사력의 경제적 기반은 파괴되어야 하며, 재건하도록 허락해서는 안 된다"라는 계획을 세웠다고 합니다. 다시는 일본이 전쟁을 일으키거나 미국에 위협을 가하지 못하도록 일본의 군수 산업을 약하게 만들고 최소한의 식량만 원조해 기본적인 생활만 유지하게 만들려 한 것입니다.

마침 도쿄 대공습으로 일본의 주요 생산 시설은 파괴됐고 원료 공급 수입까지 끊기면서 생필품이 부족해진 일본 물가는 약 80배까지 치솟았습니다. 미국의 계획대로 일본은 무너져갔죠. 다시는 일어설 수 없을 것 같은 이 계획을 주도한 인물은 연합군 최고 사령관인 더글러스 맥아더 Douglas MacArthur입니다. 우리에게는 인천 상륙작전의 주인공인 맥아더 장군으로 널리 알려져 있죠.

맥아더는 태평양 전쟁 이후 도쿄에 머물며 군정을 실시했습니다. 1946년에는 일명 '평화헌법'이라 불리는 「일본국헌법」을 새롭게 만들었습니다. 이 법에 따르면 일본은 모든 무력 사용이 영구히 금지되었으며 정식 군대를 가질 수 없습니다. 일본이 전쟁을 일으키지 못하도록 법으로 제한한 것이죠. 이때 미쓰이, 미쓰비시 등 전범 기업에 전쟁의 책임을 물어 기업의 주식을 몰수하고 규모를 축소하는 등 강력한 제재를 가하기도 했죠. 일본이 다시 강대국으로 일어서지 못하도록 성장을 막으려 했던 그의 계획은 얼마 못 가 무너지고 말았습니다. 생각지도 못한 큰 기회가 일본의 문을 두드렸기 때문입니다.

미국의 자유주의 진영과 소련의 공산주의 진영으로 갈라진, 이른바 '냉전 시대'가 본격적으로 시작된 것입니다. 태평양 전쟁 후 소련은 동유럽 국가를 대상으로 공산주의식 체제를 이루려 했습니다. 그러자 미국도 이에 대항해 자본주의 체제를 만든 나라들과 연대를 추진했죠. 그런데 이때 미국의 위기의식을 높이는 일이 벌어졌습니다. 중국에서 마오쩌둥이 이끄는 공산당과 장제스가 이끄는 국민당 사이에 내전이 일어났는데, 공산당 세력이 점점 우세해지고 있었던 것입니다.

미국은 동아시아에서 공산주의가 확산하는 것을 막을 수 있는 자본주의의 보루가 필요했습니다. 그 대상으로 일본을 선택한 미국은 더 이상 아시아 지역에 공산주의가 퍼지지 않도록 일본을 확실한 자본주의 국가로 만들어 연합할 계획을 세웠습니다. 이를 위해 그동안 외면했던 일본 경제의 부흥을 지원하는 방향으로 계획을 바꿔야만 했죠.

1948년, 미 군정은 일본 경제를 되살리기 위한 몇 가지 원칙을 세웠습니다. 첫째, 재정 지출과 예산을 엄격하게 관리할 것. 둘째, 융자는 경제 부흥에 공헌하는 사업이 받을 수 있게 할 것. 셋째, 수출 무역 확대를 위한 제도를 개선할 것. 넷째, 중요한 일본산 원료와 공업제품의 생산을 늘릴 것.

과연 일본 경제는 미국의 계획대로 살아났을까요? 이 같은 노력에도 불구하고 일본 경제는 안정되기는커녕 오히려 물가가 계속해서 떨어지는 최악의 상황에 다다랐습니다. 미국의 엄격한 재정 관리 때문이었죠. 그 결과 1만 개가 넘는 기업이 도산하고 정리해고자는 20배나 증가했습니다.

한국전쟁과 일본의 고도성장

무너지기 직전의 일본 경제는 뜻밖의 사건으로 한 번에 문제를 해결했습니다. 1950년 6월 25일, 북한 공산군이 남한을 기습 침략하면서 한국전쟁이 발발한 것입니다. 한반도에서 공산주의의 위협이 일어나자 미국은 한국과 거리가 가까운 일본을 한국전쟁의 병참기지로 삼았습니다. 그리고 전쟁 물자의 대부분을 일본에서 조달했죠. 미군의 요청으로 일본 기업들은 적극적으로 군수품을 생산하고 차량 수비와 항공기 정비까지 도맡았습니다.

첫 번째 사진은 미군으로부터 주문받은 조명탄을 제조하는 일본 공장의 모습이고, 두 번째는 정비장에서 일본 기술자들이 미군 항공기를 수리하는 모습입니다. 그런데 도쿄 대공습으로 산업 기반이 파괴된 일본은 어떻게 미군의 군수품 생산과 정비에 바로 투입할 수 있었을까요? 시설은 파괴됐지만 제2차 세계대전 당시 전투기와 전차를 생산했던 미쓰비시

한국전쟁 당시 일본의 군수품 생산

같은 일본 기업의 기술력은 여전히 살아있었습니다. 한국전쟁이 일어나기 전까지만 해도 자금 부족으로 회사가 무너지기 직전이었던 도요타 자동차도 미군 군용트럭 생산과 수리를 도맡으면서 1년도 되지 않아 회사가 살아났습니다. 이처럼 일본의 전범 기업들은 한국전쟁을 부활의 신호탄으로 삼은 것입니다.

한국전쟁으로 막대한 미군의 무기를 생산해낸 일본의 광공업은 1951년에 전년 대비 약 46%나 증가했습니다. 한국전쟁에 따른 일본의 이득을 구체적으로 수치화하기는 어렵습니다. 다만 1950년부터 5년간의 직접효과와 간접효과를 모두 포함했을 때 약 36억 달러의 경제 규모로 추산합니다. 1951년 일본 정부의 예산이 22억 달러였으니 일본은 한국전쟁으로 1년 반의 정부 예산에 해당하는 특수를 누린 셈입니다.

전쟁 이후 폐허가 된 일본 경제를 되살린 것은 한국전쟁만이 아니었습니다. 일본 경제는 1951년 미국 샌프란시스코에서 새로운 전환점을 맞이했습니다. 제2차 세계대전 패전국인 일본과 승전국인 연합국들 사이에 평화협약을 맺은 것입니다. 이때 일본 총리는 특별히 한 나라를 언급했는데 바로 미국입니다. 그는 평화협약이 일본과 미국, 두 나라 간의 유대를 강화할 것이라고 단언했습니다.

이 시기 일본은 최소한의 방위력만 유지한 채 모든 역량을 경제 발전에 쏟는 중이었습니다. 그런데 때마침 미국이 일본과 '미일안전보장조약'을 맺고 미군을 일본에 계속 주둔시키겠다고 한 것입니다. 이렇게 되면 일본은 미군의 보호 아래 국가 안전을 보장받으면서 국방비나 안보에 쏟을 돈을 줄이고 경제 발전에만 집중할 수 있었죠. 이후 이 조약은 개정됐지만 1978년부터 방위비를 분담하기 전까지 일본은 의무적인 방위비만 짊어졌습니다. 미군 덕에 방위비가 거의 들지 않았던 것입니다.

방위비를 아낀 일본 정부는 이 돈으로 경제 발전의 기초가 되는 내수 시장을 튼튼하게 만들려 했습니다. 이때 국가 주도로 몇 가지 정책을 내세웠는데 그중 하나가 국민 저축운동입니다. 국민들의 저축을 활성화하고 그 자금이 기업 투자로 흘러 들어갈 수 있도록 경제의 선순환 구조를 뿌리내린 것입니다. 이렇게 기업에 투입한 자본으로 일본은 산업을 육성해 나갔습니다. 이 과정에서 발전한 것이 중화학공업입니다. 일본 정부는 제2차 세계대전 이후 손상된 산업 기반을 복구하는 데 자금을 투입해 고도성장의 발판이 되는 선철, 철강 등의 기계 공업을 되살렸습니다. 그 결과 전쟁 이전에 일본 경제를 이끌었던 미쓰비시 중공업, 도요타 자동차, 닛산 등 중화학공업 분야의 기업이 완전히 부활하기 시작했죠.

이때 미국이 일본에 경제적 지원을 한 것은 아닙니다. 하지만 자유주의 경제 원칙에 의해 시장 문을 한껏 연 것이 일본에는 특별한 호재로 작용했습니다. 우리나라는 현재 메모리 반도체 분야에서 세계 1위를 차지하고 있습니다. 하지만 한때는 일본이 우리나라보다 우위에 있었습니다. 이 반도체 기술이 일본에 흘러 들어간 것도 미국의 자유주의 경제 원칙 덕분입니다.

반도체를 처음 개발한 미국이 1950년대 초에 반독점 규제로 반도체 특허 기술을 공개한 것입니다. 이 기회를 놓치지 않은 일본 기업들은 미국의 반도체 기술을 빠르게 도입했습니다. 일본의 신생 기업인 소니를 필두로 도시바, 샤프, 히타치 같은 기업들이 휴대 가능한 트랜지스터라디오를 만들었죠. 1959년에 트랜지스터라디오를 공급하는 일본 기업은 11개로 미국 시장의 약 50%를 차지했습니다. 이렇게 미국의 반도체 기술을 도입한

1950년대 일본의 삼종신기

일본 기업들은 첨단 전자제품을 만들어내며 전자산업 붐을 주도했습니다.

일본은 1950년대 말부터 미국에서 도입한 반도체 기술로 각종 전자제품을 생산했습니다. 그중에서도 특히 유행한 가전제품인 냉장고, 흑백 TV, 세탁기를 가리키는 '삼종신기'라는 유행어까지 탄생했죠. 이 시기에는 엔화 가치가 낮았고 일본은 좋은 기술의 저렴한 가전제품을 미국과 서방 국가에도 수출하기 시작했습니다. 가격 경쟁력이 높았던 일본 제품은 해외에서 불티나게 팔렸습니다. 특히 일본 대기업의 문어발식 계열사 운영은 개발과 수출을 더욱 활발하게 만들었죠. 예를 들어 미쓰비시 기업은 미쓰비시 은행이 융자를 해주면 미쓰비시 중공업이 제품을 생산하고, 미쓰비시 상사가 판매와 수출을 담당했습니다. 일본 정부 역시 1960년대부터 반도체 관련 기업에 적극적으로 금융 지원을 시행해 반도체 산업의 기술력 향상을 이끌어 냈습니다.

심지어 일본은 1964년에 세계 최초로 시속 200km의 초고속 열차인 신칸센을 개통하고, 아시아 최초로 도쿄 올림픽까지 개최하면서 전 세계에 자신들의 경제가 부활했음을 알렸습니다. 이듬해에는 5년 만에 수출액이 2배 이상 증가하고, 연 10%가 넘는 초고속 성장을 이루며 승승장구했죠. 1968년에는 드디어 미국의 뒤를 이어 세계 2위의 경제 대국으로 껑충 뛰어올랐습니다. 패전 20여 년 만에 다시 세계 최강의 반열에 오른 것입니다.

1977년 12월 14일 미국 일간지인 「애틀랜타 저널 컨스티튜션」에 실린 만평을 보면 세계 시장에서 일본의 영향력이 커졌다는 사실을 확인할 수 있습니다. 만평 속 성조기 왼쪽에는 'MADE IN JAPAN'이라는 글자가 새겨져 있는데, 이는 당시 '메이드 인 재팬' 라벨을 붙이고 일본에서 수출한 다양한 제품이 미국 시장을 잠식하는 것을 경고하는 것입니다.

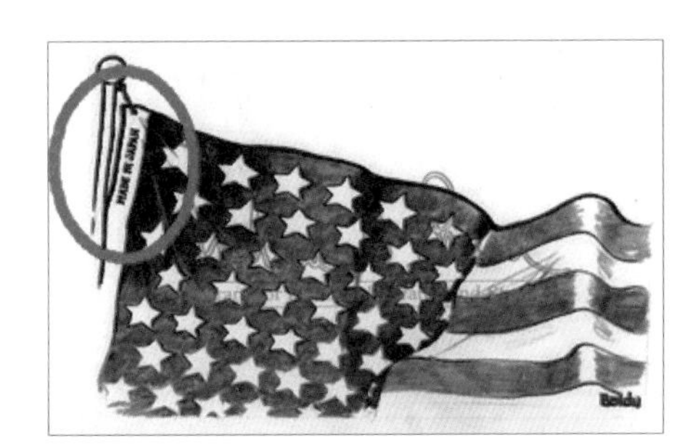

일본 제품의 잠식을 경고하는 성조기

제2의 진주만 공습? 미국을 위협하는 일본 경제

이즈음 안보와 경제를 맞바꾼 일본과 미국의 관계에 미묘한 변화가 일

소니가 개발한 세계 최초 휴대용 TV 광고

어나기 시작했습니다. 일본이 70여 년간 유지해온 미국의 세계 경제 패권을 위협하기 시작한 것입니다. 위기는 1960년에 일본이 미국 시장을 깜짝 놀라게 한 전자제품을 내놓으면서 시작됐습니다.

손전등으로 보이기도 하고 카메라로도 보이는 광고 사진 속 제품은 일본의 전자제품 기업인 소니가 출시한 세계 최초의 휴대용 TV입니다. 당시 전자제품 시장은 '더 작게', '더 가볍게'를 내걸고 얼마나 더 혁신적인 제품을 만들어내느냐의 싸움이 벌어지고 있었습니다. 소니는 미국의 반도체 특허 기술을 도입한 전자제품 생산을 발전시켜 나갔고 연구 끝에 8인치의 작은 휴대용 TV를 세계 최초로 출시한 것입니다. 휴대용 TV는 불과 몇 개월 만에 400만 대 이상이 팔릴 만큼 엄청난 인기를 끌었습니다.

그리고 2년 뒤에 소니는 3.7kg 정도의 초경량 흑백 TV를, 1968년에는 독자적 기술로 만든 컬러 TV까지 출시했습니다. 1979년에는 손바닥만 한 휴대형 카세트 플레이어인 워크맨까지 출시했죠. 오디오를 집 밖으로 가져갈 수 있게 해준 워크맨은 판매를 중단할 때까지 무려 4억 대나 팔아치웠습니다. 지금처럼 걸어 다니며 음악을 듣거나 밖에서 편하게 들을 수 없었던 그 시절에 워크맨의 등장은 혁신 그 자체였습니다.

이렇게 일본의 전자제품은 편리함과 트렌드를 중시하는 시대 흐름에 발맞춰 미국과 세계 시장을 장악했습니다. 한때 우리나라에서도 '메이드 인 재팬'이 품질보증서처럼 쓰일 때가 있었습니다. 미국에서도 일본 제품은 최신 유행을 잘 반영하고 질이 좋다는 인식이 생겼습니다. 1960~1970년대에 대부분의 미국 가정에 일본 가전제품이 최소 하나씩은 있었다고 해도 과언이 아니었죠. 세탁기, 라디오, 컬러 TV 중에서 하나는 꼭 일본산이 었을 만큼 어느새 일본 제품은 미국 생활에 큰 영향을 미쳤습니다.

사실 일본 제품이 미국 시장을 장악할지도 모른다는 위기의식을 불러일으킨 것은 전자제품이 아닌 자동차였습니다. 1970년대에 오일쇼크가 전 세계 경제를 강타해 기름값이 치솟자 일본 자동차가 미국에서 열풍을 일으킨 것입니다. 1970년에 미국은 유해가스 배출량을 10분의 1로 줄여야 한다는 새로운 배기규제법을 만들었습니다. 그런데 3년 뒤 일본 자동차 회사인 혼다가 이 기준을 통과하면서도 고속도로에서 리터당 17km를 달릴 수 있는 연비 좋은 자동차 '시빅'을 최초로 개발한 것입니다. 다음은 시빅의 홍보 문구입니다.

"당신이 가스에 쓰지 않은 비용은 다른 데 쓸 수 있습니다. 연비가 좋을수록 연간 휘발유에 지출하는 비용이 줄어듭니다."

1975년 혼다 시빅 광고

오일쇼크 이전까지만 해도 미국인들 사이에서는 휘발유를 많이 필요로 하는 대형차가 인기였습니다. 하지만 오일쇼크로 기름값이 천정부지로 오르고 심지어 주유소에서도 기름이 떨어져 돈을 주고도 살 수 없는 지경이 되자, 미국인들이 연비 좋고 경제적인 일본 소형차에 열광하기 시작한 것입니다. 일본 내 자동차 1위 기업 도요타 역시 연비 좋고 가격이 합리적인 소형차를 생산했습니다. 이렇게 일본 자동차는 연비도 뛰어나고 고장도 적으면서 유지비용까지 적게 든다고 알려지면서 미국 내 일본 자동차 수입은 가파르게 급증했습니다. 급기야는 1980년에 미국을 제치고 세계 최대 자동차 생산국의 자리에 오르기까지 했죠.

일본 제품은 이렇게 미국 시장을 서서히 잠식해나갔습니다. 일본산 전자 부품은 물론 음향 가전, 전자사전, 전자레인지, 컴퓨터 등 일본 제품이 미국에서 큰 인기를 끌면서 미국의 제조업이 전반적으로 경쟁력을 잃어가기 시작한 것입니다. 그러자 일본 소형차에 밀려 타격을 입은 미국 자동차 회사들이 일본 제품의 인기에 불만을 드러냈습니다. 여기에 미국 자동차의 판매량이 줄어들면서 실직 위기에 놓인 노동자들도 가세해 일본 자동차를 부수거나 불태웠죠. 특히 미국을 대표하는 자동차 회사인 포드의 노동조합원들은 커다란 망치와 막대기로 일본 자동차를 부수며 일본 자동차가 자신들의 일자리를 뺏었다고 분노를 표출하기도 했습니다. 실직에 대한 분노가 일본 자동차로 향한 것입니다.

1970년대 말에서 1980년대 초, 미국은 10명 중 1명이 실업자였을 정도로 경기가 좋지 않았고 분위기도 어두웠습니다. 영화배우 윌 스미스Will Smith가 출연한 영화 〈행복을 찾아서〉는 기업들이 무너지고 실업자가 무더기로 쏟아져나온 당시의 실화를 그린 이야기입니다. 영화에는 집세를 내지 못해 살던 집에서 내쫓긴 주인공이 아들을 데리고 화장실에 자는 장면이 나옵니다. 실제로 이 시기 미국에서는 이 같은 사람이 많았다고 합니다. 오일쇼크로 인해 물가는 14%~15%까지 치솟았고, 기업의 생산량까지 줄어들면서 경기 침체가 일어나고 대량의 실업자가 발생한 것입니다. 제2차 세계대전 이후 최악의 불황이라고 할 만큼 미국인들의 삶은 팍팍할 수밖에 없었죠.

사실 미국의 경제 불황은 일본 제품 때문에 일어난 것이 아닙니다. 그런데 미국은 왜 이렇게까지 일본에 분풀이를 한 것일까요? 여기에는 또 하나의 문제가 있습니다. 미국이 일본과의 무역에서 번번이 적자를 기록한 것입니다. 382쪽의 그래프는 당시 미국과 일본 사이의 무역 격차를 보여주고 있습니다. 초록색 막대는 미국을 상대로 한 일본의 무역 흑자를,

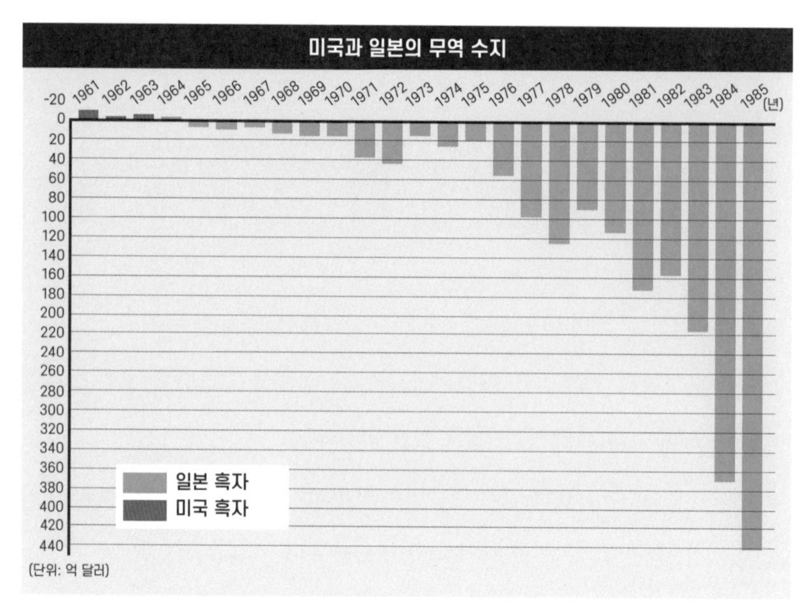

1960년~1985년 미국과 일본의 무역 수지

주황색 막대는 일본을 상대로 한 미국의 무역 흑자를 나타냅니다. 1960년에는 미비하지만 일본을 상대로 미국이 무역 흑자를 낸 것을 알 수 있습니다. 그런데 1965년을 기점으로 두 나라의 무역 관계는 역전됐고, 이후에는 미국의 적자가 기하급수적으로 늘어난 것입니다. 반면 일본은 1976년에 미국을 상대로 50억 달러의 무역 흑자를 낸 데 이어 1978년에는 무려 100억 달러가 넘는 흑자를 달성했습니다.

로널드 레이건 대통령은 이러한 경제적 위기에서 벗어나기 위해 강력한 경제 대책 마련에 나섰습니다. 가장 먼저 세금을 줄여 근로자와 기업의 성장 동력을 높이려 했습니다. 그리고 금리를 높여 오를 대로 오른 물가를 잡으려고 했죠. 그런데 여기서 문제가 발생했습니다. 세금 감면으로 실업률이 줄고 기업의 생산성이 오르긴 했지만 세금이 줄어들면서 정부 부채가 늘어난 것입니다. 이는 미국 경제에 엄청난 부담으로 작용했습니다.

게다가 세금과 함께 의료, 교육, 환경 등 복지 예산이 큰 폭으로 줄면서 빈부 격차는 더욱 심해졌습니다. 물가를 잡기 위해 금리를 높인 결과 금리가 높은 미국 은행으로 달러가 몰리면서 달러 가격은 점점 상승했죠. 달러가 비싸지자 미국 수출 기업의 손해가 늘어나면서 일본과의 무역 격차가 오히려 더 커지는 악순환이 일어나고 말았습니다. 결국 미국은 1985년에 400억 달러 이상의 무역 적자를 기록했습니다. 이는 1981년에 비해 무려 2.5배나 증가한 것입니다. 일본과의 무역 격차를 줄이지 못한 미국은 세금을 줄이고 실업률을 줄이는 것만이 미국의 경제 위기를 해결할 수 없다는 사실을 깨달았습니다.

적자 해소를 위한 미국의 반격

미국은 일본과의 무역 격차를 줄이고 경제적 위기에서 벗어나기 위해 1985년에 새로운 카드를 꺼내 들었습니다. 9월 22일에 세계 GDP 순위 5위까지의 경제 대국인 영국, 독일, 프랑스, 일본의 재무 장관과 중앙은행장들을 미국의 경제 중심지인 뉴욕의 플라자 호텔 2층에 불러 모은 것입니다. 이른바 '플라자 합의'의 시작입니다. 그리고 이들 국가에 세계 무역수지 불균형 문제가 심각하므로 이를 해소하기 위한 특단의 조치가 필요하다고 전했습니다. 무역수지 불균형이 가장 심각한 나라인 일본을 겨냥한 말이었죠. 미국은 무역 적자 해결을 위해 달러 가격은 내리고 엔화 등의 가격은 올리자고 제안했습니다. 즉 달러를 싸게 만들겠다는 것이었죠.

플라자 합의의 핵심은 미국 제품이 더 잘 팔리도록 환율을 인위적으로 조절하자는 것입니다. 예를 들어 설명하자면 플라자 합의 전 1달러의 가치는 240엔이었습니다. 이 가격으로는 초콜릿을 하나 살 수 있죠. 그런데 플라자 합의로 달러 환율이 내려 1달러가 120엔이 되면 일본은 240엔으로 초콜릿을 2개 살 수 있게 됩니다. 반면 미국이 1달러를 가지고 살 수 있는 초콜릿은 반 개밖에 되지 않죠. 이처럼 플라자 합의로 달러값이 떨어지면 미국으로 들어오는 일본 제품의 가격이 상승해 시장 경쟁력이 떨어집니다. 반대로 일본은 미국 제품이 더 저렴하게 들어와 일본인의 관심과 수요가 늘어나게 되죠. 그 결과 일본을 상대로 한 미국 수출은 증가하고, 미국을 상대로 하는 일본 수출이 감소해 두 나라의 무역 격차가 해결된다는 것이 미국의 생각입니다. 즉 미국이 노린 것은 일본 제품을 향한 자국민의 지갑은 닫고 미국 제품을 향한 일본인의 지갑을 여는 것이었죠.

과연 일본은 이 같은 불리한 제안을 순순히 받아들였을까요? 1985년 일본 일간지인 「아사히 신문」에는 다음과 같은 제목의 기사가 실렸습니다.

> "달러 강세 수정에 협조 강화. 일본은 내수 확대 - 시장에 적극 개입"

놀랍게도 일본은 미국의 제안을 받아들였습니다. 미국과의 무역 격차를 줄이기 위해 일본이 그들의 무역 흑자를 양보한 것입니다. 그리고 미국의 계획대로 1987년 2월에 1달러는 약 150엔까지 급격히 떨어졌습니다.

일본은 왜 손해를 볼 게 뻔한 플라자 합의에 동의했을까요? 이유는 단순합니다. 당시 미국이 제안을 거절하면 보복 관세를 붙이겠다고 경고했

플라자 합의를 통한 달러 환율 조정

기 때문입니다. 다르게 보자면 미국도 그만큼 절박했던 것이죠. 당시 미국 상점들은 성조기 사진에 '미국 것을 사세요!(Buy American)'라는 문구를 넣어 국산품 구매를 장려하기도 했습니다. 게다가 일본은 과도한 무역 흑자로 미국과의 관계가 서먹해진 데다가 과거에 맺은 안보 조약으로 미국이 일본의 방위비를 일부 떠안고 있었기에 미국의 강요와 설득을 무작정 거절할 수 없었습니다.

이제 환율 조정으로 미국에서 일본 제품의 가격은 올라갔고 일본에서 미국 제품의 가격은 내려갔습니다. 미국의 예상대로라면 비싸진 일본 제품은 잘 안 팔리고 상대적으로 저렴해진 미국 제품은 잘 팔려야 합니다. 하지만 미국의 예상은 보기 좋게 빗나가고 말았습니다. 이미 질 좋은 일본 제품에 적응해버린 탓에 비싼 일본 제품이 여전히 큰 인기를 끌었던 것입니다. 플라자 합의로 일본의 무역 흑자는 잠시 주춤했으나 일본 제품을 향한 미국인의 구매 열풍은 쉽사리 꺼지지 않았습니다. 결국 미국은 일본과의 무역 적자를 줄이는 데 실패했습니다.

경제 문제를 반드시 해결해야 했던 미국은 여기서 포기하지 않았습니다. 플라자 합의 2년 뒤인 1987년 2월에 프랑스 파리로 경제 대국 7위까지의 재무장관들을 불러 모은 것입니다. 그러고는 환율을 떨어뜨려도 무역 적자가 해결되지 않으니 각국이 함께 이 문제를 해결해야 한다고 강조했습니다. 이제 답은 하나뿐이었죠. 일본에서 미국 제품이 잘 팔리도록, 즉 일본인이 돈을 더 많이 쓸 수 있도록 일본에 금리를 낮추는 것입니다. 미국은 1달러당 150엔 전후 이하로 달러가 하락하면 각국의 경제 성장을 저해한다며 통화 안정에 관해 정리한 '루브르 합의'를 제안했습니다. 다음은 일본을 향한 레이건 대통령의 연설 중 일부입니다.

> "일본도 자국 경제의 불균형을 바로잡아 세계 경제의 불균형을 바로잡는 데 일조할 수 있습니다. 이제는 일본이 자국의 억눌린 소비자 수요를 풀어줄 때입니다."

일본은 이번에도 미국의 제안을 받아들였습니다. 내수 경기를 활성화하기 위해 플라자 합의 때 5%에서 2.5%로 낮췄던 금리를 추가로 내려 2%로 만들었습니다. 미국의 제안대로 금리가 낮아지면 시중에 돈이 많이 풀려 경기가 활성화됩니다. 대신 엔화 가격이 오르면서 수출 기업은 타격을 받게 되죠. 이에 수출 기업들은 낮은 금리로 은행에서 돈을 빌려 제품의 원가에 투자해 손해를 조금이라도 줄이기로 했습니다. 또한 엔화 가격이 상승한 일본이 아닌 해외로 생산 공장을 이전해 수출 비용을 절감하는 방법을 택했습니다. 2차 합의 결과, 미국의 바람대로 미국에 수출하는 일본의 무역 흑자가 감소했고 미국의 무역 적자도 줄어들기 시작했습니다.

일본 버블 경제, 그 비극의 시작

일본의 금리를 낮추는 루브르 합의로 미국 경제는 드디어 숨통이 트였습니다. 그런데 이 협약으로 미국만 이득을 본 것은 아닙니다. 낮은 금리로 일본 시장에 어마어마한 돈이 풀리면서 경기가 엄청난 활기를 띠기 시작한 것입니다. 수출과 내수 시장 활성화로 일본 기업은 사상 최대의 호황을 누렸습니다. 정부는 금리를 낮춤으로써 그 기업들을 지원했습니다. 아널드 슈워제네거Arnold Schwarzenegger, 실베스터 스탤론Sylvester Stallone 등 당대 최고의 할리우드 스타들이 일본 TV 광고에 출연할 만큼 경기 호황은 절정에 달한 듯했습니다. 잃어버린 20년을 예고하는 버블 경제 시대가 열린 것이죠.

이렇게 키운 몸집을 유지하기 위해 일본 기업은 더 많은 인재를 필요로 했습니다. 사실 일본은 1960년대부터 실업률이 2%대밖에 되지 않았습니다. 그런데 청년 인구가 늘어나는 속도보다 일자리가 늘어나는 속도가 더 빨랐고, 1980년대 후반인 버블 시대에는 취업준비생 1인당 일자리가 평균 1.5개나 될 만큼 취업 자리가 넘쳐났습니다. 사람보다 일자리가 더 많았던 버블 경제 시기에는 인재를 데려가기 위한 기업 간 경쟁이 매우 치열했습니다. 입사가 결정되면 회사는 모든 경비를 지원해 하와이 등으로 장기 여행을 보내주기도 했습니다. 동기들끼리 유대 관계를 쌓고 다른 회사에 취업하는 것을 막기 위해서였죠.

당시 기업들의 인재 모시기 열풍은 면접 때도 드러났습니다. 면접만 봐도 1만 엔에서 5만 엔을 주는 기업들이 흔하다 보니 면접만 보러 다니면서 돈을 버는 사람들도 생겨났습니다. 심지어 면접을 보러 온 사람들을 고급 술집에 데려가 값비싼 술을 사주며 입사를 종용하는 기업도 있었죠. 더 좋은 인재를 잡아두기 위해 가장 중요한 것은 연봉입니다. 버블 시대에 일본 기업의 연봉은 점점 상승했고 "남자친구의 연봉으로는 2,000만 엔 정도면 충분하다"라는 말까지 나왔습니다. 우리 돈으로 2억 원 정도이니 당시 얼마나 많은 연봉을 받았는지 알 수 있습니다.

전에 없던 경기 호황을 맞이한 일본이지만 낮은 금리로 시작한 내수 시장의 확대는 결국 독이 되었습니다. 기업들이 경쟁력을 올리기 위한 수단인 기술력 향상에 투자하지 않게 된 것입니다. 대신 은행에서 쉽게 빌린 돈으로 손쉽게 수익을 올릴 수 있는 재테크를 시작했습니다. 너도나도 부동산에 투자한 것이죠.

그런데 왜 하필 부동산이었을까요? 플라자 합의와 루브르 합의 이후 수출에 제약이 생겼고 금리는 낮아졌습니다. 여기에 부동산 규제까지 완화되면서 부동산에 투자하기 좋은 삼박자를 갖춘 것입니다. 낮은 금리로 돈을 빌려 투자할 곳을 찾던 사람들은 부동산에서 안정적인 수익을 낼 수 있다고 생각했습니다. 게다가 당시 일본에는 오래전부터 '땅값이 오르면 올랐지, 절대 떨어지진 않는다'라는 절대적인 믿음이 존재했습니다. 이 같은 기업과 일본인들이 가장 먼저 투자한 곳은 일본 경제의 중심지이자 수도인 도쿄였습니다. 이때부터 도쿄의 땅값은 천정부지로 뛰기 시작했죠.

1985년 플라자 합의로 급격히 올라간 도쿄의 땅값은 1987년 루브르 합의 이후 더욱 치솟았습니다. 1990년의 도쿄는 1985년에 비해 3배 가까이 올랐고 전국의 평균 땅값도 2배나 상승했습니다. 실제로 도쿄에서 인구가 가장 밀집한 세타가야구의 한 아파트는 1987년에 약 1억 엔으로 분양을 시작했습니다. 그런데 4년 뒤인 1991년에는 무려 3억 2,000만 엔으로 3배 이상 가격이 뛰었죠. 당시 도쿄에서 가장 높은 땅값을 자랑하는 곳은 긴자에서도 기린 맥주 총판장이 있던 메이지야 빌딩이었습니다. 1991년 이 곳의 가격은 우리나라 돈으로 평당 약 12억 원을 넘겼습니다. 부동산 투기로 사람들이 몰리면서 땅값이 한없이 올랐기 때문입니다.

이 같은 일이 벌어진 데는 일본 은행들도 크게 한몫했습니다. 부동산 가격을 뛰어넘는 대출로 사람들의 투기를 부추긴 것입니다. 원래 일본 은행은 토지 평가액의 70%까지만 부동산 담보 대출이 가능했습니다. 그런데 버블 경제 시기에는 부동산 가격의 110%, 최대 120%까지도 대출을 해줬습니다. 즉 부동산 가격이 1억 원이라 할지라도 은행에서 1억 2,000만 원을 빌려준 것입니다. 은행에서 빌리려고 한 금액보다 더 많은 돈을 낮은 금리로 빌려주자 사람들은 남는 돈으로 또 다른 부동산을 사들였습니다. 이렇게 부동산 붐이 일어난 것입니다. 여기에 부동산을 담보로 은행에서 또다시 대출을 받아 다른 부동산을 사는 식으로 투기를 하는 사람도 생겨나기 시작했죠. 이때는 은행끼리도 경쟁이 붙어서 A 은행이 금리 2%로 담보 대출을 해주겠다고 하면, B 은행에서는 1.5% 금리로 담보 대출을 해주었다고 합니다.

일본인들은 금리가 저렴하고 대출이 쉬운 틈을 타서 도쿄 땅을 사재기 했습니다. 부동산 투기는 멈출 줄 몰랐고 범위는 도쿄 외곽까지 확장됐습니다. 문제는 땅값이 끝을 모르고 오르면서 집이 없는 사람들이 저 멀리 바깥으로 밀려날 수밖에 없었다는 것입니다. 이들에게 땅값이 오르는 것은 주거를 잃는 것과 다름없는 문제였습니다. 버블 경제 시대는 한탕주의를 꿈꿀 수 있는 동시에 살 곳을 잃고 밀려나야 했던 참담한 시간이기도 했습니다. 이때 일본 정부는 이 같은 상황을 어떻게 바라봤을까요?

부동산 가격이 솟구치는 것을 본 일본 정부는 금리를 올리고 은행에는 대출 규제를 권고했습니다. 하지만 달라진 것은 없었죠. 사실 정부도 부동산 가격이 거품이라고 생각하지 않았습니다. 이제껏 세계 어느 나라에서도 이런 상황이 일어난 적이 없었고, 일본도 급격한 버블 경제를 처음 경험했기에 그저 경제 발전의 한 과정이라 여겼습니다. 당시 일본의 실질 GDP 증가율이 버블 경제 초기에 5.2%에서 3.3%로 떨어지면서 경제성장률이 하락했으나, 금리를 낮추고 내수경제를 활성화하자 1988년에는 6.8%까지 회복했습니다. 모든 약에는 부작용이 있듯이 금리 인하로 인한 부작용 중 하나 정도로 생각한 것이죠. 게다가 금리를 내리면 일본 기업들이 기술 개발과 설비 증진에 더욱 투자해 기업과 경제가 발전하는 선순환이 이루어질 거라 예상했습니다.

정부의 예상과 달리 부동산 수익률을 높이는 데 혈안이 된 일본 기업은 막대한 회사 자금을 부동산에 투자했습니다. 문제는 일본 부동산에만 투자한 것이 아니라 도쿄보다 땅값이 저렴한 해외의 땅까지 일본인이 사들인다는 것이었죠. 일본은 은행에서 낮은 금리로 돈을 빌릴 수 있는데 해외에서는 엔화 가격이 엄청 올랐으니 이걸 들고 해외로 나가면 일본보다 싼 값으로 외국의 땅을 살 수 있었던 것입니다. 일본인은 미국, 그중에서도 하와이의 땅을 사들였습니다. 버블 경제 시절 하와이 와이키키 해변 호텔과 콘도의 60%가 일본인 소유였으며 어느 일본인 부호는 150여 채의 주택과 상점, 음식점을 사들였다고 합니다. 그는 '하와이 불개미'라는 별명으로 불렸습니다. 하지만 미국인들은 태평양 전쟁 때 진주만 공습을 받았던 아픈 역사를 지닌 하와이가 일본인들의 땅이 되는 것을 좋아하지 않았다고 합니다.

엠파이어 스테이트 빌딩　　　　　　　　페블 비치 골프장

일본 기업들은 1986년부터 뉴욕의 티파니 빌딩, ABC 본사 등 미국 중심가에 있는 상징적인 건물까지 사들였습니다. 미쓰이 물산의 회장은 1986년에 세계에서 가장 비싼 곳 중 하나라는 뉴욕 맨해튼의 엑손 빌딩을 6억 1,000만 달러에 매입했습니다. 이 외에 다른 일본 기업들도 입찰 경쟁자보다 25%~30% 더 높은 가격을 제시하며 미국의 랜드마크를 사들였습니다. 수많은 일본 기업과 일본인들은 더 좋은 미국 부동산을 찾아 과시용 쇼핑을 계속했습니다.

그리고 마침내 일본의 미국 부동산 사재기가 충격으로 다가온 사건이 있었습니다. 1989년에 일본 기업인 미쓰비시 부동산이 미국 자본주의의 상징인 록펠러 센터를 약 14억 달러에 사들인 것입니다. 이뿐 아니라 뉴욕의 상징인 엠파이어 스테이트 빌딩도 1991년 일본의 한 호텔 사장에게 5,700만 달러에 팔렸고, 미국에서 가장 아름다운 골프장 중 하나로 꼽히는 캘리포니아주의 페블 비치 골프장도 타이헤이요 클럽에서 약 8억 4,000만 달러에 매입했습니다. 세계적 호텔인 웨스틴과 인터콘티넨탈 역시 일본 기업에 팔려나갔죠. 넘쳐나는 돈을 주체할 수 없었던 일본 버블 경제는 이렇게 해외에까지 손을 뻗었습니다.

도시의 주요 건물이 일본에 팔려나가는 모습을 본 미국인들은 큰 충격을 받았습니다. 미국의 대표 영화사 중 하나인 컬럼비아 픽처스가 1989년에 일본 기업인 소니에 팔린 지 얼마 지나지 않아 록펠러 센터까지 일본으로 넘어갔기 때문입니다. 특히 록펠러 센터는 미국 현대 건축사를 상징하는 건물로 미국인들은 건물이 아닌 미국의 정신이 팔려나간 것이라며 걱정했습니다. 이 시기 일본을 향한 반일 감정이 커지기도 했죠.

넘쳐나는 돈과 충격적인 소비

버블 경제 시절 일본에서는 부동산 투기 외에도 주식 열풍이 불어닥쳤습니다. 1980년 6,000엔 선이었던 일본 니케이 지수가 1989년에는 3만 8,000엔 선까지 무려 6배 이상 오른 것입니다. 매일같이 주식이 가파르게 오르니 투자하지 않을 수 없었죠. 주식 열풍이 불어 일본의 주가가 상승하자 기업들의 시가총액도 덩달아 상승했습니다. 일본의 경기 활황이 계속되면서 미국 투자가들은 지속적으로 일본 외환시장에 투자했습니다. 달러가 유입되자 엔화 가격은 더욱더 올랐고 주식 열풍에 힘입어 1989년 일본 주식시장의 시가총액은 뉴욕증권거래소를 누르고 세계 1위를 차지했습니다. 놀랍게도 세계 시가총액 20위 안에 일본 기업이 대거 포함되는 대이변까지 일어났죠.

표에서 보는 것처럼 전 세계 시가총액 기업 20위 중 무려 14개가 일본 기업이었습니다. 그중에서도 절반이 은행 및 금융업이었죠. 넘쳐나는 돈을 주체하지 못한 사람들이 앞다퉈 부동산과 주식에 투자했고, 그 이익으로 일본 은행과 금융업의 몸집도 엄청나게 커진 것입니다.

1989년 세계 시가총액 순위

순위	국기	기업
1위	일본	NTT(일본, 1,638억 달러)
2위	일본	일본흥업은행(일본, 715억 달러)
3위	일본	스미모토은행(일본, 695억 달러)
4위	일본	후지은행(일본, 670억 달러)
5위	일본	제일권업은행(일본, 660억 달러)
6위	미국	IBM(미국, 646억 달러)
7위	일본	미쓰비시은행(일본, 592억 달러)
8위	미국	엑손(미국, 549억 달러)
9위	일본	도쿄전력(일본, 544억 달러)
10위	영국	로열더치셸(영국, 543억 달러)
11위	일본	도요타 자동차(일본, 541억 달러)
12위	미국	GE(미국, 493억 달러)
13위	일본	산와은행(일본, 492억 달러)
14위	일본	노무라증권(일본, 444억 달러)
15위	일본	신일본제철(일본, 414억 달러)
16위	미국	AT&T(미국, 381억 달러)
17위	일본	히타치 제작소(일본, 358억 달러)
18위	일본	마쓰시타 전기(일본, 357억 달러)
19위	미국	필립모리스(미국, 321억 달러)
20위	일본	도시바(일본, 309억 달러)

1980년대 버블 경제 시기에 일본에서 주식과 부동산 투자로 큰돈을 번 또 다른 세력은 야쿠자입니다. 일본의 조직폭력배인 야쿠자는 원래 공갈, 협박, 갈취, 밀매, 도박 등 불법을 일삼아 이익을 추구하는 집단입니다. 버블 경제가 준 기회를 놓칠 리 없는 이들은 쉽게 돈을 벌 수 있는 주식시장에 개입해 자금을 불렸습니다. 이후 수억 원짜리 시계를 차고 온갖 장신구로 도배한 채 정치, 재계와 결탁해 기업형 범죄 조직을 운영하기 시작했죠. 어느 야쿠자 보스는 정치인의 후원을 받아 부동산 회사를 설립하고 1,700억 엔을 증시에 쏟아부어 1987년에만 120억 엔의 수익을 올렸다고 합니다. 여기에 증권회사로부터 자금을 지원받아 철도회사 주식을 사들인 후 수익을 올리거나, 정재계 인사들을 협박해 후원금을 얻어내 또다

시 주식에 투자하는 등 악순환을 반복했습니다.

법보다 돈이 더 위에 있는 세상에서 기업뿐 아니라 야쿠자와 일반인들까지 모두 엄청난 돈을 손에 쥐었습니다. 동시에 일본인들의 씀씀이도 커졌죠. 전 국민 사이에 레저 열풍이 불면서 고급 스포츠인 골프 회원권이 날개 돋친 듯 팔렸습니다. 고급 골프장 회원권은 1억 엔에서 무려 4배나 뛴 4억 엔에 거래됐습니다. 은행은 이를 자산 가치로 평가해 골프장 회원권을 담보로 돈을 빌려주기까지 했죠. 이 시기에는 전 세계 명품 브랜드를 구매하는 고객의 70%가 일본인이라는 말까지 있었습니다.

길가에 돈을 뿌린다는 말이 어색하지 않을 정도로 일본인들의 씀씀이는 커졌습니다. 그도 그럴 것이 일본은 1987년에 1인당 GDP가 미국을 넘어서자 패전국이 된 지 40년도 지나지 않아 세계 최고가 됐다는 자부심에 들떴습니다. 더 비싸고 화려하고 희소가치가 높은 물건을 손에 넣기 위한 일본인의 소비는 계속됐습니다. 하루에 수백만 원 하는 호텔에 묵는 일이 흔했고 클럽이나 술집에는 사람이 넘쳐났습니다. 종업원에게 10억 원대 가게를 선물하는 사람도 있었죠. 하루아침에 벼락부자가 된 사람들은 뉴욕에서 헬리콥터를 타고 샴페인을 든 채 해돋이를 보거나, 4억 원이 훌쩍 넘는 페라리 자동차를 아무렇지 않게 주문하곤 했습니다. 이때 페라리 자동차 주문이 밀려 최소 2년을 기다려야 하자 정식 유통이 아닌 다른 경로로 수입해 자동차를 구매했는데 그 가격이 무려 20억 원이었다고 합니다.

버블 경제 시대 일본인들의 씀씀이는 예술 분야까지 침범했습니다. 해외의 유명 명화도 싹쓸이한 것입니다. 빈센트 반 고흐Vincent van Gogh의 해바라기 시리즈 중 하나인 〈꽃병에 꽂힌 열다섯 송이 해바라기〉는 야스

고흐 〈꽃병에 꽂힌 열다섯 송이 해바라기〉 〈가셰 박사의 초상〉

르누아르 〈물랭 드 라 갈레트〉 피카소 〈피에레트의 결혼〉

다 보험회사에서 3,990만 달러에 사들였습니다. 고흐의 다른 해바라기 작품과 비교했을 때 3배가 넘는 금액이었죠. 고흐의 또 다른 작품인 〈가셰 박사의 초상〉은 다이쇼와 제지회사에서 8,250만 달러에 낙찰받았는데 추정치보다 3,000만 달러나 높은 금액이었다고 합니다. 당시 미술품 경매가에서 최고 기록을 달성했습니다. 이 외에 프랑스의 인상파 화가 오귀스트 르누아르Auguste Renoir의 〈물랭 드 라 갈레트〉, 입체파 화가 파블로 피카소Pablo Picasso의 〈피에레트의 결혼〉 등도 모두 일본으로 건너갔습니다. 일본의 큰손들에 의해 당시 미술품 가격이 20배나 폭등했다는 이야기도 있습니다.

잃어버린 20년_ 버블의 붕괴

일본 주가가 천정부지로 올라간 1989년 마지막 날, 대부분의 주식 전문가는 1990년에 주가가 더 상승할 것으로 예측했습니다. 하지만 1990년이 되자마자 주식은 곤두박질치기 시작했습니다. 꺼질 줄 몰랐던 버블 경제가 한순간에 붕괴된 것입니다. 대체 이때 무슨 일이 일어난 걸까요?

한쪽으로 부가 쏠리는 현상이 심해지자 일본 정부는 칼을 꺼내 들었습니다. 2.5%였던 금리를 1989년 5월 3.25%로 인상했습니다. 그리고 5개월 뒤에 다시 3.75%로, 2개월 뒤에 4.25%까지 올렸죠. 하지만 조금씩 오르는 금리는 당장 눈에 보이는 변화를 가져오지 못했습니다. 1989년 마지막 날에도 주가는 최고치를 기록했기 때문입니다. 그런데 서서히 금리가 올라가는 사이 일부 투자가들 사이에서 위기의식이 생겨나기 시작했습니다. 결국 주가가 최고치를 찍은 직후인 1990년 새해에 일제히 주식을 팔면서 주가는 곤두박질쳤습니다.

당시 그래프를 보면 1989년 3만 8,915까지 올라갔던 닛케이 지수는 1990년에 약 2만까지 떨어졌습니다. 순식간에 주저앉은 주가는 연속해서 떨어지는 패턴을 반복했고 주가는 버블 경제 이전으로 되돌리지 못했습니다. 버블 붕괴가 시작된 것입니다. 이처럼 부풀어 오를 만큼 부푼 버블 경

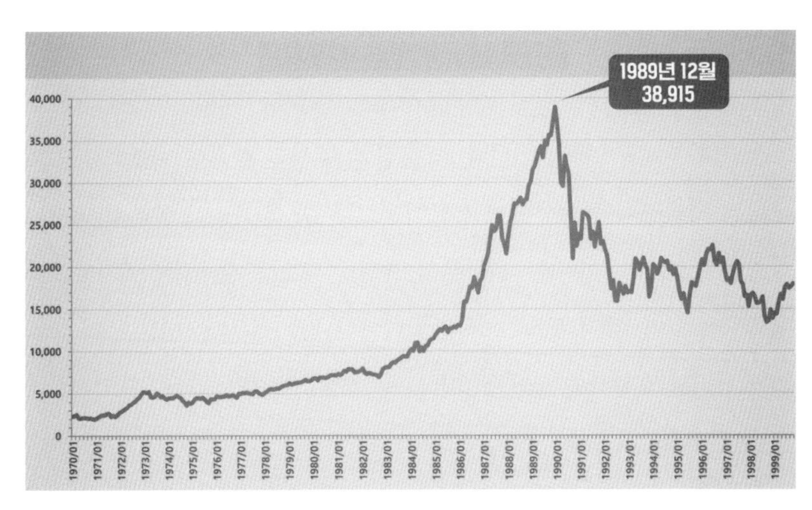

1970년대~1990년대 닛케이 지수

제는 근거 없는 소문과 사람들의 심리만으로도 무너질 수 있습니다.

일본 정부는 1990년에 금리를 6%까지 올렸습니다. 여기에 부동산 투기 과열을 막기 위해 부동산 담보 대출을 규제하는 '출자총액제한제도'까지 도입했습니다. 금리 인상과 부동산 대출 규제의 영향은 서서히 나타나기 시작했습니다. 버블 시대에 저금리로 은행에서 최대로 대출받은 기업과 일본인들에게 급격한 금리 인상이 채무 부담으로 다가온 것입니다. 이들은 가지고 있던 부동산 매물과 주식을 팔아 대출을 갚으려고 했습니다. 하지만 부동산 대출 규제에 막혀 팔려는 사람들만 있고 사려는 사람은 없었죠. 쏟아져 나오는 매물에 부동산 가격은 계속 떨어졌습니다.

이렇게 되면 어떤 문제가 발생할까요? 예를 들어 설명해보겠습니다. 만화 〈짱구는 못말려〉는 버블 시대를 배경으로 합니다. 짱구네 집은 도쿄 북쪽에 있는 곳으로 우리나라의 경기도쯤에 위치합니다. 만일 짱구네 집이 버블 시기에 무리하게 은행 대출을 받아 산 것이라면 버블이 무너진 직후 대출한 돈보다 집값이 더 낮아진 참사를 면치 못했을 것입니다. 이렇게 집을 팔아도 대출금을 갚지 못하는 사례가 일본에는 비일비재했습니다.

그런데 문제는 그다음입니다. 부동산과 주식을 팔아도 대출금을 갚지 못하는 사람들이 늘어나면서 상환이 어려운 부실 채권이 쏟아져 나오기 시작한 것입니다. 이렇게 나온 부실 채권의 규모는 1993년에 약 13조 엔에 달했습니다. 갚지 못하는 돈이 쌓여가자 1990년부터 6년간 무려 16개의 금융기관이 도산을 선언했습니다. 잃어버린 20년의 서막이 본격적으로 열린 것입니다.

버블 경제가 가라앉자 거품에 감춰져 있던 사건이 드러나기도 했습니다. '버블 레이디'라 불리는 이 사건은 두 개의 술집을 운영하는 오노우에 누이尾之上縫라는 사람이 가게를 담보로 여러 은행에서 무려 30조 원을 빌리면서 시작됩니다. 그녀는 대출받은 돈을 주식에 투자했는데 그 방식이 매우 특이했습니다. 가게에 있는 두꺼비 상에 기도하며 어떤 주식을 살지 물어보면 두꺼비가 종목을 찍어줬다고 합니다. 이 의식에는 여러 은행의 은행장과 기업의 대표들도 참여했습니다. 버블이 꺼지고 버블 레이디가 빌린 30조 원을 갚지 못하자 비로소 사건이 세상에 알려졌습니다. 그녀의 파산으로 은행 두 곳이 도산했으며, 이 사건은 일본에서 소설과 영화로 만들어졌습니다.

이 시기에는 버블을 부추긴 은행에 복수하는 사건도 자주 일어났습니다. 1993년에는 한와은행 부행장이 출근길에 자신의 자동차에 올라탄 순간 괴한으로부터 총격을 받아 사망했습니다. 이듬해에는 나고야의 스미모토은행 지점장이 집 앞에서 총에 맞아 사망한 채 발견됐죠. 두 사건 모두 은행원이 살해됐다는 점에서 주목받았습니다. 하지만 끝내 범인은 밝혀지지 않았고 이들을 살해한 범인에 대한 여러 가지 추측만 무성했습니다.

가장 유력한 설은 버블 경제가 붕괴된 후 채권 회수 문제로 원한을 산 은행원들이 살해됐다는 것입니다. 당시 스미토모은행 나고야 지점이 보유한 주요 부실 채권목록 중 몇몇 기업은 야쿠자와 관계가 있었습니다. 게다가 사망한 지점장의 주요 업무는 부실 채권을 회수하는 것이었죠. 때문에 채권을 거둬들이는 과정에서 야쿠자에게 원한을 샀을 거라는 추측이 난무했습니다. 일설에 따르면 은행의 이 같은 부실 채권은 약 800조 원에 달하며, 그중 약 40%가 야쿠자와 연관한 기업 대출로 추산합니다. 즉 금리가 오르면서 빌린 돈을 갚지 못하는 야쿠자 기업이 대출을 권했던 은행원들을 원망해 이들을 직접 공격하기에 이르렀다는 결론이 나온 것입니다.

실제로 1992년부터 1994년 사이에 은행권 등 금융기업을 겨냥한 테러가 19건이나 발생했습니다. 금융권을 향한 분노와 원망이 거세지자 스미모토은행은 대출을 담당하는 직원 40여 명에게 방탄조끼를 나눠주기도 했습니다. 버블 시기에 토지나 주식을 담보로 큰돈을 대출해주고 엄청난 수익을 거두어들인 은행이지만 집값보다 큰돈을 빌려주며 무리하게 감행했던 부동산 대출이 어마어마한 부메랑이 되어 돌아온 것입니다.

버블 경제의 붕괴로 혼란해진 사회 분위기와 돈을 갚지 못해 한순간에 빚더미에 오른 일본인 사이에서는 새로운 유행도 나타나기 시작했습니다. 100엔 숍을 비롯해 저렴한 제품을 판매하는 상점이 점차 증가한 것입니다. 제품 가격을 1,000엔 대까지 대폭 낮춘 의류 브랜드인 유니클로는 1994년 4월까지 일본 전역에 100개의 매장을 열었고, 저렴한 중고 책을 판매하는 북오프 역시 850여 개의 매장을 가진 기업으로 성장했습니다.

잃어버린 20년_ 한신 · 아와지 대지진

버블 경제가 무너진 일본은 순식간에 깊은 수렁에 빠졌습니다. 일본 정부는 1992년부터 1995년까지 약 63조 엔가량을 풀고 한때 6%였던 금리를 3년 만에 1.75%까지 인하했습니다. 하지만 한번 위축된 경기는 되살아나지 못했죠. 매년 10%씩 뛰어오르던 일본의 연평균 경제성장률은 1993년과 1994년에 1%를 밑돌았습니다. 그러면서 물가는 점점 하락하고 심각한 경기 침체가 시작됐죠. 이때까지만 해도 일본인들은 일시적인 경기 후퇴로 생각했을 뿐 이런 상황이 20여 년간 지속될 거라 상상하지 못했습니다.

그런데 이때 일본의 산업 기반을 무너트리고 경제 회복의 의지에 찬물을 끼얹는 일이 벌어졌습니다. 1995년 1월 17일에 일본 효고현의 고베시와 한신 지역에서 대지진이 발생한 것입니다. 우리에게는 고베 대지진으로 알려져 있습니다. 오전 5시 46분경 효고현 남부 고베 부근에서 진도 7.3 규모의 지진이 일어났습니다. 땅은 여기저기 갈라져 홍수가 났고 고층 빌딩은 무너졌으며, 고베와 오사카를 잇는 한신 고속도로는 철근이 부러지듯 꺾여버렸습니다. 단 20초 동안 일어난 지진은 도로와 건물을 순식간에 파괴했고 6,434명의 사망자와 4만 3,792명의 부상자가 발생했습니다. 고베 지역은 옛날에 지은 목조주택이 많은데 10만 채 이상이 파괴되고 화재가 발생하면서 사상자가 유독 많았습니다. 게다가 고베는 전후에 대규모 도시 정비로 2개의 인공섬을 조성했는데 모두 맥없이 무너지고 말았죠. 지진으로 인한 재산 피해는 약 10조 엔에 달합니다.

고베 대지진은 일본 경제에도 직접적으로 큰 영향을 미쳤습니다. 일본 관서 지방의 수많은 도시의 기능이 마비되었고 고베는 지진으로 막대한 부채를 끌어안게 되었죠. 일본 4대 무역항 중 하나인 고베는 1980년대 말 기준 연간 교역량이 약 64조 원에 달하는 세계 5위의 국제 항구였습니다. 일본 무역량의 약 11%가 고베항을 통해 이뤄지는 만큼 일본 경제의 한 축을 담당하는 중요한 거점이었죠. 그런데 지진으로 고베항의 항만 시설 대부분이 파괴된 것입니다. 그 결과 지진 발생 후 약 50일 동안 22개 기업이 도산했으며, 3년 뒤인 1997년까지 약 394개 기업이 쓰러졌습니다.

한신·아와지 대지진으로 무너진 도로

대지진의 여파는 여기서 끝이 아니었습니다. 해외에 자산을 가진 일본 기업과 보험사들이 해외 자산을 정리하고 피해 복구 비용인 달러를 일본으로 끌어오면서 엔화 가격이 크게 오른 것입니다. 정부는 일시적 엔고 현상으로 수출 기업이 타격을 입지 않도록 금리를 제로에 가까운 0.5%까지 낮췄습니다. 하지만 버블 경제 시기에 돈을 빌려 부동산과 주식에 투자한 일본 기업들은 이미 대출금이 너무 많았습니다. 즉 아무리 금리를 낮춰줘도 더 이상 돈을 빌릴 수 없는 상황이었던 것이죠. 게다가 사업으로 조금이라도 이익이 발생하면 빚을 갚는 데 급급할 뿐 설비 및 기술 개발에는 투자하지 않았습니다.

계속되는 악순환의 고리를 끊지 못하는 일본 기업은 엔고 현상이 지속되면서 수출과 실적 모두 타격을 받았습니다. 그 결과 1991년 이후 사상 최고치인 8조 4,170억 엔까지 부채가 늘어났고, 버블 붕괴 이후 버티던 기업들마저 허우적거리기 시작했습니다. 이때 록펠러 센터를 샀던 미쓰비시 부동산 역시 빌딩의 대부분을 팔았습니다. 계속되는 적자를 감당할 수 없어 경영 파탄에 이른 것입니다.

잃어버린 20년_ 아시아 금융위기와 후폭풍

한신·아와지 대지진 발생 후 2년, 일본에 또다시 위기가 닥쳤습니다. 1997년에 아시아를 강타한 외환위기가 일본을 덮친 것입니다. 이때 버블 경제로 가장 큰 호황을 맞이했던 금융회사가 크게 휘청였습니다. 외환위기로 기업의 수익성은 추락했고 자금이 움직이는 통로까지 막힌 상황에서 부실 채권을 떠안고 있었기 때문입니다. 금융업계가 부실 채권을 정리하기 위해서는 빚을 갚지 못하는 기업에 대출을 중단해야 했지만, 기업의 도산이 두려웠던 까닭에 대출 상환 기한을 연장해주면서 부실한 기업을 살려둔 것입니다. 좀비처럼 겨우 버티던 기업들이 외환위기를 기점으로 무너지자 이들 기업의 부실 채권을 갖고 있던 금융업계마저 줄줄이 도산하고 말았습니다.

일본 내 2위 신용조합인 코스모신조와 일본 최대 신용조합인 오사카의 기즈신조, 제2 지방 은행 중 가장 규모가 큰 효고은행이 차례로 파산 절차를 밟았습니다. 가장 충격적인 소식은 일본 4대 증권사 중 하나인 야마이치 증권이 자진 폐업을 결정한 것입니다. 이외에도 증권업계 7위였던 산요증권의 도산, 1900년에 설립한 홋카이도 대표 은행인 다쿠쇼쿠은행의 파산 등 잇따른 기업 부도에 일본 전역이 충격에 빠졌습니다.

이때는 일본 기업이 가장 많이 도산한 시기로, 1990년부터 2000년까지 총 142개의 금융기관이 무너졌습니다. 그중에서도 1998년과 1999년에만 무려 89개의 금융기관이 사라지고 말았죠. 당시 일본 은행은 대출 회수가 어려운 기업에 재대출을 실행했습니다. 기업이 망하면 빌려준 돈을 받을 수 없기 때문이었죠. 은행은 실낱같은 희망을 가지고 무너져가는 기업에 울며 겨자 먹기로 자금을 지원했습니다. 그 결과 기업이 갚지 못하는 부실 채권이 더욱 증가했습니다. 결국 대출만 해주다가 견디지 못한 금융권이 줄줄이 무너진 것입니다.

특히 1998년에는 일본에서만 1만 9,171개 회사가 망하면서 사상 최대를 기록했습니다. 개인 파산 역시 첫 10만 건을 돌파하면서 전년에 비해 1.5배나 급증했습니다. 이때 일부 기업들은 무너지지 않으려 다른 회사와 합병을 시도하기도 했습니다. 이러한 노력에도 불구하고 빌려준 돈을 정상적으로 회수할 수 없던 일본 은행과 제대로 작동하지 않는 정부의 정책으로 경기 침체는 계속됐습니다. 이제 기업은 신규 채용을 줄이거나 비정규직 비율을 늘렸고 여느 나라보다 높았던 일본의 취업률도 한꺼번에 주저앉으며 취업 빙하기가 시작됐습니다.

기업이 무너지고 취업이 어려워지자 일본에는 심각한 사회적 문제가 몰려왔습니다. 버블 시기에 열심히 일해서 번 돈으로 투자한 주식과 부동산 가격이 폭락하면서 빚더미에 앉게 된 이들이 극단적인 선택을 한 것입니다. 1997년에 2만 4,000여 명이었던 자살자 수는 이듬해에 3만 2,000명, 그다음 해에 3만 3,000명으로 늘어났습니다. 2003년에는 OECD 국가 중 자살 사망률이 가장 높은 국가로 전락하면서 자살 왕국이라는 오명을 안기도 했죠. 1993년에는 《완전 자살 매뉴얼》이라는 책이 출간돼 100만 부 이상 판매되었습니다. 자살 방법부터 자살을 시도할 때의 고통, 비용, 심지어 투신하기 좋은 아파트의 위치까지 소개한 이 책의 저자는 자살의 무서움을 알리기 위해 책을 썼다고 주장했습니다. 하지만 의도와 달리 자살이 사회 현상으로 자리 잡는 데 적지 않은 역할을 했습니다.

이 외에도 혼란한 사회 분위기 속에서 일본 소녀들의 원조교제 문제가 사회 전면에 드러나기 시작했습니다. 소녀들이 원조교제를 한 가장 큰 이유는 돈이었습니다. 당시 아이들 사이에서는 초미니스커트에 종아리까지 오는 루즈삭스, 염색한 머리, 최신형 휴대폰, 명품 가방을 들고 다녀야만 따돌림당하지 않는다는 불문율이 있었습니다. 버블 시기에 퍼졌던 물질주의가 소녀들을 원조교제로 내몬 것입니다.

이처럼 일본의 경기 침체는 나아질 기미를 보이지 않고 점점 더 깊은 악순환을 반복했습니다. 물가가 하락하자 가격이 더 떨어질 거라 예상한 사람들은 쉽게 지갑을 열지 않고 소비를 미뤘습니다. 이는 일본 산업의 발전을 늦추는 결과를 가져왔습니다. 소비가 감소하자 기업들은 투자를 점점 줄였고 어느새 일본 제품의 경쟁력이 떨어진 것입니다. 버블 시기에 세계 산업의 트렌드를 이끌었던 일본 기업이 투자를 등한시하는 사이 미국은 새로운 산업인 IT를 내세우며 변화를 이끌었습니다. 아마존, 마이크로소프트, 애플 등의 기업이 급부상하기 시작했죠. 하지만 일본 기업은 더 이상 새로운 분야에 투자하지 않았습니다.

우리나라 기업인 삼성과 LG가 글로벌 기업으로 성장하는 동안 일본의 전통적인 가전 기업인 도시바, 히타치는 TV 생산을 포기했습니다. 신상품 개발도 하지 않고 가격 경쟁에서도 밀리기 시작한 일본 가전은 한국과 대만에 일인자 자리를 내주고 말았습니다. 한때 미국 시장을 점령했던 소니 역시 TV 분야에서 8년 이상 연속 적자를 기록했죠. 과거의 주력 분야까지 포기한 일본 기업들은 점점 몰락의 길을 걸었습니다.

이처럼 기업의 수익이 감소하자 생산과 고용은 위축됐고 불안감을 느낀 직장인들은 지갑을 닫았습니다. 여기에 1990년대 말부터 실질적으로 일할 수 있는 청년 인구의 감소로 고령화 사회에 접어들면서 일본의 소비는 더욱 줄어들었습니다. 어느새 저성장, 저물가의 디플레이션이 시작된 것입니다. 일본 정부는 이 문제를 해결하기 위해 적극적으로 국채를 발행해 재정을 확대하거나, 단기금융 거래 시에는 금리를 제로에 가까운 수준으로 낮춰 시장에 자금이 흐르도록 했습니다. 또한 2000년까지 은행의 자산평가 기준을 강화해 금융기관의 자금 사정에 대한 신뢰감을 높이려 했죠. 하지만 이미 바닥으로 떨어진 금융기관의 신뢰도는 좀처럼 상승하지 못했고, 디플레이션의 악순환도 쉽게 깨지지 않았습니다.

양적 완화는 일본을 살릴까?

시간은 흘러 2001년이 됐습니다. 이때 버블 붕괴 후 일본의 고질적 경제 문제인 디플레이션을 잡기 위해 나선 인물이 등장했습니다. 일본의 제87~89대 총리 고이즈미 준이치로小泉純一郎입니다. 그는 "구조 개혁 없이 경기회복은 없다"라면서 일본의 비효율적인 방식을 버리고 미국의 자본주의 개념을 도입해 강력한 구조 개혁을 단행해야 한다고 주장했습니다. 고이즈미의 정책은 하나, 우정국 등 공기업의 민영화로 효율성을 높이고 자율적인 성장체제를 도입하는 것입니다. 둘, 공적 자금을 투입해 은행들이 떠안은 기업들의 부실 채권을 대신 사들여 금융기관의 숨통을 트이게 했죠. 셋, 빚을 갚지 못하는 좀비 기업에는 대출을 금지하는 등 규제를 실시했습니다. 넷, 만성적인 디플레이션을 잡기 위해 제로에 가까운 금리를 유지하면서 세계 최초로 '양적 완화'를 도입했습니다.

양적 완화는 중앙은행이 시중에 직접 돈을 공급해 시장 경기를 활성화하는 통화 정책입니다. 한마디로 디플레이션을 잡으려면 양적으로 돈을 늘려야 한다는 것입니다. 즉 사람들의 지갑을 열게 만들어야 한다는 논리죠. 원래 금리가 내려갈수록 기업들은 많은 돈을 빌려서 투자를 해왔습니다. 이 효과로 소비가 활발하게 이루어졌는데 일본은 더 이상 이 방식이 통하지 않았습니다. 그러자 중앙은행은 무제한으로 시중 은행의 채권을 사들이는 방식으로 많은 돈을 풀었습니다. 동시에 시중 은행이 지금 많은 돈을 가지고 있으니 대출을 하라며 홍보했죠. 이렇게 양적 완화를 계속하다 보면 은행 문턱이 낮아지고 사람들의 소비도 늘 것이라는 계산이었죠.

양적 완화는 곧바로 효과를 보여주지는 못했습니다. 중앙은행이 시중에 푼 돈은 적게는 연간 69조 엔에서 최대 110조 엔 정도였는데 이는 일본 경제를 되살리기에는 턱없이 부족한 금액이었죠. 여기에 효율성을 지나치게 강조한 나머지 비정규직이 늘고 고용이 불안정해지면서 일본인들은 오히려 지갑을 닫고 소비를 줄이기도 했습니다. 하지만 양적 완화를 계속하는 사이 일본인 사이에서는 지금의 고통이 디플레이션을 극복하기 위한 것이라는 인식이 생겨났습니다. 2004년에는 강력한 구조 개혁으로 버블 이후 일본에 뿌리내린 부실 채권 문제도 해결되는 듯 보였죠.

일본 경제가 조금씩 회복의 기미를 보일 즈음 또다시 위기가 찾아왔습니다. 2008년에 미국 투자은행인 리먼 브라더스가 역사상 최대 규모의 파산 보호를 신청하면서 미국발 금융위기가 터진 것입니다. 이때 미국이 일본처럼 양적 완화를 시도했습니다. 디플레이션을 막는 데 효과가 있다고 판단한 것이죠. 미국은 금융위기 직후인 2008년부터 1년간 1조 7,000억 달러를 투입한 1차 양적 완화에 이어 2010년에는 6,000억 달러를 더 찍어내는 등 총 3번에 걸친 과감한 양적 완화로 돈을 풀었습니다. 미국을 필두로 영국, 유럽연합도 금리 인하에 이은 양적 완화를 강행했습니다.

반면 일본은 다른 노선을 선택했습니다. 경기가 살아나고 있다고 안심한 일본은 이 시기에 오히려 양적 완화에 소극적인 모습을 보인 것입니다. 그러자 엔화 가치는 또다시 상승했고 수출이 감소한 일본 기업의 실적은 바닥을 쳤습니다. 여기에 일본 내 1위 기업인 도요타 자동차가 리콜 사태를 겪으며 처음으로 영업 적자를 기록하자 일본 내 위기감이 고조됐습니다. 1990년대 말이 최악의 암흑기인 줄 알았는데 2008년에 두 번째 암흑기가 찾아온 것입니다. 2011년에는 재정난을 견디지 못한 소니가 대규모 구조조정을 감행하기도 했습니다. 이 시기에 수많은 기업이 끝내 도산하고 말았습니다.

일본의 불행은 여기서 끝나지 않았습니다. 2011년에 일본 지진 관측 역사상 가장 거대한 강도의 동일본 대지진이 일어난 것입니다. 강도 9.0의 대지진은 거대한 쓰나미를 동반했고 하루아침에 한 마을이 지도에서 사라지는 일이 벌어졌습니다. 다음 날에는 후쿠시마에 있는 원전기 1, 2, 3, 4호기에서 폭발사고까지 발생하면서 일본 사회는 큰 충격에 빠졌습니다. 지진으로 전력시설과 철도, 도로, 항만 등 주요 기간시설이 파괴됐고 물류 운송에도 차질을 빚었습니다. 게다가 지진 여파로 근처에서 공장을 가동 중인 일본의 제조 기업과 도시바, 소니, 파나소닉 등 주요 전자기기 회사들의 생산 라인도 멈췄죠.

지진은 일본 경제에 커다란 영향을 미쳤습니다. 복구 과정에 예산을 투입하다 보니 재정 악화가 심해졌죠. 게다가 고베 대지진처럼 일본 보험사와 기업들이 이번에도 해외에서 자금을 끌어오면 또다시 엔고 현상이 나타날 수도 있었습니다. 경기 회복이 더딘 가운데 GDP 대비 정부 부채마저 2011년 말 기준 OECD 34개 회원국 중 압도적인 1위를 차지했습니다. 재정 위기 리스크가 더욱 커지자 일본은 국가신용등급까지 하락했습니다. 금융위기와 재난이 겹쳐 연거푸 주저앉은 일본 경제는 회복이 어려워 보였습니다. 여기에 고질적인 물가 하락세도 소비 심리를 다시금 위축시키고 있었죠. 또 다시 디플레이션이 찾아온 것입니다. 일본은 경제를 일으킬 강력한 한 방이 필요했습니다.

일본의 잃어버린 20년, 그 후

이때 일본의 전 총리 아베 신조安倍晋三가 진퇴양난에 빠진 일본 경제를 되살리겠다며 새롭게 나섰습니다. 건강 문제로 2007년에 사임했던 아베가 동일본 대지진 이후 다시 돌아와 총리 재임에 성공한 것입니다. 그는 차원이 다른 양적 완화를 주장하며 무슨 일이 있어도 디플레이션을 잡겠다고 선언했습니다. 그 결과 실질 GDP 성장률 2%와 물가상승률 2%를 이룰 때까지 무제한 양적 완화를 내세운 경제 정책인 '아베노믹스'가 탄생했습니다.

무제한 양적 완화는 말 그대로 무제한으로 시중은행의 채권을 사들여 시중에 돈을 돌게 해 소비 심리를 끌어올리겠다는 것입니다. 그러려면 과감한 통화 정책과 유연한 재정 정책, 민간 투자 촉진이라는 세 가지 조건이 필요했죠. 먼저 과감한 통화 정책과 유연한 재정 정책을 위해 무제한 양적 완화라는 이름으로 중앙은행에서 제공하는 돈의 규모를 어마어마하게 늘렸습니다. 고이즈미 총리 때와 비교하면 최대 5배나 되는 엄청난 규모였죠. 아베는 시중에 많은 돈을 풀면 기업이 투자를 촉진할 것으로 생각했습니다. 그리고 시중에 풀린 돈이 증가해 엔화 가격이 떨어지면 수출 시장에서의 가격 경쟁력 역시 확보할 수 있다고 본 것입니다. 아베 정권은 10년간 양적 완화를 이어가며 소비와 물가를 동시에 끌어올리려 했습니다.

막대한 재정을 풀어 일본 경제를 되살리겠다는 아베의 의도는 어느 정도 성공했습니다. 은행 문턱이 낮아지면서 기업들이 점점 되살아나기 시작한 것입니다. 아베는 중소기업을 찾아다니며 기업의 투자와 고용 확대를 요청했고, 정규직 고용과 여성 및 노인의 고용이 증가하면서 가계 수입도 안정을 되찾았습니다. 하지만 미중 마찰로 세계 경제가 불안해지고 코로나 팬데믹까지 겹치자 성장률은 다시 하락하고 말았죠. 결국 경제성장률이 1%대를 벗어나지 못하는 반쪽짜리 성공에 머물렀습니다. 무제한 양적 완화라는 미봉책으로도 물가 하락을 막을 수밖에 없던 일본은 GDP 대비 국가 채무가 가장 많은 국가라는 오명에서 벗어나지 못한 채 국가 부채가 점점 늘어났습니다.

잃어버린 20년을 통과하며 수많은 경험을 한 일본은 새로운 깨달음을 얻었습니다. 1990년대 중반부터 청년 인구가 감소하면서 고령화 시대의 길로 접어들었습니다. 2021년부터는 인구 감소도 시작되었죠. 이런 상황에서는 작은 경제적 위기에도 큰 타격을 받을 수밖에 없습니다. 초호황기 뒤에 찾아온 경제적 암흑기를 관통한 일본은 이때부터 잃어버린 20년을 반추하며 스스로에게 다음과 같은 질문을 던졌습니다.

'일본은 무엇이 문제일까?'

'우리는 지난 20년간 무엇을 놓쳤을까?'

문제의 원인과 대책을 생각하기 시작한 것입니다. 그리고 일본은 효율성에만 치우친 방식은 안정을 가져다주지 못하며, 결국 고용이 안정돼야 임금이 안정되고, 물가 안정과 출산율을 회복할 수 있다는 사실을 깨달았습니다. 혁신을 게을리하면 외면받는다는 현실을 깨달은 소니, 히타치 등 일본 기업도 경쟁력 강화를 통해 조금씩 살아나기 시작했죠. 이러한 과정을 통해 출산율이 반등하고 고용 및 부동산 가격이 안정되면서 일본 경제에도 숨통이 트였습니다.

"고령화 속도 세계 최고, 출산율 세계 최저 기록, OECD 회원국 중 자살률 1위와 GDP 대비 가계 부채 1위…."

누군가는 일본의 잃어버린 20년을 우리나라와 비교하기도 합니다. 하지만 일본은 20년을 잃어버리고 나서야 일본을 위한 길을 찾기 시작했습니다. 일본의 인구와 경제 구조가 닮은 우리나라는 일본처럼 20년을 잃어버릴 필요 없이 일본의 위기를 들여다보며 앞으로 닥칠 수 있는 경제 문제를 예측하고 새로운 미래를 그려나갈 기회가 충분합니다. 지금까지 함께 한 일본의 이야기가 우리 앞에 닥친 문제들의 새로운 실마리를 찾고 극복의 의지를 갖는 첫 발걸음이 되길 바랍니다. 우리가 일본의 잃어버린 20년을 공부해야 하는 이유가 여기에 있습니다.

벌거벗은 세계사 - 경제편

초판 1쇄 발행 2023년 4월 28일
초판 6쇄 발행 2024년 6월 18일

지은이 tvN 〈벌거벗은 세계사〉 제작팀
김두얼, 김봉중, 김종일, 남종국, 박구병, 박상준, 박현도, 윤영휘, 조영헌
펴낸이 안병현 김상훈
본부장 이승은 **총괄** 박동옥 **편집장** 임세미
책임편집 정혜림 **마케팅** 신대섭 배태욱 김수연 김하은 **제작** 조화연

펴낸곳 주식회사 교보문고
등록 제406-2008-000090호(2008년 12월 5일)
주소 경기도 파주시 문발로 249
전화 대표전화 1544-1900 **주문** 02)3156-3665 **팩스** 0502)987-5725

ISBN 979-11-7061-003-8 (03900)
책값은 표지에 있습니다.